بسم الله الرحمن الرحيم

اليمين القضائية

اليمين القضائية

الدكتور جميل فخري محمد جانم

الطبعة الأولى
2009م

جميع الحقوق محفوظة

المملكة الأردنية الهاشمية
رقم الإيداع لدى دائرة المكتبة الوطنية
(2008 / 1 / 154)

347.06

جانم ، جميل فخري
اليمـين القضائية / جميل فخري جانم . _ عمان : دار الحامد ، 2008 .
( ) ص .
ر. أ. : (2008 / 1 / 154) .
الواصفات : /القانون المدني// البينات//الأدلة // أصول المحاكمات// إجراءات المحاكم /

❖ أعدت دائرة المكتبة الوطنية بيانات الفهرسة والتصنيف الأولية .

* (ردمك) ISBN 978-9957-32-383-7

دار الحامد للنشر والتوزيع

شفا بدران - شارع العرب مقابل جامعة العلوم التطبيقية

هاتف: 5231081 -00962 فاكس : 5235594 -00962

ص.ب . (366) الرمز البريدي : (11941) عمان - الأردن

Site : www.daralhamed.net

E-mail : info@daralhamed.net

E-mail : daralhamed@yahoo.com

E-mail : dar_alhamed@hotmail.com

بسم الله الرحمن الرحيم

قال الله تعالى: ﴿ إنا أنزلنا إليك الكتاب لتحكم بين الناس بما أراك الله ﴾

سورة النساء: آية 105

قال الرسول صلى الله عليه وسلم: ﴿ البينة على المدعي واليمين على من أنكر ﴾

صحيح البخاري: البخاري

قال عمر بن الخطاب رضي الله عنه: " فعليك بالبينات العدول والأيمان القاطعة "

كتاب عمر بن الخطاب إلى أبي عبيدة عامر بن الجراح

الإهـداء

إلى من كانت لهما علي أياد بيض لن تمحوها الأيام
إلى من أوصياني بتقوى الـلـه والصدق أمام الـلـه والأنام
إلى من رسما لي درب حياتي وذللا لي مصاعبا جسام
إلى النور الذي أقتدي به بعد نور ربي وخير الأنام
والدتي ووالدتي

إلى من أعانوني على تحمل مشاق الحياة
إلى وكان لهم أعظم الأثر في تذليل الصعاب
إلى أجنحتي التي أطير بها إخواني وأزواجهم
فطين، محمد، جمال

إلى من أطمع أن أراه في ركب العلم والعلماء
وكنجم السهى ساطعا في عنان السماء
أخي مهدي
إلى من كانت عونا على راحتي وسندا في دراستي
إلى من كانت خير معين لبلوغ المراد ونيل الأماني
زوجتي

أهدي ثمرة جهدي المتواضع

المحتويات

مقدمة

الحمد لله رب العالمين الحق العدل القائل في كتابه العزيز:﴿ وإذا حكمتم بين الناس أن تحكموا بالعدل إن اللـه نعما يعظكم به﴾، الذي جعل العدل حقا مشتركا بين الناس جميعا، وشرع اليمين لتحقيق العدل المطلق في الحكم ونفيا للظلم في الأرض، الحمد لله الذي نشر للعلماء أعلاما وثبت لهم على الصراط المستقيم أقداما، أحمده سبحانه وتعالى على جزيل نعمائه، وأصلي وأسلم على رسولنا محمد قاضي المسلمين الأول، خير من قضى فعدل، وحكم فأنصف، وكان القدوة الطيبة والأسوة الحسنة، والرحمة المهداة والنعمة المسداة للإنسانية جمعاء، وعلى آله وأصحابه وأزواجه وذريته الطيبين الطاهرين، ومن دعا بدعوته واستن بسنته وسار على نهجه إلى يوم الدين.

أوجب اللـه سبحانه وتعالى على المسلمين الحكم بين الناس بالعدل وحرم الظلم على نفسه، وجعله بيننا محرما، ودعا إلى تحري الحق عند القضاء بين الناس، ولذلك يعتبر القضاء مركبا صعبا، ومن يتوله يخش عليه من الغرق، ولهذا كان علماؤنا الأكارم يمتنعون عن تولي هذا المنصب الخطير، ولكنه رغم ذلك فريضة محكمة وسنة متبعة كما قال سيدنا عمر بن الخطاب رضي اللـه عنه فلا بد للدولة أن تؤدي هذه الوظيفة وتقلد هذا المنصب لمن يستحقه كفاءة وعلما ودينا وخلقا.

ولا بد لمن يتولى منصب القضاء أن يكون على علم بالطرق التي تؤدي إلى معرفة المحق من المبطل من الخصوم، وهذه الطرق تسمى البينات، وهي على أنواع متعددة منها: الإقرار، الشهادة، اليمين، البينات الخطية وغيرها، فاليمين وسيلة من وسائل الإثبات، يعتمد عليها القاضي في إصدار أحكامه، وحل الخصومات بين الناس، بل يلجأ إليها القاضي عند عجز الخصوم عن الإثبات بالبينات الأخرى، أو عدم اكتمالها، وذلك لتحري الحق ومعرفة المحق من المبطل من الخصوم، وللوصول إلى الحكم النهائي بما يرضي اللـه سبحانه وتعالى، ونظرا لأهمية اليمين فإن قوانين البينات والأحوال الشخصية، تعتمد عليها كوسيلة من وسائل الإثبات في وقتنا الحاضر، وكذلك

فإن قضاة المحاكم يعتمدون عليها في إثبات الحقوق وإصدار الأحكام، ولذلك فإن لهذه اليمين دورا إيجابيا في الإثبات وإيصال الحقوق إلى أصحابها.

أما سبب اختياري لهذا الموضوع فيعود للأمور التالية:

أولا: حبي لعلم القضاء الشرعي، ورغبتي الأكيدة في سبر أعماقه والتخصص به.

ثانيا: ما ورد ذكره من أهمية اليمين في الإثبات، وعدم ضياع الحقوق عند انعدام البينات الأخرى، أو عدم قناعة المحكمة بها.

ثالثا: اهتمام قوانين البينات والأحوال الشخصية المعمول بها في البلاد العربية بهذا الموضوع، حيث عقدت له فصولا خاصة بالإضافة إلى اعتماد المحاكم في وقتنا الحاضر على اليمين في كثير من أحكامها، فكان من الواجب دراسة وتحليل هذه القوانين والنظر فيها من حيث موافقتها أو مخالفتها فيما أخذت به المذاهب الفقهية.

رابعا: عدم إعطاء هذا الموضوع حقه في البحث، حيث إن هذا الموضوع في حدود علمي واطلاعي لم يفرد في كتاب مستقل، وفي هذا العمل ـ إن شاء الله تعالى ـ جمع لشتاته وتنسيق لأبوابه وتحديد لمجالاته، وقد أردت بذلك إثراء المكتبة الإسلامية بهذا البحث، وليكون مرجعا سهل التناول بين أيدي القضاة والمحامين والناس عامة.

خامسا: تصحيح الأفكار التي يحملها الجهلة من هذه الأمة بعدم صلاحية الشريعة الإسلامية لمجالات القضاء المختلفة.

وبحث الفقهاء قديما في وسائل الإثبات كافة، وتحدثوا عن اليمين كوسيلة من وسائل الإثبات في كتبهم الفقهية، ولم يتطرقوا إلى التقسيمات الحديثة لأنواع اليمين بأسمائه الحالية، وإنما جاءت هذه التقسيمات في كتبهم ضمن حديثهم عن اليمين بشكل عام، فتحتاج إلى جمع وترتيب، وبيان أدلتها وتوضيحها.

أما الفقهاء المحدثون، فقد تعرضوا لهذا الموضوع تعرضا جزئيا من خلال مباحث وسائل الإثبات، ولكني من خلال بحثي واطلاعي لم أجد مؤلفا يبحث في الموضوع الذي اخترته بحثا مستقلا وافيا شاملا لجميع جوانبه.

أما علماء القانون، فقد بحثوا اليمين القضائية ضمن حديثهم عن وسائل الإثبات، أو شرحهـم لقـوانين البينات في مؤلفاتهم من ناحية قانونية فقط، ولم يبحثوا اليمين القضائية من ناحية فقهية.

وبعد:

هاأنذا أضع بين أيدي أساتذتي الأفاضل وقراء هـذه الرسـالة الكرام هـذا العمـل المتواضـع، الـذي كان حصيلة عمل متواصل دؤوب، اقتضى إعداده وطبعه وإخراجه جهدا كبيرا ووقتا ثمينا، وكنت دائما أرغـب في الإتقان، وأطمع في الاستزادة، ولطالما كانت تتراءى لي مقولة العماد الأصفهاني:

" إني رأيت أنه لا يكتب إنسان كتابا في يومه، إلا قال في غده: لو غير هذا لكان أحسن، ولو زيد لكان يستحسن، ولو قدم هذا لكان أفضل، ولو ترك لكان أجمل، وهذا مـن أعظـم العـبر، وهـو دليـل عـلى اسـتيلاء النقص على جملة البشر".

وإنني آمل أن أكون قد أسهمت بهذا العمل المتواضع في خدمة الإسلام والمسلمين، فإن كنت قد وفقت فيما سعيت إليه، وبلغت هدفي، فذلك بتوفيق من الـلـه ﴿ عزوجل ﴾ لي، وفضله علي، وإن كنت تعثرت أو أخطأت، فسبحان من تنزه عن الزلل والخطأ.

وإنني أتقبل بالغبطة والشـكر جميـع الملاحظـات والإرشـادات والنصـائح التـي تـردني في هـذا البحـث إصلاحا لخطأ أو تداركا لنقص، والعصمة والكمال لله ﴿ عزوجل ﴾ وحده.

﴿ سبحان ربك رب العزة عما يصفون * وسلام على المرسلين * والحمد لله رب العالمين ﴾.

الفصل التمهيدي
الإثبات وأهميته

المبحث الأول: تعريف الإثبات

المبحث الثاني: أهمية الإثبات وتطوره

الفصل التمهيدي
الإثبات وأهميته

المبحث الأول
تعريف الإثبات

المطلب الأول
تعريف الإثبات في اللغة

جاء في لسان العرب (323/2:1)، وتاج العروس (472/4:2)، والقاموس المحيط (105/1:3)، في تعريف الإثبات قولهم: ثبت الشيء يثبت وثبوتا، دام واستقر.

ويتعدى بالهمزة والتضعيف فيقال: أثبت الحق أقام حجته، وأثبت الشيء: عرفه حق المعرفة وأكده بالبينات، وأثبت حجته أقامها وأوضحها، والجمع أثبات.

وفي ذلك حديث صوم يوم الشك الذي أخرجه الإمام مالك (232،1:5/7:4 /309)، ﴿ **ثم جاء الثبت أنه رمضان** ﴾[1]، والثبت الحجة والبينة.

وأضاف في المنجد (6: 68)، يقال فلان ثبت من الإثبات، وهو مجاز على حد قولهم فلان حجة إذا كان ثقة في روايته.

وقال في الصحاح (7: 245) والمعجم الوسيط (8: 93/1) يقال فرن ثبت الخصومة، أي لا يزل لسانه عند الخصومات.

والثبت: الشجاع الفارس الثابت القلب، والعاقل: الثابت الرأي، وقول ثابت: أي قول صحيح، وفي التنزيل العزيز قول الله تعالى:﴿ **يثبت الله الذين آمنوا بالقول الثابت** ﴾ (سورة إبراهيم: آية 27).

---

[1] أخرج الإمام مالك (5: 1/ 309، 4: 232/7) أنه سمع أهل العلم ينهون أن يصام اليوم الذي يشك فيه من شعبان إذا نوى به صيام رمضان، ويرون أن على من صامه على غير رؤية، ثم جاء الثبت أنه من رمضان، أن عليه قضاءه، ولا يرون بصيامه تطوعا بأسا.

قال مالك: " وهذا الأمر عندنا والذي أدركت عليه أهل العلم ببلدنا ".

والإثبات: الإيجاب أي ضد السلب والنفي، ويفيد إقامة الثبت وهو الحجة.

المطلب الثاني
تعريف الإثبات في اصطلاح الفقهاء

استعمل الفقهاء الإثبات بمعناه اللغوي، وهو إقامة الحجة غير أنه يؤخذ من استعمالاتهم أنهم يطلقونه على معنيين: عام وخاص.

المعنى العام للإثبات

يطلق الإثبات ويراد به المعنى العام، وهو كما جاء في موسوعة جمال عبد الناصر في الفقه الإسلامي (9: 136/2): " إقامة الدليل على حق أو على واقعة من الوقائع ".

وقال الزحيلي في وسائل الإثبات (10: 22/1): " وقد أطلق على توثيق الحق وتأكيده عند إنشاء الحقوق والديون، وعلى كتابة المحاضر والسجلات والدعاوى عند الكاتب ".

وعرفه الجرجاني (11: 178) بقوله: " هو الحكم بثبوت شيء لآخر ".

وأضاف محمد الزحيلي قائلا (10: 23/1): " كما أطلقه عامة العلماء على إقامة الحجة على تأكيد وجود بعض الأمور الحسية واكتشاف بعض مكنونات الكون، وعلى تحقيق بعض الأمور العلمية في الطب والفلك والرياضة والتاريخ وغير ذلك من المجالات العلمية، وذلك لأن كل قول في أي علم من العلوم لا قيمة له إلا بإثبات صحته، وذلك لا يتأتى إلا بإقامة الحجة عليه، وإلا كان قولا مردودا ".

المعنى الخاص للإثبات

وقد يطلق الإثبات ويراد به المعنى الخاص وهو كما عرفه محمود هاشم (122/12): " إقامة البينة بالوسائل الشرعية، والدليل عندهم النصوص الشرعية "

وجاء في الموسوعة (9: 136/2) " إقامة الدليل أمام القضاء بالطرق التي حددتها الشريعة على حق أو واقعة معينة تترتب عليها آثار شرعية ".

المطلب الثالث
تعريف الإثبات في القانون

ذكر شراح القانون تعريفات كثيرة للإثبات، لا تخرج في معناها عما جاء في الشريعة الإسلامية، وهي تعريفات متشابهة متقاربة، نذكر منها التعريف التالي:

"إقامة الدليل على صحة الواقعة المدعى بها أمام القضاء بالطرق التي حددها القانون نظرا لما يترتب عليه من آثار قانونية " (12: 113 الوسيط في شرح القانون، 13: 314/2 رسالة الإثبات، 14: 14/1، 29 أصول الإثبات في المواد المدنية، 15: 1 طرق الإثبات، 16: 1 دور الحاكم المدني في الإثبات، 17: 22، شرح قانون الإثبات: 18: 17، قانون الإثبات في المواد الدينية والتجارية 19: 1).

المبحث الثاني
أهمية الإثبات وتطوره

المطلب الأول
أهمية الإثبات

إن أهم وأظهر سمة تتسم بها هذه الشريعة الغراء في جانبها القضائي، هـي تجريدهـا مـن الأمور غـير المعقولة والشكليات غير المنطقية، وهي سمة خاصة بالشريعة الإسلامية بالإضافة إلى اعتمادهـا قواعد مبـدأ العدل المطلق في كل شيء، ومحاربة الظلم ومنع الضرر في أطر أخلاقية ملتزمـة حـدود الشـرع وأهدافه، وقـد أخرج مسلم (21: 4/12ـ6)، والبخاري (22: 86/9، 235/3، 22، 88/7، 91)، (انظر سبل السلام 23: 121/4، (التاج الجامع للأصول 4: 583/1)، عن أم سلمة زوج النبي صلى الـلــه عليه وسلم قال: ﴿ إنما أنا بشرـ مثلكم وأنكم تختصمون إلي، ولعل بعضكم أن يكون ألحن بحجته من بعض، فأقضي له على نحـو مـا أسـمع منه، فمن قطعت له من حق أخيه شيئا فلا يأخذه، فإنما أقطع له قطعة من النار ﴾.

لذلك فإن الإثبات يهدف إلى تحقيق العدل الذي أمرت به الكثير من الآيات القرنية والتي منها:

أولا: قال الـلــه تعالى: ﴿ إن الـلــه يـأمركم أن تـؤدوا الأمانـات إلى أهلها وإذا حكمـتم بـين النـاس أن تحكموا بالعدل إن الـلــه نعما يعظكم به إن الـلــه كان سميعا بصيرا ﴾ (سورة النساء: آية 58).

وجه الدلالة:

إن الـلــه سبحانه وتعالى يأمر بأداء الأمانات إلى أهلها، وهـو عـام يشـمل جميع الحقـوق، كمـا تشـعر بضرورة وجود القضاء للحكم بين الناس بالعدل، والحكم بالعدل هـو القضاء، ولا بـد للمجتمـع الإنسـاني منـه حتى يأمن الضعيف سطوة القوي ويستتب الأمن

والنظام بين الناس. (تفسير آيات الأحكام 24: 114/2ـ116، مختصر ابن كثير 25: 400/1 ـ401، تفسير النسفي 26: 232/1).

ثانيا: قال الله تعالى: ﴿ ولا يجرمنكم شنآن قوم على ألا تعدلوا اعدلوا هو أقرب للقوى ﴾ (سورة المائدة: آية 8).

وجه الدلالة:

تؤكد هذه الآية أن الإسلام جعل العدل حقا مشتركا بين الناس جميعا حتى بين الأعداء، وحرم الإسلام جعل البغض والكراهية سببا في ترك العدل بين الناس، لأنه الغاية من إنزال الشرائع وإرسال الرسل، فتقرر حقا إنسانيا نفيا للظلم في الأرض ورحمة للعالمين (تفسير ابن كثير 27: 2،/5-6، صفوة التفاسير 28: 33/1، خصائص التشريع الإسلامي في السياسة والحكم 29 ك 221).

ولذلك نلاحظ الخليفة عمر بن الخطاب رضي الله عنه يبين أهمية وسائل الإثبات في رسالته إلى أبي موسى الأشعري في القضاء حيث جاء فيها: " فإن الله سبحانه وتعالى تولى منكم السرائر ودرأ عنكم بالبينات والأيمان الشبهات 00000" (القضاء في الإسلام 30: 102، تاريخ القضاء في الإسلام 31: 13، البيان والتبيين 32: 237/2، تراث الخلفاء الراشدين 33: 68).

فالإثبات هو عماد القضاء وأساس إقامة العدل، وهو المعيار في تمييز الحق من الباطل، والسمين من الغث، وبه يتحقق القاضي من صدق الدعوى أو بطلانها وتبيين الأقوال الكاذبة من غيرها، ويعرف المحق من المبطل من الخصوم، وهذا ما دعانا إليه النبي صلى الله عليه وسلم في الحديث الذي أخرجه مسلم (21: 2/12) عن ابن عباس رضي الله عنه قال: **﴿ لو يعطي الناس بدعواهم لادعى رجال دماء رجال وأموالهم ولكن اليمين على المدعى عليه ﴾**، وفي رواية أخرى: **﴿ ولكن البينة على المدعي واليمين على من أنكر ﴾**

وجه الدلالة:

بين الحديث أهمية الدليل في الدعوى، حيث لا يقبل مجردا عن الدليل وإلا لأدى ذلك إلى تطاول الناس على الأعراض والاعتداء على الأنفس والأموال، والمطالبة بأموال الآخرين.

جاء في الإحكام في أصول الأحكام (34: 112/1): " لو يعطى كل امرئ بدعواه ما ثبت حق ولا باطل ولا استقر ملك أحد على حال ". فلا بد لكل ادعاء من دليل يؤيده، وكل قول من بينة تثبته، وحجة تدعمه، وكل حق يتجرد من كل قيمة إذا لم يدعم بالدليل، فالدليل قوام الحق ومعقد النفع فيه، ويصبح الحق إذا كان مجردا عن دليله عند المنازعة فيه، والعدم سواء لتعذر فرض احترامه قضاء على من ينكره أو ينازع فيه.

ولذلك قال بعض العلماء (10: 34/1): " إن الدليل فدية الحق أو جزية الحق، ولولا الإثبات لضاعت الحقوق وزهقت الأنفس، كما ورد في الحديث الشريف ".

جاء في المذكرة الإيضاحية للقانون المدني الأردني (35: 86/1) ما نصه: " شرعت أدلة الإثبات لحماية الحقوق بصفة عامة، فالحق يتجرد من قوته إذا لم يقم دليل على ثبوته، ولذا يتعين إقامة الدليل على كل واقعة قانونية يدعى بها متى نوزع فيها أو أنكرها المدعى عليه ".

وتتأكد أهمية الإثبات في أنه عام لجميع الحقوق العامة والخاصة، وأن وظيفة الإثبات دائمة ومستمرة على مر الزمان والعصور، ويحتاج إليه القاضي في كل قضية، ويستخدمه الأفراد عند النزاع، وهذا ما نشاهده في جميع المحاكم الموجودة حيث يتوقف حسم القضاء فيها على الإثبات ز

ولما كان الإثبات ذو أهمية في السلطة القضائية، بين الشارع الحكيم أحكام الإثبات، ونص على طرق الإثبات الشرعية، وكيفية استعمالها.

كما نلاحظ اهتمام الشرائع والقوانين منذ العصور الأولى بالإثبات وبيان أهميته من خلال موادها التي نصت عليها، وقد ظهر ذلك واضحا في القوانين الحديثة، حيث صدر قانون البينات الأردني رقم 30 لسنة 1952م (36)، وصدر قانون البينات السوري عام 1947م (37)، وصدر قانون الإثبات المصري الجديد رقم 25 لسنة 1968م (38، 39)، كما صدر قانون المرافعات المدنية العراقية رقم 33 لسنة 1969م (40).

لذلك نستطيع القول بأن الإثبات يحقق سيادة النظام والطمأنينة، واستتباب الأمن ومحو الانتقام الشخصي، ومحو الضغينة من النفوس، وملؤها بالثقة والرضا، وإيجاد

الصفاء والوئام، وتحقيق العدالة ومناهضة الظلم ورد الحقوق إلى أصحابها، وحقن الدماء وصيانة الأعراض، وحفظ الأموال.

ويعتبر تنظيم الإثبات وتقنينه علامة على تنظيم الحياة الإنسانية، ودليل على غروب النظام البدائي والقبلي الذي يعتمد على الفرد أولا والقوة المادية ثانيا (10: 35/1، 16: 2ـ3، 17: 26 ـ 27، 39: 12/1).

المطلب الثاني

التطور التاريخي للإثبات

الفرع الأول: نظام الإثبات عند العرب في الجاهلية

يرى شراح القانون أن نظام الإثبات القضائي مر بثلاثة أدوار هي: عهد ما قبل القضاء، عهد الدليل الإلهي، عهد الدليل الإنساني (10: 1 35 ـ 37، قانون الإثبات المدني العراقي 40: 13 ـ 18).

أما نظام الإثبات القضائي عند العرب في الجاهلية لم يمر في مراحل التطور التاريخي السالفة الذكر، فقد كان العرب في الجاهلية بدوا ليس لهم نظام محكم ولا قانون مدون يرجعون إليه في فض خصوماتهم وحل منازعاتهم، وكانوا ينقسمون إلى قبائل تنقسم إلى بطون وأفخاذ وعشائر تكون وحدة متعاونة متكاتفة، وكان شيخ القبيلة يتولى القضاء والفصل في الخصومات التي تحدث بين أفراد القبيلة مستخدما قوته في القبيلة نفسها معتمدا في قضائه على العرف والعادة (تاريخ التشريع الإسلامي 41:21، 30: 22 ـ 23).

كما كان العرب في الجاهلية يلجأون إلى العرافين[1] الذين عرفوا بحصافة الرأي وبعد النظر، واستخراج الحقوق بالفراسة والقرائن، وكان حذاق الحكام عندهم يقدمون القضاء بالفراسة والأمارات ولا يقدمون عليها غيرها من شهادة أو إقرار (القضاء في الإسلام 42: 20ـ21، 42، معالم الدولة الإسلامية 43: 328، الطرق الحكمية 44: 24).

---

[1] العراف: الشخص الذي يعرف الأمور عن طريق الفراسة والقرائن.

وكان القضاء عندهم يسمى حكومة، ولكل قبيلة من قبائل العرب حكم أو أكثر مثل أكثم بـن صيفي، وعامر بن الظرب، وقس بن ساعده، وحمزة بن حمزة التميمي، وحاجب بن زرارة، والأقرع بن حابس، وغـيلان بن مسلمة الثقفي، والعاص بن وائل، والعلاء بن حارثة، وهاشم بن عبد مناف، وعبد المطلب بـن هاشم وأبي طالب عم النبي صلى الـلـه عليه وسلم وحذام بنت الريان، وغيرهم من الرجال والنساء الـذين لأثرت عنهم الأقوال الخالدة والأمثال الثائرة في قواعد الإثبات والتحكيم (10: 37/1، 30: 23ـ24، عمـر بـن الخطاب وأصول السياسة والإدارة الحديثة 45: 326ـ328).

وقد كان بعضهم يلجأ إلى الكهنة[1] كسطيح الذئبي المعروف بسطيح الكـاهن مـن أجـل حـل قضاياهم لاعتقادهم أنهم يستطيعون إظهار الحق بمعرفتهم لما لهم من صلة بالجن حيث يطلعونهم على كـل شيء (30: 23، 48: 21، 42: 21).

وقد حظيت مكة المكرمة بين الجزيرة العربية بشيء من الدقة فيه نظامها القضائي، فقد كان بنو سهم أصحاب الحكومة في قريش قبل الإسلام جريا وراء عادة العرب في تقسيم الأعمال الاجتماعية الهامة بين الأسر المرموقة، كالحجابة[2]، والسقاية[3]، والرفادة[4]، واللواء[5]، ومنها النظام القضائي حيث كان القرشيون وغيرهم ممن يفد مكة من العرب يحتكمون إلى زعماء بني سهم فيم يقع بينهم من الخصومات (29: 24، 45: 326).

إن طرق الإثبات عند العرب أقرب إلى الصواب والمنطق والعدل إذا ما قورنت بطرق الإثبات مـع الأمـم الأخرى، فكانوا يعتمدون على الإقرار، والشهادة، والقرائن، والفراسة، والقيافة[6]، والقسامة، والعيافـة[7]، ولكنهم كانوا يقدمون الفراسة والأمارات على غيرها من شهادة أو إقرار.

---

[1] الكاهن: الشخص الذي يعتقد العرب أنه على صلة بالجن.

[2] الحجابة: تولي حراسة الكعبة وفتحها لمن يقصدها.

[3] السقاية: تقديم الشراب للحجيج في مواسم الحج.

[4] الرفادة: تقديم الطعام للحجيج في مواسم الحج.

[5] اللواء: حق إعلان الحرب وحمل رايتها.

[6] القيافة: بيان هيئة الإنسان.

[7] العيافة: تتبع آثار الأقدام والأخفاف والحوافر.

الفرع الثاني: نظام الإثبات في الإسلام

بقيت طرق الإثبات عند العرب في الجاهلية حتى جاءت الشريعة الإسلامية، فأقرت بعض هذه الطرق، ورفضت بعضها الآخر، وأرست دعائم العدل وقواعد الإثبات، وحددت طرق الإثبات المعروفة اليوم منذ لحظة نزولها دون تطور ولا تجارب، وقضت إلى الأبد على الوسائل البدائية، وطرق الشعوذة وألاعيب الكهان، ومنعت القضاء الشخصي، واستخدام القوة والمصارعة التي يندى لها جبين العدل (10: 1/37ـ38).

فقد نزل قول الـلـه تبارك وتعالى: ﴿ **إنا أنزلنا إليك الكتاب لتحكم بين الناس بما أراك الـلـه** ﴾ (سورة النساء آية 65).

يأمر الـلـه تعالى في هذه الآية الرسول صلى الـلـه عليه وسلم بالحكم بما أنزل الـلـه تبارك وتعالى تحقيقا للعدالة وحتى يسيروا على نهجه ويقتدوا به في قضائهم.

كما نزلت آيات تبين أهمية الدليل والبرهان في القوال والحقوق.

قال الـلـه تعالى: ﴿ **والذين يرمون المحصنات ثم لم يأتوا بأربعة شهداء فاجلدوهم ثمانين جلدة ولا تقبلوا لهم شهادة أبدا وأولئك هم الفاسقون** ﴾ (سورة النور: آية 4).

وقال الـلـه تعالى: ﴿ **واللائي يأتين الفاحشة من نسائكم فاستشهدوا عليهن أربعة منكم، فإن شهدوا فامسكوهن في البيوت** ﴾ (سورة النساء: آية 15)

وقال الـلـه تعالى في طلب الحجة والبرهان في الجدل والمناقشة والاعتقاد: ﴿ **ومن يدع مع الـلـه إلها آخر لا برهان له به فإنما حسابه عند ربه إنه لا يفلح الكافرون** ﴾ (سورة المؤمنون: آية 117).

وقال الـلـه تعالى: ﴿ **أإله مع الـلـه قل هاتوا برهانكم إن كنتم صادقين** ﴾ (سورة النمل: آية 64).

وقد صدع النبي صلى الـلـه عليه وسلم لأمر ربه (43: 330، 45: 326ـ327، تاريخ الإسلام 46: 484، النظم الإسلامية 47: 274ـ275، 52: 3/390). فنصب نفسه قاضيا في المدينة للفصل في الخصومات، تبين ذلك في الوثيقة التي عقدها بين المهاجرين وبين

أهل المدينة من المسلمين واليهود وغيرهم من المشركين حيث يقول عليه الصلاة والسلام:﴿ **وأنه ما كان بين أهل المدينة من حدث أو اشتجار يخاف فساده، فإن مرده إلى الله عز وجل وإلى محمد رسول الله** ﴾.

ولم يكن في بداية الدعوة قاض سوى الرسول صلى الله عليه وسلم وبعد أن اتسعت رقعة الدولة الإسلامية عهد النبي إلى ولاته بالقضاء بين الناس ضمن ولايتهم / وكان يعهد أحيانا إلى بعض الصحابة بفض بعض الخصومات، وكان يحكم أحيانا بين الناس طبقا لكتاب الله تعالى، حيث يحضر المتخاصمان إليه عن طوع واختيار، فيسمع كلام كل منهما قبل أن يصدر حكمه، وقد أخرج البخاري (22: 86/9، 235/3)، ومسلم (21: 4/12ـ6)، ومالك (5: 709/2)، وابن الأثير (4: 583/10) عن أم سلمة زوج النبي صلى الله عليه وسلم أن رسول الله صلى الله عليه وسلم قال: ﴿ **إنما أنا بشر مثلكم، وإنكم تختصمون إلي، ولعل بعضكم أن يكون ألحن بحجته من بعض، فأقضي له على نحو ما أسمع منه، فمن قضيت له بحق أخيه شيئا فلا يأخذه، فإنما أقطع له قطعة من النار** ﴾.

وكانت طرق الإثبات عند الرسول صلى الله عليه وسلم البينة واليمين، وشهادة الشهود، والكتابة، والفراسة، والقرعة وغيرها.

وكان عليه الصلاة والسلام يقول (21: 12/12، 23: 134/4):﴿ **البينة على المدعي واليمين على من أنكر** ﴾.

والبينة في نظر الشرع: اسم لما يبين الحق ويظهره (44: 24)، بمعنى أن المدعي ملزم بإظهار ما يبين صحة دعواه، فإذا أظهر صدقه بإحدى الطرق حكم له.

وقد سار الخلفاء الراشدون والمسلمون من بعدهم على منج الرسول صلى الله عليه وسلم في الإثبات تحقيقا لمبدأ العدالة في الإسلام، وفي ذلك يقول عمر بن الخطاب رضي الله عنه في كتابه إلى أبي عبيدة عامر بن الجراح رضي الله عنه حاكم الشام: " إذا حضر الخصمان فعليك بالبينات العدول، والأيمان القاطعة "[1] (45: 333، 47: 293، 48: 237).

---

[1] نص رسالة الخليفة عمر بن الخطاب رضي الله عنه إلى أبي عبيدة عامر بن الجراح رضي الله عنه حاكم الشام، كما جاء في كتاب عمر بن الخطاب وأصول السياسة والإدارة الحديثة (45: 333): " الزم خمس خصال يسلم لك دينك، وتأخذ بأفضل حظك إذا حضر الخصمان فعليك بالبينات العدول، والأيمان

وذكر الفقهاء وسائل الإثبات في كتبهم، وحصرها غالبيتهم بالشهادة والإقرار واليمين والنكول عنها، وهي الوسائل التي أوردتها النصوص الشرعية، غير أن بعض الفقهاء ذكر وسائل أخرى بناء على أن البينة اسم لكل ما يبين الحق ويظهره، وقد أوصلها ابن القيم إلى ست وعشرين وسيلة.

الفصل الأول
اليمين القضائية

المبحث الأول: مفهوم اليمين وأصل مشروعيتها
المبحث الثاني: ألفاظ اليمين وصيغته وتغليظه
المبحث الثالث: النية في اليمين ومحلها
المبحث الرابع: الحقوق التي يجوز فيها اليمين والحقوق التي لا يجوز فيها اليمين
المبحث الخامس: شروط اليمين القضائية وأقسامها

الفصل الأول
اليمين القضائية

المبحث الأول
مفهوم اليمين وأصل مشروعيتها

المطلب الأول
مفهوم اليمين

الفرع الأول: تعريف اليمين لغة

جاء في معجم لغة الفقهاء (49: 395)، ولسان العرب (1: 350/17)، والقاموس المحيط (3: 278) بأن اليمين مؤنث، والجمع أيمن وأيمان وأيامن وأيامين، وقد تحذف النون في أيمن فتصبح أيم بكسر الهمزة وفتحها، وهي ضد اليسار للجهة أو الجارحة.

واليمين لفظ جامع لعدة معان هي:

المعنى الأول: الحلف والقسم (1: 17 /352ـ356، 3: 278/4ـ279، 8: 1080/2، مختار الصحاح 50: 744، القاموس الفقهي 51: 395، المصباح المنير 53: 983/2)

ومثال ذلك قول الله تعالى في كتابه العزيز:﴿ **لا يؤاخذكم الله باللغو في أيمانكم، ولكن يؤاخذكم بما عقدتم الأيمان فكفارته إطعام عشرة مساكين من أوسط ما تطعمون أهليكم أو كسوتهم أو تحرير رقبة، فمن لم يجد، فصيام ثلاثة أيام ذلك كفارة أيمانكم إذا حلفتم، واحفظوا أيمانكم كذلك يبين الله لكم آياته لعلكم تشكرون** ﴾ (سورة المائدة: آية 89).

وفي الحديث الشريف (21: 117/11ـ118، 22: 164/8):﴿ **يمينك على ما يصدقك به صاحبك** ﴾.

أي يجب أن تحلف له على ما يصدقك به إذا حلفت له.

وأيمن الله: اسم وضع للقسم والتقدير " أيمن الله قسمي ".

واستيمنت الرجل استحلفته، وفي حديث عروة بن الزبير ليمنك إنما هي يمين، وهي كقولهم: يمين الله كانوا يحلفون بها.

قال أبو عبيدة: " كانوا يحلفون باليمين يقول يمين الله لا أفعل ".

وأنشد لامرئ القيس:

فقلت يمين الله لا أبرح قاعدا ولو قطعوا رأسي لديك وأوصالي

وإنما سمي الحلف والقسم يمينا لأنهم كانوا إذا تحالفوا على فعل شيء أو تركه وضع كل منهم يمينه على يمين صاحبه، ولأن اليمين فيها تقوية لصاحبها وترجيح جهة على أخرى، قال ابن منظور (1: 356/17)، وكانوا يبسطون أيمانهم إذا حلفوا وتحالفوا أو تبايعوا "، ولذلك قال عمر بن الخطاب لأبي بكر الصديق - رضي الله عنهم: " ابسط يدك أبايعك ".

وقد جاء في مغني المحتاج (20: 320/4) قوله: "ولما كان الحلف يقوي الحنث على الوجود أو العدم سمي يمينا، وقيل لأنها تحفظ الشيء على الحالف كما تحفظه اليد".

وقال سيد سابق (52: 7/3): " واليمين والحلف والقسم والإيلاء بمعنى واحد ".

المعنى الثاني: القوة والقدرة (1: 353/17ـ354، 3: 278/4، 8: 2/ 1080، 51: 395)

ومثال ذلك قول الله تعالى:﴿ **لأخذنا منه باليمين** ﴾ (سورة الحاقة: آية 45)، أي بالقوة والقدرة.

ومنه قول الشماخ في مدح عرابة الأوسي:

رأيت عرابة الأوسي يسمو إلى الخيرات منقطع القرين

إذا ما راية رفعت لمجد تلقاها عرابة باليمين

وقد أراد بقوله تلقاها عرابة باليمين " القوة والحق ".

المعنى الثالث: اليد اليمنى (1: 353/17، 3: 278/4، 6: 927، 50: 744، 51: 395).

ومثال ذلك قول الله تعالى: ﴿ فراغ عليهم ضربا باليمين ﴾ (سورة الصافات: آية 93)، وقول الله تعالى: ﴿ وما تلك بيمينك يا موسى ﴾ (سورة طه: آية 17).

وقد قيل في قول الشماخ السابق أنه أراد بقوله تلقاها عرابة باليمين: اليد اليمنى.

واليد اليمنى عضو من أعضاء الإنسان، وقد سميت بذلك لزيادة قوتها على اليد اليسرى، ولأنها أشد في البطش.

المعنى الرابع: الدين والملة (50: 744، 52: 395).

ومثال ذلك قول الله تعالى: ﴿ قالوا إنكم كنتم تأتوننا عن اليمين ﴾ (سورة الصافات: آية 28).

قال الزجاج (1: 353/17): " هذا قول الكفار الذين أضلوهم، أي كنتم تخدعوننا بأقوى الأسباب، فكنتم تأتوننا من قبل الدين، فترونا أن الدين والحق ما تضلونا به وتزينون لنا ضلالتنا ".

ومثال آخر: قال الله تعالى: ﴿ ثم لآتينهم من بين أيديهم ومن خلفهم وعن أيمانهم وعن شمائلهم ﴾ (سورة الأعراف: آية 17).

قيل في قول الله تعالى: " وعن أيمانهم "، أي من قبل دينهم.

المعنى الخامس: المنزلة الحسنة (1: 353/17، 3: 279/4، 6: 927)، يقال " فلان عندنا باليمين "، أي بالمنزلة الحسنة.

المعنى السادس: البركة (3: 278/4، 8: 1080/2، 51: 395، 53: 938/2).

ومثاله قول الله تعالى: ﴿ وناديناه من جانب الطور الأيمن وقربناه نجيا ﴾ (سورة مريم: آية 52).

" وقدم على أيمن اليمين "، أي على اليمن والبركة.

المعنى السابع: العهد (8: 1080/2، 51، 395)

ومنه قول الـلـه تعالى: ﴿ **وإن نكثوا أيمانهم من بعد عهـدهم وطعنـوا في ديـنكم فقـاتلوا أمّـة الكفـر إنهم لا أيمان لهم لعلهم ينتهون** ﴾ (سورة التوبة: آية 12).

المعنى الثامن: الإيلاء (53: 20/1)

ومنه قول الـلـه تعالى: ﴿ **للذين يؤلون من نسائهم تربص أربعـة أشـهر فـإن فـاءوا فـإن الـلـه غفـور رحيم** ﴾ (سورة البقرة: آية 226).

قال ابن العربي (53: 117/1): " إن الإيلاء في لسان العرب هو الحلف ".

الفرع الثاني: تعريف اليمين اصطلاحا

أولا: تعريف الحنفية

ذهب جمهور الحنفية (تبيين الحقائق شرح كنز الدقائق 55: 107/3، حاشية ابـن عابـدين 56: 738/3، شرح فتح القدير 57: 347/4، فتاوى قاضيخان 58: 212) إلى القـول بأنـه: " عقـد قـوي بـه عـزم الحـالف عـلى الفعل أو الترك ".

وعرفه الجرجاني (11: 178) بقوله: " تقوية أحد طرفي الخبر بذكر الـلـه أو التعليق بالشرط والجزاء ".

شرح التعرف

المقصود بقوله " تقوية " تثبيت وتأكيد "

" والخبر له طرفان ": طرف صدق ن وطرف كذب، والخبر يحتمل الصدق وينفـي جانـب الكـذب، إمـا بذكر الـلـه تعالى الذي يجعله شاهدا على قوله وإما بتعليق الجزاء على الشرط، أي بتعليق الجزاء على تحقيـق الفعل أو عدمنه ليؤكد عزمه على ذلك.

وقد جاء في الاختيار لتعليل المختار (59: 45/4 ـ 46)، وفي الشرع نوعان:

أحدهما: القسم: وهو ما يقتضي تعظيم المقسم به فلهذا قلنا لا يجوز إلا بالله تعالى، وقال عليه الصلاة والسلام:﴿ **من كان حالفا فليحلف بالله أو ليذر** ﴾، وفيها

المعنى اللغوي، لأن فيها الحلف، وفيها يعني القوة، لأنهم يقوون كلامهم ويوثقونه بالقسم بالله تعالى، وكانوا إذا تحالفوا وتعاهدوا يأخذون باليمين التي هي الجارحة.

الثاني: الشرط والجزاء: وهو تعليق الجزاء بالشرط على وجه ينزل عند وجود الشرط كقوله: إن لم آتك غدا فعبدي حر.

وهذا النوع يثبت بالاصطلاح الشرعي، ولم ينقل عن أهل اللغة، وفيه معنى القوة والتوثيق أيضا، لأن اليمين تعقد للحمل على فعل المحلوف عليه وللمنع عن فعله، فإن الإنسان يعلم كون الفعل مصلحة، ولا يفعله لنفور الطبع عنه، ويعلم كونه مفسدة، ولا يمتنع عنه لميله إليه، وعليه شهوته، فاحتاج في تأكيد عزمـه على الفعل أو الترك إلى اليمين، وكما أن اليمين بالله تعالى تحمله أو تمنعه لما يلازمها في الإثم بهتك الاسم المعظم والكفارة، فكذلك الشرط والجزاء يحمله أو يمنعه كما يلازمه من زوال ملك النكاح أو ملك الرقبة وغير ذلك فيحصل المنع والحمل بكل واحدة في اليمينين، فألحقناها بها لاشتراكهما في المعنى.

ثانيا: تعريف المالكية

ذهب المالكية (مختصر العلامة 60: 65، شرح منح الجليل 61: 69،622 الإكليل شرح مختصر خليل 62: 147) إلى القول بأن: " اليمين تحقيق ما لم يجب بذكر اسم الله تعالى أو صفته ".

شرح التعريف

" تحقيق " أي تقوية وتثبيت، وخرج به يمين اللغو لأنه لم يقصد به أمر من الأمور.

وقوله " ما " أمر، وقوله " لم يجب " أي وقوله عقلا وعادة، فدخل الممكن عـادة ولو كـان واجبـا أو ممتنعا شرعا، مثال ذلك و الله لأدخلن الـدار أو لا أدخلنها، وكـذلك لأصلين الصبح أو لا أصلينها، ولأشربـن الخمر أو لا أشربه، والممكن عقلا ولو امتنع عادة نحو لأشربن البحر، وكذلك لأصعدن السماء، ويحنث في هـذا بمجرد اليمين.

وخرج الواجب العادي والفعلي كطلوع الشمس من المشرق.

وقوله " بذكر الله " الباء سببية متعلقة بتحقيق، ويشمل كل اسم من أسمائه سبحانه وتعالى.

وقوله " أو صفة " أي الذاتية كالعلم والقدم والبقاء والوحدانية.

وذهب البعض (مواهب الجليل 63: 260/3) إلى القول: " بأنه الحلف بمعظم تأكيدا لدعواه أو لما عزم على فعله أو تركه ".

ثالثا: تعريف الشافعية

عرف الشافعية (20: 320/4، حاشية القليوبي وعميرة 64: 7014، روضة الطالبين 65: 33/11، زاد المحتاج 66: 448/4) اليمين بقولهم: تحقيق أمر غير ثابت ماضيا كان أو مستقبلا، نفيا أو إثباتا، ممكنا أو ممتنعا صادقة أو كاذبة مع العلم بالحال أو الجهل به ".

شرح التعريف (20: 320/4)

خرج بقولنا " تحقيق أمر " الأمر الثابت كقول الرجل: و الله لأموتن أو لا أصعد السماء لتحققه في نفسه، فلا معنى لتحقيقه، ولأنه لا يتصور فيه الحنث، وفارق انعقادها بما لا يتصور فيه البر كحلفه: ليقتلن الميت بأن امتناع الحنث لا يخل بتعظيم اسم الله تعالى، وامتناع البر يخل به فيحتاج إلى التكفير، ويكون أيضا للتأكيد.

ومثال " الأمر الماضي " كقولك: " و الله إنني لم أستوف النفقة من ولدي المدعى عليه.

ومثال " الأمر المستقبل ": كقولك: " و الله لئن لقيت أعداء الله اليهود لقاتلنهم، ولا أفر من وجوههم ".

ومثال " المثبت ": كقولك: " و الله لأتصدقن بعشرة دنانير ".

ومثال " الأمر المنفي ": " و الله لن أوافق على تسليم المسجد الأقصى لليهود ".

ومثال " الممكن ": " و الله لأدخلن الدار.

ومثال " الممتنع ": " و الله لأقتلن الميت "

واليمين الصادقة منعقدة، وإذا حنث فيها تجب الكفارة.

واليمين الكاذبة إذا كانت في الماضي تكون يمينا غموسا.

رابعا: تعريف الحنابلة

ذهب الحنابلة (منتهى الإرادات 67: 528/2، الإقناع 68: 329/4-330، كشاف القناع: 69: 226/6، نيل المآرب 70: 412/2،) إلى القول بأن اليمين: " توكيد الحكم بذكر معظم على وجه مخصوص، وهي وجوابها كشرط وجزاء ".

شرح التعريف

ما ورد في هذا التعريف من قيود وضحت سابقا، ولذلك لا يحتاج إلى إعادة توضيح وشرح ونكتفي بما يلي:

" والحلف على مستقبل " إرادة تحقيق خير فيه ممكن بقول يقصد به الحث على فعل الممكن أو تركه.

" والحلف على أمر ماض " إما " بر " وهو الصادق، أو " غموس " وهو الكاذب، أو " لغو " وهو ما لا أجر فيه ولا إثم ولا كفارة.

يتبين لنا أن هذه التعريفات التي جاء بها فقهاؤنا ـ رحمهم الله ـ تتسم بالعموم والشمول، حيث تشمل الأيمان بصفة عامة سواء أكانت واقعة في خصومة أم في غير خصومة، وسواء أكانت تتعلق بالماضي أم بالمستقبل كالقيام ببعض الأعمال والامتناع عنها، وهي تفيد تأكيد ثبوت الحق وتفيد العزم على الفعل أو تركه.

وقد خصص الفقهاء باب الأيمان والنذور في كتب الفقه لبحث اليمين المتعلقة بالقيام ببعض الأعمال أو الامتناع عنها، سواء أكانت في الماضي أم الحاضر أم المستقبل، وما يترتب عن هذه الأيمان من أحكام. ولم يتعرضوا لليمين كوسيلة من وسائل الإثبات في باب الأيمان والنذور، ولكنهم ذكروا أحكام اليمين القضائية باعتبارها وسيلة من وسائل الإثبات في باب القضاء والدعوى، والتي هي موضوع رسالتنا، وهي اليمين الواقعة في خصومة، والتي تؤدى بطلب من القاضي لفصل التنازع وإثبات الحقوق، ولذلك لا بد من تعريفها بما يتلاءم مع مدلولها.

مسألة: أقسام اليمين

تنقسم اليمين تقسيمات كثيرة باعتبارات كثيرة: فتنقسم من حيث وجود الكفارة أو عدمها إلى ثلاثة أقسام (10: 408/1، 20: 324/4ـ325، 52: 21/3،17، 59: 46/4) هي:

الأول: اليمين اللغو: الحلف على الشيء يظن الحالف أنه على يقين منه، فيخرج الشيء على خلاف ما حلف عليه.

حكمها: لا كفارة فيها ولا مؤاخذة عليها.

الثاني: اليمين المنعقدة: وهي الحلف على أمر في المستقبل ليفعله أو يتركه.

حكمها: وجوب الكفارة فيها عند الحنث.

الثالث: اليمين الغموس: وهي الحلف على أ/ر ماض أو حال يتعمد الحالف فيها الكذب، وسميت بذلك لأنها تغمس صاحبها في الإثم والنار.

حكمها: اختلف الفقهاء في حكمها على مذهبين:

المذهب الأول: عدم وجوب الكفارة فيها، وهو مذهب الجمهور (20: 325/4).

المذهب الثاني: وجوب الكفارة في اليمين الغموس وهو مذهب الشافعية والإمام أحمد في رواية (20: 325/4، 52: 19/3).

وتنقسم اليمين من حيث وقوعها في القضاء وخارجه إلى قسمين (10: 357/1، 39: 168/39).

الأول: اليمين القضائية: وهي التي تكون في مجلس القضاء.

الثاني: اليمين غير القضائية: وهي التي تكون خارج مجلس القضاء.

الفرع الثالث: تعريف اليمين القضائية

أولا: تعريف الفقه:

أ- تعريف اليمين القضائية عند أصحاب المذاهب الفقهية:

لم نجد في كتب الفقهاء القدامى تعريفا خاصا باليمين القضائية، ولكننا وجدنا تعريفا لبعض المتأخرين من المالكية للبحث في القضاء، حيث جاء في سراج السالك

شرح أسهل المدارك (71: 116/2) قوله: " اليمين إثبات ما لم يثبت باعتراف ولا بينة أو نفيه ".

اعتراضات على التعريف
1ـ التعريف غير مانع فيدخل فيه الإثبات عند القاضي وغيره.
2ـ لم يبين التعريف المحلوف به.

ب ـ تعريف اليمين القضائية عند العلماء المعاصرين
أولا: عرف محمد مصطفى الزحيلي اليمين القضائية (10: 319/1) بقوله: "تأكيد ثبوت الحق أو نفيه باستشهاد الله تعالى أمام القاضي ".

وقال في بيانه لمحترزات التعريف (10: 319/1ـ320):

لفظ " تأكيد " تعني تقوية وترجيح جانب الصدق على جانب الكذب باعتبار أنه جعل الله تعالى رقيبا عليه وشاهدا على صدقه، فإنه يعلم السر وأخفى، ويعلم خائنة الأعين وما تخفي الصدور.

والتأكيد قد يكون باليمين، وقد يكون بغيرها كالشهادة والكتابة، وقد يكون التأكيد على فعل أمر أو تركه في المستقبل.

لفظ " ثبوت الحق " خرج به التأكيد على فعل أمر أو تركه في المستقبل فهي اليمين العامة، وتقع اليمين على الحق أو على مصدره، وهو الفعل في الماضي أو الحاضر الذي يترتب عليه حق الآخر، ودخل في قوله " ثبوت حق " يمين المدعي على إثبات الحق واستحقاقه، والحق هو المحلوف عليه أو المتنازع فيه

لفظ " أو نفيه " دخل فيه يمين المدعى عليه على نفي الحق ورد ادعاء المدعي.

وقوله: "باستشهاد الله تعالى" خرج به تأكيد ثبوت الحق بالشهادة والكتابة وغيرها، ودخل اليمين باللفظ المحدد والمعين له وهو لفظ الجلالة.

" أمام القاضي ": قيد في اليمين القضائية التي يشترط فيها أن تكون أمام القاضي وبطلبه، وخرج اليمين خارج القضاء فلا عبرة لها في إثبات الحق، فلو حلف خارج القضاء ونقل ذلك للقاضي فلا يقبل بدليل أن ركانة حلف بحضرة النبي صلى الله عليه وسلم قبل طلب اليمين منه، فأعاد الرسول صلى الله عليه وسلم طلب اليمين منه، ولم يجزئ بحلفه ابتداء.

اعتراضات على التعريف

1ـ إن لفظ " استشهاد " غير مانع، لأنه يحتمل اليمين وغيرها كالشهادة

2ـ أما قوله " أمام القاضي " فذلك يشمل اليمين أمام القاضي سواء أكان ذلك بتوجيهها مـن القاضي أم المحكم أم غيرهما، ويشمل أيضا الحلف بغير طلب مع أنه يشترط في اليمـين القضـائية أن تكـون بتوجيه من القاضي، أو المحكم فقط، ولا ينظر إليها إذا كانت بتوجيه من غيرهما أو بغير توجيه.

3ـ لم يظهر في التعريف ما يدل على الشعور بهيبة المحلوف به والخـوف مـن بطشـه وعقابـه، وعظـم ذلك الموقف، وذلك لأنه في الحقيقة يحتكم إلى ضمير خصمه، فيمتنع عـن الحلـف مـن كـان ضعيف الإيمان أو كاذبا في ادعائه خشية العقاب، وقد يصبر على ادعائه.

ثانيا: عرف يونس بريكة (72: 19) اليمين القضائية بأنها: " تقويـة الحـالف نفـي المـدعى بـه أو إثباتـه بالحلف بالله تعالى أو صفة من صفاته عند القاضي أو المحكم في مجلس القضاء ".

شرح التعريف

" تقوية الحالف ": يشمل المدعي والمدعى عليه.

" نفي المدعى به ": قيد في التعريف يقصد به يمين المدعى عليه.

" أو إثباته ": قيد آخر يقصد به يمين المدعي.

" بالحلف بالله تعالى ": قيد ثالث ليخرج الحلف بغير الـله.

" أو صفة من صفاته ": قيد رابع ليدخل قول من قال بجواز الاستحلاف في القضاء بلفظ الجلالة اللــه وسائر صفات الله عز وجل الأخرى ".

" عند القاضي أو المحكم ": قيد خامس ليخرج استحلاف غيرهما من الناس.

" في مجلس القضاء ": قيد سادس ليخرج الاستحلاف في غير مجلس الحكم، بأنه لا يعتد به.

اعتراضات على التعريف

1ـ إن لفظ " عند القاضي أو المحكم ": لا يخرج غيرهما مـن النـاس، فقـد يحلـف أحـد الخصمين عنـد القاضي أو المحكم بطلب الخصم الآخر، أو غيره من الناس، وقد يحلـف بـدون طلـب مـن أحـد ولذلك لا بد من قيد أكثر دقة.

2ـ اقتصر التعريف على أن يكون الحلف في مجلس القضاء مـع أن للمحكم أن يحلف مـن شـاء مـن الخصمين في مجلس التحكيم، ويحكم القاضي بناء على ما توصل إليه المحكم من قرار في تقريره الذي رفعه إلى القاضي، ويكون مجلس التحكيم عادة خارج مجلس القضاء.

3ـ لم يظهر في التعريف ما يدل على الشعور بهيبة المحلوف به، والخوف مـن بطشه وعقابه، وعظم ذلك الموقف، وذلك لأنه في الحقيقة يحتكم إلى ضمير خصمه، فيمتنع عـن الحلـف مـن كـان ضعيف الإيمان أو كاذبا في ادعائه خشية العقاب، وقد يصر على ادعائه.

ج ـ تعريف اليمين القضائية في القانون

عرفت مجلة الأحكام العدلية اليمين القضائية في المادة 1743 (73: 440/4): "تحليـف أحـد الخصمين باسم اللـه تعالى، و اللـه أو باللـه مرة واحدة وبدون تكرار ".

ولم يرد في القانون الأردني تعريف عام لليمين القضائية، وقد جاء في القانون اليمني المادة 144 (أصول المحاكمات 74: 177) ما نصه: " اليمين حلف لإثبات الواقعة المتنازع عليها أو لنفيها تؤدى مـن الخصـم الـذي وجهت إليه بالصيغة التي تقرها المحكمة ".

وقد عرف علماء القانون اليمين بتعريفات عديدة نذكر منها

أولا: جاء في الوسيط (13: 514/2) ما نصه: " قول يتخذ فيه الحالف اللـه شاهدا على صدق ما يقول، أو على إنجاز ما يعد، ويستنزل عقابه إذا ما حنث ".

ثانيا: وقال أحمد نشأت (14: 514/2) بأن اليمين: " استشهاد اللـه تعالى على قول الحـق مـع الشعور بهيبة المحلوف به، والخوف من بطشه وعقابه "

ثالثا: كما عرفها سليمان مرقس (15: 192، 16: 75، 113) بقوله: " إخبار عن أمر مع الاستشهاد بالله تعالى على صدق الخبر ".

رابعا: وعرفها فتحي زغلول وأبو هيف (39: 157) بأنها " قسم يصدر من أحد الخصمين على صحة المدعى به أو عدم صحته ".

الفرع الرابع: التعريف المختار

يمكننا أن نعرف اليمين القضائية بأنها: " تأكيد أحد الخصمين إثبات الحق أو نفيه بتوجيه من القاضي أو المحكم، وذلك بذكر الله تعالى أو صفة من صفاته مع الشعور بهيبة المحلوف به والخوف من بطشه وعقابه في مجلس القضاء أو التحكيم ".

محترزات التعريف

" تأكيد " تقوية وتثبيت.

" أحد الخصمين ": قيد أول يقصد به أحد طرفي القضية المدعي أو المدعى عليه ويخرج غيرهما.

" إثبات حق " قيد ثان يقصد به يمين المدعي على إثبات حقه واستحقاقه له.

" أو نفيه " قيد ثالث يقصد به يمين المدعى عليه، ورد ادعاء المدعي.

" بتوجيه " قيد رابع يخرج به الحلف بغير توجيه، والدليل على ذلك أن ركانة حلف بحضرة النبي صلى الله عليه وسلم قبل توجيه اليمين إليه، فأعاد الرسول صلى الله عليه وسلم طلب اليمين منه، ولم يجزئ بحلفه ابتداء.

" من القاضي أو المحكم " قيد خامس يخرج به استحلاف غيرهما من الناس.

" بذكر الله تعالى " قيد سادس يخرج به الحلف بغير الله تعالى.

" أو صفة من صفاته ": قيد سابع يدخل فيه قول من قال بجواز الاستحلاف بلفظ الجلالة وسائر صفات الله تعالى ".

" مع الشعور بهيبة المحلوف به والخوف من بطشه وعقابه ": قيد ثامن يجعل الحالف رقيبا على نفسه، لأن اليمين في حقيقتها لجوء الخصم إلى الاحتكام لضمير خصمه، فيمتنع عن الحلف من كان ضعيف الإيمان أو كاذبا في ادعائه خشية العقاب.

" في مجلس القضاء أو التحكيم ط قيد تاسع يخرج به اليمين خارج مجلس القضاء أو التحكيم، فلا عبرة لها في إثبات الحق أو نفيه.

المطلب الثاني
مشروعية اليمين

ثبتت مشروعية اليمين بكتاب الله وسنة رسول الله صلى الله عليه وسلم وإجماع المسلمين والمعقول.

الفرع الأول: مشروعية اليمين في الكتاب

وردت في القرآن الكريم آيات كثيرة تدل على مشروعية اليمين منها:

أولا: أقسم الله تعالى بالمخلوقات في كثير من آيات القرآن الكريم.

ثانيا: أمر الله تعالى رسوله الكريم أن يقسم مؤكدا المقسم عليه في ثلاثة مواضع في القرآن الكريم وهي:

أـ قال الله تعالى: ﴿ ويستنبئونك أحق هو، قل إي وربي إنه لحق ﴾ (سورة يونس: آية 53).

ب- قال الله تعالى: ﴿ قل بلى وربي لتأتينكم عالم الغيب ﴾ (سورة سبأ: آية 3).

ج- قال الله تعالى: ﴿قل بلى وربي لتبعثن ثم لتنبؤن بما عملتم﴾ (سورة التغابن: آية 7).

وجه الدلالة

أمر الله سبحانه وتعالى نبيه صلى الله عليه وسلم في الآيات السابقة بأن يقسم به، وهذا يدل على مشروعية اليمين.

ثالثا: وردت آيات كثيرة في القرآن الكريم تبين حكم اليمين، وما يترتب عليها من آثار، وتحث على حفظ اليمين منها:

-47-

أ- قال الله تعالى: ﴿ **لا يؤاخذكم الله باللغو في أيمانكم ولكن يؤاخذكم بما كسبت قلوبكم و الله غفور رحيم** ﴾ (سورة البقرة: آية 225).

وجه الدلالة:

تبين الآية (26: 28/1،113: 200/1ـ201، 75: 43/2ـ44)، عدم مؤاخذة الإنسان فيما يصدر عنه من أيمان أثناء الكلام من غير قصد الحلف، وأن المؤاخذة تكون إذا حلف على شيء وهو يعلم أنه كاذب، وأن هذه المؤاخذة هي عقاب الآخرة.

ب- ﴿ **لا يؤاخذكم الله باللغو في أيمانكم ولكن يؤاخذكم بما عقدتم الأيمان** ﴾ (سورة المائدة: آية 89).

وجه الدلالة:

تبين الآية كذلك عدم مؤاخذة الإنسان على الأيمان الصادرة عنه من غير قصد الحلف، وإنما المؤاخذة على الأيمان المقصودة، وترتبت الآثار عليها والمقصود بالمؤاخذة العقاب الأخروي (2:89/27، أحكام القرآن الكريم 76: 111/4ـ112).

ج- ﴿ **إن الذين يشترون بعهد الله وأيمانهم ثمنا قليلا أولئك لا خلاق لهم في الآخرة ولا ينظر إليهم يوم القيامة ولا يزكيهم ولهم عذاب أليم** ﴾ (سورة آل عمران: آية 77).

وجه الدلالة

حذرت الآية الكريمة من اكتساب الأموال، واغتصاب الحقوق بالأيمان وذكرت الآية أن من يفعل ذلك فلا نصيب له في الآخرة، ولا يكلمه الله، ولا ينظر إليه يوم القيامة بالرحمة والغفران، ولا يطهره من الذنوب والأدناس، بل يأمر به إلى النار وله عذاب أليم.

وتدل الآية على أن الأيمان وضعت لإسقاط الخصومة وليست للاستحقاق.

(25: 212/1، 28: 212/1، 76: 299/2ـ300).

د- ﴿ **وأوفوا بعهد الله إذا عاهدتم ولا تنقضوا الأيمان بعد توكيدها** ﴾ (سورة النمل: آية 91).

وجه الدلالة

المقصود بالعهد في هذه الآية اليمين ن وذلك لأن سياق الآية يدل على ذلك، حيث تدل الآية على وجوب الوفاء باليمين وعدم نقضها بعد تأكيدها (25: 244/2، 76: 11/5).

هـ- ﴿ **واحفظوا أيمانكم** ﴾ (سورة المائدة: آية 89).

وجه الدلالة

تدل الآية على مشروعية اليمين، ولكنها تحث على حفظ اليمين وعدم الإكثار منها.

الفرع الثاني: مشروعية اليمين في السنة النبوية

وردت أحاديث كثيرة تفيد مشروعية اليمين، وتبين أحكامها نوردها فيما يلي:

أولا: أخرج البخاري (160/22:8) وابن ماجة (77: 676/1) والبيهقي (78: 26/10) عن رفاعة الجهني أنه قال: ﴿ **كان النبي** صلى اللـه عليه وسلم **إذا حلف قال: والذي نفس محمد بيده** ﴾

ثانيا: أخرج ابن ماجة (76: 677/1) وأبو داود (79: 26/3) عن أبي هريرة رضي اللـه عنه قال ﴿ **كانت يمين رسول اللـه** صلى اللـه عليه وسلم **لا واستغفر اللـه** ﴾[1].

ثالثا: أخرج البخاري (22: 16/8، 80: 443/11) وأبو داود (79: 255/3)، والترمذي (85: 24/7) والنسائي (81: 2/4) ومالك (5: 2 /418) والشوكاني (82: 33/2، 83: 121/9) عن سالم بن عبد اللـه بن عمر عن ابن عمر -رضي اللـه عنهما- قال: ﴿ **كانت يمين رسول اللـه** صلى اللـه عليه وسلم ، **لا ومقلب القلوب** ﴾[2].

---

[1] المقصود بقوله: " لا واستغفر اللـه " أي استغفر اللـه، إن الأمر على خلاف ذلك، وإن لم يكن يمينا، لكنه قسامة من حيث أنه أكد الكلام، فلذلك سمي يمينا. قاله البيضاوي، وقال الطيبي: الوجه أن يقال: أن الواو في قوله وأستغفر اللـه للعطف على محذوف، وهو أقسم بالله، وكلمة لا الزائدة لتأكيد القسم أو لرد الكلام السابق.

[2] قالا الصنعاني (23: 105/4): والمراد بتقليب القلوب، تقليب أعراضها وأحوالها، لا تقليب ذات القلب ". قال الراغب: " تقليب اللـه القلوب والبصائر: صرفها عن رأي إلى رأي، والتقليب: التصرف "، وقوله صلى اللـه عليه وسلم " لا " رد ونفي للسابق من الكلام.

وفي رواية أخرى أخرجها البخاري (16/22:8) والنسائي (122/81:3) وابن ماجة (77: 676،677/1 وانظر 23: 105/4، 4: 292/12) عن سالم بن عبد الـلـه بن عمر عن أبيه أنـه قـال ﴿ **كانت أكثر أيمان رسول الـلـه** صلى الـلـه عليه وسلم **لا ومصرف القلوب** ﴾.

وجه الدلالة في الأحاديث السابقة

تبين الأحاديث السابقة أن النبي صلى الـلـه عليه وسلم كان يحلف في بعض الأحيان، وهذا الفعل من النبي صلى الـلـه عليه وسلم يدل على مشروعية اليمين.

رابعا: أخرج البخاري (22: 164/8، 80: 249/11) ومسلم (21: 105/11، 3:84/267) وأبو داود (222/79:3) والترمذي (85: 17/7) والبيهقي (78: 28/10) والنسائي (81: 123/3) ومالك (2:82/33، 4:23/ 83، 101: 4/9، 122: 293/12 ـ 294) عن عبدالل بن عمر ـ رضي الـلـه عنهما ـ عن رسول الـلـه صلى الـلـه عليه وسلم : ﴿ **أنه أدرك عمر بن الخطاب في ركب وعمر يحلف بأبيه، فناداهم رسول الـلـه** صلى الـلـه عليه وسلم **ألا إن اله عز وجل ينهاكم أن تحلفوا بآبائكم، فمن كان حالفا فليحلف بالله أو ليصمت** ﴾.

وجه الدلالة

إن الحديث الشريف صريح في دلالته على مشروعية الحلف بالله تعالى وعلى تحريم الحلف بغير الـلـه تعالى[1].

خامسا: أخرج البخاري (164/22:8) ومسلم (1274/84:3) والترمذي (85: 106/6ـ107) والحاكم (98: 303/4) عن أبي هريرة رضي الـلـه عنه قال: قال رسول الـلـه صلى الـلـه عليه وسلم :﴿ **يمينك على ما يصدقك به صاحبك** ﴾.

وفي رواية أخرجها مسلم (84: 3/ 1274) والبيهقي (78: 65/10) انظر (23: 102/4، 21: 117/11ـ118) عن أبي هريرة رضي الـلـه عنه قال: قال رسول الـلـه صلى الـلـه عليه وسلم ﴿ **اليمين على نية المستحلف** ﴾[2].

---

[1] قال الإمام النووي (105/21:11) في شرحه للحديث: " قال العلماء والحكمة في النهي عن الحلف بغير الـلـه تعالى، أن الحلف يقتضي تعظيم المحلوف به، وحقيقة العظمة مختصة بالله تعالى، فلا يضاهي به غيره.

[2] قال الإمام النووي (21: 105/11) أما إذا حلف بغير استحلاف القاضي، وورى تنفعه التورية، ولا يحنث سواء أحلف ابتداء من غير تحليف أم حلفه غير القاضي وغير نائبه في ذلك، ولا اعتبار

وجه الدلالة

الحديث يدل على مشروعية اليمين، وعلى أنها تكون على نية المحلف سواء أكان القاضي أم نائبه إذا كان هناك دعوى مقامة لدى القضاء وعلى نية المدعي إذا لم تكن دعوى في المحاكم، حيث كان له التحليف ولا تنفع فيها نية الحالف إذا نوى غير ما أظهره، أما فيما عدا ذلك فهي على نية الحالف.

وما جاء به الإمام النووي أثناء شرحه للحديث من جعل اليمين على نية الحالف في جميع الأحوال، وتقييد الحديث بالقاضي أو نائبه فهو ليس على إطلاقه، ويكون التقييد صحيحا في حالة وجود دعوى بين الخصمين أمام القضاء، لأن القاضي هو الذي يصور اليمين، ثم يطلب أداءها بالصيغة التي صورها، وأما في حالة عدم وجود دعوى، فاليمين تكون على نية المحلف مدعي الحق، وليس على نية الحالف، وهذا ما يدل عليه ظاهر الحديث.

سادسا: أخرج مسلم (3:84/1336)، والنسائي (81: 3/485-486) وابن ماجة (77: 2/ 778) انظر (21: 2/12، 23: 134/4، 86: 134/4، 87: 294) عن ابن عباس ـ رضي الله عنهما ـ أن النبي صلى الله عليه وسلم قال: ﴿ **لو يعطى الناس بدعواهم لادعى ناس دماء رجال وأموالهم، ولكن اليمين على المدعى عليه** ﴾[1].

وفي رواية الترمذي (85: 88/6) والبيهقي (78: 253/10، 83: 219/9) ـ رضي الله عنهما ـ ﴿ **ولكن البينة على المدعي واليمين على من أنكر** ﴾

بنية المستحلف غير القاضي، وحاصله أن اليمين على نية الحالف في كل الأحوال إلا إذا استحلفه القاضي أو نائبه في دعوى توجهت عليه فتكون على نية المستحلف، وهو مراد الحديث. أما إذا حلف من غير استحلاف القاضي في دعوى، فالاعتبار بنية الحالف، ويتساوى في هذا كله اليمين بالله تعالى أو بالطلاق أو العتاق، إلا أنه إذا حلفه القاضي بالطلاق والعتاق تنفعه التورية، ويكون الاعتبار بنية الحالف، لأن القاضي ليس له التحليف بالطلاق والعتاق، وإنما يستحلف بالله تعالى.

[1] قال الإمام النووي (21: 3/12) في شرحه لهذا الحديث: وهذا الحديث قاعدة كبيرة من قواعد أحكام الشرع ففيه أنه لا يقبل قول الإنسان فيما يدعيه بمجرد دعواه، بل يحتاج إلى بينة أو تصديق المدعى عليه فإن طلب يمين المدعى عليه فله ذلك، وقد بين صلى الله عليه وسلم الحكمة في كونه لا يعطى بمجرد دعواه، لأنه لو كان أعطي بمجردها لادعى قوم دماء قوم وأموالهم واستبيح ولا يمكن المدعى عليه أن يصون ماله ودمه، وأما المدعي فيمكنه صيانتهما بالبينة.

وجه الدلالة

الحديث ظاهر الدلالة في مشروعية اليمين واعتبارها حجة للمدعى عليه يدفع بها دعوى المدعي، ونفي استحقاقه، ومن المعروف أنه إذا عجز المدعي عن إثبات دعواه بالبينة، وحلف المدعى عليه اليمين سقطت الدعوى.

سابعا: أخرج البخاري (80: 215/5) ومسلم (3:84/1336)، وأبو داود (79: 311/3) والترمذي (85: 88/6) عن ابن عباس ـ رضي الله عنهما ـ ﴿ **أن النبي** صلى الله عليه وسلم **قضى باليمين على المدعى عليه** ﴾.

وجه الدلالة

الحديث صريح الدلالة في مشروعية اليمين على المدعى عليه في القضاء

ثامنا: أخرج النسائي (81: 489/3) وأبو داود (79: 311/3، 83: 224/9) عن ابن عباس ـ رضي الله عنهما ـ أن النبي صلى الله عليه وسلم قال لرجل حلفه: ﴿ **احلف بالله الذي لا إله إلا هو ما له عندي شيء** ﴾

وجه الدلالة

الحديث واضح الدلالة في طلب اليمين على نفي الاستحقاق.

تاسعا: أخرج أبو داود (79: 221/3) والترمذي (85: 6 /86) والنسائي (81: 3/484) والبيهقي (78: 254/10) والدارقطني (88: 211/4، 82: 172/2) عن علقمة بن وائل بن حجر عن أبيه قال: ﴿ **جاء رجل من حضرموت[1] ورجل من كندة[2] إلى النبي** صلى الله عليه وسلم **فقال الحضرمي يا رسول الله إن هذا غلبني على أرض كانت لأبي، فقال الكندي هي أرض لي في يدي أزرعها ليس له فيها حق، فقال النبي** صلى الله عليه وسلم **للحضرمي: " ألك بينة " قال: لا، قال: " فلك يمينه "، قال يا رسول الله: يا رسول الله الرجل فاجر ولا يبالي على ما حلف عليه، ليس يتورع من شيء، فقال: " ليس لك**

---

[1] حضرموت: ناحية واسعة شرقي عدن بقرب البحر، وحولها رمال كثيرة، تعرف بالأحقاف، وقيل أنها سميت باسم حضرموت بن يقطن بن عامر بن سبأ، وقيل سميت باسم عامر بن قحطان الذي لقب بحضرموت، لأنه كان إذا حضر حربا أكثر فيهل القتل (90: 270/2).

[2] كندة: اسم قبيلة من اليمن (90: 412/2).

منه إلا ذلك " قال: فانطلق الرجل ليحلف، فقال الرسول صلى الله عليه وسلم **لما أدبر: لئن حلف على مالك ليأكله ظلما، ليلقن الله وهو عنه معرض ﴾**[1]

وجه الدلالة

الحديث صريح الدلالة في توجيه اليمين على المدعى عليه عند عجز المدعي عن إثبات دعواه، وأنه ليس للمدعي إلا يمين خصمه سواء أكان تقيا أم فاجرا.

عاشرا: أخرج البخاري (80: 214/5) والنسائي (81: 484/3ـ485) وأبو داود (79: 220/3ـ221) وابن ماجة (77: 778/2) والبيهقي (78: 253/10) عن عبد اله بن عمر ـ رضي الله عنهما ـ قال: قال رسول الله صلى الله عليه وسلم ﴿ **" من حلف على يمين وهو فيها فاجر ليقتطع بها مال امرئ مسلم، لقي الله وهو عليه غضبان " قال: فقال: الأشعث بن قيس: في و الله كان ذلك، كان بيني وبين رجل من اليهود أرض فجحدني، فقدمته إلى النبي** صلى الله عليه وسلم **فقال لي رسول الله** صلى الله عليه وسلم **" ألك بينة " قال: قلت: لا، قال: فقال لليهودي احلف، قال: قلت يا رسول الله إذا يحلف ويذهب بمالي، قال: فأنزل الله تعالى: " إن الذين يشترون بعهد الله وأيمانهم ثمنا قليلا أولئك لا خلاق لهم في الآخرة، ولا يكلمهم الله، ولا ينظر إليهم يوم القيامة، ولا يزكيهم ولهم عذاب أليم "** (سورة آل عمران: آية 77) ﴾

وأخرج البخاري (22: 171/8ـ172) والبيهقي (253/22:10) والنسائي (484/81:3ـ485، انظر 302/83:8) في رواية أخرى عن عبد الله بن عمر؟ -رضي الله عنهما- أنه قال: ﴿ **" من حلف على يمين صبر يقتطع بها مال امرئ مسلم لقي الله وهو عليه غضبان، فأنزل الله تعالى تصديق ذلك: " إن الذين يشترون بعهد الله وأيمانهم ثمنا قليلا ...الآية " فدخل الأشعث بن قيس فقال: ما حدثكم به أبو عبد الرحمن، قالوا كذا وكذا، قال: في أنزلت، كانت لي بئر في أرض ابن عم لي، فأتيت رسول الله** صلى الله عليه وسلم **فقال: " بينتك أو يمينه "، قلت: إذا يحلف عليها يا رسول، فقال رسول**

---

[1] قال الترمذي: حديث حسن صحيح (85: 865/6)

الـلـه صلى الـلـه عليه وسلم من حلف على يمين صبر وهو فيها فاجر، يقتطع مال امرئ مسلم، لقي الـلـه يوم القيامة وهو عليه غضبان ﴾

وجه الدلالة

الحديث صريح في توجيه اليمين على المدعى عليه عند عجز المدعي عن إثبات دعواه بالبينة، وإن كان كافرا، وذلك لإنهاء الحقوق، وأن المدعى عليه يستجلب غضب الـلـه عليه إذا حلف كاذبا ليأكل أموال الناس بالباطل.

الفرع الثالث: الإجماع

أجمعت الأمة على مشروعية اليمين، وثبوت أحكامها ووضعها في الأصل لتوكيد المحلوف عليه، نقل هذا الإجماع أكثر من واحد من الفقهاء كالسمناني في كتابه روضة القضاة وطريق النجاة (91: 280/1)، والشربيني الخطيب في كتابه مغني المحتاج (20: 320/4) والرملي في كتابه نهاية المحتاج إلى شرح المنهاج (92: 174/8) وابن قدامه في كتابه المغني (93: 160/11)، وبهاء الدين عبد الرحمن المقدسي في كتابه العدة شرح العمدة (94: 471).

وقد كان الصحابة ـ رضوان الـلـه عنهم ـ يحلفون في الدعاوى، ويطلبون اليمين في القضاء لفصل المنازعات، وقد سارت الأمة على ذلك منذ عهد الرسول صلى الـلـه عليه وسلم وحتى يومنا هذا، ولم يخالف قي ذلك أحد فكان إجماعا.

الفرع الرابع: المعقول

بالنظر والتبصر في اليمين من حيث المعقول نجد أن العقل السليم يقر اليمين في الدعاوى والخصومات بين الناس، حيث تعتبر اليمين من الوسائل المعنوية التي يلجأ إليها المدعي عند العجز عن إثبات دعواه بوسائل الإثبات المادية كالإقرار والشهادة وغيرها، حيث إن وسائل الإثبات المادية تصل إلى حد معين، ثم تقف عاجزة عن الوصول إلى كنه الحقيقة في بعض الأشياء، ولا تستطيع إثبات الحق أو نفيه، فكان لا بد من اللجوء إلى الأمور المعنوية التي تعتمد على الوازع الديني، وقوة العقيدة، وتحكيم الضمير والأخلاق، ليصل من خلالها إلى معرفة حقيقة الأشياء، ويطلب عندها الطمأنينة واليقين ـ وكما أسلفنا ـ فإن اليمين إحدى هذه الوسائل المعنوية، وبالنظر

إلى ما يجري بين الناس من علاقات ومعاملات فإننا نجدها في الغالب ــ خالية من التوثيقات والبينات التي تحفظ الحقوق لأصحابها، وعند ذلك قد يعجز المدعي عن إثبات حقه بالبينات والدلائل والحجج الواضحة فيلجأ المدعي إلى ذمة المدعى عليه، وتحكيم ضميره، وبث الوازع الديني عنده، وذلك بطلب اليمين بعد إشعاره بهيبة المحلوف به وعظمته والخوف من بطشه وعقابه، وكذلك قد يمتنع المدعى عليه عن اليمين ويعترف بالحق لصاحبه، وقد يصر على اليمين، فإن كان صادقا فقد رد ادعاء المدعي وكذبه عليه، واكتسب الأجر والثواب بذكر الله تعالى، وحافظ على حقه من الضياع، وإذا كان كاذبا فقد اقترف ذنبا عظيما، واكتسب إثما كبيرا، وذلك لأنه تاجر بدينه مقابل ثمن بخس زهيد وهو اكتساب الأموال، واغتصاب الحقوق، وبذلك يكون قد اقترف كبيرة من الكبائر التي تستنزل غضب الله عليه وعقابه في الدنيا والآخرة. قال الله تعالى: **﴿ إن الذين يشترون بعهد الله وأيمانهم ثمنا قليلا أولئك لا خلاق لهم في الآخرة ولا ينظر إليهم يوم القيامة ولا يزكيهم ولهم عذاب أليم ﴾** (سورة آل عمران: آية 77).

وأخرج البخاري (22: 171/8، 80، 11 /471) والنسائي (81: 82/7) والبيهقي (78: 10 / 35) والحاكم (98: 96/4، انظر: الزواجر 95: 24/1، 2، 172، الترغيب والترهيب 96: 326/3، الكبائر 97: 13، 14، 101) عن عبد الله بن عمرو بن العاص أن النبي صلى الله عليه وسلم قال **﴿ الكبائر: الإشراك بالله، وعقوق الوالدين، وقتل النفس، واليمين الغموس ﴾**

ولذلك نجد أن العقل يقر اليمين ويطلبها، ويراها ضرورية في الإثبات لإنهاء الخلاف وقطع الخصومة عند العجز عما سواها.

وقد شرع اليمين في جانب المدعى عليه ابتداء، لأن جانبه أقوى من جانب المدعي، حيث إن الأصل براءة ذمة المدعى عليه مما يدعيه المدعي، فكانت اليمين لإبقاء الأصل على ما كان وهي براءة الذمة، وهذا ما يؤيد الظاهر، فاقتصر على اليمين وهي الحجة الضعيفة لقوة جانبه وجعلت البينة على المدعي حيث لم يترجح جانبه بشيء غير الدعوى (انظر 44: 74 ــ 75، 10 327/1).

مسألة: مشروعية اليمين في القانون

لم يخل قانون من القوانين الوضعية من ذكر اليمين كوسيلة من وسائل الإثبات لضرورته والحاجة إليه، فقد ذكرت مجلة الأحكام العدلية اليمين في الباب الثالث من الكتاب الخامس عشر في المواد { 1742 ـ 1753 } واعتبرت اليمين أو النكول عنها أحد أسباب الحكم.

وقد نظم قانون البينات الأردني (36: 103-104، قانون البينات 152: 213-251، 131: 165-194) رقم 30 لسنة 1952 اليمين القضائية في الباب السادس في المواد (53 ـ 69).

واعتبر القانون المدني الأردني (المذكرة الإيضاحية 35: 82-88) اليمين وسيلة من وسائل الإثبات، وذكر في الفرع الثالث من الفصل الرابع بالباب التمهيدي موزعا بين المواد { 72 ـ 85 }.

وقد خص قانون البينات السوري (37: 116-121، أصول المحاكمات المدنية والتجارية: محمود طهماز 181: 2/244-246) اليمين القضائية في الباب السادس في المواد { 112 ـ 133 }.

وذكر قانون الإثبات المصري اليمين القضائية في الباب السادس بالمواد {114-130}.

وعالج قانون الإثبات العراقي (158: 99 ـ 100) اليمين القضائية في الفصل السادس بالمواد {108 ـ 124 }.

كما عالج قانون الإثبات اليمني (150: 414 ـ 418) أحكام اليمين في الباب السادس بالمواد {144 ـ 162 }.

ولا تزال أحكام اليمين القضائية معمولا بها في جميع البلدان، ومختلف المحاكم مع تباين في القوانين.

المبحث الثاني
ألفاظ اليمين وصيغته وتغليظه

المطلب الأول
ألفاظ اليمين

الفرع الأول: اللفظ الذي تنعقد به اليمين

اختلف الفقهاء في اللفظ الذي تنعقد به اليمين على مذهبين

المذهب الأول: اللفظ الذي تنعقد به اليمين هو القسم بلفظ الجلالة (اللـه)، وبه يستحق الحالف الحق أو يدفع ادعاء الآخرين عنه.

ذهب إلى ذلك عامة الفقهاء من الحنفية (57: 7/ 182، 58: 2/2، 59: 113/5الهداية 99: 159/3، البحر الرائق 100: 212/7) والشافعية (65: 31/12، حاشية البجيرمي 101: 282/4) والمالكية (بداية المجتهد 102: 466/2، الكافي في فقه أهل المدينة المالكي 103: 9023/2) والحنابلة (68: 454/4، 69: 445/6، 70: 494/2، 93: 112/12) والزيدية (البحر الزخار 105: 407/5، التاج المذهب 106: 32/4).

وقد استدلوا على ذلك بعدة أحاديث في السنة النبوية الشريفة نذكر منها:

أولا: أخرج البخاري (22: 164/8، 80: 249/11) ومسلم (21: 105/11، 267/84:3) وأبو داود (222/79:3) والترمذي (85: 17/7) والبيهقي (78: 28/10) والنسائي (81: 123/3) ومالك (33/82:2، 23:4/ 101،83: 122،4/9: 293/12 ـ 294) عن عبد اللـه بن عمر ـ رضي اللـه عنهما ـ عن رسول اللـه صلى اللـه عليه وسلم : ﴿ **أنه أدرك عمر بن الخطاب في ركب وعمر يحلف بأبيه، فناداهم رسول اللـه** صلى اللـه عليه وسلم **ألا إن اللـه عز وجل ينهاكم أن تحلفوا بأبائكم، فمن كان حالفا فليحلف بالله أو ليصمت** ﴾.

ثانيا: أخرج أبو داود (79: 219/3) والنسائي (81: 123/3) والبيهقي (78: 10-/26، 232: 101/4) عن أبي هريرة رضي اللـه عنه قال: قال رسول اللـه صلى اللـه عليه وسلم : ﴿ **لا تحلفوا إلا بالله ولا تحلفوا إلا وأنتم صادقون** ﴾

ثالثا: أخرج أبو داود (79: 220/3) والبيهقي (78: 26/10) والحاكم (98: 297/4، 4: 293/12) عن ابن عمر ـ رضي الـلـه عنهما ـ قال: قال رسول الـلـه صلى الـلـه عليه وسلم :﴿ **من حلف بغير الـلـه فقد كفر** ﴾

وفي رواية: ﴿ من حلف بغير الـلـه فقد أشرك ﴾.

وجه الدلالة

يأمر النبي صلى الـلـه عليه وسلم المسلمين بالحلف بلفظ الجلالة (الـلـه) في هـذه الأحاديث، ولم يذكر زيادة على لفظ الجلالة (الـلـه) من صفة أو غيرها، مما يدل عـلى انعقـاد اليمـين بلفـظ الجلالـة (الـلـه) فقط.

ولفظ (الـلـه) جل جلاله هو الاسم الدال على ذات الحق سبحانه وتعالى، الخالق، المالك لهذا الكون، المتصرف فيه بحكمته وإرادته وكل شيء في الوجود مضطر إليه، مفتقر إلى الاستعانة به، المتصف بجميع صفات الكمال التي تتجمع على شكل من الاستيفاء إلا في ذات الـلـه سبحانه وتعالى، المنزه عن كل نقص، المطلع على خفايا النفوس وسرائر القلوب، الذي يثيب المحسن والصادق ويكافئه على إحسانه وصدقه، ويعاقب المسيء والكاذب في الدنيا والآخرة.

وهذا اللفظ في اليمين واجب على الجميع، المسلم والكافر، الرجل والمرأة، لأن الحلف للتعظيم، ولا يجوز أن نعظم إلا الـلـه سبحانه وتعالى.

المذهب الثاني: اللفظ الذي تنعقد به اليمين هو القسم بالله سبحانه وتعالى، أو باسم من أسماء الـلـه تعالى.

ذهب إلى ذلك الظاهرية (المحلى 107: 30/8، 383/9، مراتب الإجماع 108: 183) والإمامية (النهاية في مجرد الفقه والفتاوى 109: /346، الروضة البهية شرح اللمعة الدمشقية 110: 94/3، شرائع الإسلام 111: 213/2) والشوكاني (السيل الجرار 112: 163/4 ـ164) والسمناني من الحنفية (91: 281/1).

وقد استدلوا على ذلك بما أخرج البخاري (22: 16/8، 80: 443/11) وأبو داود (79: 255/3)، والترمذي (85: 24/7) والنسائي (81: 2/4) ومالك (5: 418/2) انظر (23: 105/4، 4: 292/12، 82: 33/2، 83: 121/9) عن سالم بن

عبد الـلـه بن عمر عن ابن عمر ـ رضي الـلـه عنهما ـ قال: ﴿ **كانت يمين رسول الـلـه** صلى الـلـه عليه وسلم ، **لا ومقلب القلوب** ﴾.

وجه الدلالة:

أقسم الرسول صلى الـلـه عليه وسلم بقوله: (ومقلب القلوب)، وفي ذلك دلالة عل أنه يجوز للحالف أن يقسم بأي اسم من أسمائه وتصح يمينه بذلك.

الترجيح

أميل إلى ما ذهب إليه الجمهور، في أن اللفظ الذي تنعقد به اليمين هو القسم بلفظ الجلالة (الـلـه)[1]، وذلك لقوة الأدلة، ولما يشعر به الحالف منم عظمة الخالق سبحانه

---

[1] قـال الفقهـاء (59: 49/4 ـ 50، 61: 621/1 ـ 634، 66: 453/4، 93: 89/11، 100: 312/4، 104: 196/2، 113: 11/11، 114: 479/2، 115: 479/2، 116: 2289) بأن للقسم ثلاثة حروف هي:

1 ـ " الباء " وهي الأصل، وتدخل على الظاهر والمضمر جميعا نحو قولك بالله، والتقدير في القسم: أقسم بالله، واحلف بالله لقولـه تعالى: ﴿ وأقسموا بالله جهد أيمانهم ﴾ سورة المائدة: آية 106، وقوله تعالى: ﴿ فيقسمان بالله﴾ سورة المائدة: آيـة 107، وقولـه تعالى: ﴿ ويحلفون بالله لكم ليرضوكم ﴾ سورة التوبة: آية 62، وقوله تعالى: ﴿ ويحلفون بالله ما قالوا ﴾ سورة التوبة: آية 74.

2 ـ " الواو ": وهي بدل الباء، وتدخل على الاسم الظاهر فقط، ولا تدخل على المضمر، ومثاله قوله تعالى ﴿ قل إي وربي ﴾ سـورة يونس: آية 53، وقول القائل " و الـلـه " ولا يجوز إظهار الفعل معها نحو قولك احلف و الـلـه.

3 ـ " التاء: وهي بدل عن الواو، ولا تدخل إلا على لفظ الجلالة الـلـه، ولا تدخل على غير هذه اللفظة من أسماء الـلـه الحسـنى، ومن أمثلة ذلك قوله تعالى:﴿ تالله لقد آثرك الـلـه علينا ﴾ سورة يوسف: آية 90، وقوله تعـالى: ﴿ تـالله تفتـأ تـذكر يوسـف ﴾ سورة يوسف: آية 85، وقوله تعالى: ﴿ تالله لتسألن عما كنتم تفترون﴾ سـورة النحـل: آيـة 56، وقولـه تعـالى: ﴿ تـالله لأكيـدن أصنامكم ﴾ سورة الأنبياء: آية 57.

وكذلك لا يجوز إظهار الفعل معها، فلا يجوز أن تقول احلف تالله.

وإن أقسم الحالف بغير حرف فقال " الـلـه لأذهبن بالنصب والجر كان صحيحا، لأنه صـحيح مـن حيـث اللغـة، كـما ورد بـه عرف الاستعمال في الشرع، ومن ذلك قول النبي صلى الـلـه عليه وسلم لركانة بن عبد يزيد: " الـلـه ما أردت إلا واحدة، قال: الـلـه ما أردت إلا واحدة "، وإن قال " الـلـه " بالرفع ونوى اليمين كان يمينا مع لحنه، وإن لم يرد اليمين لم يكن يمينـا، ويـرى فقهاء الحنابلة أنه يكون يمينا،

وتعالى، والشعور بالرهبة والخوف عند النطق بلفظ الجلالـة (الـلـه)، واستحضـار ذات الـلـه سـبحانه وتعالى أثناء القسم.

الفرع الثاني: حكم الاكتفاء بلفظ الجلالة دون زيادة عليها

اختلف الفقهاء في الاقتصار على لفظ الجلالة فقط دون أن يلحق بهـا غيرهـا مثـل " لا إلـه إلا الـلـه " على مذهبين:

المذهب الأول: ذهب جمهور الفقهاء من الحنفية (64: 340/4، المبسوط 117: 118/16، بدائع الصنائع 118: 3929/8 الفتاوى الهندية 124: 216/4) والشافعية (64: 340/4، 65: 31/12، 92: 371/8) والحنابلة (68: 454/4، 69: 445/6، 104: 220/2) والظاهرية (107: 383/9 ـ 385) والإمامية (109: 347، 111: 213/2، 105: 408/5) والزيدية (106: 4 /432) واللخمي من المالكية (119: 184/1) إلى جواز الاكتفاء في القسم بلفظ الجلالة " الـلـه " فقط.

واستدلوا على ذلك بالكتاب والسنة والمعقول

أولا: الأدلة من الكتاب

1ـ قال الـلـه تعالى: ﴿ **وأقسموا بالله جهد أيمانهم** ﴾ (سورة المائدة: آية 53).

إلا أن يكون من أهل اللغة العربية، ولا يريد اليمين لأنه ليس بيمين في عرف أهل اللغة ولو نواهـا (67: 531/2، 68: 322/4، 69: 231/6، 104: 196/2).

وإن قال: اشهد بالله، أو أقسم بالله، أو أحلف بالله، أو أقسمت بالله، أو شهدت بالله،ة ونوى اليمين أو أطلق كان يمينا لأنه قـد ثبت له عرف اللغة والشرع.

والأصل في القسم أن يكون بأحد هذه الحروف الثلاثة، ولكن وردت هناك صيغ أخرى للقسم بغير هذه الحروف منها ما كـان بحروف غير هذا، ومنها ما كان بتراكيب وصيغ وجمل يخالف هذه الصـيغ، لا داعـي لـذكرها هنـا لارتباطهـا بالأيمـان في غـير الدعاوى والخصومات.

أما بالنسبة لهذه الحروف الثلاثة: " الباء، التاء، الواو " فلها ارتباط بالقسم في الـدعاوى والخصـومات حيـث يكـون القسـم في الدعاوى والخصومات بلفظ " و الـلـه، تالله، بالله "، وإذا صح اليمين عامة بلفظ الجلالة أو باسم من أسـمائه تعـالى، أو صـفة من صفاته، فإن القسم في الدعاوى يقتصر على لفـظ " الـلـه " دون غيرهـا، لتكـون الصـيغة واحـدة أمـام جميـع المحـاكم والخصومات.

2- قال اللـه تعالى: " ﴿ **تحبسونهما من بعد الصلاة، فيقسمان بـالله إن ارتبـتم لا نشـتري بـه ثمنـا** ﴾ (سورة المائدة: آية 106).

3- قال اللـه تعالى: " ﴿ **فيقسمان بالله لشهادتنا أحق من شهادتهما** ﴾ (سورة المائدة: آية 107).

4- قال اللـه تعالى: " ﴿ **فشهادة أحدهم أربع شهادات بالله أنه لمن الصادقين** ﴾ (سورة النور: آية 6).

5- قال اللـه تعالى: " ﴿ **يحلفون بالله ليرضوكم** ﴾ (سورة التوبة: آية 62)

6- قال اللـه تعالى: " ﴿ **يحلفون بالله ما قالوا** ﴾ (سورة التوبة: آية 64).

ثانيا: الأدلة من السنة النبوية

جاءت الأحاديث النبوية الشريفة تدل على الاقتصار على لفظ الجلالة " اللـه " في القسم والاكتفاء به، نذكر منها ما يلي:

1- اكتفى النبي صلى اللـه عليه وسلم بالقسم بلفظ و اللـه، فقد أخرج البيهقي (78: 44/10) والسيوطي (70: 96/7) عن النبي صلى اللـه عليه وسلم أنه قال: ﴿ **و اللـه لأغزون قريشا ثلاث مرات** ﴾.

2- أخرج أبو داود (79: 263/2) وابن ماجة (77: 661/1) والبيهقي (78: 44/10) عن عبد اللـه بن علي بن يزيد بن ركانة عن أبيه عن جده: ﴿ **أنه طلق زوجته البتة، فأتى رسول اللـه** صلى اللـه عليه وسلم **فسأله فقال: ما أردت بها إلا واحدة، قال: اللـه ما أردت بها إلا واحدة، قال: اللـه ما أردت بها إلا واحدة، قال: فردها عليه** ﴾.

3- أخرج أبو داود (79: 221/3) ما جاء في حديث الحضرمي والكندي أن النبي صلى اللـه عليه وسلم : ﴿ **قال: هل لك بينة؟ قال: لا، ولكن أحلفه و اللـه ما يعلم أنها أرضي اغتصبنيها أبوه، فتهيأ الكندي لليمين، فقال رسول اللـه: لا يقتطع أحد مالا بيمين إلا لقي اللـه وهو أجذم، فقال الكندي: هي أرضه** ﴾.

وجه الدلالة

النصوص واضحة الدلالة في جواز الاكتفاء بلفظ الجلالة " اللـه ".

ثالثا: المأثور عن الصحابة رضوان الله عنهم

1- روي أن عثمان بن عفان رضي الله عنه قال لابن عمر -رضي الله عنهما- " تحلف بالله لقد بعثته، وما به داء تعلمه ".

2- روي عن ابن عمر وعلي بن أبي طالب وزيد بن ثابت وأبي موسى الأشعري الاستحلاف بالله فقط حيث كان كمن مجلس الحكم.

رابعا: المعقول

1- لأن في الله كفاية توجب أن يكتفى باسمه في اليمين (93: 113/12)

2- لأن في اليمين تعظيم المحلوف به والشعور بالهيبة والخوف من بطشه وعقابه، ويحصل بالاكتفاء بلفظ الجلالة " الله ".

المذهب الثاني: ذهب المالكية (102: 466/2، 103، 923/2، الثمر الداني 120: 509، القوانين الفقهية 121: 201، المدونة الكبرى 122: 103/4، شرح الخرشي 142: 156/7، حاشية الدسوقي 4: 196) وقول شاذ عند الشافعية ذكره الزحيلي نقلا عن الماوردي (10: 322/1) إلى القول بعدم جواز الاكتفاء بلفظ الجلالة " الله " ووجوب إضافة عبارة " لا إله إلا هو " وهي الصيغة التي لا يجوز الزيادة عليها ولا النقص منها.

واستدلوا على ذلك بما يلي

أولا: أخرج أبو داود (79: 311/3) والنسائي (81: 489/3) والحاكم (98: 96/4، 5: 226/9) عن ابن عباس ـ رضي الله عنهما ـ أن النبي صلى الله عليه وسلم قال لرجل خلفه: " ﴿ احلف بالله الذي لا إله إلا هو ما له عندك شيء ﴾.

ثانيا: أخرج النسائي (81: 488/3) وابن ماجة (77: 679/11، انظر 107: 388/9) عن أبي هريرة رضي الله عنه قال: قال رسول الله صلى الله عليه وسلم : ﴿ رأى عيسى- ابن مريم رجلا يسرق فقال له: أسرقت؟ فقال: لا و الله الذي لا إله إلا هو فقال عيسى عليه السلام: آمنت بالله وكذبت بصري ﴾.

ثالثا: أخرج النسائي (81: 488/3 ـ 489، انظر 107: 389/9) عن ابن مسعود رضي الله عنه : ﴿ أنه قتل أبا جهل يوم بدر، قال: ثم أتيت رسول الله صلى الله عليه وسلم فأخبرته فقال

الـلـه الذي لا إله إلا هو، قلت: الـلـه الذي لا إله إلا هو، قال: الـلـه الذي لا إله إلا هو، قلت: الـلـه الذي لا إله إلا هو، قال: انطلق، فاستثنيت فانطلقت، فقال رسول الـلـه صلى الـلـه عليه وسلم **إن جاءكم يسعى مثل الطير يضحك فقد صدق، فانطلقت فاستثنيت، ثم جئت وأنا أسعى مثل الطير أضحك، فأخبرته، فقال: انطلق فأرني مكانه، فانطلقت معه، فأريته مكانه، فحمد الـلـه وقال: هذا فرعون هذه الأمة ﴾**

رابعا: روى ابن قدامه (93: 12/12) أن عمر حين حلف لأبي قال: " و الـلـه الذي لا إله إلا هو أن النخل نخلي، وما لأبي منها شيء "

وجه الدلالة

هذه النصوص صريحة وواضحة في وجوب الحلف بهذه الصيغة، ولا يجزئ غيرها.

الرد على هذه الأدلة

أجاب أصحاب المذهب الأول على هذه الأدلة بما يلي:

أولا: إن حديث ابن عباس وعمر يدلان على جواز الاستحلاف بهذه الصيغة، وليس فيهما نص ولا دليل على وجوب الاستحلاف بهذه الصيغة.

ثانيا: إن ما روي عن عيسى ـ عليه الصلاة والسلام ـ لا يدل على وجوب الحلف بهذه الصيغة، وعلى فرض أنه يدل على ذلك، فليس فيه ما يدل على أن سيدنا عيسى ـ عليه الصلاة والسلام أمره أن يحلف بهذه الصيغة في خصومة بالإضافة إلى ذلك، فإن شريعة عيسى ـ عليه الصلاة والسلام ـ لا تلزمنا لأنها شريعة من قبلنا، وإنما يلزمنا ما أتانا به محمد صلى الـلـه عليه وسلم (107: 388/9).

ثالثا: أما حديث ابن مسعود فقد أجيب عنه بما يلي (107: 389/9):

أ- إنه إسناد منكم فيه، والصحيح أن الذي قتل أبا جهل ابنا عفراء.

ب- إنها لم تكن خصومة، إنما كانت مناشدة، ثم إن كانت مناشدة النبي صلى الـلـه عليه وسلم لابن مسعود توجب أن لا يكون التحليف في الحقوق إلا كذلك، فإن تكراره عليه الصلاة والسلام مناشدته يوجب أن تتكرر اليمين على الحالف في الحقوق، وهذا باطل فبطل ما تعلقتم به.

توفيق بين المذاهب:

بالنظر والتدبر في أدلة المذهبين نجد أنه لا تعارض بينهما، ويمكن الجمع والتوفيق بين المـذهبين بـأن تحمل الزيادة الواردة في النصوص على الاستحباب والندب، وليست على الوجوب حيث لا يوجد فيهـا مـا يـدل على الإلزام بالصيغة الواردة فيها.

ولذلك يجوز الاكتفاء في القسم بلفظ الجلالة " اللـه " وتصبح اليمـين ب " اللـه " فقط، كـما تجـوز الزيادة بإلحاق صيغة " لا إله إلا هو "، وتكون هذه الزيادة للندب والاستحباب وليست للوجـوب والإلـزام، لعدم وجود نص في ذلك، ولا قياس يقتضيه، لذلك قال الفقهاء " من حلف بالله فقد حلف جهـد اليمـين " (93: 228/9).

مسألة: اللفظ الذي تنعقد به اليمين في القانون

نصت مجلة الأحكام العدلية (73: 440/4) على أن اللفظ الذي تنعقد بـه اليمـين هـو لفـظ الجلالـة " اللـه " حيث جاء في المادة { 1743 } ما نصه: " إذا قصد تحليف أحد الخصمين يحلف باسمه تعـالى بقولـه: و اللـه أو بالله "

وقد نص القانون الأردني (36:105) على أن اللفظ الذي ينعقد به اليمـين هـو لفـظ الجلالـة " اللــه " حيث جاء في المادة { 66 } ما نصه: " تكون تأدية اليمين بأن يقول الحالـف " و اللـه " ويـذكر الصـيغة التـي أقرتها المحكمة.

ولكننا نلاحظ أن القضاء في الأردن جرى على استعمال لفظ " و اللـه العظيم "، إلا أنه غير ملزم بهـذه الصيغة، وإنما جاءت للإشعار بقيمة اليمين وعظمتها حتى يتحرى الصـدق، وإن اقتصرـ عـلى قولـه " و اللـه " صح منه اليمين.

كما نص القانون السوري (37: 220) على أن اللفظ الذي تنعقد به اليمين هو لفظ الجلالـة " اللــه " حيث جاء في المادة { 129 } منه: " تكون تأدية اليمين بأن يقول الحالف " و اللـه " ويذكر الصيغة التي أقرتها المحكمة. أما قانون الإثبات المصري (10: 364/1، 14: 49/2، 39: 173، 177)، فلـم يشـترط لفظا معينا في أداء اليمين إلا لفظة أحلف، كما نصت عليه المادة { 127 } منه، ولكن القضاء في مصر جرى على

استعمال لفظ " و الله العظيم "، وتبعه العرف في ذلك للرغبة في إشعار الحـالف بجـلال اليمـين لتوخي الصدق.

أما قانون الإثبات اليمني، فقد نص على أن تكون صيغة اليمين بعبارة " أحلف بـالله العظـيم "، حيـث جاء في المادة {151} منه: " تؤدى صيغة اليمين بالعبارة بأن يقول الحالف: أحلف بالله العظيم ".

وأما قانون المرافعات العراقية (158: 99)، فقد نص في المادة{ 108 } على: "أن تكون تأديـة اليمـين بـأن يقول الحالف:: أقسم ويؤدي الصيغة التي أقرتها المحكمة ".

المقارنة

مما سبق نلاحظ أن القانون وافق مـذهب الجمهـور في أن اللفـظ الـذي ينعقد بـه اليمـين هـو لفـظ الجلالة " الله "، وفي جواز الاكتفاء والاقتصار عليه دون زيادة.

المطلب الثاني
صيغ اليمين

تحتوي صيغ اليمين على صفة المحلوف عليه، والحلف على الطلاق، وتغليـظ اليمـين، والنيـة في اليمـين والتورية فيه، ومحل اليمين من حيث الحلف على سبب الحق ومصدره، أو عـلى حاصـله ونتيجتـه، وغـير ذلـك من صيغ اليمين، وسنبحثها في هذا المطلب، والمطلب الذي يليه، ونرجئ البحث في النيـة في اليمـين ومحلهـا إلى المبحث القادم.

الفرع الأول: صفة اليمين

اليمين المشروعة في الدعاوى يجب أن تكون جازمة، لا مجال فيها للاحـتمال والـتردد حتـى تفصـل بـين المتخاصمين، وتحسم النزاع وتنهي الخلاف، وتكون اليمين إما على فعل نفسه، وإما على فعل غيره.

المسألة الأولى: صفة اليمين إذا كانت على فعل النفس

اختلف الفقهاء في صفة اليمين إذا كانت على فعل النفس على مذهبين

المذهب الأول: ذهب عامة الفقهاء من الحنفية (55: 303/4، 91: 885/1، 56: 426/4، البناية في شرح الهداية 123: 432/7، الفتاوى الهندية 124: 22، 23) والمالكية (62: 418، 122: 102/4-103، 103: 2/ 928) الشرح الصغير (125: 315/4) والشافعية (20: 4 /473، 92: 392/8، 116: 315/2، أدب القضاة 127: 26، أسنى الطالبين 126: 401/4) والحنابلة (69: 444/6، 70: 493/2، 93: 118/12، 49: 659، 119، 113: 117/12، 128: 567) والإمامية (111: 214/2، 110: 970/3، 132: 283) والزيدية (105: 405، 112: 4 /165) والإباضية (129: 584/4) إلى أن الإنسان يحلف على البت والقطع على فعل نفسه إثباتا أو نفيا.

واستدلوا على ذلك بالسنة والمعقول

أولا: السنة النبوية

أخرج أبو داود (79: 311/3) والنسائي (81: 489/3) عن ابن عباس -رضي الله عنهما- أن رسول الله صلى الله عليه وسلم قال لرجل حلفه: **﴿ قل و الله الذي لا إله إلا هو ما له عندي شيء ﴾.**

وجه الدلالة

الحديث صريح في الحلف على البت والقطع على فعل نفسه.

ثانيا: المعقول

إن الإنسان العاقل يدرك جميع تصرفاته، ويحيط بجميع أعماله ويعلم حال نفسه، ويطلع عليها، فيكون يمينه قاطعا دون أدنى شك فيه، فتقول في البيع والشراء في الإثبات " و الله لقد بعت بكذا واشتريت بكذا، وفي النفي و الله ما بعت بكذا ولا اشتريت بكذا " (130: 401/4، 20: 473/4).

المذهب الثاني: ذهب أحمد في رواية ذكرها ابن أبي موسى (93: 118/12، 113: 117/12) وبه قال الشعبي والنخعي (93: 118/12) والمرتضى من الزيدية

(405/105:5) إلى القول: " بأن الحلف على العلم على فعل نفسه إثباتا أو نفيا، كالحلف على العلم على فعل غيره ".

واستدلوا على ذلك بالسنة والمعقول

أولا: السنة النبوية

أخرج السيوطي (300/170:7) والصنعاني (171: 494/8) عن القاسم بن عبد الرحمن عن النبي صلى الله عليه وسلم أنه قال:﴿ **لا تضطروا الناس في أيمانهم أن يحلفوا على ما لا يعلمون** ﴾.

ثانيا: المعقول

إن الإنسان لا يكلف ما لا علم له به (93: 12/ 118).

واعترض على ذلك: بأن الإنسان يمكنه الإحاطة بفعل نفسه، ولا يمكنه ذلك في فعل غيره فافترقا في اليمين، كما افترقت الشهادة فإنها تكون بالقطع فيما يمكن فيه من العقود، وعلى الظن فيما لا يمكن فيه القطع من الأملاك والأنساب، وعلى نفي العلم فيما لا تكون الإحاطة بانتفائه كالشهادة على أنه لا وارث له غير فلان وفلان.

وحديث القاسم بن عبد الرحمن محمول على نفي الغير (93: 119/12).

رأي القانون

نصت مجلة الأحكام العدلية (73: 447/4) على أن اليمين تكون على البتات والقطع في فعل النفس، حث جاء في المادة {1748} ما نصه: إذا حلف أحد على فعله يحلف على البتات، يعني يحلف قطعيا بأن هذا الشيء هكذا أو ليس بكذا "

والذي يظهر من قانون البينات الأردني (36: 103، 131: 169) أن اليمين تكون على البتات والقطع إذا كانت الواقعة شخصية، كما هو ملاحظ في الفقرة أ من المادة {55} حيث جاء فيها: " يجب أن تكون الواقعة التي تنصب عليها اليمين متعلقة بشخص من وجهت إليه فإن كانت غير شخصية انصبت على مجرد علمه بها ".

وجاء في المادة (114) من قانون البينات السوري، والفقرة أ من المادة { 115} من قانون الإثبات المصري (159: 227): " يجب أن تكون الواقعة التي تنصب عليها اليمين متعلقة بشخص من وجهت إليه اليمين ".

كما نصت المادة {117 } من فانون الإثبات العراقي (40: 369-370، 158: 100) على أنه: " إذا حلف شخص على فعله يحلف على البتات ".

المقارنة

مما سبق نلاحظ أن القانون أخذ برأي الجمهور في أن الحلف يكون على البتات والقطع على فعل نفسه إثباتا أو نفيا.

الترجيح

والذي يبدو لي ترجيح مذهب الجمهور، وذلك لأن الحديث صريح في دلالته في الحلف على البت والقطع على فعل نفسه.

المسألة الثانية: صفة اليمين إذا كانت على فعل غيره

اختلف الفقها في صفة اليمين إذا كانت على فعل غيره على ثلاثة مذاهب

المذهب الأول: ذهب جمهور الفقهاء من المالكية (120: 201، 122: 152/4) والشافعية (64: 340، 65: 34/12 ـ 35، 114: 511/2، 92: 352/8)، والحنابلة (68: 454/4، 69: 444/6، 94: 659-660، 128: 657/3) والإمامية (110: 3/ 97، 111: 2/ 214، 132: 282) والزيدية في رواية (105: 405/5، 106: 34/4 ـ 35) إلى أن الحلف على البت والقطع في إثبات فعل غيره، وعلى نفي العلم في نفي فعل غيره، فالإثبات مثل أن يدعي أنه أقرض أو باع، ويقيم شاهدا بذلك فإنه يحلف مع شاهده على البت والقطع، والنفي مثل أن يدعى عليه دين أو غصب، أو خيانة فإنه يحلف على نفي العلم.

واستدلوا على ذلك بالسنة والمعقول

أولا: السنة النبوية

أخرج أبو داود (79: 218/3) عن الأشعث بن قيس: ﴿ **أن رجلا من كندة ورجلا من حضرموت، اختصما إلى النبي** صلى الله عليه وسلم **في أرض من اليمن فقال الحضرمي يا رسول الله إن أرضي اغتصبنيها أبو هذا وهي في يده: قال: هل لك بينة؟ قال: لا، ولكن أحلفه و الله ما يعلم أنها أرضي اغتصبنيها أبوه** ﴾.

وجه الدلالة

إن الحديث صريح الدلالة في أن الحلف يكون على نفي العلم في فعل غيره، حيث أقر النبي صلى الله عليه وسلم الحضرمي على تحليف الكندي بعدم العلم على غصب أبيه.

ثانيا: المعقول

إن حالات الإثبات في فعل غيره يمكن للمسلم أن يطلع عليها ويحيط بها ويدركها، فيحلف على البت والقطع فيها، فيقول: و الله بأنه باع، وأنه اشترى، وأما إن كان فعل غيره نفيا، فإنه يحلف على نفي العلم لتعذر التواتر الموجب للعلم في نفي الفعل، ولأن أخبار الآحاد تفيد الظن، ولا يمكنه الإحاطة بنفي فعل غيره فلم يكلف بذلك، والضابط عندهم أن كل يمين على البت إلا على نفي فعل غيره (20: 474/4، 94: 659).

المذهب الثاني: ذهب الحنفية (23: 432/7، 55: 303/4، 56: 426/4، 91: 285، 124: 22/4) والزيدية في الراجح (105: 405/5، 106: 34/4، 112: 165/4) والإباضية (129: 584/6) إلى أن الشخص يحلف على العلم على فعل غيره سواء أكان إثباتا أم نفيا.

واستدلوا على ذلك بالسنة والمعقول

أولا: الدليل من السنة

أخرج البخاري (80: 1940/12) وأبو داود 79: 178/4-179) عن سهل بن أبي حثمة: ﴿ **أن النبي** صلى الله عليه وسلم **حلف اليهود في حديث القسامة " بالله ما قتلتم، ولا علمتم له قاتلا "** ﴾.

وجه الدلالة

إن الحديث الشريف يدل على أن اليمين كانت على عدم العلم على فعل غيره.

ويرد عليه بأن الحديث في نفي فعل غيره، وليس فيه ما يدل على إثبات فعل غيره، وهو ما يمكنه العلم به.

ثانيا: المعقول

إن الإنسان لا علم له بفعل غيره، ويدرك حقيقة تصرفاته، ويحلف على نفي العلم.

ويرد عليه بأن فعل غيره الذي يحضره ويشاهده يحيط به ويدركه بحواسه، ولذلك فإن إثبات فعل غيره يكون بالحلف على البت والقطع.

المذهب الثالث: ذهب ابن أبي ليلى (93: 118/12) وشريح (91: 285/1) إلى أن الشخص يحلف على البت والقطع على فعل غيره إثباتا ونفيا.

وقالوا: بأن الشخص يحلف فعل نفسه بالبت والقطع إثباتا ونفيا، وكذلك عليه أن يحلف على البت والقطع على فعل غيره إثباتا أو نفيا.

رأي القانون

نصت مجلة الأحكام العدلية (73: 447/4) على أن اليمين تكون على نفي العلم في فعل غيره حيث جاء في المادة 1748 ما نصه: " وإذا حلف على فعل غيره يحلف على عدم العلم يعني يحلف على عدم علمه بذلك الشيء ".

وقد جاء في قانون البينات الأردني (36:: 103، 131، 165) كما يدل على أن اليمين تكون على مجرد العلم حيث جاء في الفقرة أ من المادة 55 ما نصه: "....فإن كانت غير شخصية ـ أي الواقعة التي تنصب عليها اليمين ـ انصبت اليمين على مجرد علمه بها".

وقد نصت الفقرة أ من المادة 144 من قانون البينات السوري (37: 221) والفقرة أ من المادة 165 من قانون البينات المصري (14: 49/2 39: 173/1 177)159: 227) حيث جاء فيهما: " إذا كانت الواقعة التي تنصب عليها اليمين غير شخصية، انصبت اليمين على مجرد علمه بها ".

كما نصت المادة 117 من قانون الإثبات العراقي 18: 243، 40: 369-370، 158: 100) على أنه: "إذا حلف -الشخص- على فعل غيره يحلف على عدم العلم".

المقارنة

نلاحظ مما سبق أن القانون أخذ بمذهب الحنفية ومن معهم في التحليف على العلم على فعل غيره.

الترجيح

والذي يبدو لي ترجيح المذهب الأول القائل بالتحليف على البت والقطع في إثبات فعل غيره، والتحليف على نفي العلم في نفي فعل غيره، وذلك لقوة أدلته، ووضوح دلالتها على ذلك، وعدم تعارضها مع الأحاديث الأخرى فيحلف على البت والقطع في إثبات فعل غيره، لإمكان الإحاطة به وإدراكه.

ويحلف على نفي العلم في فعل غيره لعدم إمكان الإحاطة به وإدراكه.

ولا يشترط في الحلف على البت والقطع اليقين، وإنما يجوز البت في الحلف بظن مؤكد يعتمد عليه الحالف كخطه أو خط أبيه أو قرينة حال نكول المدعى عليه (125: 315/4، 20: 474/4).

الفرع الثاني: التحليف بالطلاق

يتضح مما سبق مشروعية اليمين، وأنها لا تكون إلا بلفظ الجلالة "الله" وتحريم اليمين إذا كانت بغير لفظ الجلالة " الله "، وذلك لأن القسم لتعظيم المحلوف به، والشعور بالرهبة، والخوف من عقابه وبطشه، والزجر بالامتناع عن اليمين الكاذبة، ويحرم تعظيم غير الله عز وجل، والزجر والتخويف من شيء آخر، ولكننا نرى أن بعض المتأخرين يحلفون بالطلاق أمام القضاء، وقد اختلف الفقهاء في القسم بالطلاق في إثبات الحقوق، وفض الخصومات أمام القاضي على ثلاثة مذاهب:

المذهب الأول: ذهب الشافعية (20: 474 ـ 475، 116: 313/2) والحنابلة (68: 455/4، 69: 446/6، 113: 124/12) وجمهور الحنفية (55: 301/4، 99: 159/3، 100: 213/7، 133: 232) وجمهور المالكية (13: 105/1، 118: 185/1)

والإمامية (110: 3/ 94) والزيدية (105: 408/5) والإباضية (125: 713/6) إلى أن اليمين بالطلاق غير جائزة مطلقا.

واستدلوا على حرمة اليمين بالطلاق بالسنة والمعقول

أولا: السنة النبوية

2- أخرج أبو داود (79: 219/3) والنسائي (81: 123/3) والبيهقي (78: 26/10)، (وانظر 23: 101/4) عن أبي هريرة رضي الله عنه قال: قال رسول الله صلى الله عليه وسلم : ﴿ **لا تحلفوا إلا بالله، ولا تحلفوا إلا وأنتم صادقون** ﴾.

2- أخر ج البخاري (22: 164/8) ومسلم (21: 84/11) وأبو داود (79: 222/3) والترمذي (85: 17/7) والنسائي (81: 123/3) والبيهقي (78: 28/10 وانظر 4/ 12: 293 ـ 294 23: 101/4، 82: 33/2) عن عبد الله بن عمر ـ رضي الله عنهما ـ عن رسول الله صلى الله عليه وسلم ﴿ **أنه أدرك عمر بن الخطاب في ركب وعمر يحلف بأبيه فناداهم رسول الله** صلى الله عليه وسلم **ألا أن الله عز وجل ينهاكم أن تحلفوا بأبائكم فمن كان حالفا فليحلف بالله أو ليصمت، قال عمر: فوالله مال حلفت بها منذ سمعت رسول الله** صلى الله عليه وسلم **نهى عنها ذاكرا ولا آثرا** ﴾.

وجه الدلالة

هذه الأحاديث تدل بإطلاقها على منع الحلف بالطلاق.

ثانيا: المعقول

قالوا بأن القسم للتعظيم والزجر والتخويف، ويحرم تعظيم غير الله سبحانه وتعالى، والزجر والتخويف من شيء آخر سوى الله عز وجل، ولذلك فإن اليمين بالطلاق حرام لأنه يمين بغير الله سبحانه وتعالى، واليمين بغير الله عز وجل لا يجوز، وإن طلبه الخصم لا يجيبه القاضي بذلك لأنه حرام.

المذهب الثاني: ذهب بعض الحنفية (99: 159/3، 100: 212/7-213، 133: 232) والمالكية (119: 85/1) والإباضية في قول (129: 713/6) إلى أن الحلف بالطلاق جائز إذا طلبها الخصم وألح فيه، أو كان الحالف لا ينزجر إلا بها.

واستدلوا على ذلك بفساد الزمان وقلة مبالاة الناس باليمين بالله تعالى والتساهل فيه حيث يقدم كثير منهم على الحلف بالله تعالى ولو كانوا كاذبين، ويمتنعون عن الحلف بالطلاق، فيجوز الحلف بالطلاق للضرورة (33: 132، 99: 3 /159).

ويعترض على هذا الاستدلال بأن فساد المجتمعات والانحراف وعدم المبالاة بالحلف بالله تعالى، والإقدام على الحلف بالله تعالى كاذبا لا يعالج بارتكاب المحرم، وذلك لما فيه من التهديد الشديد والوعيد بالطرد من رحمة الله تعالى.

المذهب الثالث: ذهب بعض المالكية، ومنهم ابن عاصم إلى أن الحلف بالطلاق جائز للتغليظ.

واستدلوا على ذلك بقول عمر بن عبد العزيز: " تحدث للناس أقضية بقدر ما أحدثوا من الفجور، وأن الحاجة ماسة إليه ليدفع أشد الضررين ".

ويعترض عليه بأن التغليظ لا يكون بالمحرم، وأن أشد الضررين هو في التحليف بالطلاق لما يترتب عليه من التحريم وغيره، وأن الأموال أخف ضررا من الأبضاع.

ولم يتطرق القانون لذكر اليمين بالطلاق، مما يدل على أن القانون لم يجيز اليمين بالطلاق.

الترجيح

الذي أميل إليه رأي الجمهور القائل بحرمة استحلاف أحد بالطلاق في المنازعات والخصومات بين الناس، وذلك لما ورد من أحاديث تنهى عن الحلف بغير الله تعالى، وتمنع التحليف بالطلاق، ولما يترتب على الاستحلاف من ضرر أشد من ضرر عدم الحلف مطلقا، لما فيه من إيقاع الفرقة بين الزوجين، فيتعدى أثر اليمين من الحالف إلى غيره، وهو غير جائز، ولذلك لا يجوز للقاضي أن يطلب اليمين بالطلاق من أحد الخصمين، وإلا اعتبر جاهلا حيث يقول الإمام الشافعي ـ رحمه الله: " متى بلغ الإمام أن قاضيا يستحلف بالطلاق والعتاق والنذر عزله عن الحكم لأنه جاهل ". وقال ابن عبد البر: "لا أعلم أحدا من أهل العلم يرى الاستحلاف بذلك" (20: 4/473).

بالإضافة إلى ما سبق فإن اليمين بالطلاق حلف بغير الـلـه تعالى، وهو باطل منهي عنه شرعا، ولم يفعله النبي صلى الـلـه عليه وسلم ولا أصحابه ـ رضوان الـلـه عليهم ـ لما فيه من تعظيم غير الـلـه سبحانه وتعالى، ويحرم التعظيم لغير الـلـه عز وجل.

المطلب الثالث
تغليظ اليمين

الفرع الأول: تغليظ اليمين على المسلم

تغليظ اليمين على المسلم على أنواع هي: التغليظ باللفظ، التغليظ بالمكان والزمان، التغليظ بالمصحف، التغليظ بالقيام، وفيما يلي أراء الفقهاء فيها:

النوع الأول: تغليظ اليمين باللفظ

المسألة الأولى: تغليظ اليمين بأسماء الـلـه وصفاته

اختلف الفقهاء في جواز تغليظ اليمين بأسماء الـلـه تعالى وصفاته على مذهبين:

المذهب الأول: يجوز تغليظ اليمين بأسماء الـلـه وصفاته.

ذهب جمهور الفقهاء من الحنفية (57: 183/7، 117: 19/16، 118: 3929/8-3930، 133: 331، 135: 65) والمالكية (62: 418، 102: 466/2، 103: 923/2 الفواكه الواني 136: 301/2) والشافعية (64: 340/4، 65: 31/12، 116: 313/2، 126: 401/4، 127: 221، 130: 401/4، الأم 137: 280/6) والحنابلة (67: 681/2، 68: 454/4، 69: 454،70/6: 494/2، 104: 220/2، 128: 568/3، النكت والفوائد: 138: 220/2) والزيدية (105: 408/5، 112: 165/4) والإمامية (109: 316، 110: 95/3، 111: 213/2، 132: 282) إلى القول بجواز تغليظ اليمين بأسماء الـلـه تعالى وصفاته.

وصيغة التغليظ عند المالكية: " بالله الذي لا إله إلا هو " وعند غيرهم " بالله الذي لا إله إلا هو عالم الغيب والشهادة، الرحمن الرحيم، الذي يعلم من السر ما يعلم

في العلانية، أو " بالله الذي لا إله إلا هو الرحمن الرحيم، الطالب الغالب، الضار النافع، المدرك الـذي يعلم من السر ما يعلم من العلانية ".

واستدلوا على ذلك بالأحاديث النبوية الشريفة نذكر منها ما يلي:

أولا: أخرج أبو داود (79: 311/3) والنسائي (81: 489/3، 5: 266/9) عن ابن عباس ـ رضي اللـه عنهما ـ أن النبي صلى اللـه عليه وسلم قال لرجل حلفه: ﴿ احلف بالله الذي لا إله إلا هو ما له عندك شيء ﴾.

ثانيا: أخرج أبو داود (79: 311/3، 40، 307/12 ـ 308) عن ابن عباس ـرضي اللـه عنهما- أن رجلين اختصما إلى النبي صلى اللـه عليه وسلم ﴿ فسأل النبي صلى اللـه عليه وسلم **الطالب البينة**، فلم تكن له بينة، فاستحلف **المطلوب**، فحلف بالله الذي لا إله إلا هو، فقال رسول اللـه صلى اللـه عليه وسلم **بلى قد فعلت، ولكن قد غفر اللـه لك بإخلاص لا إله إلا هو** ﴾.

وفي رواية النسائي (81: 489/3) عن ابن عباس ـ رضي اللـه عنهما ـ جاء رجلان اختصما إلى الرسول صلى اللـه عليه وسلم في شيء ﴿ فقال النبي صلى اللـه عليه وسلم للمدعي أقم البينة، فلم يقم، وقال للآخر احلف، فحلف بالله الذي لا إله إلا هو، فقال رسول اللـه صلى اللـه عليه وسلم ادفع حقه، وستكفر عنك لا إله إلا اللـه ما صنعت ﴾.

ثالثا: أخرج النسائي (81: 3/ 488) وابن ماجة (77: 679/1، انظر 388/107:9) عن أبي هريرة ـ رضي اللـه عنه قال: ﴿ قال رسول اللـه صلى اللـه عليه وسلم رأى عيسى ابن مريم رجلا يسرق، فقال له أسرقت؟ قال: لا و اللـه الذي لا إله إلا هو، فقال عيسى ـ عليه الصلاة والسلام ـ آمنت بالله وكذبت بصري ﴾.

رابعا: أخرج النسائي (80: 488/3 ـ 489، 107، 389/9) عن ابن مسعود رضي اللـه عنه أنه: ﴿ قتل أبا جهل يوم بدر، قال: ثم أتيت رسول اللـه صلى اللـه عليه وسلم فأخبرته فقال: اللـه الذي لا إله إلا هـو: قلت اللـه الذي لا إله إلا هو، قال: اللـه الذي لا إله إلا هو، قلت: اللـه الـذي لا إله إلا هو، قال: انطلق فاستثنيت فانطلقت، فقال رسول اللـه صلى اللـه عليه وسلم إن جاءكم يسعى مثل الطير يضحك، فقد صدق فانطلقت فاستثنيت ثم جئت مثل الطير أضحك، فأخبته، فقال: انطلق فأرني مكانه، فانطلقت معـه، فأريته مكانه، فحمد اللـه وقال هذا فرعون هذه الأمة ﴾.

خامسا: ذكر ابن قدامه أن عمر رضي الله عنه قال لأبي: " و الله الذي لا إله إلا هو إن النخل لنخلي، وما لأبي منها شيء ".

وجه الدلالة:

تدل هذه الآثار على جواز التغليظ باللفظ ولا تعارض بينها وبين الآيات والأحاديث التي اقتصرت على لفظ الجلالة فقط.

المذهب الثاني: لا يجوز تغليظ اليمين، ويكتفى بلفظ الجلالة فقط، أو باسم من أسمائه تعالى دون زيادة عليها.

ذهب ابن حزم الظاهري (107: 383 ـ 385) إلى القول بأنه يكتفى بلفظ الجلالة " الله " أو باسم من أسمائه سبحانه وتعالى، ولا يجوز تغليظ اليمين بلفظ آخر.

واستدلوا على ذلك بالكتاب والسنة وفعل الصحابة

أولا: القرآن الكريم

1- قال الله تعالى: ﴿ تحبسونهما من بعد الصلاة فيقسمان بالله ﴾ (سورة المائدة: آية 106).

2- قال الله تعالى: ﴿ فيقسمان بالله لشهادتنا أحق من شهادتهما ﴾ (سورة المائدة: آية 107).

3- قال الله تعالى: ﴿ ويدرأ عنها العذاب أن تشهد أربع شهادات بالله ﴾ (سورة النور: آية 8).

4- قال الله تعالى: ﴿ فشهادة أحدهم أربع شهادات بالله ﴾ (سورة النور: آية 6).

5- قال الله تعالى: ﴿ وأقسموا بالله جهد أيمانهم ﴾ (سورة المائدة: آية 53 سورة الأنعام: آية 109، سورة النحل: آية 38، سورة النور: آية 53، سورة فاطر: آية 42).

5- قال الله تعالى: ﴿ قل إي وربي ﴾ (سورة يونس: آية 53).

وجه الدلالة

اقتصرت الآيات على لفظ الجلالة " اللـه "، أو اسم من أسمائه مثل "رب"، فلم يـأمر اللـه عـز وجـل أحدا أن يزيد في الحلف على لفظ الجلالة " اللـه " شيئا، فلا يحل لأحد أن يزيد على ذلك شيئا لعدم وجود ما يدل على الزيادة في الآيات، بل اقتصرت الآيات على لفظ الجلالة أو أحد أسمائه وصفاته سبحانه وتعالى.

ثانيا: السنة النبوية:

1- أخـرج البخـاري ومسـلم وأبـو داود والترمـذي والنسـائي والبيهقـي ومالـك (4: 293/12 ـ294، 21: 84/11، 22: 164/8، 23: 78/4،101: 28/10، 79: 222/3 80: 249/11، 81: 123/3، 82: 33/2، 83: 122/9) عن عبد اللـه بن عمر ـ رضي اللـه عنهما ـ عـن رسـول اللـه صلى اللـه عليـه وسـلم أنـه: **﴿ أدرك عمـر بـن الخطاب في ركب وعمر يحلف بأبيه، فناداهم رسول اللـه** صلى اللـه عليه وسـلم **ألا إن اللـه ينهـاكم أن تحلفوا بأبائكم فمن كان حالفا فليحلف بالله أو ليصمت ﴾.**

2- أخرج أبو داود (79: 219/3) والنسـائي (81: 123/3) والبيهقـي (78: 26/10، 4: 12 / 293) عـن أبي هريرة رضي اللـه عنه قال: قال رسول اللـه صلى اللـه عليه وسلم : **﴿ ولا تحلفـوا إلا بـالله، ولا تحلفـوا إلا وأنتم صادقون ﴾.**

وجه الدلالة

هذه الأحاديث نص يبطل الزيادة على لفظ الجلالة " اللـه " في القسم.

ثالثا: فعل الصحابة

استدلوا بما ورد عن بعض الصحابة ـ رضوان اللـه عنهم ـ من الاسـتحلاف بـالله فقـط، حيـث روي عـن عبد اللـه بن عمر، وعلي بن أبي طالب، وزيد بن ثابت، وعـثمان بـن عفـان، وكـذلك روي عـن عمـر بـن عبـد العزيز الاستحلاف " بالله " فقط.

الترجيح

بالنظر والتمعن في أدلة الطرفين، أرجح قول الجمهور في أنه يجوز تغلـيظ اليمـين بأسـماء اللـه تعـالى وصفاته، وذلك لما يأتي:

1- قوة الأدلة التي استند إليها الجمهور في التغليظ.

2- أما بالنسبة لأدلة القائلين بعدم جواز تغليظ اليمين، فيجاب عليم بما يلي:

أ- إن الآيات التي استندوا إليها تدل على وجوب الحلف بالله تعالى، ولا تدل على وجوب الاقتصار على لفظ الجلالة.

ب- أما استدلالهم بحديث ابن عمر وأبي هريرة ـ رضي الله عنهم ـ على إبطال الزيادة على لفظ الجلالة، فهو استدلال خاطئ، وذلك لأن الحديث جاء لينهى عن الحلف بغير الله تعالى، ويبين أنه لا يجوز للمسلم أن يحلف بغير الله سبحانه وتعالى، ويظهر ذلك من نص الحديث الذي قال فيه النبي صلى الله عليه وسلم بعد أن سمع عمر بن الخطاب رضي الله عنه يحلف بأبيه " ألا إن اله ينهاكم أن تحلفوا بآبائكم فمن كان حالفا فليحلف بالله أو ليصمت".

ولذلك فهذا الحديث يدل على تحريم الحلف بغير الله تعالى، ولا يدل على وجوب الاقتصار على لفظ الجلالة "الله" وعدم التغليظ بأسماء الله وصفاته.

ج- وأما استدلالهم بفعل الصحابة من الاستحلاف بالله فقط، فيجاب عليهم بأن الصحابة قد حلفوا بالله تعالى في بعض الأحيان معتمدين على جواز الاقتصار على لفظ الجلالة، وليس على الوجوب، وذلك لأنه ورد عن الصحابة -رضوان الله عنهم ـ أنهم قد غلظوا بزيادة أسماء وصفات الله تعالى، ومن ذلك قول عمر بن الخطاب رضي الله عنه عندما حلف لأبي قائلا "و الله الذي لا إله إلا هو إن النخل لنخلي وما لأبي منها شيء"، مما يدل على جواز الاقتصار على لفظ الجلالة " الله " وإباحة التغليظ بأسماء الله عز وجل وصفاته في اليمين.

3- إن زيادة الأسماء والصفات في القسم تشعر بعظمة المحلوف به، والهيبة والخوف من الإقدام على اليمين الكاذبة، وما يترتب عليها من عقاب وغضب الله عز وجل بالحالف إن كان كاذبا، فتمنعه من الاستمرار في الظلم وتردعه عن اليمين الكاذبة خاصة إذا كان من ضعاف الإيمان.

ولذلك نستطيع التوفيق والجمع بين القولين، حيث لا تعارض بينهما، وذلك من خلال أدلة القائلين بالاقتصار على الإباحة والندب، وأدلة القائلين بالاقتصار على لفظ الجلالة على الوجوب والإلزام.

المسألة الثانية: حكم التغليظ باللفظ[1]

اختلف الفقهاء القائلون بجواز التغليظ في القسم - في حكم التغليظ هل هو مباح أم مندوب؟ على مذهبين:

المذهب الأول: إن التغليظ باللفظ مباح

ذهب الحنفية (23: 113 58: 2/2 وما بعدها، 99: 195/3، 117: 119/16، 118: 3929/8ـ3930، 124: 16/4ـ 17، 135: 65) والحنابلة (68: 454/4، 69: 445/6-446، 70: 494/2، 113: 120/12، 104: 222/2) والزيدية (105: 408/5، 106: 32/4) إلى القول بأن التغليظ باللفظ مباح، فيجوز التغليظ ويجوز تركه، وقالوا إن التغليظ عائد إلى القاضي، فإن شاء غلظ، وإن شاء لم يغلظ، ويعتمد في ذلك على حال المدعى عليه، فإن رأى به ما يدل على الخير والصلاح لم يغلظ عليه لعدم اتهامه، وإن كان على خلاف ذلك غلظ عليه باللفظ، وقالوا ينظر إلى المدعى به إن كان مالا عظيما أو أمرا خطيرا، كأحكام الأبدان غلظ عليه، وإن كان حقيرا يكتفى بذكر اسم الله وحده، وقالوا أيضا إن التغليظ موقوف على إرادة الحالف فلو حلف بالله ورفض التغليظ لا يعد ناكلا عن اليمين، لأنه قد بذل الواجب عليه فيجب الاكتفاء به، ويحرم التعرض له.

---

[1] حكم النكول عن اليمين المغلظة لفظا: اختلف الفقهاء في حكم النكول عن اليمين المغلظة لفظا على مذهبين: المذهب الأول: ذهب الحنفية (55: /32/4، 56: 424/4) والشافعية في قول 64: 342/4، 127: 222) والحنابلة في صحيح المذهب 67: 683، 128: 138/3،568: 222/2) والإمامية (111: 213/2، 110: 95/3 إلى أن من أقسم بالله تعالى وأدى اليمين الواجبة عليه، وامتنع عن التغليظ باللفظ لا يعد ناكلا عن اليمين، ويحرم التعرض له بطلبها مرة أخرى، لأن من حلف بالله بذل الواجب عليه، فيجب الاكتفاء به، ولن المقصود هو الحلف بالله تعالى، وقد حصل.

المذهب الثاني: ذهب الشافعية في القول الثاني (64: 342/4، 127: 222) واختاره القفال من المالكية (139: 314/4) والحنابلة في رأي لهم (104: 222/2) إلى أن من طلب منه القاضي أن يغلظ في يمينه باللفظ، فحلف بالله وحده، وامتنع عن التغليظ يعتبر ناكلا عن اليمين، لأنه لو لم يحكم عليه بالنكول لانتفت الفائدة من التغليظ، ولما كان فيه زجر قط.

وقد استدلوا على ذلك بالأحاديث السابقة فبعضها جاء باللفظ فقط، وبعضها جاء بالتغليظ.

المذهب الثاني: إن التغليظ باللفظ مندوب

ذهب المالكية (119: 95/3، 125: 313/4-314)، 136: 301/2، حاشية الصاوي 139: 313/4-314) والشافعية (14: 317/4، 20: 472/4، 64: 340/4، 65: 31/12، 126: 399/4، 130: 401/4) والإمامية (110: 95/3، 111: 2/ 317) إلى القول بأن تغليظ اليمين باللفظ مندوب في الحقوق جميعها، سواء أكانت مالية أم غيرها إذا بلغت قيمتها المال الكثير، ويقدر عند الشافعية بنصاب الزكاة فأكثر وهو عشرون مثقال ذهب، أو مائتا درهم فضة، أو ما قيمته أحدهما، وعند المالكية بنصاب السرقة الذي تقطع به اليد وهو ربع دينار فأكثر، ويندب تغليظ اليمين في المال القليل إذا رأى القاضي جرأة في الحالف.

واستدلوا على ذلك بالأحاديث السابقة، وأن اليمين وضعت للزجر عن التعدي، فشرع التغليظ مبالغة وتأكيدا للردع والزجر.

الترجيح

من خلال النظر في أقوال الطرفين، أجد أنهما متفقان على جواز التغليظ في المسائل الهامة والأموال الكثيرة، ولكني أرى أن يترك التغليظ إلى حرية القاضي وتقديره، وأن يكون ذلك مقيدا بحال المدعى عليه من ورع وتقوى وصلاح، والمدعى به من حيث خطورته وقيمته المالية، فإن رأى القاضي الحاجة إلى التغليظ بناء على حال المدعى عليه والمدعى به، وطلبه من الحالف فيجب عليه أن ينصاع لأمر الحاكم، وأن يغلظ في يمينه، فإن اقتصر الحالف على لفظ الجلالة في يمينه وامتنع عن التغليظ اعتبر ناكلا عن اليمين، ولا عبرة بيمينه، وذلك حفاظا على هيبة القضاء ومكانة القاضي، وإلا فكيف يكون في التغليظ زجر، وكل فرد يستطيع أن يمتنع عن التغليظ لعدم الضرر عليه في ذلك، ولم يبق فائدة للتغليظ كما يقول ابن مفلح الحنبلي (138: 2/ 223): " والردع والزجر علة التغليظ، فلو لم يجب برأي الإمام لتمكن كل واحد من الامتناع عنه لعدم الضرر عليه في ذلك وانتفت فائدته.

ولذلك فإني أرى أن التغليظ باللفظ في اليمين يعتبر واجبا متى طلبه القاضي من الحالف - حيث إن المباح والمندوب إذا أمر به الحاكم صار واجبا كما يقول الفقهاء - وعلى الحالف أن يغلظ في يمينه فإذا امتنع عن التغليظ اعتبر ناكلا حتى يتحقق الهدف من التغليظ، وهو الردع والزجر عن اليمين الكاذبة.

الفرع الثاني: التغليظ بالمكان والزمان[1]

اختلف جمهور الفقهاء القائلين بتغليظ اليمين باللفظ في تغليظ اليمين بالمكان والزمان على مذهبين:

المذهب الأول: ذهب الشافعية (64: 340/4، 65: 32/12، 92: 352/8،137: 279/6، 7 /31-34) والمالكية في قول (62: 419، 102: 2/466-467، 103: 926/2، 120: 301/2) والحنابلة في رواية (67: 682/2، 128: 568/3، 138: 220/2-221) والزيدية (105: 409/5) إلى القول بجواز التغليظ بالمكان والزمان.

وقالوا بأن التغليظ بالمكان يكون بين المقام والركن - أي مقام سيدنا إبراهيم عليه الصلاة والسلام والركن الذي فيه الحجر الأسود، ويسمى ما بينهما بالحطيم - لأنه مكان شريف زائد على غيره في الفضيلة، وعند المنبر في مسجد رسول الله صلى الله عليه وسلم

---

[1] حكم النكول عن التغليظ في المكان والزمان: اختلف الفقهاء القائلون بالتغليظ في المكان والزمان في حكم النكول على ثلاثة مذاهب:

الأول: ذهب المالكية (136: 302/2، 139:4/314) إلى القول بأن من نكل عن التغليظ في المكان والزمان لا يعتبر ناكلا، إلا إذا كان التغليظ بطلب من الخصم لأنه حقه.

الثاني: ذهب الشافعية في المعتمد (64: 342/4، 127: 223 - 224) والحنابلة في رواية ضعيفة 69: 450/6، 113: 138/12،122: 222/2) إلى القول بأن الامتناع عن التغليظ في المكان والزمان يعتبر نكولا.

الثالث: ذهب الحنابلة في صحيح مذهبهم (67: 383/2، 113: 122/12، 128: 568/3، 138: 222/2) والشافعية في وجه (64: 342/4) إلى القول بأن من نكل عن التغليظ في المكان والزمان لا يعتبر نكولا، وحجتهم في ذلك أن من حلف بالله فقد أتى بالواجب عليه، فيكتفى به ولا يعاقب، لأن المقصود هو الحالف بالله تعالى وقد حصل.

لقوله صلى اللـه عليه وسلم ﴿ **من حلف على منبري هذا يمينا آثما فليتبوأ مقعده من النار** ﴾، وعند الصخرة المشرفة في السجد الأقصى بالقدس الشريف حيث ورد في سنن ابن ماجة أن النبي صلى اللـه عليه وسلم قال:﴿**هي الجنة** ﴾، ولأنها أشرف بقاعه، ولأنها الأنبياء أجمعين، وعند المنبر أو فوقه في سائر البلدان كمدينة الرسول صلى اللـه عليه وسلم ، لأنها أماكن العبادة والتعظيم.

وقال المالكية (102: 466/2 ـ 467، 103: 924/2، 125: 314/4، 136: 301/2) يحلف عند منبر الرسول صلى اللـه عليه وسلم في ربع دينار أو ثلاثة دراهم فأكثر، وفي غير المدينة يحلف في ذلك في الجامع ـ وهو مصلى الجمعة لا مطلق مسجد ـ عند المنبر أو غيره في الجامع، والراجح أن يكون عند المنبر حيث جرى العمل على ذلك، فإن كان أقل من ذلك حلف عليه في سائر المساجد، وفي مجلس الحكم.

والتغليظ في الزمان والمكان بأن تكون اليمين بعد صلاة العصر من كل يوم

ـ وعصر الجمعة أولى، لأن يومها من أشرف أيام الأسبوع وساعة الاستجابة بها بعد العصر- عند الشافعية (20: 337/3، 64: 4م34، 116 ك 170/2، 127: 224، حاشية إعانة الطالبين 140: 4م317) والمالكية (102: 466/2 ـ 467، 103: 924/2، 120: 301/2، 125: 314/4، 136: 301/2) الزيدية (105: 409/5) لأنه قد وقت تعظمه أهل الأديان وتشهده ملائكة الليل والنهار، ولأن اليمين الفاجرة بعد العصر أغلظ عقوبة، وعند الحنابلة (67: 611/2، 68: 454/4، 69: 444، 70: 494/2، 93: 116/12، 104: 220/2) بعد العصر أو بين الآذان والإقامة لأنه وقت يرجى فيه إجابة الدعاء، فيرجى منه معالجة الكذب، وعند الإمامية (110: 3م95، 111: 213/2) في الأوقات المكرمة كالجمعة، والعيد، وبعد الزوال، والعصر.

وقد استدلوا على جواز التغليظ بالمكان والزمان بالكتاب والسنة والآثار والقياس:

أولا: الدليل من الكتاب

قال اللـه تعالى: ﴿**تحبسونهما من بعد الصلاة فيقسمان بالله**﴾ (سورة المائدة: آية 106).

وجه الدلالة

الآية واضحة الدلالة في القسم بعد الصلاة، والمقصود بها صلاة العصر، روي ذلك عن ابن عباس، وسعيد بن جبير، وإبراهيم النخعي، وقتادة، وعكرمة، ومحمد بن سيرين، وذلك لأنه وقت اجتماع الناس، وكان أهل الحجاز يقعدون للحكومة بعدها، ولأنه وقت اجتماع ملائكة الليل والنهار، وقد ذكر القرطبي أن الآية أصل في التغليظ (26: 307/1، 27: 112/2، 54: 217/2).

ثانيا: الدليل من السنة النبوية

1- أخرج أبو داود (79: 222/3) وابن ماجة (77: 179/2) والحاكم (98: 296/4، 297) عن جابر بن عبد الله رضي الله عنه عن النبي صلى الله عليه وسلم قال: ﴿ **لا يحلف أحد عند منبري هذا على يمين آثمة، ولو على سواك أخضر إلا تبوأ مقعده من النار** ﴾

وفي رواية مالك (5: 722/2) والنسائي (81: 497/3) والحاكم (98: 296/4) وانظر (4: 298/12، 23: 134/5، 83: 224/9): ﴿ **من يحلف على يمين آثمة فليتبوأ مقعده من النار** ﴾

وأخرج النسائي (81: 492/3) عن أبي أمامة مرفوعا أن النبي صلى الله عليه وسلم قال: ﴿ **من حلف عند منبري هذا بيمين كاذبة يستحل بها امرئ مسلم، فعليه لعنة الله والملائكة والناس أجمعين** ﴾

وجه الدلالة:

الحديث ظاهر الدلالة فبي جواز التغليظ باليمين في المكان، حيث نص على جواز التغليظ عند المنبر في مسجد الرسول صلى الله عليه وسلم ويقاس عليه بقية المساجد ومنابرها لأنها أماكن للعبادة والتعظيم.

2- أخرج البخاري (80: 217/5) وأبو داود (79: 220/2) والترمذي (5:85/ 214) والنسائي (81: 492/3) وابن ماجة (77: 714/2) والبيهقي (78: 177/1) عن أبي هريرة رضي الله عنه أن رسول الله صلى الله عليه وسلم قال: ﴿ **ثلاثة لا يكلمهم الله، ولا ينظر إليهم يوم القيامة، ولا يزكيهم، ولهم عذاب أليم، رجل على فضل ماء بالفلاة يمنعه ابن السبيل، ورجل بايع الإمام لا يبايعه إلا للدنيا، فإن أعطاه منها وفى، وإن لم يعطه لم**

يوف له، ورجل باع سلعة بعد العصر فحلف بالله لأخذها بكذا وكذا فصدقه وهو على غير ذلك ﴾.

وجه الدلالة

إن الحديث يدل على أن حال الحالف بعد العصر كذبا حال المغضوب عليهم بما يصيبهم من العذاب والنكال والإثم، فكان اليمين بعد العصر أشد في النكال والعذاب من غيره، فدل على اعتبار هذا الوقت مناسبا للتغليظ.

ثالثا: الآثار المروية عن الصحابة ـ رضوان الله عليهم ـ

ثبت عن بعض الصحابة -رضوان الله عنهم- التغليظ باليمين بالمكان والزمان، ومن ذلك:

1- أخرج البيهقي (78: 176/10) عن عبد الرحمن بن عوف أنه رأى قوما يحلفون بين البيت والمقام، فقال أعلى دم؟ قالوا: لا، قال: أفعلى عظيم من المال: قالوا: لا، قال: لقد خشيت أن يتهاون الناس بهذا المقام "

وجه الدلالة:

قال الزحيلي (10: 335/1) أن سيدنا عبد الرحمن بن عوف لم ينكر عليهم اليمين في ذلك المقام، بل أنكره على غير الدم والمال العظيم، وهذا الأمر لا مجال للرأي فيه فيثبت له حكم المرفوع.

2- عن عطاء بن أبي رباح أن رجلا قال لامرأته: " حبلك على غاربك مرارا فأتي به عمر بن الخطاب رضي الله عنه فاستحلفه بين الركن والمقام ما الذي أردت بقولك ".

3- عن المهاجر بن أمية أنه قال: "كتب إلي أبو بكر الصديق أن أبعث له نفيس بن مكشوع في وثاق، فبعثت به فأحلفه في قتل على المنبر خمسين يمينا ما قتل دادوي"

4- روي أعثمان بن عفان رضي الله عنه ردت عليه اليمين وهو على المنبر في أربعين ألف درهم، فاتقاها وافتدى منها، وقال: " أخاف أن يوافق قدر بلاء، فيقال بيمينه ".

5- روي أن عمر بن الخطاب رضي الله عنه قال: " توجهت عليه اليمين في حكومة، وكانت بينه وبين أبي بن كعب فحلف على المنبر، ثم وهب له الآخر بعد ذلك

6- روي عن أبي مليكة أنه قال: " كتبت إلى ابن عباس في جارتين ضربت إحداهما الأخرى، فكتب إلي أن أحلفهما بعد العصر، وأقرأ عليهما: " عن الذين يشترون بعهد الله وأيمانهم ثمنا قليلا، أولئك لا خلاق لهم ولا يكلمهم الله، ولا ينظر إليهم يوم القيامة، ولا يزكيهم، ولهم عذاب أليم " (سورة آل عمران: آية 77)

7- روي عن سعيد بن المسيب أنه قال: " ادعى مدع على آخر أنه اغتصب له بعيرا فخاصمه إلى عثمان بن عفان، فأمره أن يحلف، وقال: " أحلف له حيث يشاء غير المنبر "، فأبى عليه عثمان أن لا يحلف إلا عند المنبر، فقدم له بعيرا مثل بعيره، ولم يحلف " (80: 218/5)

8- عن ابن عباس ـ رضي الله عنهما ـ أنه سئل عن امرأة شهدت أنها أرضعت امرأة زوجها فقال: " استحلفها عند المقام، فإنها إن كانت كاذبة لم يحل عليها الحول حتى بيض ثدياها، فاستحلفت، فحلفت، فلم يحل عليها الحول حتى بيض ثدياها".

وجه الدلالة

هذه الآثار واضحة الدلالة في التحليف على المنبر، وبين المنبر والمقام، وبعد صلاة العصر، لذا فهي تدل على جواز التغليظ بالمكان والزمان.

وقد ذكر الزحيلي (10: 335/1) نقلا عن الحاوي قوله: " هذا ما اتفق عليه كبار الصحابة: أبو بكر وعمر وعثمان وزيد وعبد الرحمن بن عوف وابن عباس -رضوان الله عنهم ـ قولا وعملا، ولم يعرف لهم مخالف، فثبت أنه إجماع ".

رابعا: القياس

قالوا بأن التغليظ في اللفظ والتغليظ في العدد في القسامة واللعان جائز، وذلك لما فيها من معنى الزجر والردع والامتناع عن القسم والحلف، وقالوا بأن التغليظ في المكان والزمان يتحقق فيه الزجر والردع كذلك، ولهذا قاسوا التغليظ في المكان والزمان على التغليظ باللفظ في العدد بالقسامة واللعان لاشتراكهما في معنى الزجر بل إن التغليظ بالمكان والزمان أشد في الردع والزجر فكان طلبه أشد وأقوى.

-85-

المذهب الثاني: ذهب الحنفية (55: 302/4، 56: 4م428، 57 ك 185/7، 100: 7م213، 117: 119/16، 124: 17/4، 133: 232) والمالكية في قول (125: 314/4، 134: 150/1، الشرح الكبير على مختصر خليل 141: 2م201 ـ 202، الخرشي على مختصر سيدي خليل 142: 238/7، حاشية علي العدوي 143 ك 2م201 ـ 202) والحنابلة في رواية (138: 220/2) إلى القول بعدم جواز التغليظ بالمكان والزمان.

وقد استدلوا على عدم جواز التغليظ بالمكان والزمان بالكتاب والسنة والآثار والإجماع والقياس والمعقول.

أولا: الدليل من الكتاب

قال الله تعالى: ﴿ **فآخران يقومان مقامهما من الذي استحق عليهم الأوليان فيقسمان بالله لشهادتنا أحق من شهادتهما** ﴾ (سورة المائدة: آية 107)

وجه الدلالة

إن هذه الآية جاءت مطلقة في القسم بالله تعالى، ولم تحدد مكانا ولا زمانا، ولا زيادة في اللفظ، فدل ذلك على عدم جواز التغليظ بالمكان والزمان.

ثانيا: الدليل من السنة

أخرج مسلم (84: 136/3) والنسائي (81: 485/3 ـ 486) وابن ماجة (77: 778/2) وانظر (21: 2/12، 23: 134/4) عن ابن عباس ـ رضي الله عنهما: أن رسول الله صلى الله عليه وسلم : قال ﴿ **اليمين على المدعى عليه**﴾.

وفي رواية الترمذي (85: 88/6) والبيهقي (78: 253/10) عن عبد الله بن عباس ـ رضي الله عنهما ـ أن رسول الله صلى الله عليه وسلم قال: ﴿ **اليمين على من أنكر** ﴾.

2- أخرج أبو داود (79: 263/2) وابن ماجة (77: 778/2) والبيهقي (78: 10: 43 ـ 44) عن عبد الله بن يزيد بن ركانة بن عبد يزيد عن أبيه عن جده أن النبي صلى الله عليه وسلم : ﴿ **استحلف ركانة في الطلاق فقال: الله ما أردت إلا واحدة، قال: الله ما أردت إلا واحدة** ﴾.

وجه الدلالة

هذه النصوص ذكرت اليمين مطلقا من غير تقييد بمكان ولا زمان، فدلت على جواز التغليظ في المكان والزمان، وما ذكروه تقييد لمطلق هذه النصوص (93: 116/12).

ثالثا: الآثار

1- روى البخاري (80: 218/5) ومالك (5: 2 728/) والبيهقي (78: 177/10) وانظر (4: 12 / 298، 23: 286 ـ 298) عن داود بن الحصين: " أنه سمع أبا غطفان بن طريف المري يقول: " اختصم زيد بن الأنصاري، وابن مطيع في دار كانت بينهما إلى مروان بن الحكم، وهو أمير على المدينة، فقضى مروان على زيد بن ثابت باليمين على المنبر، فقال زيد بن ثابت: احلف له مكاني، قال: فقال: لا و الله إلا عند مقاطع الحقوق، قال: فجعل زيد بن ثابت يحلف أن حقه لحق، ويأبى أن يحلف على المنبر، قال فجعل مروان بن الحكم يعجب من ذلك "

وجه الدلالة

إن امتناع زيد بن ثابت عن الحلف على المنبر يدل على عدم وجوبها، ولو كانت واجبة لما امتنع زيد عن الحلف.

2- روى البخاري (80: 218/5) عن عبد الله بن عمر ـ رضي الله عنهما ـ " أنه كان وصيا لرجل فأتاه رجل بصك قد درست أسماء شهوده فقال ابن عمر: يا نافع اذهب إلى المنبر فاستحلفه، فقال الرجل: يا ابن عمر إن تسمع بي الذي يسمعني هنا، فقال ابن عمر: صدق فاستحلفه مكانه ".

وجه الدلالة

إن موافقة ابن عمر ـ رضي الله عنهما ـ على تحليف الرجل في مكانه، وعدم إصراره على تحليفه على المنبر دليل عدم وجوب التغليظ بالمكان، ولو كان واجبا لأمر بتحليفه على المنبر.

رابعا: الإجماع

روى ابن قدامه (93: 116/12) وابن حزم (107: 385/9) " تحليف عمر لأبي حين تحاكما إلى زيد في مكانه، وكانا في بيت زيد.

وقول عثمان لابن عمر تحلف بالله لقد بعثه وما به داء تعلمه ".

وقال ابن قدامه (93: 116/12): " إن ما ذكر عن الخليفتين عمر وعثمان مع من حضرهما لم ينكر، وهو في محل الشهرة فكان إجماعا ".

خامسا: القياس

1- قياس اليمين على البينة بجامع أن كلا منهما وسيلة للإثبات، فكما أن البينة لا يغلظ فيها بمكان وزمان فكذلك اليمين (55: 302/2).

2- قياس المال الكثير على المال القليل بجامع أن كلا منهما حق مدعى به، فكما لا يشترط التغليظ في اليمين لثبوت المال القليل، فكذلك لا يشترط المال الكثير وغيره (107: 393/9).

سادسا: المعقول

جاء في بدائع الصنائع (118: 3931/8) وتبيين الحقائق (55: 302/4) وشرح فتح القدير (57: 185/7) والمبسوط (117: 119/16) الاستدلال بالمعقول من خلال ما يلي:

1- إن المقصود بالتغليظ تعظيم المحلوف به، وهو حاصل بدون ذلك والأمكنة كلها سواء، كما أن تخصيص التحليف بمكان أو زمان زيادة على النص وهو نسخ.

2- إن التخصيص في التحليف بمكان وزمان تعظيم غير اسم الله تبارك وتعالى، وفيه معنى الاشتراك في التعظيم.

3- إن في التغليظ بالمكان والزمان تعطيل أعمال القضاة، وتأخير الفصل في المنازعات، ويؤدي إلى الحرج على القاضي في حضورها، وهو مرفوض في الشريعة الإسلامية.

مناقشة الأدلة

أولا: مناقشة أدلة المجيزين لتغليظ اليمين بالمكان والزمان

1- أجاب ابن قدامه (93: 116/12) على الاستدلال بالآية الكريمة بقوله: ط إن الآية إنما كانت في حق أهل الكتاب بالوصية في السفر، وهي قضية خولف فيها القياس في مواضع منها: قبول شهادة أهل الكتاب على المسلمين، ومنها استحلاف خصومهما عند العثور على استحقاقهما الإثم، وهم لا يعلمون بها أصلا فكيف يحتجون بها ".

2- إن الأدلة التي استدل بها المجيزون، ليس فيها ما يدل على مشروعية اليمين في أمكنة وأزمنة خاصة، وإنما تدل على تغليظ اليمين على الحالف عندها فلا يلزم في وجوب الاستحلاف عند هذه الأمكنة وفي هذه الأقضية، وإن ثبت مدلوله فإنها زيادة على النص، والزيادة على النص نسخ فلا يعمل بها، وقد ظهر عمل الناس بخلافه من لدن رسول الله صلى الله عليه وسلم إلى يومنا هذا، ولم يثبت إجماع الصحابة لخلاف زيد فيه، بل إن إجماع الصحابة على عدم جواز التغليظ بالمكان والزمان، فكما ذكرنا عن ابن قدامه أن ما ورد من أدلة عن الخليفتين عمر وعثمان مع من حضرهما لم ينكر، وهو في محل الشهرة فكان إجماعا. (55: 4/ 302، 93: 116/12، 107: 39/9، 117: 119/16)

3- إن قياس التغليظ بالمكان والزمان على التغليظ باللفظ في العدد بالقسامة واللعان، يجاب عليه بأن التغليظ في اللفظ كان بزيادة أسماء الله تعالى وصفاته، والتغليظ في القسامة واللعان كان بتكرار اليمين، أما التغليظ بالمكان والزمان، فليس فيه شيء من ذلك، بل إن تخصيص التحليف في المكان والزمان تعظيم غير الله تعالى، وفيه معنى الإشراك بالله في التعظيم.

ثانيا: مناقشة أدلة المانعين للتغليظ بالمكان والزمان

أجيب على أدلة المانعين للتغليظ بالمكان والزمان بما يلي:

1- اعترض على الاستدلال بالآية الكريمة، والحديث المشهور عن ابن عباس، وحديث استحلاف ركانة، بأن هذه النصوص مطلقة وتقيد بحديث آخر، فيجمع بينهما.

2- وقد اعترض على الاستدلال بامتناع زيد بن ثابت عن اليمين على المنبر في خلافه مع ابن أبي مطيع عند مروان بن الحكم، وموافقة ابن عمر تحليف صاحب الصك في مكانه، وعدم تحليفه على المنبر بأن التغليظ في المكان جائز وليس واجبا

حتى يلزم به المسلم، وإن امتناع زيد بن ثابت كان ليوفي الحق لصاحبه، وليس لعدم مشروعية اليمين على المنبر، وذلك لأنه لم ينكر اليمين صراحة.

3- جاء في كتاب وسائل الإثبات (10: 338/1) نقلا عن الحاوي ردا على الاستدلال بالقياس قوله: " ويعترض عليه بأن الشهادة تكون بحق على غير الشاهد، فارتفعت التهمة عنها واستغنت عن الزجر، وعند التهمة في الشهادة يفرق بين الشهود، أو يحلف الشاهد عند المتأخرين، وعند زيادة التهمة ترد شهادته أصلا، فكذلك التغليظ في اليمين، وقد يؤدي إلى توقفها ".

أما المال القليل فيكتفى بالزجر فيه باليمين لقلة الطمع فيه بخلاف المال الكثير، والشارع الحكيم فرق بين المال الكثير والمال القليل في وجوب الزكاة وحد السرقة وغيرها، وفي غير المال شدد فيه بالإثبات، فامتنع القياس.

رأي القانون

لم يرد في مجلة الأحكام العدلية، ولم يتطرق القانون ـ قانون البينات الأردني، وقانون المرافعات والإثبات المصري، وقانون البينات السوري، وقانون الإثبات العراقي، وقانون الإثبات اليمني ـ للنص على التغليظ بالمكان والزمان، والذي جرى عليه العمل في المحاكم عدم تغليظ اليمين بالمكان والزمان.

الترجيح

أرى أنه أصبح من الصعوبة بمكان تطبيق تغليظ اليمين من حيث المكان والزمان، وذلك لأن من طبيعة العمل القضائي في وقتنا الحاضر تختلف عما كانت عليه الحال قديما، حيث قيد القاضي بالعمل في مكان معين وساعات عمل محددة بحيث يصعب على القاضي الانتقال بالمتخاصمين في كل قضية فيها تحليف إلى المسجد بقصد التحليف فيه مع كثرة القضايا التي تحتاج إلى تحليف في اليوم الواحد. بالإضافة إلى أن وقت العمل الرسمي للقاضي لا يمتد إلى في كثير من البلاد الإسلامية إلى ما بعد العصر، مما يمنع وقوع التحليف عصرا، ومما يؤدي إلى الحرج والمشقة على كل من القاضي والمتخاصمين، وتأخير البت في القضايا والدعاوى.

ولما ورد من الأدلة على جواز التغليظ في المكان والزمان، فإنه لا بأس في التغليظ في الحالات الخطيرة والأمور العظيمة، إذا رأى القاضي تحقق الحكمة من التغليظ، وهي الردع والزجر، وعدم الإقدام على اليمين الغموس.

النوع الثالث: تغليظ اليمين بالمصحف والقيام

المسألة الأولى: تغليظ اليمين بالحلف على المصحف[1]

اختلف الفقهاء في حكم تغليظ اليمين بالحلف على المصحف على مذهبين:

المذهب الأول: جواز تغليظ اليمين بالحلف على المصحف

ذهب الشافعية (20: 473/4، 40: 318/4، 56: 31/12، 64: 340/4، 126: 400/4، 127: 279/6) والمالكية (62: 418، 141: 202/4) والزيدية (105: 406/5) إلى جواز تغليظ اليمين بالحلف على المصحف.

وقد استدلوا على ذلك بما روى البيهقي (78: 178/10) عن مطرف بن مازن أن ابن الزبير أمر بأن يحلف على المصحف.

وقال الشافعي ـ رحمه الله ـ (20: 473/4، 137: 279/6): " وقد كان من حكام الأفاق من يستحلف على المصحف، ورأيت ابن الزبير ومطرفا قاضي صنعاء يحلفان به، وهو عندي حسن، لأنه يشتمل على كلام الله تعالى وأسمائه ".

---

[1] النكول عن التغليظ بالحلف على المصحف

اختلف الفقهاء القائلون في التغليظ بالحلف على المصحف على مذهبين:

المذهب الأول: ذهب المالكية (141: 202/4) والشافعية في قول لهم (65: 31/12) إلى أن من نكل عن الحلف على المصحف يعتبر ناكلا ويقضى عليه بذلك.

المذهب الثاني: ذهب الشافعية في قول لهم (65 ك 31/12) إلى أن من نكل عن التغليظ بالحلف على المصحف يعتبر ناكلا عن اليمين، ويقبل منه اليمين دون أن يضع المصحف في حجره، أو أن يضع يده على المصحف.

* التحليف بالمصحف يكون بأن يضع الحالف يده على المصحف أو يضع المصحف في حجره.

المذهب الثاني: تغليظ اليمين بالحلف على المصحف غير جائز

ذهب الحنابلة (63: 217/6، 93، 118/12)، وابن العربي (63: 217/6) إلى القول بأن تغليظ اليمين بالحلف على المصحف غير جائز، وفي ذلك يقول ابن المنذر (93: 118/12): " ولم نجد أحدا يوجب اليمين بالمصحف "، وقال ابن العربي (63: 216/6): " هو بدعة لم يرد عن أحد من الصحابة ".

وأجابوا على الاستدلال بجواز التغليظ بالحلف على المصحف (93: 12 /118) بأنه زيادة على ما أمر به رسول اللـه صلى اللـه عليه وسلم ، وفعله الخلفاء الراشدون من وقضاتهم من غـير دليل ولا حجـة يسـتند إليها ن ولا يترك فعل رسول اللـه صلى اللـه عليه وسلم وأصحابه ـ رضوان اللـه عنهم ـ بفعل ابن مازن ولا غيره.

رأي القانون

لم يبين القانون رأيه في حكم تغليظ اليمين بالحلف على المصحف، ولكن الذي عليه العمـل في المحـاكم الأردنية جواز تغليظ اليمين بالحاف على المصحف، وذلك بأن يضع الحالف يده على المصحف، ومن يمتنع عـن الحلف على المصحف يعتبر ناكلا عن اليمين، ولا يعتبر يمينه بغير ذلك.

وقد كان العمل في المحاكم السورية (14: 49/2، 39، 173/1، 177) أن يضع الحالف يـده عند القسـم على المصحف، ثم صدر قرار بإلغاء هذه العادة.

الترجيح

أميل إلى جواز تغليظ اليمين بالحلف على المصحف، وذلك لحرمته، ولضعف الوازع الديني عند النـاس في وقتنا الحاضر، حيث إن التغليظ بالحلف على المصحف يشعر المسلم بعظمة اليمين، والرهبـة والخـوف مـن اللـه سبحانه وتعالى، فيمتنع ضعيف الإيمان عن الحلف بالله كاذبا.

أما بالنسبة لعدم فعل الخلفاء الراشدين وقضاتهم ذلك، فيجاب عليه بأن الوازع الديني عند المسلمين والخوف من عقابه عند الحلف بالله عز وجل كان قويا، ولذلك لم تكن هناك حاجة لتغليظ اليمين بالحاف على المصحف زمن الخلفاء الراشدين وقضاتهم.

كما أنه لا توجد في التغليظ بالحلف على المصحف أية مشقة أو حرج، ولا تؤخر الفصل في الدعاوى والقضايا، ولا تؤدي إلى تعطيل أعمال القضاة.

المسألة الثانية: تغليظ اليمين بالقيام[1]

اختلف الفقهاء في تغليظ اليمين بالقيام على مذهبين:

المذهب الأول: ذهب المالكية (62: 418، 120: 509، 121: 201، 125: 314/4، 136: 301/2-02، 142: 233/7) والشافعية في رأي (64: 340/4، 65: 12/ 31، 126: 340/4، 127: / 226) وبعض الحنابلة (128: 568/3، 67: 683/2) إلى أن تغليظ اليمين بالقيام جائز.

المذهب الثاني: ذهب ابن كنانة (345/3) والشافعية في الأصح (340/64:4، 65: 31/12، 126: 400/4، 127: 226)، ومعظم الحنابلة (68: 683//2، 69: 3 /561)، ومالك (149: 217/6) وابن كنانة (3: 354) والظاهرية إلى عدم مشروعية تغليظ اليمين بالقيام.

ولم أجد فيما اطلعت عليه من كتب الحنفية ذكرا للتغليظ بالقيام، والذي يبدو لي أنهم لا يجيزون تغليظ اليمين بالقيام لأنهم يسوون في استقبال القبلة، وعدم استقبالها من قبل الحالف أثناء تأديته القسم.

---

[1] حكم النكول عن التغليظ بالقيام: اختلف الفقهاء في حكم النكول عن التغليظ بالقيام على مذهبين: المذهب الأول: ذهب المالكية في المعتمد (120: 509، 136: 302/2، 141: 202/4) إلى أن من نكل عن اليمين يعتبر ناكلا، إذا كان الذي طلب اليمين الخصم بناء على أن التغليظ واجب عند طلب الخصم، لأنه من حقه.

المذهب الثاني: ذهب القائلون بتغليظ اليمين بالقيام من الحنابلة (68: 683/2، 69: 569/3) إلى أن من نكل عن القيام يعتبر ناكلا وهو قول عند المالكية. (63: 217/6).

ولم أحد حكم النكول عن التغليظ بالقيام عند الشافعية فيما اطلعت عليه من الكتب، والذي يبدو لي أنه يعتبر ناكلا.

رأي القانون

لم أجد نصا في القانون يبين فيه حكم تغليظ اليمين بالقيام، والذي عليه العمل في المحاكم الأردنية تغليظ اليمين بالقيام.

الترجيح

أرى أن القيام أثناء تأدية اليمين أمام القضاء يشعر بالرهبة والعظمة والخوف من الله سبحانه وتعالى، ويدل على عظم الموقف الذي يكون فيه في تلك اللحظة مما يجعله سببا للردع والزجر والامتناع عن اليمين الكاذبة، بالإضافة إلى ذلك فإنه لا يوجد مشقة ولا حرج، ولا تعطيل لأعمال القضاة ولا تأخير في البت في القضايا والدعاوى المقامة لدى المحاكم في تأدية القسم أثناء القيام لذلك فإني أرى أنه لا بأس من تغليظ اليمين بالقيام.

الفرع الثاني: تغليظ اليمين على الكافر

قبل أن نبين تغليظ اليمين على الكافر، لا بد من معرفة حكم استحلاف الكافر في الدعاوى

المسألة الأولى: استحلاف الكافر في الدعاوى

اتفق الفقهاء من الحنفية (59: 205/2 ـ 206، 59: 114/2، 99: 3/ 159) والمالكية (61: 226/4، 103: 925/2، 120: 104/4) والشافعية (20: 477/4، 137: 280/6) والحنابلة (93: 112/12 ـ 114، 94: 658) على جواز استحلاف الكافر في الدعاوى سواء أكان ذميا أم مجوسيا أم وثنيا، والأصل في مشروعية استحلاف الكافر في الدعاوى الكتاب والسنة النبوية

أولا: الدليل من الكتاب

قال الله تعالى: ﴿ **أو آخران من غيركم إن أنتم ضربتم في الأرض، فأصابتكم مصيبة الموت، تحبسونهما من بعد الصلاة فيقسمان بالله إن ارتبتم لا نشتري به ثمنا، ولو كان ذا قربى، ولا نكتم شهادة الله إنا إذا لمن الآثمين** ﴾ (سورة المائدة: آية 106).

وجه الدلالة

الآية واضحة الدلالة في جواز استحلاف الكافر في الدعاوى، حيث جاءت الآية في استحلاف اثنين من النصارى أثناء شهادتهما في الوصية (27: 2/111 ـ 114).

ثانيا: الدليل من السنة النبوية

1- أخرج البخاري (80: 9/214) والنسائي (81: 3/484 ـ 485) وأبو داود (79: 3 /220 ـ 221) وابن ماجة (77: 2/778) والبيهقي (78: 10: 10 /253) عن الأشعث بن قيس أنه قال: ﴿ **كان بيني وبين رجل من اليهود أرض فجحدني، فقدمته إلى النبي** صلى الله عليه وسلم **فقال لي النبي** صلى الله عليه وسلم **: ألك بينة، قلت: لا فقال لليهودي احلف، قال: قلت: يا رسول الله إذا يحلف ويذهب بمالي** ﴾

2- أخرج البخاري (22: 9/11-12) ومسلم (84: 11/143) وأبو داود (79: 4/ 77 وما بعدها) وابن ماجة (77: 2/892) ومالك (5: 2/877 ـ 878) والبيهقي(78: 8/118 وما بعدها) عن سهل بن حثمة أن النبي صلى الله عليه وسلم قال: ﴿ **فتبرؤكم يهود بخمسين يمينا** ﴾، **وفي رواية ثانية عن سهل بن حثمة قال:** ﴿ **فتحلف لكم يهود** ﴾

3- أخرج مسلم (84: 11/209) وابن ماجة (77: 2/893) وأبو داود (79: 3/312) عن البراء بن عازب أن رسول الله صلى الله عليه وسلم قال لعبد الله ابن صوريا الأعور:﴿**أنشدك بالله الذي أنزل التوراة على موسى أهكذا تجدون حد الزاني في كتابكم** ﴾.

4- أخرج البيهقي (78: 10/180) عن أبي هريرة رضي الله عنه : ﴿ **قال بينما نحن جلوس عند رسول الله** صلى الله عليه وسلم **فذكر الحديث في اليهودي الذي زنى بعد ما أحصن، قال: فانطلق يعني للنبي** صلى الله عليه وسلم **يؤم بيت المدارس فقال لهم: يا معشر اليهود أنشدكم بالله الذي أنزل التوراة على موسى ما تجدون في التوراة من العقوبة على من زنى وقد أحصن** ﴾.

5- أخرج البيهقي (78: 10/180) عن ابن عباس ـ رضي الله عنهما ـ قال: ﴿ **كتب رسول الله صلى الله عليه وسلم إلى يهود من محمد رسول الله أبي موسى وصاحبه بعثه الله بما بعثه به أنشدكم بالله، وما أنزل على موسى يوم طور سيناء، وفلق لكم البحر وأنجاكم وأهلك عدوكم وأطعمكم المن والسلوى وظلل عليكم الغمام، هل تجدون في**

كتابكم أني رسول اللـه صلى اللـه عليه وسلم إليكم وإلى الناس كافة، فإن كان ذلك كذلك، فاتقوا اللـه وأسلموا، وإن لم يكن عندكم فلا تباعة عليكم ﴾.

وجه الدلالة

هذه الأحاديث واضحة الدلالة على جواز استحلاف اليهودي والنصراني والقول باستحلاف الكافر غير الكتابي كالمجوسي والوثني قياسا على الكتابي.

اتفق الفقهاء من الحنفية (100: 713/7، 117: 119/6-120، 118: 3930/8 133: 123) والشافعية (20: 473/4، 137: 280/9) والمالكية (55: 313/4، 103: 925/2، 124: 104/4، 136: 302) والحنابلة (93: 113/12-114، 94: 658، 104: 222/2) والظاهرية (107: 383/9-385) والإمامية (110: 94/3، 111: 313/2، 132: 284) والزيدية (105: 407/5) على أن الكافر يحلف بالله كالمسلم، وذلك لن الكفار يعتقدون بوجود الخالق من ناحية، ولتحريم تعظيم غير اللـه من ناحية أخرى، وقد جاء في الحديث النبوي الشريف ما يدل على مدح الحلف بغير اللـه تعالى مطلقا، نكتفي بذكر أهمها:

1- أخرج البخاري (22: 164/8) وأبو داود (79: 222/3) والترمذي (85:7/ 17) والنسائي (81: 123/3) والبيهقي (78: 28/10) ومالك (82: 33/2) وانظر (4: 293/12-294، 21: 84/11، 23: 101/4، 83: 122/9) عن عمر رضي اللـه عنه أن رسول اللـه صلى اللـه عليه وسلم قال: **﴿ ألا إن اللـه ينهاكم أن تحلفوا بآبائكم فمن كان حالفا فليحلف بالله أو ليصمت ﴾.**

2- أخرج البخاري (22: 164/8) ومسلم (84: 11 /106) والبيهقي (78: 10 /30) عن عبد اللـه بن دينار أنه سمع ابن عمر ـ رضي اللـه عنهما ـ قال: قال رسول اللـه صلى اللـه عليه وسلم : **﴿ من كان حالفا فلا يحلف إلا بالله ﴾**، وكانت قريش تحلف بآبائها فقال: **﴿ لا تحلفوا بآبائكم ﴾.**

3- أخرج مسلم (84: 108/11) والنسائي (81: 124/3) وابن ماجة (77: 678/1) والبيهقي (78: 10 /29) عن عبد الرحمن بن سمرة قال: قال رسول اللـه صلى اللـه عليه وسلم **﴿ لا تحلفوا بآبائكم ولا بالطواغيت ﴾، وفي رواية ﴿ لا تحلفوا بالطواغي ولا بآبائكم ﴾**

4- أخرج البخاري (22: 165/8) ومسلم (84: 107/11) وأبـو داود (79: 222/3) والترمـذي (85: 19/7) والنسائي (81: 125/3) والبيهقي (78: 10 /30) وابن ماجة (77: 678/1) عن أبي هريرة رضي اللــه عنـه قـال: قال رسول اللـه صلى اللـه عليه وسلم : **﴿ من حلف منكم فقال في حلفه باللات والعزى، فليقـل لا إلـه إلا اللـه، ومن قال لصاحبه تعال أقامرك فليتصدق ﴾.**

5- أخرج أبـو داود (79: 222/3) والنسـائي (81: 123/3) والبيهقـي (78: 10/ 29) عـن أبي هريـرة رضي اللـه عنه قال: قال رسول اللـه صلى اللـه عليه وسلم **﴿ لا تحلفوا بآبائكم ولا بأمهـاتكم، ولا بالأنـداد ولا تحلفوا إلا ونتم صادقون ﴾**

وجه الدلالة

الأحاديث السابقة صريحة وواضحة الدلالة في تحريم الحلف بغير اللـه تعـالى، ووجـوب الحلـف بـالله عز وجل فقط.

المسألة الثانية: تغليظ اليمين على الكافر

تغليظ اليمين على الكافر على أنواع هي: التغليظ باللفظ والتغليظ بالمكان والزمان.

النوع الأول: تغليظ اليمين باللفظ

اختلف الفقهاء في جواز تغليظ اليمين في الفظ على الكافر على مذهبين:

المذهب الأول: ذهب جمهـور الفقهـاء مـن الحنفيـة (55: 302/4، 57: 184/7-185، 99: 3 /155559-160، 144: 205/2-206) والشـافعية (20: 473/4، 64: 340/4، 313/116:2، 280/137:6) والحنابلـة (94: 658، 104: 222/2، 113: 121/12، 138: 222/2) والمالكية في قـول (62: 418، 103: 925/2، 142: 237/7) والإماميـة (110: 94/3-95، 111: 213/2) والزيدية (105: 407/5-408) إلى جواز تغليظ اليمين على الكتابي والمجوسي.

وذهب الشـافعية (20: 473/4، 64: 340/4، 313/116:2، 280/137:6) والزيديـة (105: 407/5 ـ 408) إلى أن اليمين تغلظ على الصابئ والوثني والدهري والزنديق.

وقالوا بأن التغليظ في اللفظ على اليهودي: "بالله الذي أنزل التوراة على موسى"، وزاد بعضهم: " وفلق البحر وأنجاه من فرعون وملئه ".

وعلى النصراني: " بالله الذي أنزل الإنجيل على عيسى "، وزاد بعضهم: "وجعله يحي الموتى ويبرئ الأكمه والأبرص "، لأنه لفظ يتأكد به يمينه فيقاس على اليهودي.

وعلى المجوسي: " بالله الذي خلقه وصوره ورزقه أو خلق القمر " لتعظيمهم إياه.

وعلى الصابئ: " بالله الذي خلق النور "، إذ يعبدون الأنوار.

وعلى الوثني: " بالله الذي خلقه وصوره "، ولو قيل: " الذي خلق الأصنام جاز لاعتقادهم التقرب بها.

وعلى الدهري والزنديق: " بالله الذي خلقه ورزقه ".

وعند المالكية في رواية لهم (62: 418) تغلظ اليمين على الكتابي: " بالله الذي لا إله إلا هو)، وفي رواية أخرى يزيد اليهودي: " الذي أنزل التوراة على موسى "، ويزيد النصراني: " الذي أنزل الإنجيل على عيسى "

ويحلفون بغير ذلك مما يعظم اليمين ويتفق مع عقيدتهم مما يعرف أنه حق، وليس بباطل دون أن يخالف ما يعتقد به، ويكلف بما يعظم إذا جهلناه.

واستدلوا على ذلك بما يلي

أولا: السنة النبوية

1- أخرج مسلم (84: 11 / 209) وأبو داود (79: 312/3) وابن ماجة 77: 893/2) عن البراء بن عازب رضي الله عنه أن رسول الله صلى الله عليه وسلم قال لعبد الله بن صوريا الأعور: ﴿ **أنشدك بالله الذي أنزل التوراة على موسى، أهكذا تجدون حد الزاني في كتابكم** ﴾[1].

[1] نص الحديث كما جاء في صحيح مسلم (84: 11م209 ـ 210) عن البراء بن عازب رضي الله عنه قال: مر على النبي صلى الله عليه وسلم بيهودي محمما مجلودا فدعاهم صلى الله عليه وسلم فقال: هكذا تجدون حد الزاني في كتابكم، قالوا نعم ن فدعا رجلا من علمائهم فقال: أنشدك بالله الذي أنزل التوراة على موسى أهكذا تجدون حد الزاني في كتابكم، قال: لا ولولا أنك أنشدتني بهذا لم أخبرك، نجده الرجم، ولكنه أكثر في

وجه الدلالة

يدل الحديث صراحة على تغليظ اليمين على الكتابي ـ اليهودي والنصراني ـ والمجوسي حيث غلظ النبي صلى الله عليه وسلم في الحديث على اليهودي، فيقاس عليه النصراني والمجوسي، وتغلظ عليهم بمثل ما جاء في الحديث. ويزاد عليهم بما يتناسب مع عقيدتهم مما يعظم اليمين به، ولا يخالف عقيدة المسلم.

وقد اعترض على هذا الاستدلال بأنه لا حجة لهم فيه، لأن هذا التحليف لم يكن في خصومة، وإنما كان في مناشدة، ونحن لا نمنع المناشد أن ينشد بما شاء من تعظيم الله عز وجل، وليس فيه ن رسول الله صلى الله عليه وسلم أمر أن يحلف هكذا، فكان من ألزم ذلك في التحليف شارعا ما لم يأذن به الله تعالى (107: 9 /387).

2- أخرج النسائي (81: 488/3) وابن ماجة (77: 679/1) عن أبي هريرة رضي الله عنه قال: قال رسول الله صلى الله عليه وسلم ﴿ **رأى عيسى ابن مريم ـ عليه الصلاة والسلام ـ رجلا يسرق، فقال له: أسرقت، فقال: لا و الله الذي لا إله إلا هو، فقال ـ عليه الصلاة والسلام ـ آمنت بالله وكذبت بصري** ﴾

وجه الدلالة

الحديث صريح الدلالة في جواز تغليظ اليمين بالصيغة التي ذهب إليها المالية وهي قوله: و الله الذي لا إله إلا هو على اليهودي والنصراني.

وقد اعترض على هذا الدليل بأنه ليس فيه ما يدل على أن عيسى عليه الصلاة والسلام أمره أن يحلف بهذه الصيغة في خصومة.

أشرافنا فكنا إذا أذنا الشريف تركناه، وإذا أخذنا الضعيف أقمنا عليه الحد، قلنا تعالوا فلنجتمع على شيء نقيمه على الشريف والوضيع، فجعلنا التحميم والجلد مكان الرجم، فقال رسول الله صلى الله عليه وسلم: إني أول من أحيا أمرك إذ أماتوه، فأمر به فرجم، فأنزل الله عز وجل: " يا أيها الرسول لا يحزنك الذين يسارعون في الكفر ..... إلى قوله " إن أوتيتم هذا فخذوه " سورة المائدة آية 41. يقول ائتوا محمدا صلى الله عليه وسلم فإن أمركم بالتحميم والجلد فخذوه، وإن أمركم بالرجم فاحذروا، فأنزل الله تعالى: ط " ومن لم يحكم بما أنزل الله فأولئك هم الظالمون " سورة المائدة آية 45، " ومن لم يحكم بما أنزل الله فأولئك هم الفاسقون سورة المائدة آية 47.

ثانيا: المعقول (107: 388/9)

إن الغرض من التغليظ زجر الحالف عن اليمين الكاذبة، والإصرار على الباطل، وتخويفه بما يحل ويعتقد ليكون ذلك رادعا وزاجرا عن الظلم والعدوان.

المذهب الثاني: ذهب الظاهرية (107: 385/9) والمالكية في قول (125: 312/4، 136: 302/2) إلى أنه لا يجوز تغليظ اليمين على الكتابي ـ اليهودي والنصراني ـ والمجوسي، ويكتفى بلفظ الجلالة " الله ".

وذهب الحنفية (56: 428/4، 100: 214/7، 124: 17/4، 133: 232) والمالكية (62: 418-419، 125: 312/4، 136: 302/2) والحنابلة (69: 446/6) إلى أن اليمين لا تغلظ باللفظ على الوثني والصابئ والدهري والزنديق.

وقد استدلوا على ذلك بالسنة والمأثور والمعقول

أولا: السنة النبوية

أخرج البخاري (80: 249/11) ومسلم (21: 84/11) وأبو داود (79: 222/3) والترمذي (85: 17/7) والنسائي (81: 123/3) والبيهقي (78: 28/10) ومالك (82: 33/2) عن ابن عمر ـ رضي الله عنهما ـ قال: قال ـ رسول الله صلى الله عليه وسلم : ﴿ **من كان حالفا فليحلف بالله أو ليصمت** ﴾.

وجه الدلالة

هذا الحديث نص واضح في الاكتفاء بلفظ الجلالة " الله " في اليمين، وإبطال الزيادة التي جاء بها المجيزون للتغليظ.

ويعترض عليه بأن هذا النص مطلق ويقيد بأحاديث تدل على التغليظ في اليمين.

ثانيا: المأثور

جاء في المحلى (107: 538/9) عن بعض الصحابة استحلاف أهل الكتاب "بالله" فقط مثل علي بن أبي طالب، وأبي موسى الأشعري، وقد كتب عمر بن عبد العزيز في أهل الكتاب أن يستحلفوا بالله.

ثالثا: المعقول

1- إن الكفرة بأسرهم يعتقدون بالله تعالى، قال اللــه تعالى: ﴿**ولئن سألتهم من خلق السماوات والأرض ليقولن اللـه**﴾ سورة الزمر: آية 38.

ولا يقال لو كانوا يعتقدون بالله تعالى لم يعبدوا الأوثان، لأنا نقول إنما يعبدونها تقربا إلى اللـه تعالى على حد زعمهم. قال اللـه تعالى حكاية عنهم: ﴿ **ما نعبدهم إلا ليقربونا إلى اللـه زلفى** ﴾ سورة الزمر: آية 3، وإذا ثبت أنهم يعتقدون بالله تعالى يمتنعون عن الإقدام على اليمين الكاذبة (70: 120/16، 100: 117/7،214: 85/7).

2- إن الحلف بغير اللـه تعالى محرم لما فيه من تعظيم المحلوف به، ولأنه إن لم يعتقد هذا يمينا ازداد إثما، وربما عجلت عقوبته فيسقط بذلك ويرتد عن دينه (69: 6/ 446).

رأي القانون

لا يوجد فغي مجلة الأحكام العدلية، ولا في القانون الأردني نص يبين حكم تغليظ اليمين باللفظ على الكافر، والذي عليه العمل في المحاكم عدم تغليظ اليمين باللفظ.

وقد نصت المادة { 130 } من القانون السوري (37: 15) والمادة {128 } من القانون المصري (10: 344/1، 14: 70/2 ـ 71) {والفقرة الثانية من المادة 108 من القانون العراقي (158: 99) والمادة {167 } من القانون اليمني (150: 417): " على من يكلف حلف اليمين أن يؤديها وفقا للأوضاع المقررة في ديانته إن طلب منه ذلك ".

وهذا يدل على أن اليمين تتبع الشخص وديانته، فيحلف حسب الطريقة والكيفية التي تقررها ديانته التي يعتقدها في حياته.

الترجيح

أميل إلى ترجيح جواز تغليظ اليمين على الكافر باللفظ، حيث إن التغليظ يكون رادعا وزاجرا للكافر عن الإقدام على اليمين الكاذبة، وبذلك يحفظ الحقوق لأصحابها ويمنع الظلم.

وقد جاءت أدلة المذهب القائل بجواز التغليظ ظاهرة وواضحة في جواز تغليظ اليمين باللفظ، وما جاء من اعتراضات على هذه الأدلة يرد عليها بأن التغليظ باللفظ جائز وليس واجبا كما في اعتراضهم.

وبالإضافة لما سبق فإن التغليظ على الكافر بما يعتقد ويحل وبما لا يتنافى مع عقيدة المسلم.

النوع الثاني: تغليظ اليمين على الكافر بالمكان

ذهب الحنفية (55: 100:7/4، 214/302، 2:216/44، مجمع الأنهر 166: 260/2) والشافعية (20: 377/3، 127: 238) إلى عدم جواز تغليظ اليمين على الوثني في مكان معين، ولم أجد فيه نصا عند المالكية والحنابلة.

واستدلوا على ذلك: بأنه لا حرمة لهذا المكان، واعتقادهم فيه غير شرعي، وإن في ذلك تعظيم لهذه الأماكن، والمسلم منهي عن تعظيمها، وممنوع من حضورها، وفي دخولها معصية لله تعالى، وفي ذلك حرج على المسلم أولا، والقاضي ثانيا (20: 377/3-378).

وقد اختلف الفقهاء في تغليظ اليمين على الذمي والمجوسي على مذهبين:

المذهب الأول: ذهب المالكية (62: 418، 122: 104/4، 125: 315/4، 136: 302/2، 142: 216/7) والشافعية في قول (20: 377/3، 127: 237) والحنابلة في رواية (69: 450/6، 104: 221/2، 135: 12 / 123) والإمامية (111: 213/2) إلى جواز تغليظ يمين اليهودي والنصراني في أماكن عبادتهم وهي البيعة والكنيسة.

وذهب المالكية (62: 418، 122: 104/4، 125: 315/4، 136: 302/2، 142: 216/7) والشافعية في قول (20: 377/3، 127: 238) والحنابلة في رواية (69: 450/6، 104: 221/2، 135: 12 / 123) والإمامية (111: 213/2) إلى جواز تغليظ اليمين على المجوسي بالمكان، وذلك بأن يحلف في بيت النار.

واستدلوا على ذلك بالمأثور والمعقول

أولا: المأثور

1- جاء في المغني (93: 117/12) والمحلى (107: 384/9) أن كعب بن سور " كان يحلف أهل الكتـاب ـ يعني النصارى ـ يضع الإنجيل على رأسه، ثم يأتي به إلى المذبح فيحلفه اللـه ".

2- وعن الشعبي أنه قال في نصراني: " اذهب به إلى البيعة فاستحلفه بما يستحلف به قبله ".

3- وروى البيهقي (78: 10 /180) عن ابن سيرين: " أن كعب بن سور أدخـل يهوديـا الكنيسـة ووضع التوراة على رأسه واستحلفه بالله ".

4- وعن الأشعري (78: 10 /180) قال: " يستحلف اليهودي في الكنيسة ".

ثانيا: المعقول

قال الشربيني (20: 3 /377): " إن المقصود من التغليظ زجر الحالف عن الكذب ورجوعه إلى الصـدق والحق، فيحضره القاضي رعاية لاعتقادهم بشبهة الكتاب. ولأنهم يعظمون هذه الأمـاكن، فيقاس التغليظ بهـا على المسلم بجامع التعظيم والتقديس في كل منهما.

المذهب الثاني: ذهب الحنفية (55: 302/4، 100، 114/7 :144، 216/2) والحنابلـة في روايـة (93: 12 / 117) والإمام الشوكاني (83: 227/9) إلى عدم جواز تغليظ اليمين على الكتابي والمجوسي بمكان معـين كالكنـائس والبيع وبيت النار.

وذهب الشافعية في قـول لهـم (20: 377/3، 27: 238) إلى عـدم جـواز تغليظ اليمـين عـلى المجوسي بالمكان.

واستدلوا على عدم جواز التغليظ بالمكان بأنه لا حرمة لهذه الأماكن، وإن في الحلف فيهـا تعظيـم لهـا، والمسلم منهي عن تعظيمها، وممنوع من حورها، وفي دخولها حـرج عـلى المسـلم أولا وعـلى القـاضي ثانيـا، لـما يترتب عنه من معصية اللـه سبحانه وتعالى.

قال ابن المنذر: "لا اعلم حجة توجب أن يستحلف في مكان بعينه ولا بيمين غـير الـذي يسـتحلف بهـا المسلمون".

رأي القانون

لم يرد في مجلة الأحكام العدلية، ولا في القانون ذكر لتغليظ اليمين على الكافر بالمكان.

الترجيح

أرى عدم جواز تغليظ اليمين على الكافر بالمكان، لأن التغليظ في هذه الأماكن تعظيم لها، والمسلم منهي عن تعظيمها ن وممنوع من حضورها، وفي دخولها معصية لله تعالى، وفي ذلك حرج على المسلم أولا وعلى القاضي ثانيا.

النوع الثالث: تغليظ اليمين على الكافر بالزمان
اختلف الفقهاء في حكم تغليظ اليمين على الكافر بزمان معين على مذهبين:

المذهب الأول: ذهب الحنفية (99: 160/3، 118، 3930/8) والمالكية (141: 202/4، 142، 238/7) والحنابلة في رواية اختارها الخرقي (69: 450/6، 93، 12 /114، 104: 221/4، 113، 123/12) والشوكاني (83: 323/9). إلى عدم جواز تغليظ اليمين على الكافر بالزمان.

واستدلوا على ذلك بأنهم لا يقولون بتغليظ اليمين على المسلم بزمان معين فكذلك لا يقاس الكافر على المسلم بعدم تغليظ اليمين عليه بزمان معين.

المذهب الثاني: ذهب الشافعية (127: 237 ـ 239) والحنابلة في رواية أيدها الخطاب وأبو بكر (69: 450/6، 93، 114/12، 104: 221/4، 113، 123/12) والإمامية (111: 213/2، 132: 282) إلى جـواز تغلـيظ اليمين بزمان معين بحق اليهودي والنصراني، وكذلك المجوسي إن كان له وقت معين يعظمه غلظت عليه اليمين في هذا الوقت، وإلا فلا تغلظ.

وذهب الشافعية (127: 238) إلى أن الوثني له يوم يعظمه دون سائر أيام السنة، فإن كان اليوم قريبا، أجل إليه وإن لم يكن قريبا، فإنه يحلف في أي يوم من أيام السنة. ويسقط عنه التغليظ بالزمان، وللحنابلة كما يبدو لي رأيان في التغليظ على الوثني بالزمان.

والأصل في الاستدلال

1- قول الـلـه تعالى: ﴿ **تحبسونهما من بعد الصلاة** ﴾ (سورة المائدة: آية 106).

والمقصود بالصلاة هنا صلاة العصر، لأن أهل جميع الأديان يعظمون ذلك الوقت، ولأنها كانت معهودة للحلف عندهم، وقال السدي عن ابن عباس: " يعني صلاة أهل دينهما، فيستحلف بعد صلاة أهل دينه وملته ".

2- قاسوا التغليظ بالزمان على التغليظ باللفظ والمكان، بجامع أن كلا منهما فيه معنى الزجر (27: 112/2).

النوع الرابع: تغليظ اليمين على الكافر بالكتاب والقيام

المسألة الأولى: تغليظ اليمين على الكافر بالكتاب

لم يتطرق فقهاؤنا فيما اطلعت عليه من كتب الفقه إلى بيان تغليظ اليمين على الكافر بالكتاب.

وقد ذكر ابن قدامه (93: 117/12) وابن حزم (107: 384/9) عند حديثهم عن التغليظ بالمكان أن كعب بن سور كان يحلف أهل الكتاب ـ يعني النصارى ـ " يضع الإنجيل على رأسه، ثم يأتي به إلى المذبح فيحلفه بالله ".

وقال البيهقي (78: 180/10) عن ابن سيرين: " أن كعب بن سور أدخل يهوديا الكنيسة ووضع التوراة على رأسه واستحلفه بالله ".

رأي القانون

لم يتطرق القانون لذكر التغليظ على الكافر بالكتاب، والذي عليه العمل لدى المحاكم النظامية الأردنية جواز تغليظ اليمين على الكافر بالكتاب.

الترجيح

والذي أميل إليه حرمة تغليظ اليمين على الكافر بالكتاب، وذلك لأن التغليظ بالكتاب كالتوراة والإنجيل تعظيم لهذا الكتاب واعتقاد به، والمسلم منهي عن تعظيمه وتقديسه لما فيه من تحريف وتغيير، بالإضافة إلى ذلك فإن الكافر قد لا يتورع من

الحلف على الكتاب كاذبا، لعدم اعتقاده بصحة هذا الكتاب الذي حلف عليه لتعدد الكتب واختلافها كتعدد الأناجيل عند النصارى، والتوراة عند اليهود وغيرها.

المسألة الثانية: تغليظ اليمين على الكافر بالقيام

اختلف الفقهاء في تغليظ اليمين على الكافر بالقيام على مـذهبين كـاختلافهم في تغليـظ اليمـين عـلى المسلم بالقيام[1].

---

[1] انظر تغليظ اليمين على المسلم بالقيام في هذا الكتاب.

المبحث الثالث
النية في اليمين ومحلها

المطلب الأول
النية في اليمين

فرق الفقهاء في أحكام اليمين بين حالتين هما:
الحالة الأولى: النية في اليمين غير القضائية
الحالة الثانية: النية في اليمين القضائية
وسوف نبحثهما في الفرعين التاليين:

الفرع الأول: النية في اليمين غير القضائية

اليمين غير القضائية (4:20/475، 64: 4/341، 107: 8/43 ـ 44، 4:126/401، 130: 4/402، 140 4/318) " هي التي يقدم الحالف على القسم بها باختياره، ويطلبها شخص منه دون أن يكون له عليه حق اليمين، فتكون على نية الحالف في كل الأحوال، ويجوز للحالف أن يوري[1] في يمينه، بأن يقصد منه غير المعنى المتبادر في اللفظ أو ينوي فيها خلاف الظاهر ".

---

[1] جاء في القاموس المحيط (3: 4/402)، والمعجم الوسيط (8: 2/139) ومختار الصحاح (50: 718): " إن التورية في اللغة مشتقة من الفعل الماضي ورى، وورى في اللغة لها عدة معان منها: ورى عن فلان نصره ودفع عنه، وورى عن الشيء، أراده وأظهر غيره. وفي الحديث أن النبي صلى الله عليه وسلم كان إذا أراد سفرا ورى بغيره، وورى الشيء لأخفاه وجعله وراءه وستره، ولذلك فالتورية: إرادة الشيء وإظهار غيره.

وفي مغني المحتاج (20: 4/32) ومن التورية أن يقصد باللباس الليل، وبالفراش والبساط الأرض، وبالأوتاد الجبال، والسقف السماء، وبالآخرة آخرة الإسلام، وما عرفت فلانا، وما جعلته عريفا، وما له عندي جارية أي سفينة، وما عندي كلب أي مسمار في قائم السيف.

دليل التورية: استند الفقهاء في ذلك إلى الكتاب والسنة والإجماع وأقوال الصحابة والمعقول

أولا: الكتاب

قال الله تعالى: ﴿ **فنظر نظرة في النجوم * فقال إني سقيم * فتولوا عنه مدبرين** ﴾ (سورة الصافات: الآيات 88 ـ 90).

وجه الدلالة

قال محمد أبو فارس (الأيمان والنذور: 146: 28): هذه الآيات نزلت في حق سيدنا إبراهيم عليه السلام، عندما عرض عليه قومه أن يشاركهم الاحتفال بيوم عيدهم، فيخرج معهم خارج البلدة، وقد كان في خطته عليه السلام أن يحطم الأصنام، فاعتذر لهم في هذا الوقت المناسب عن مشاركتهم فقال: " إني سقيم " أي مريض، لا أستطيع الذهاب معكم للمشاركة في الاحتفال فتركوه وذهبوا.

وما فعله إبراهيم ـ عليه الصلاة والسلام ـ تورية إذ لم يكن مريضا حقيقة بدليل أنه حطم الأصنام بعد قليل.

قال القرطبي (154: 15/ 93) في تفسيره: " وهذا تورية وتعريض ". وقال الشوكاني في فتح القدير (89: 401/4): " وقال الضحاك في معنى إني سقيم: " سأسقم سقم الموت، لأن من كتب عليه الموت يسقم في الغالب ثم يموت، وهذا تورية وتعريض ".

ثانيا السنة النبوية

أخرج البخاري (80: 275/12 ـ 276) ومسلم (21: 13/ 53) وأبو داود (79: 2/ 262) والترمذي (85: 7/ 151) والنسائي (81: 130/4) وابن ماجة (77: 2/13-14) عن عمر بن الخطاب رضي الله عنه أنه قال: سمعت رسول الله صلى الله عليه وسلم يقول: ﴿ **إنما الأعمال بالنيات وإنما لامرئ ما نوى، فمن كانت هجرته إلى الله ورسوله فهجرته إلى الله ورسوله، ومن كانت هجرته إلى دنيا يصيبها أو امرأة يتزوجها فهجرته إلى ما هاجر إليه** ﴾.

وجه الدلالة

الحديث ظاهر الدلالة في أن كل ما يصدر عن الشخص من عمل أو قول يكون حسب نيته، ومن ذلك أن اليمين غير القضائية تكون على نية الحالف لأنها تكون بإرادته واختياره، أو يطلب ممـن لـيس لـه الحـق في تحليفه، فيجوز فيها التورية.

2- أخرج أبو داود (79: 124/3) وابن ماجة (77: 685/1) والحاكم (98: 299/4) عن سويد بن حنظلة رضي الله عنه قال: **﴿ خرجنا نريد رسول الله صلى الله عليه وسلم ومعنا وائل بن حجر، فأخذه عـدو لـه، فتحرج القوم أن يحلفوا، وحلفت أنا أنه أخي، فخلى سبيله، فأتينا رسول الله صلى الله عليه وسلم فأخبرته أن القوم تحرجوا أن يحلفوا وحلفت أنه أخي، قال: صدقت، المسلم أخو المسلم ﴾**[1]

وجه الدلالة

هذا الحديث صريح الدلالة في جواز التورية في اليمين حيث ورى سويد بن حنظلة بيمينه عنـدما قال هذا أخي، وكان يقصد أخوه في الإسلام، وقد صدقه الرسول صلى الله عليه وسلم بقولـه: صدقت، المسلم أخو المسلم ".

قال ابن قدامه (93: 167/11) بعد أن ساق الحديث: " فهذا ومثله واجب لأن إنجاء المعصوم واجب، وقد تعين في اليمين فيجب ".

3- أخرج البخاري (80: 489/10) عن عمران بن حصين ـ رضي الله عنه ـ قال: قال رسول الله صلى الله عليه وسلم : **﴿ إن في المعاريض لمندوحة عن الكذب ﴾**[2]

---

[1] رواه أبو داود في سننه (79: 224/3) بسند صالح، وقال الحاكم (98: 299/4) الحديث صحيح الإسناد).

[2] أخرج البخاري (80: 10 / 489) عن مطرف بن عبد الله قال: صحبت عمران بن حصين مـن الكوفة إلى البصرة، فـما أتى عليه يوم إلا أنشدنا منه شعرا وقال:: إن في معاريض الكلام مندوحة عـن الكـذب "، وأخرجه الطبري في التهذيب، والبيهقي في الشعب، والطبراني في الكبير بسند رجاله ثقات، وأخرجه ابن عدي من وجه آخر عن قتادة مرفوعا ووهاه، وأخرج أبو بكـر في فوائده والأدب المفرد عن طريق أبي عثمان عن علي قال: " أما في المعاريض ما يكفي المسلم عن من الكذب "، وقال البيهقي رواه ابن الزبرقان عن عمران مرفوعا، وعن أبي نعيم عن علي مرفوعا: " إن في المعاريض ما يكفي الرجل العاقل عـن الكـذب ".

ثالثا: الإجماع

جاء في الفقه الإسلامي وأدلته (147: 592/6) قوله: " وحكى القاضي عياض الإجماع على أن الحالف من غير استحلاف، ومن غير تعلق حق بيمينه له نيته ويقبل قوله ".

رابعا: المأثور من أقوال وأفعال السلف الصالح من الصحابة وغيرهم

ذكر الخطيب الشربيني في كتابه (20: 321/4) أقوال وأفعال الصحابة -رضوان الله تعالى عنهم ـ نذكر بعضها:

أ- عمر بن الخطاب رضي الله عنه : " في المعاريض ما يغني المسلم عن الكذب ".

ب- قال ابن عباس -رضي الله عنهما-: "ما أحب بمعاريض الكلام حمر الوحش ".

ج- كان إبراهيم النخعي قد خط في بيته مسجدا، فإذا جاء من لا يريد دخوله عليه، قال للجارية: " قولي له في المسجد ".

د- حضر سفيان الثوري مجلي المهدي فحلف له أن يعود إليه، ثم نهض وترك نعله كالناسي له، ثم رجع من ساعته فأخذه، وخرج فلم يره بعدها.

خامسا: المعقول

قال أبو فارس (146: 31): " وإذا كان الكذب من أجل إنقاذ نفس جائز، كما قال النووي ـ رحمه الله ـ وغيره في باب أولى أن تكون التورية في اليمين جائزة إذا كانت تؤدي إلى إنقاذ نفس أو أنفس وتدفع خطرا يهدد الجماعة الإسلامية والأمة المسلمة في وجودها وأموالها وأعراضها ودمائها وشرفها ".

وقال ابن قدامه (93: 243/11): " ولا يخلو حال الحالف من ثلاثة أحوال:

أحدها: أن يكون مظلوما مثل من يستحلفه ظالم على شيء لو صدقه لظلمه أو ظلم غيره، ونال مسلما منه ضرر فهذا له تأويله، ومعنى ذلك أنه يجوز أن يؤول الحالف كلامه تأويلا غير المعنى الذي فهمه المحلف الظالم في يمينه، وهذه هي التورية ".

كما قال الإمام النووي ـ رحمه اللـه ـ (21: 177/11، 52 3/ 202): " إن اليمين على نية الحالف في كل حال إلا إذا استحلفه القاضي أو نائبه، ولا تصح في كل ولا يحنث بها ".

وقال الشربيني (20: 475/4): " لأن هذه اليمين صادرة من الحالف اختيارا وطوعا، ولم يلزم بها الحاكم أو قاضي غيره ممن له ولاية التحليف، فتكون على نية الحالف ".

الفرع الثاني: النية في اليمين القضائية

اتفـق الفقهـاء (52: 21/3 ـ 22، 452 ـ 453، 56: 423/4، 67: 225/4، 68: 4561/4، 69: 447/6، 70: 415، 105: 406/5، 107: 43/8 ـ 44، 130: 402/4) على أن اليمين القضـائية الواجبـة الموجهـة مـن القـاضي أو نائبه لفض الخصومة وقطع النزاع تكون على نية المستحلف وهو القاضي، وعلى القصد الذي عقده عليهـا، فـلا يصح فيها التورية، ولا ينفع الاستثناء ".

وقد استدلوا على ذلك بالسنة والإجماع والمعقول

أولا: السنة النبوية

أخرج البخاري ومسلم وأبو داود وابن ماجة والبيهقـي والحـاكم (21: 117/11 ـ 118، 22: 164/8، 84: 1274/3، 85: 106/6 ـ 107، 98: 303/4) عن أبي هريرة رضي اللـه عنه قال: قـال رسـول اللــه صـلى اللــه عليه وسلم : **﴿ يمينك على ما يصدقك به صاحبك ﴾، وفي رواية أخرى: ﴿ اليمين على نية المستحلف ﴾.**

وجه الدلالة

الحديث ظاهر الدلالة في كون اليمين على نية المستحلف، وهو القاضي أو نائبه.

وقال الشربيني ـ رحمه اللـه ـ (20: 475/4) وحمل على الحاكم لأنه الذي له ولاية الاستحلاف ".

وقال الإمام النووي ـ رحمه اللـه ـ (21: 117/11) في شرحه للحديث: " وهـذا الحـديث محمـول عـلى الحلف باستحلاف القاضي، فإذا ادعى رجل على رجل حلفه

القاضي فحلف وورى، فنوى غير ما نوى القاضي انعقدت يمينه على ما نواه القاضي ولا تنفعه التورية
".

وقال: " وحاصله أن اليمين على نية الحالف في كل الأحوال، إلا إذا استحلفه القاضي أو نائبه في دعوى توجهت عليه فتكون على نية المستحلف "

ثانيا: الإجماع

صرح الإمام النووي ـ رحمه اللـه ـ (21: 11 / 117): " بانعقـاد الإجمـاع عـلى كـون اليمين عـلى نيـة المستحلف، وهو القاضي أو نائبه، ومن كانت له ولاية التحليف.[1]

ثالثا: المعقول

جاء في حاشية إعانة الطالبين: (14: 318/4) ومغني المحتاج (20: 475/4) وأسنى الطالبين (126: 401/4) الاستدلال بالمعقول من خلال ما يلي:

1- أنه لو اعتبرت نية الحالف في اليمين الواجبة لبطلت فائدة الأيمان، وضاعت الحقوق، حيث يحلف كل شخص على ما يقصده وبذلك يتمكن من تأويل يمينه والتهرب من مضمونه دون مأثم أو مغرم.

---

[1] اشترط الحنفية (118: 1612/4) والشـافعية (20: 475/4، 64: 402/4، 92: 354/8)، والحنابلـة (68: 445/4، 69: 424/6 ـ 331 / 332). في كون اليمين على نية المستحلف شرطين:
الأول: أن لا يحلفه القاضي بالطلاق والعتاق، فإن حلفه القاضي بالطلاق أو العتاق، فحلف وورى نفعته التورية، وإن كانت حراما حيث يبطل بها حق المستحلف، لأنه ليس له التحليف.
الثاني: أن لا يكون القاضي أو نائبه ظالما أو جائرا في طلب اليمين، فإن كان القاضي ظالما في طلب اليمين وعلم الحالف في نفسه في نفسه أنه على الحق جاز له أن يوري في يمينه، وتكون اليمين على نيته، لأن اليمين تكون غير فاجرة.
جاء في بدائع الصنائع (118: 1611/4) " عن أبي حنيفة عن حماد عن إبراهيم أنه قال: " اليمين على نية الحالف إذا كان مظلوما، وإن كان ظالما فعلى نية المستحلف، ثم ذكر الحديث: ط من حلف على يمين وهو فيها فاجر ليقتطع بها مال امرئ مسلم، لقي اللـه تعالى وهو عليه غضبان "، وقال وعقبا: " وأما إذا كان مظلوما فهو لا يقتطع بيمينه حقا فلا يأثم، وإن نوى غير الظاهر".
وروى الترمذي (85: 107/6) عن النخعي أنه قال: " إذا كان المستحلف ظالما، فالنية نية الحالف، وإذا كان مظلومـا، فالنيـة نيـة الذي استحلف ".

-112-

2- لو ورى الحالف في يمينه بأن قصد خلاف ظاهر اللفظ عند تحليف من له ولاية التحليف كقوله - ماله فبلي ثوب ولا شفعة ولا قميص، فالثوب: الرجوع، والشفعة: العبد، والقميص: غشاء القلب- أو تأول بأن اعتقد الحالف خلاف نية القاضي لم يدفع إثم اليمين الفاجرة، لأن اليمين شرعت ليهاب الخصم الإقدام عليها خوفا من الله تعالى، فلو صح تأويله لبطلت هذه الفائدة، ولأن اللجوء إلى التورية أو التأويل يبطل حق المستحق، وهو لا يجوز، فلا تصح التورية ".

المطلب الثاني
محل اليمين

إن الدعوى لا تخلو من أمرين إما أن تكون مطلقة عن سبب، وإما أن تكون مقيدة بسبب وجواب المدعى عليه على إنكار الدعوى ونفي الحق، أو نفي السبب، ولذلك فاليمين تكون على الحاصل أو السبب، وقد اختلف الفقهاء في اعتبار اليمين على الحاصل أو السبب[1] على أربعة مذاهب:

المذهب الأول: اليمين على حسب جواب الحالف

ذهب جمهور الفقها من الحنفية في قول (55: 303/4، 99: 60/3، 100: 215/7) والمالكية (21: 201، 25: 316/4) والشافعية في الراجح (20: 469/4، 92: 338/8، 400/126:4) والحنابلة في المعتمد (68: 4/ 455، 69: 447/5، 93: 122/12) والزيدية (105: 406/5) والإمامية في قول (110 110: 97/3، 111: 214/2) إلى أن اليمين على حسب جواب الحالف.

فإذا ادعى المدعي أنه غصبه أو استودعه وديعة أو اقترض منه، نظرنا في جواب المدعى عليه، فإن قال ما غصبتك ولا استودعتني ولا أقرضتني، كلف أن يحلف على ذلك، وإن قال مالك علي حق أو لا تستحق علي شيئا، أو لا تستحق علي

---

[1] الحاصل في اللغة: الحاصل في كل شيء ما ثبت وبقي وذهب ما سواه، وفي الاصطلاح (100: 7/ 214) الحاصل صورة إنكار المنكر،. والسبب (100: 214/7) صورة دعوى المدعي.

ما أودعتنيه، ولا شيئا منه، كان جوابا صحيحا، ولا يكلف الحلف على الغصب والوديعة والقرض، لأنه يجوز أن يكون قد غصب منه ثم رده عليه، فلو كلف جحد ذلك كان كاذبا، وإن أقر به، ثم ادعى الرد لم يقبل منه، فإذا طلب منه اليمين حلف على حسب ما أجاب.

ووجه قولهم (110: 97/3)

1- "إن الإنسان بزعمه قادر على الحلف عليه، حيث نفاه بخصوصه إن طلبه منه المدعي".

ويرد عليه بأن المدعي قد يكون صادقا، فيعرض ما يسقط الدعوى، ولو اعترف به وادعى المسقط طولب بالبينة، وقد يعجز عنها.

2- إمكان التسامح في الجواب بما لا يتسامح في اليمين.

المذهب الثاني: اليمين على الحاصل

ذهب أبو حنيفة ومحمد بن الحسن (99: 3/ 160، 100: 14/7، 118: 3931/8، 124: 17/4، 133: 232) والمالكية في قول (121: 202) والشافعية في وجه (20: 469/4، 64: 338/4) والإمام أحمد في رأي (93: 12 /123) والإمامية في الراجح (110: 97/3، 111: 214/2، 132: 283) إلى أنه تصح اليمين على الحاصل، فإن ادعى أنه ابتاع من هذا عبده بألف فجحده استحلف بالله ما بينكما بيع قائم فيه ولا يستحلف بالله ما بعته لأنه قد يباع العين، ثم يقال فيه، ويستحلف في الغصب بالله ما يستحق عليك رده، ولا يحلف بالله ما غصب لأنه قد يغصب ثم يفسخ بالهبة والبيع، وفي النكاح ما بينكما نكاح قائم في الحال، لأنه قد يطرأ عليه الخلع، وفي دعوى الطلاق بالله ما هي بائن منك الساعة بما ذكرت، ولا يستحلف بالله ما طلقها، لن النكاح قد يجدد بعد الإبانة، فيحلف على الحاصل في هذه الوجوه، لأنه لو حلف على السبب يتضرر المدعى عليه.

ووجه قولهم (119: 3931/8): " إن التحليف على السبب، تحليف على ما لا يمكنه الحلف عليه لجواز أنه وجد منه السبب، ثم ارتفع بالإبراء أو بالرد، فلا يمكنه الحلف على نفي العلم على كل حال، فكان التحليف على العلم أولى ".

المذهب الثالث: اليمين على السبب

ذهب أبو يوسف من الحنفية (55: 303/4، 99: 160/3، 100: 7/214-216، 133: 232، 135: 64-66) إلى أن اليمين على السبب، فإن ادعى أنه ابتاع من هذا عبده بألف، فإنه يستحلف بالله ما بعت، ويستحلف بالغصب بالله ما غصبت، ويستحلف بالطلاق بالله ما طلقها إلا إذا عرض عليه في جميع ذلك ما ذكره أصحاب المذهب الثاني من أنه قد يباع العين ثم يقال فيه، وإنه قد يغصب ثم يفسخ بالعبة والبيع، فإن النكاح قد يجدد بعد الإبانة، فإنه يحلف على الحاصل.

ووجه قول أبي يوسف (55: 103/4، 107: 217/7، 118: 3931/8-3932) ما روي أن رسول الله صلى الله عليه وسلم : ﴿ **بالله ما قتلتموه ولا علمتم له قاتلا** ﴾، فيجب الإقتداء به، ولأن الداخل تحت الدعوى والداخل تحت الدعوى في هذه الصورة مقصودا هو السبب، فيحلف عليه، وإن لم يمكنه وعرض فحينئذ يحلف على الحكم ".

وقد اتفق أبو يوسف مع الإمام أبي حنيفة ومحمد ـ رحمهم الله ـ (99: 160/3-161، 100: 214/7 ـ 216، 124: 18/4) في ثلاث حالات:

الحالة الأولى: إذا كان الجواب عن السبب وحدث من المدعى عليه تعريض للقاضي، فإنه يحلف على الحاصل عند الإمام وصاحبيه ـ كأن يقول في دعوى في دعوى البيع: " بالله ما بعت وإن الإنسان قد يبيع شيئا ثم يقيل فيه "، أي يفسخ البيع بالإقالة، وفي دعوى الغصب: بأنه قد يغصب الإنسان ثم يفسخ بالهبة والبيع، وفي دعوى الطلاق: بأن النكاح قد يجدد بعد الإبانة.

الحالة الثانية: إذا كان الجواب على السبب، وكان المحلوف له يتضرر من ذلك، فيحلف المدعى عليه على السبب باتفاق الإمام وصاحبيه، وذلك مثل أن تدعي مبتوتة نفقة، والزوج ممن لا يراها، أو يدعي شفعة بالجوار، والمشتري لا يراها ـ لكونه شافعيا ـ لأنه لو حلف على الحاصل يصدق بيمينه من معتقده، فيفوت النظر في حق المدعي وبذلك يتضرر.

الحالة الثالثة: إذا كان السبب لا يرتفع برافع، فالتحليف على السبب باتفاق الإمام وصاحبيه أيضا كادعاء العبد المسلم العتق على مولاه.

المذهب الرابع: اليمين يفوض إلى رأي القاضي

ذهب فخر الإسلام علي البرذوي (55: 303/4، 100: 215/7-218، 133: 123) إلى القول بأن التحليف يفوض إلى رأي القاضي، فإن رأى التحليف على الحاصل على الحاصل، وإن رأى التحليف على السبب حلفه السبب.

رأي القانون

نصت مجلة الأحكام العدلية على أن اليمين تكون على السبب فيما لا يرتفع سببه: وعلى الحاصل فيما يرتفع سببه، حيث جاء في المادة { 1749 } من المجلة (73: 450/4) ما نصه: " يكون اليمين إما على السبب أو على الحاصل، وهو أن اليمين بوقوع خصوص أو عدم وقوعه يمين على السبب، أما اليمين على بقاء خصوص إلى الآن، أو عدم بقائه فيمين على الحاصل، مثلا اليمين في دعوى البيع والشراء بعدم وقوع عقد البيع أصلا هي يمين على السبب، أما اليمين ببقاء العقد إلى الآن أو عدم بقائه، فهي يمين على الحاصل.

وجاء في المادة {59} من قانون البينات الأردني (36: 103) والمادة {118} من قانون البينات السوري (37: 117)، والمادة { 152 } من قانون الإثبات اليمني

(150: 414)، والمادة { 115 } من قانون الإثبات العراقي (58: 99) ما نصه: "يجب على من يوجه لخصمه اليمين أن يبين الوقائع التي يريد استحلافه عليها، ويذكر صيغة اليمين بعبارة واضحة جلية، وللمحكمة أن تعدل صيغة اليمين التي يعرضها الخصم بحيث تتوجه بوضوح ودقة على الواقعة المطلوب الحلف عليها.

الترجيح

أميل إلى أن اليمين على حسب جواب المدعى عليه من الدعوى، فإن أجاب على الحاصل تكون يمينه على الحاصل، وإن أجاب على السبب تكون يمينه على السبب، وإن حلف على الحاصل في الكل جاز، لأن اليمين على الحاصل أعم من اليمين على السبب لجواز وقوع الحاصل من سبب آخر.

المبحث الرابع
الحقوق التي يجوز فيها اليمين

والحقوق التي لا يجوز فيها اليمين

تنقسم الحقوق في الشريعة الإسلامية إلى أربعة أقسام وهي:

القسم الأول: الحقوق الخالصة لله تعالى وتنقسم إلى نوعين:

النوع الأول: العبادات كالصلاة، والزكاة، والصيام، والحج

النوع الثاني: الحدود: كحد الزنا، وحد الشرب، وحد الحرابة، وحد السرقة.

القسم الثاني: حقوق خالصة للعباد، وتنقسم إلى نوعين:

النوع الأول: الحقوق المالية أو التي تؤول إلى مال كالبيع والشفعة، والسلم.

النوع الثاني: الحقوق التي ليست بمال ولا يقصد منها المال، وتختص بأحكام الأبدان كالقصاص والأحوال الشخصية.

القسم الثالث: حقوق اجتمع فيها حق الله تعالى وحق العباد، ولكن حق الله تعالى فيها غالب.

القسم الرابع: حقوق اجتمع فيها حق الله تعالى وحق العباد، ولكن حق العباد فيها غالب.

وهذه الحقوق إذا أقيمت بشأنها دعوى أمام القضاء على شخص وأجاب المدعى عليه عليها بالإنكار، وعجز المدعي عن إثبات دعواه بالأدلة والبينات، وقبل اللجوء إلى ذمة المدعى عليه وطلب تحليفه بالله تعالى عليها منها: حقوق يستجاب فيها لطلب المدعي، فيجوز فيها اليمين باتفاق الفقهاء، وهناك أيضا حقوق لا يجوز فيها اليمين باتفاق الفقهاء، وحقوق مختلف فيها بين الفقهاء نوردها على التفصيل التالي

المطلب الأول
الحقوق التي لا يجوز فيها اليمين

اتفق الفقهاء من الحنفية (96: 283/4، 117: 117/16، 135: 67، 148: 214/2) والمالكية (103: 923/2، 113: 111/2، 115، 119: 196/1، 136: 2/ 313) والشافعية (96: 283/4، 117: 117/16، 135: 67، 148: 214/2) والحنابلة (44: 110، 94: 66، 104: 223/2) والإمامية (111: 215/2، 132: 283) والزيدية (105: 400/5) على عدم جواز التحليف في حقوق الله تعالى المحضة سواء أكانت حدودا كالزنا والسرقة والشرب أم عبادات كالصلاة والصوم والحج والنذر والكفارة إلا إذا تعلق بها حق مالي لآدمي فيجوز.

واستدلوا على ذلك بما يلي:

أولا: إن الحدود تدرأ بالشبهات، ولا يقضى فيها بالنكول عند الحنفية والحنابلة، لأنه بذل عند أبي حنيفة، وإقرار فيه شبهة عند أحمد والصاحبين، والحدود لا تحتمل البذل، ولا تثبت بدليل فيه شبهة، لأن النكول قائم مقام الإقرار، ولا يجوز إقامة الحد بما يقوم مقام غيره، فلا تثبت بشهادة النساء ولا بالشهادة على الشهادة (44: 120، 59: 112-113، 91: 283/4، 117: 117/16، 118: 3927/8، 148: 214/2).

ثانيا: لأن المطلوب في الحدود الستر والتعريض للمقر ليرجع عنها، فلو أقر ثم رجع قبل منه، وخلى من غير من غير يمين، فلأن لا يستحلف مع عدم الإقرار أولى. (69: 443/6، 93: 127/12 ـ 128، 148: 566/3 ـ 567).

ثالثا: إن الحدود لا نزاع فيها، فليس فيها مدع بطلب اليمين، لأن الدعوى في الشيء المستحق له، و الله سبحانه وتعالى هو المستحق لذلك، فلا تسمع فيه دعوى ابن آدم (10: 380/1، 94: 661).

رابعا: الإجماع على عدم جواز التحليف في الحدود، وقد صرح به الصدر الشهيد، حيث قال (55: 298/4، 124: 16/4): " إن الحدود لا يستحلف فيها بالإجماع إلا إذا تضمن حقا ".

أما العبادات كأن يدعي شخص على آخر كفارة يمين أو ظهار أو نذر أو صدقة أو غيرها، فالقول قول المدعى عليه في غير يمين، ولا تسمع الدعوى في هذا، وكدعوى ساعي الزكاة على رب المال من غير يمين، وأن الحول قد تم، أو كمال النصاب، فالقول قول رب المال من غير يمين، لأن حق الله سبحانه وتعالى أشبه الحد، وهي علاقة بين العبد وربه، فلا يتدخل فيها أحد، ولما ورد في الأثر من النهي عن اليمين في الصدقات، وبذلك قال الإمام أحمد ـ رحمه الله ـ: " ولا يستحلف الناس على صدقاتهم (93: /128/12، 94: 661).

وقال الشافعي وأبو سفيان ومحمد من الحنفية بأنه: " يستحلف في دعوى ساعي الزكاة، لأنها دعوى مسموعة أشبه حق الآدمي " (93: 128/12).

المطلب الثاني
الحقوق التي يجوز فيها اليمين

اتفق الفقهاء من الحنفية (55: 299/2) والمالكية (125: 313، 136: 352) والشافعية (126: 402/4، 137: 87/7 وما بعدها) والحنابلة (44: 110، 68: 453/4، 69: 444/6، 93: 12 /127، 94: 659، 113 ك 110/12) والظاهرية (108: 62) والإمامية (132: 83) والزيدية (105: 404/5) على جواز التحليف في الحقوق التالية:

أولا: المال وما يؤول إلى المال فيحلف المدعى عليه على إثباتها أو نفيها، وقد استدلوا على ذلكم بالكتاب والسنة

1- الدليل من الكتاب

قال الله تعالى: **﴿ إن الذين يشترون بعهد الله وأيمانهم ثمنا قليلا أولئك لا خلاق لهم في الآخرة، ولا يكلمهم الله، ولا ينظر إليهم يوم القيامة، ولا يزكيهم، ولهم عذاب أليم ﴾** (سورة آل عمران: آية 77).

ثانيا: الدليل من السنة

1- أخرج مسلم (21: 2/12) والنسائي (81: 3/ 485-486) وابن ماجة (77: 778/2) وانظر (23: 134/4، 86: 174/4، 87: 294) عن ابن عباس -رضي اللـه عنهما- أن النبي صلى اللـه عليه وسلم قال: ﴿ **لـو يعطـى الناس بدعواهم لادعى أناس دماء قوم وأموالهم، ولكن اليمين على المدعى عليه** ﴾

وجه الدلالة

الحديث ظاهر وصريح في توجيه اليمين في الأموال والدماء.

2- اخرج البخاري (22: 8/171-172) والنسائي (81: 484/3) والبيهقي (78: 253/10) عن عبد اللـه بن مسعود رضي اللـه عنه قال: ﴿ **من حلف يمينا فاجرة، ليقتطع بها مال امرئ مسلم، لقي اللـه وهو عليه غضبان** ﴾.

وجه الدلالة

الحديث واضح الدلالة في توجيه اليمين في الأموال، فمـن حلـف يمينـا كاذبـة اسـتحق بهـا مـالا حرامـا، فعليه غضب اللـه تعالى، ومن امتنع عن اليمين الكاذبة، وحلف يمينا صادقة، فقد استحق الأجر والثـواب مـن اللـه تعالى.

3- أخرج أبو داود (79: 221/3) والترمذي (85: 86/6) والنسائي (81: 484/3) والبيهقـي (78: 254/10) والدار قطني (88: 211/4)، ومالك (82: 172/2) عن علقمة بن وائل بن حجر عن أبيه قـال ك جـاء رجـل مـن حضرموت ورجل من كندة إلى النبي صلى اللـه عليه وسلم فقال الحضرمي: ﴿ **يا رسول اللـه هـذا غلبنـي على ارض كانت لأبي، فقال الكندي هي أرض لي في يدي أزرعها ليس له فيها حـق، فقـال النبـي** صـلى اللـه عليه وسلم **ألك بينة؟ قال: لا، قال: فلك يمينه، قال: يا رسول الرجل فاجر ولا يبالي على ما حلف عليه، لـيس يتورع من شيء، فقال ليس لك منه إلا ذلك، قال: فانطلق الرجل ليحلف له، فقال: الرسول** صلى اللـه عليـه وسلم **لما أدبر: لئن حلف على مالك ليأكله ظلما ليلقين اللـه وهو عنته معرض** ﴾.

وجه الدلالة

الحديث واضح الدلالة في توجيه اليمين على الأرض، والأرض مال، ويقاس عليها باقي المال، فتلحق بها في جواز توجيه اليمين فيها على المدعى عليه.

4- أخرج أبو داود (79: 311/3) والنسائي (81: 487/3) وابن ماجة (77: 2/ 780) عن أبلي هريرة رضي الله عنه أن رجلين اختصما إلى النبي صلى الله عليه وسلم في متاع ليس لواحد منهما بينة، فقال النبي صلى الله عليه وسلم : ﴿ **استهما على اليمين ما كان أحبا ذلك أو كرها** ﴾

وجه الدلالة

الحديث يدل على جواز توجيه اليمين في المتاع، وهو مال وباقي المال مثله فيقاس عليه.

5- أخرج النسائي (81: 487/3) عن أبي هريرة رضي الله عنه : ﴿ أن رجلين ادعيا دابة، ولم تكن لهما بينة، فأمرهم النبي صلى الله عليه وسلم أن يستهما على اليمين﴾

وجه الدلالة

الحديث صريح في توجيه اليمين على الدابة، والدابة مال فيقاس عليها باقي المال.

ثانيا: حقوق الله تعالى إذا تعلق بها حق لآدمي، ويكون التحليف فيها على حق الآدمي.

واستدلوا على ذلك بأن لها أصلا في الشريعة الإسلامية، وهو اللعان، وقالوا بأن الله تعالى قال في حد القذف: ﴿ **والذين يرمون المحصنات ثم لم يأتوا بأربعة شهداء فاجلدوهم ثمانين جلدة** ﴾ **(سورة النور: آية 4)**، فحد الرامي بالزنا ثمانين جلدة، والقياس أن لا يمين فيها، لكن الله تعالى قال في الزوج: ﴿ **والذين يرمون أزواجهم، ولم يكن لهم شهداء إلا أنفسهم، فشهادة أحدهم أربع شهادات بالله إنه لمن الصادقين، والخامسة أن لعنة الله عليه إن كان من الكاذبين، ويدرؤا عنها العذاب أن تشهد أربع شهادات بالله إنه لمن الكاذبين، والخامسة أن غضب الله عليها إن كان من الصادقين** ﴾ (سورة النور: الآيات 6 ـ 9)، فحكم

الـلـه عز وجل على القاذف غير الزوج بالحد، ولم يجعـل لـه مخرجـا منـه إلا أن يـأتي بأربعـة شـهداء، وأخرج الزوج من الحد، وشرع له أن يحلف أربع أيمان بالله، ويلتعن بخامسة ويسقط عنه الحد، لأن له حقا في ذلك وهو إفساد فراشه، ويلزمها أن تخرج بأربع أيمان والتعانها، وسن لها رسول الـلـه صلى الـلـه عليـه وسـلم أن ينفي الولد التعانه وسن بينهما الفرقة، ودرأ الـلـه تعالى عنها الحد بالأيمان مع التعانـه (93: 12/ 127، 137: 87/7، 138: 225/2 9).

وكذلك في دعوى السرقة لا يحلفه على ما ينفي القطع، ولكـن يحلفـه عـلى مـا ينفـي اسـتحقاق المـال، فينبغي أن يحلف أنه ما أخذ المال لا أنه ما سرق، فإن نكل ضمن المال لثبوته مع الشبهة، ولا يقطـع لأن الحـد لا يثبت مع الشبهة.

ثالثا: الحقوق التي ليست بمال ولا تؤول إلى مال كأحكام الأبدان من قصـاص وجـروح وغيرهـا، وبعـض مسـائل الأحوال الشخصية (93: 127/12، 94: 661).

المطلب الثالث
الحقوق المختلف فيها

اختلف الفقهاء في التحليف في بعض مسائل الأحوال الشخصية إلى المذاهب التالية:

المذهب الأول: جواز التحليف في مسائل الأحوال الشخصية جميعها

ذهب جمهور الفقهاء من الحنفية وبه يفتى عندهم (56: 425/4، 57: 169/7، 59: 112/2، 91: 283/4، 99: 157/3، 118: 3923/8-3929) والشافعية (65: 37/12، 100: 207/7 ـ 208، 126: 402/4، 137: 87/7) والحنابلة في رواية (44/ 110، 68: 453/4، 69: 443/6، 93: 12 /127) والإمامية (105: 404/5) والإباضية (129: 583/6) إلى جواز الاستحلاف في مسائل الأحوال الشخصية.

واستدلوا على ذلك بالكتاب والسنة النبوية

أولا: الدليل من الكتاب

قال الله تعالى: ﴿ والذين يرمون أزواجهم، ولم يكن لهم شهداء إلا أنفسهم، فشهادة أحدهم أربع شهادات بالله إنه لمن الصادقين ﴾ (سورة النور: آية 6).

وقال الله تعالى: ﴿ ويدرؤا عنها العذاب أن تشهد أربع شهادات بالله إنه لمن الكاذبين ﴾ (سورة النور: آية 8).

وجه الدلالة

جاء في وسائل الإثبات نقلا عن مختصر المزني (10: 385/1) قوله: " إن الشهادة بالله هي اليمين، وإن الله تعالى أجرى اليمين في اللعان، وهو يتعلق بأحكام الحياة الزوجية والمفارقة فيها، وهي ليست بمال ولا المقصود منها المال، ويترتب عليها الفرقة ونفي الولد ".

ثانيا: السنة النبوية

1- أخرج الترمذي (85: 88/6) والبيهقي (78: 253/10) عن ابن عباس -رضي الله عنهما- عن رسول الله صلى الله عليه وسلم : ﴿البينة على المدعي واليمين على من أنكر﴾ وفي رواية (21: 12 /2، 23: 134/4، 77: 278/2: 81، 485/3 ـ 486، 86: 174/4، 87: 294): ﴿ ولكن اليمين على المدعى عليه ﴾

وجه الدلالة

جاء الحديث عاما حتى يتناول بعمومه كل مدعى عليه، فيبقى على عمومه لعدم ورود نص يخصصه بمجالات معينة دون غيرها.

وقد ذكر الزحيلي نقلا عن الماوردي (10: 386/1) قوله: " إن الأحاديث عامة تشمل جميع المدعى عليهم، ولم يرد نص بتخصيصها في حالات دون أخرى، فتبقى على عمومها، وتتناول كل مدعى عليه إلا ما قام الدليل على تخصيصه، فكل شخص توجهت عليه دعوى صحيحة، وأنكر الحق المدعى به، ولم تتوفر البينة للمدعي فإنه يستحلف المدعى عليه على حقه ".

2- أخرج أبو داود (79: 363/2) وابن ماجة (77: 661/1) والبيهقي (78: 10 /43 ـ 44) عن عبد الله بن يزيد بن ركانة بن عبد يزيد عن أبيه عن جده: **﴿ أن ركانة بن يزيد طلق امرأته البتة، ثم أتى رسول الله** صلى الله عليه وسلم **فقال: إني طلقت امرأتي البتة، و الله ما أردت إلا واحدة، فقال رسول الله** صلى الله عليه وسلم **و الله ما أردت إلا واحدة، قال: و الله ما أردت إلا واحدة فقال: فردها عليه ﴾.**

وجه الدلالة

إن في تحليف رسول الله صلى الله عليه وسلم ركانة في الطلاق دلالة على جواز التحليف في الطلاق.

وقد قال الشافعي ـ رحمه الله ـ: " وإذا حلف رسول الله صلى الله عليه وسلم ركانة في الطلاق فهذا دليل على أن اليمين في الطلاق كما هي في غيره ".

3- أخرج ابن ماجة (77: 657/1) عن عمر وابن شعيب عن أبيه عن عبد الله بن عمرو، وأن رسول الله صلى الله عليه وسلم قال: **﴿ إذا ادعت المرأة طلاق زوجها فجاءت على ذلك بشاهد واحد عدل، استحلف زوجها، فإن حلف بطلت شهادة الشاهد وإن نكل فنكوله بمنزلة شاهد آخر، وجاز طلاقه ﴾.**

وجه الدلالة

الحديث واضح الدلالة في استحلاف الزوج في الطلاق، وقبول يمينه، وبطلان شهادة الشاهد.

وقد قال ابن قيم الجوزية (44: 157): " أن الزوج يستحلف في الطلاق إذا لم تقم المرأة بينة.

ثالثا: القياس

1- إن النكول إقرار، لنه يدل على كذبه في الإنكار إذ لولا ذلك لولا ذلك لأقدم على اليمين الصادقة إقامة للواجب، فكان إقرارا وبدلا عنه، والإقرار يجري في هذه الأشياء، لكنه إقرار فيه شبهة، وكما توجه اليمين مع وجود الشبهة في القصاص والأموال كذلك توجه في النكاح وغيره مع وجود الشبهة ويقبل فيها الشهادة على الشهادة، وشهادة رجل وامرأتين.

2- قال الزحيلي في وسائل الإثبات (10: 386/1): " إن كل دعوى صحيحة وجبت الإجابة عنها، وجبت اليمين فيها كالأموال والقصاص بجامع أنها تتضمن حقا يطالب به صاحبه، فكما تجوز اليمين في القصاص والأموال تجوز في النكاح والطلاق والنسب والرجعة ". قال ابن القاضي: " تجب اليمين في كل حق لابن آدم إلا في أربعة: القاضي على بطلان الحكم، والشاهد على شهادة الزور، والمرأة إذا ادعى اثنان زواجها فأقرت لآخر، والأب إذا ادعى عليه بشيء فأقر به لولده الصغير ".

المذهب الثاني: ذهب أبو حنيفة (59: 2/112-113، 100: 7/207-208، 57: 69/7، 118: 8/3927 ـ 3928، 117: 16 /117، 135: 67، 56: 425/4) والحنابلة (في المشهور وبه قال أبو الخطاب (104: 226/2، 93: 127/12، 94: 659) إلى القول بعدم جواز الاستحلاف في سبع مسائل وهي: النكاح، الرجعة، الفيء من الإيلاء، النسب، الرق، الولاء، الاستيلاد، وزاد الحنابلة القود، والطلاق[1].

[1] النكاح: وهو أن يدعي رجل على امرأة أنها زوجته، أو تدعي امرأة على رجل أنه زوجها، ولا بينة للمدعي وطلب يمين المنكر.
الرجعة: وهو أن يقول الزوج للمطلقة بعد انقضاء عدتها كنت قد راجعتك وأنكرت المرأة وعجز الزوج عن إقامة البينة فطلب يمينها.
الفيء من الإيلاء: وهو أن يكون الرجل قد آلى من امرأته ومضت أربعة أشهر، فقال قد كنت فئت إليك بالجماع فلم تبين، فقالت: لم تفيء إلي ولا بينة للزوج فطلب يمينها.
النسب: نحو أن يدعي على رجل أنه أبوه أو ابنه، فينكر الرجل ولا بينة له وطلب يمينه.
الرق: وهو أن يدعي على رجل أنه عبده فأنكر الرجل، وقال: إنه حر الأصل لم يجر عليه رق أبدا، ولا بينة للمدعي فطلب يمينه.
الولاء: مثل أن يدعي رجل على امرأة أنه أعتق أباها وأن أباها مات وولاءه بينهما نصفان، فأنكرت المرأة أن يكون أعتقه، وأن يكون ولاؤه ثابتا منه، فطلب يمينها على ما أنكرت من الولاء.
الاستيلاد: هو أن تدعي أمة على مولاها، فتقول أنا أم ولد لمولاي، وهذا ولدي فأنكر المولى. (118: 8/3927 ـ 3928)

واستدلوا على ذلك بما يلي:

أولا: إن الغرض من توجيه اليمين هو النكول عن الحلف، والقضاء بناء على النكول، والنكول بذل وإباحة وترك للمنازعة في رأي أبي حنيفة صيانة عن الكذب الحرام، وهذه المسائل لا تحتمل البذل ولا تحتمل النكول ولا يجري فيها الاستحلاف حيث إن شرط ما يجري فيه الاستحلاف أن يكون مما يحتمل البذل مع كونه محتملا لإقرار (59: 112/2 ـ 113، 117: 16 /117، 118: 3928/8 ـ 3929).

ثانيا: إن الإيضاح بما يحتاط لها، فلا تستباح بالنكول، ولا بالنكول ويمين المدعي، لأن النكول ليس بحجة قوية، لأنه سكوت مجرد يحتمل أن يكون للخوف من اليمين، ويحتمل أن يكون للجهل بحقيقة الحال، ويحتمل أن يكون لعلمه بصدق المدعى أو للحياء والبذل في مجلس الحكم، ومع هذه الاحتمالات لا ينبغي أن يقضى به فيما يحتاط له، والرجعة والنسب والفيء والإيلاء في معنى النكاح (135: 659).

وقد أجيب على هذا الاستدلال بأنه مخالف للحديث المشهور عن ابن عباس -رضي الله عنهما- أن النبي صلى الله عليه وسلم قال: **﴿ لو يعطى الناس بدعواهم لادعى ناس دماء رجال وأموالهم ولكن البينة على المدعي واليمين على من أنكر ﴾.**

ويرد على هذا الاعتراض: بأن عموم الأحاديث الشريفة في كون اليمين على المنكر، وخصصت بأحاديث أخرى في الحدود واللعان، فأصبحت ظنية الدلالة، لذلك جاز تخصيصها بالقياس، كما أن هذا الحديث نص في الأموال والدماء فقط، فلا يدخل فيه النكاح، ولو كان عاما ودخل فيه كل مدعى به لكان مخصصا بالحدود، ويلحق النكاح بالحدود لأن النكاح لا يخلو من شهود، ولأن هذه الحالات كلها لا تثبت إلا بشاهدين، فأشبهت الحدود (10: 384/1).

ويرد عليه بأن التخصيص لا بد أن يكون بمخصص، ولا مخصص هنا، وأما اعتبار النكاح في معنى الحدود، فهو قياس مع الفارق، لأن الحدود تدرأ بالشبهة بخلاف النكاح والطلاق والرجعة (10: 384/1).

وأما إذا كان المقصود في هذه المسائل المال فيستحلف المدعى عليه، ويثبت المال دون النكاح والنسب والرجعة، كما إذا ادعت امرأة على رجل أنه تزوجها وطلقها قبل الدخول، ولها عليه نصف المهر استحلف الزوج، فإن نكل ضمن نصف المهر،

وكذلك إذا ادعت على زوجها أنه طلقها بعد الدخول فلها المهر كاملا ونفقة العدة، فإنه يحلف على المال، فإن نكل عن اليمين لزمه المال، ولا يثبت النكاح.

وكذلك في النسب إذا ادعى حقا كالإرث والحجر في اللقيط والنفقة، فإنه يستحلف، لأن المقصود في هذه الحقوق المال (99: 158/3، 100: 7/209 ـ 210، 1177: 120/16).

المذهب الثالث: ذهب المالكية: (103: 925/2، 119: 197/1، 142: 214/7، 143: 214/7) إلى أنه لا يجوز التحليف في النكاح فقط.

واستدلوا على ذلك: بأن النكاح يجب فيه الشهادة والإعلان، فإذا لم يوجد الشهود فلا يصح النكاح، ومن ادعاه، فقد ادعى خلاف الأصل لأن الأصل عدمه، فيجب تقديم الشهود لإثباته أمام القضاء، ولا يقبل اليمين لتحقق التهمة والكذب، فإن النكاح لا يخفى على الناس. وخاصة الأهل والأقارب والجيران بالإضافة إلى شهود العقد فيه، ولأن النكاح لا يصح إلا بالشهادة، ولأنه لو أقر بالنكاح لا يثبت ولا يلزم (142: 214/7، 143: 214/7).

وأجيب عليه بأن النصوص عامة، ولم يرد ما يخصصها فتبقى على عمومها، وأن الشهادة على النكاح لا يعني عدم قبول غيرها لإثباته لاحتمال موت الشهود، وفقدان أهلية الشهادة عندهم (10: 387/1).

المذهب الرابع: ذهب الإمام أحمد ـ رحمه الله ـ في رواية (44: 110، 104: 226/2، 130: 110/12-112) إلى أنه يستحلف في الطلاق، والإيلاء، والقود، والقذف، وعنه أيضا يستحلف إلا فيما لا يقضى فيه بالنكول، وقال في رواية ابن القاسم (44: 110، 104: 227/2): " لا أرى اليمين في النكاح ولا في الطلاق ولا في الحدود لأنه إن نكل لم أقتله، ولم أدفع المرأة إلى زوجها ".

وظاهر قول الخرقي (104: 227/2، 113: 112/12): " أنه يستحلف فيما عدا القود والنكاح، وعنه ما يدل على أنه يستحلف في الكل ".

المبحث الخامس
شروط اليمين القضائية وأقسامها

المطلب الأول
شروط اليمين القضائية

اشترط الفقهاء ثمانية شروط في اليمين القضائية، وقد اتفقوا في ستة شروط واختلفوا في شرطين.

الفرع الأول: الشروط المتفق عليها

الشرط الأول: أن يكون الحالف مكلفا بالغا عاقلا مختارا: فلا يحلف الصبي والمجنون، ولا تعتبر يمين النائم والمكره.

الشرط الثاني: أن يكون المدعى عليه منكرا حق المدعي -سواء أكان الإنكار نصا أم دلالة[1]- فإن كان مقرا، فلا يحلف لأنه يصدق بإقراره دون يمين، ولأن الإقرار يرفع الخلاف والمنازعة، فلا يبقى محل لليمين، أما إذا أنكر فإنه يحلف لأن اليمين وجبت للحاجة، وهي رفع تهمة الكذب عن المنكر (11: 2/211-214، 20: 401/4، 63: 6/129، 92: 8/355، 93: 12/111، 100: 7/202، 105: 5/404، 108: 9

[1] جاء في بدائع الصنائع (118: 8/3925): " الإنكار نوعان: نص ودلالة، أما النص فهو صريح الإنكار، وأما الدلالة فهو السكوت عن جواب المدعي من غير آفة، لأن الدعوى أوجبت الجواب عليه، والجواب نوعان: إقرار وإنكار، فلا بد من حمل السكوت على أحدهما والحمل على الإنكار أولى، لأن العاقل المتدين لا يسكت عن إظهار الحق المستحق لغيره مع قدرته عليه، وقد يسكت عن إظهار الحق لنفسه مع قدرته عليه، فكان حمل السكوت على الإنكار أولى، فكان السكوت إنكارا دلالة.
ولو لم يسكت المدعى عليه، ولم يقر، ولكنه قال لا أقر ولا أنكر وأصر على ذلك.
اختلف المشايخ فيه، فقال بعضهم: هذا إنكار، وقال بعضهم: هذا إقرار، والأول أشبه لأن قوله لا أنكر إخبار عن الجواب، والسكوت إنكار على ما مر.

/371، 117: 16 /116، 118: 25/8، 39، 129: 583/6، التاج والإكليل لمختصر خليل 149: 129/6).

الشرط الثالث: أن يطلب الخصم اليمين كمن القاضي، وأن يوجهها إلى الحالف؛ بمعنى أنه لا يصح اليمين إلا بتحليف القاضي للمدعى عليه بعد طلب المدعي، فإن حلف المدعى عليه اليمين قبل طلب المدعي فلا تقبل منه، ويجب إعادتها، وكذلك إذا حلف اليمين بعد طلب الخصم، وقبل توجيه القاضي لها، فلا تقبل.

واستدلوا على ذلك بما أخرج أبو داود (79: 363/2) والترمذي (85: 32/5) وابن ماجة (77: 661/1) والبيهقي (78: 10 /43 ـ 44) عن عبد الله بن يزيد بن ركانة بن عبد يزيد عن أبيه عن جده: **﴿ أن ركانة بن يزيد طلق امرأته البتة، ثم أتى رسول الله** صلى الله عليه وسلم **فقال: إني طلقت امرأتي البتة، و الله ما أردت إلا واحدة، فأعاد النبي** صلى الله عليه وسلم **اليمين عليه وطلبها منه وقال: و الله ما أردت إلا واحدة، فقال ركانة: و الله ما أردت إلا واحدة ﴾.**

وكذلك قول النبي صلى الله عليه وسلم (78: 10 /254، 79: 221/3، 81: 484/3، 82: 172/2، 85: 86/6، 88: 211/4) **للمدعي:﴿ ألك بينة؟ قال: لا، فقال النبي** صلى الله عليه وسلم **له: لك يمينه ﴾.**

فقد بين النبي صلى الله عليه وسلم للمدعي أن له الحق في طلب اليمين، فلو لم يشترط طلب اليمين من المدعي لم يكن هناك حاجة لإفهام المدعي بأن له الحق في طلب اليمين.

ولأن اليمين وجبت على المدعى عليه حفا للمدعي، وحق الإنسان قبل غيره واجب الإبقاء عند طلبه.

وقيد طلب المدعي اليمين من المدعى عليه بتحليف القاضي، فلو حلف المدعى عليه اليمين بطلب من المدعي بين يدي القاضي من غير استحلاف القاضي فهذا ليس بتحليف، لأن التحليف حق القاضي فهو الحكم الذي يصحح اليمين، ويرتب ألفاظه، بحيث يؤدي إلى الغرض المقصود من اليمين، ويكون على نية القاضي. (63: 130/6 68: 455/4، 92: 354/8، 100: 203/7، 117: 16 /116، 118: 3925/8-3926، 119: 46/1).

الشرط الرابع: أن لا يكون المدعى به حقا خالصا لله تعالى كالحدود، فلا يجوز الاستحلاف فيها باتفـاق الفقهاء، لأن الاستحلاف لأجل النكول، ولا يقضى بالنكول في الحدود الخالصة، لأنه بذل عند أبي حنيفة، وإقـرار فيه شبهة العدم عند أحمد والصاحبين من الحنفية، والحدود لا تحتمل البذل، ولا تثبت بدليل فيـه شبهة، ولا تثبت بشهادة النساء، والشهادة على الشهادة (68: 453/4، 69، 443/6، 117، 117/16، 118: 18/ ـ 392).

الشرط الخامس: أن يكون المدعى به مما يحتمل الإقرار به شرعـا مـن المـدعى عليـه، بحيـث لـو أقـر المدعى عليه بالحق المدعى به لصح إقراره ولزمه، فيجوز الاستحلاف عليه (20: 476/4، 99، 57/3 ـ 58، 118: 3926/8).

والأصل فيه (78: 253/10، 83، 19/9، 85: 88/6) قوله صلى الله عليه وسلم : ﴿ **واليمين عـلى مـن أنكر** ﴾، فكل حق يجوز الإقرار به يجوز للمنكر أن يحلف عليه، وكـل حـق لا يجـوز الإقـرار بـه لا توجـه فيـه اليمين.

وأضاف أبو حنيفة (117: 117/16، 118: 3928/8) والحنابلة في رواية (44: 11/، 104: 226/2، 138: 224/2) أن يكون المدعى به ما يحتمل البذل بالإضافة إلى كونه مما يحتمل الإقرار، فلا توجه اليمين في النسب والنكاح والرجعة والفيء من الإيلاء ونحوها.

الشرط السادس: أن تكون اليمين شخصية، فلا تصح النيابة، ولا يحلف أحد عن غيره، فلا يحلف الـولي أو الوصي اليمين عن الصغير، ويوقف الأمر حتى يبلغ الصبي ويعقل المجنون (20: 476/4، 68، 455/4، 69: 6م447، 93: 123/12، 142: 214/7) وقال البهوتي (68: 455/4، 69: 447/6)، فلو كان المـدعى عليـه صـغيرا أو مجنونا لم يحلف ووقف الأمر إلى أن يكلفا فيقرا أو يحلفا، ويقضى عليهما بالنكول.

الفرع الثاني: الشروط المختلف فيها

اختلف الفقهاء في شرطين هما

الشرط الأول: فقدان البينة أو العجز عنها

اختلف الفقهاء في اشتراط فقدان البينة أو العجز عنها لتوجيه اليمين على مذهبين:

المذهب الأول: ذهب جمهور الفقهاء من الحنفية (56: 160/7، 99: 156/3، 117: 117/16، 118: 3926/8) والمالكية (63: 130/6) والحنابلة (69: 331/6) والظاهرية (107: 371/9) والإمامية (111: 212/2) والإباضية (129: 331/6) إلى أنه يشترط في توجيه اليمين أن يكون المدعي فاقدا للبينة أو عاجزا عنها، فإذا كانت البينة حاضرة في مجلس الحكم فلا يصح تحليف المدعى عليه، وكذلك لا يصح تحليف المدعى عليه إذا كانت البينة حاضرة في المصر الذي هو فيه، ولا يستجيب القاضي إلى طلب المدعي بتحليف المدعى عليه، بل يكلفه إحضار البينة عند الإمام ومحمد في رواية، وأجاز أبو يوسف ومحمد في رواية والحنابلة تحليف المدعى عليه، ويجيبه القاضي إلى طلبه، ولا يطلب إحضار البينة لوجوب اليمين على المدعى عليه وحق المدعى به، ولأن له غرضا في التحليف وهو رفع مؤونة المسافة والتوصل إلى حقه بإقراره أو بنكوله، وتقاس على حالة غياب البينة خارج المصر، وإذا كانت البينة غائبة في المصر الذي فيه القاضي فيصح تحليف المدعى عليه باتفاق للتيسير على المتخاصمين في رفع المؤونة والانتظار.

واستدل الجمهور القائلين باشتراط فقدان البينة أو العجز عنها لصحة التحليف بما يلي:

أولا: قصة الحضرمي والكندي (78: 254/10، 79: 221/3، 81: 484/3، 82: 172/2، 85: 86/6، 88: 211/4) عندما اختصما في شيء بين يدي رسول الله صلى الله عليه وسلم فقال عليه الصلاة والسلام للمدعي (الحضرمي) ﴿ **ألك بينة؟ فقال: لا، فقال: فلك يمينه، قال ك يا رسول الله الرجل فاجر ولا يبالي على ما حلف عليه ليس يتورع من شيء، فقال: فليس لك منه إلا ذلك** ﴾.

وكذلك حديث الأشعث بن قيس (77: 778/2؛ 78: 253/10، 79: 220/3-221، 80: 214/9، 81: 484/3 ـ 485) ﴿ **قال النبي** صلى الـله عليه وسلم **بينتك أو يمينه، قلت إذا يحلف عليها يا رسول الـله: فقال رسول الـله** صلى الـله عليه وسلم **من حلف على يمين صبر وهو فيها فاجر ليقتطع بها مال امرئ مسلم لقي الـله يوم القيامة وهو عليه غضبان** ﴾.

وجه الدلالة

ذكر النبي صلى الـله عليه وسلم اليمين في الحديثين بعد العجز عن إقامة البينة، ولذلك فهما واضحا الدلالة في أن ثبوت حق المدعي في اليمين مرتب على عجزه عن إقامة البينة.

ثانيا: إن في استحلاف القاضي الخصم مع حضور الشهود افتضاح المسلم إذا أقام المدعي البينة بعد حلفه، ونحن مأمورون بالمحافظة على أعراض المسلمين وكرامتهم وحرماتهم (55: 3/4، 57: 161/3، 117: 117/6).

ثالثا: قاس الإمام أبو حنيفة اشتراط عدم البينة الحاضرة في بلد القاضي على البينة الحاضرة في مجلس القاضي بجامع القدرة على إحضارها في كل منهما (4:55/ 300).

المذهب الثاني: ذهب الشافعية (20: 410/4، 116: 310/2) إلى عدم اشتراط فقدان البينة، وعدم اشتراط العجز عن إحضارها في تحليف المدعى عليه، وقالوا يجوز للدعي طلب اليمين من المدعى عليه وتحليفه سواء أكانت حاضرة في مجلس القضاء، وفي بلد الحكم أم كانت غائبة عن مجلس القضاء وبلد الحكم، وسواء أصرح المدعي بوجود البينة، أم سكت، أم صرح بنفي البينة.

واستدلوا على ذلك بما يلي

1- قوله صلى الـله عليه وسلم : (78: 10 /253، 83: 219/9، 85: 88/6): ﴿ **واليمين على من أنكر** ﴾، وقوله صلى الـله عليه وسلم في حديث الحضرمي والكندي: (78: 254/10، 79: 221/3، 81: 484/3، 82: 172/2، 85: 86/6، 88: 211/4)، وحديث الأشعث بن قيس(77: 778/2، 78: 203/10، 79: 220/3-221، 80 ك 214/9، 81: 484/3-485) ﴿ **لك يمينه** ﴾

وجه الدلالة

قالوا بأن الأحاديث تدل على أن اليمين حق المدعي، وواجبة على المدعى عليه

2- إن للمدعي غرضا ظاهرا في تحليف المدعى عليه، لأنه إن تورع عن اليمين، وأقر وسهل الأمـر عـلى المدعي، واستغنى عن إقامة البينة، وإن حلف أقام المدعي البينة وأظهر خيانته (20: 401/4).

رأي القانون

نصت مجلة الأحكام العدلية (73: 435/4) على اشتراط فقدان البينة أو العجـز عنهـا في توجيـه اليمـين على المدعى عليه حيث جاء في المادة{ 1742 } ما نصه: " أحد أسباب الحكم اليمين أو النكول عن اليمين، وهـو أنه إذا أظهر المدعي عجزه عن إثبات دعواه يحلف المدعى عليه بطلبه ".

ويفهم من قانون البينات الأردني، وقانون البينات السوري، عدم اشتراط فقدان البينة، وعـدم اشـتراط العجز عن إقامتها في تحليف المدعى عليه حيث جاء في { الفقـرة أ مـن المـادة 61 } مـن القـانون الأردني (36: 104) وفي {الفقرة أ من المادة 12 } من القانون السوري (37: 117) والمادة (111) من قانون الإثبـات العراقـي ما نصه: "توجيه اليمين يتضمن التنازل عما عداها من البينات بالنسبة إلى الواقعة التي تـرد عليهـا"، فـلا يجـوز للخصم أن يثبت كذب اليمين بعد أن يؤديها الخصم الذي توجهت إليه، أو ردت عليه.

ولكن الذي عليه العمل في المحاكم الأردنية اشتراط فقدان البينة أو العجز عن إحضارها لتوجيه اليمين على المدعى عليه، حيث يسأل القاضي المدعي عن بينته أولا، فإن فقد البينة وعجز عن إحضارها بين لـه أن لـه الحق في طلب اليمين من المدعى عليه.

الترجيح

أميل إلى ترجيح مذهب الجمهور في اشتراط فقدان البينة أو العجز عن إحضارها لجواز تحليف المدعى عليه، وذلك لقوة أدلتهم حيث أن النبي صلى الله عليه وسلم سأل المدعي عن البينة في الحديث الشريف، فلما تبين له عجزه عن إحضار البينة، بين أن

له الحق في طلب اليمين وتحليف المدعى عليه، فكان السؤال عن البينة أولا، وعند فقدانها أو العجز عن إحضارها يجوز طلب اليمين.

وأميل إلى ترجيح قول الإمام أبي حنيفة في قياس البينة الحاضرة في بلد القاضي على الحاضرة في مجلس الحكم لعدم العجز عن إحضارها، وعدم وجود مشقة أو حرج في إحضارها.

الشرط الثاني: الخلطة[1] بين المتخاصمين في التعامل

ذهب المالكية (63: 127/6، 102: 473/2، 136: 199/2، 149: 127/6) والزيدية (160: 3/425-428) إلى اشتراط الخلطة بين المتخاصمين في التعامل لصحة الاستحلاف، قال اللخمي (149: 127/6): " من ادعى قبل رجل دعوى فأنكره لم يحلف بمجرد الدعوى إلا بما يضاف إليها من خلطة وشبهة أو دليل، وذلك يختلف باختلاف المدعى فيه ".

وتثبت الخلطة بشهادة اثنين في التعامل مرتين أو ثلاثا، واشترطوا في غير المال وجود شاهد واحد حتى يصح توجيه اليمين كالطلاق، والنكاح، والخلع، والوكالة، والوصية، والنسب، والإسلام، والردة[2].

واستدلوا على توقف اليمين على الخلطة أو الظنة بما يلي

1- ثبت عن النبي صلى الله عليه وسلم : **﴿أن اليمين على المدعى عليه إذا كانت بينهما خلطة﴾**[3]

2- إنه من عمل أهل المدينة المنورة على ساكنها أفضل الصلاة والسلام، كعلي وعمر بن عبد العزيز والفقهاء السبعة، فقد قال المتيطي (149: 127/6): " وقضى

---

[1] قال ابن عرفة (136: 299/2) الخلطة: حالة ترفع بعد توجه الدعوى على المدعى عليه، وقال ابن القاسم (149: 6/ 127، أن يبيع إنسانا بالدين مرة واحدة وبالنقد مرارا.

[2] قال ابن كنانة (149: 127/6): شهادة امرأة واحدة توجب اليمين أنه خلطة.

[3] ذكر الشاذلي عن سحنون (136: 299/2) أنه روي عن رسول الله صلى الله عليه وسلم قال: " البينة على المدعي واليمين على من أنكر إلا إذا كانت بينهما خلطة.

وقال المتيطي (149: 127/6) ثبت عن رسول الله صلى الله عليه وسلم: " أن اليمين على المدعى عليه إذا كانت بينهما خلطة ".

وقضى بذلك علي رضي الله عنه والمشيخة السبعة (149: 127/6).

بذلك ـ أي أن اليمين على المدعى عليه إن كانت بينهما خلطة علي ـ رضي الله عنه والمشيخة السبعة "، وإجماع أهل المدينة عند مالك فيخصص به قول الرسول صلى الله عليه وسلم : (78: 10 /253، 83: 219/9، 85: 88/6): ﴿ **البينة على المدعي واليمين على من أنكر** ﴾ (136: 279/2).

3- واستدلوا بقول عمر بن عبد العزيز رضي الله عنه لأنه من الأئمة الراشدين المقتدى بهم في أقوالهم وأفعالهم، ففعله وقوله كل منهما حجة حيث قال: " تحدث للناس أقضية بقدر ما أحدثوا من الفجور " (136: 2/ 299).

4- وقالوا بأن القصد من الخلطة النظر إلى المصلحة، فبالخلطة يحصل الظن بثبوت المدعى به، وحتى لا يتطرق الناس بالدعاوى إلى تعنيت بعضهم البعض، وإذاية بعضهم، وحتى لا يتطاول السفهاء على ذوي الفضل والمكانة باستدعائهم إلى المحاكم، وطلب اليمين منهم والحكم عليهم بالنكول (102: 472/2).

واستثنوا من اشتراط الخلطة أو وجود الشاهد ثماني مسائل هي (121: 198، 136: 299/2، 149: 127/6):

1. صاحب الصنعة مع عماله.
2. المتهم بالسرقة بين الناس.
3. الضيف الغريب في ادعائه أو الادعاء عليه في شيء معين.
4. التاجر صاحب السوق ن لأنه نصب نفسه للناس بالبيع والشراء.
5. المسافر يدعي على بعض رفقته بشيء.
6. دعوى الوديعة على أهلها.
7. دعوى المريض في مرض موته على غيره بدين.
8. إدعاء شيء معين كثوب بعينه (دعوى البائع على حاضر المزايدة).

ولم يشترط هذا الشرط أحد من المذاهب الفقهية الأخرى، وهو الذي عليه عمل القضاة بمصر وأهل الشام والمغرب.

قال ابن عرفة: (136: 299/2): " وعليه عمل القضاة عندنا، وقال غيره: وعليه عمل أهل الشام إلى الآن، فإنهم يوجهون اليمين على المنكر عند عدم بينة المدعي، ولا يسألون عن خلطة ولا تهمة، وبه قال ابن نافع وغيره من المالكية.

الترجيح

والذي يظهر لي ترجيح مذهب الجمهور لحديث: " واليمين على من أنكر ".

المطلب الثاني

أقسام اليمين القضائية

تنقسم اليمين بحسب الحالف إلى ثلاثة أقسام هي: يمين المدعى عليه، يمين المدعي، يمين الشاهد (10: 357/1، 147: 599/6 ـ 600، 151: 217).

الفرع الأول: يمين المدعى عليه

هي اليمين التي يوجهها القاضي بطلب من المدعي إلى المدعى عليه، فإن حلفها سقطت الدعوى، وانقطعت الخصومة، وبرئ المدعى عليه المقامة ضده من قبل المدعي (: /46، 44: 112، 143، 147، 59: 110/2، 100: 203/7، 102: 466/2، 119: 272/1).

والأصل في مشروعية اليمين على المدعى عليه ما روي من الأحاديث الدالة على أن اليمين شرعت في جانب المدعى عليه لرفع دعوى خصمه المتوجهة عليه ومنها:

1- قوله عليه الصلاة والسلام: (21: 2/12، 23: 134/4، 78: 294، 81: 485/3 ـ 486،، 84: 1336/3، 86: 174/4)﴿ **لو يعطى الناس بدعواهم لادعى ناس دماء رجال وأموالهم، ولكن البينة على المدعي واليمين على المدعى عليه** ﴾. **وجه الدلالة**

الحديث واضح الدلالة على مشروعية اليمين في حق المدعى عليه لحماية دمه وماله من السفك والنهب، وقد جعل النبي صلى الله عليه وسلم اليمين حجة المدعى عليه.

2- قوله صلى اللـه عليه وسلم في حديث الأشعث بن قيس (77: 778/2، 78: 203/10، 79: 3/ 220-221، 80 ك 214/9، 81: 484/3-485)**﴿ بينتك أو يمينه ﴾**، وكذلك قوله صلى اللـه عليه وسلم في حديث الحضرمي والكندي: (78: 254/10، 79: 221/3، 81: 484/3،82: 172/2، 85: 86/6، 88: 211/4)**﴿ لك بينة؟ قال: لا، قال فلك يمينه ﴾**.

وجه الدلالة

الحديثان ظاهرا الدلالة في وجوب اليمين على المدعى عليه إذا طلبها المدعي.

ثانيا: المعقول

جاء في بدائع الصنائع (8:118/3923): " واليمين وإن كانت مؤكدة بذكر اسم اللـه عز وجل، لكنها كلام الخصم فلا تصلح حجة مظهرة للحق، وتصلح حجة المدعى عليه لأنه متمسك بالظاهر، وهو ظاهر اليد، فحاجته إلى استمرار حكم الظاهر، واليمين وإن كانت كلام الخصم فهي كاف للاستمرار، فكان جعل البينة حجة المدعي وجعل اليمين حجة المدعى عليه، وضع الشيء في مكانه، وهو حد الحكمة ".

الفرع الثاني: يمين المدعي

هي اليمين التي يوجهها القاضي إلى المدعي عند وجود السبب الداعي لتوجيه اليمين إليه، فإذا حلفها استحق ما ادعاه.

وقد اختلف الفقهاء في حكم توجيه اليمين على المدعي على مذهبين

المذهب الأول: ذهب الحنفية (56: 161/7، 59: 111/2، 99: 157/3، 118: 3923/8 ـ 3930، 123: 400/7) إلى أن اليمين لا تتوجه على المدعي مطلقا.

واستدلوا على ذلك بدليلين

الدليل الأول: أخرج الترمذي (85: 88/6) والبيهقي (78: 253/10)، عن ابن عباس ـ رضي اللـه عنهما ـ أن النبس صلى اللـه عليه وسلم قال: **﴿ البينة على المدعي واليمين على من أنكر ﴾**.

وجه الدلالة

يظهر الاستدلال بهذا الحديث من وجهين هما:

أحدهما: أن النبي صلى الله عليه وسلم قسم بين المدعي والمدعى عليه، فأعطى المدعي حق إثبات دعواه بالبينة، وأعطى المدعى عليه الحق في نفي الدعوى المتوجهة عليه باليمين، والقسمة تنافي الشركة، فلا يصح للمدعي أن يشارك المدعى عليه في اليمين.

الثاني: لقد وردت كلمة البينة واليمين في الحديث معرفتين بأل التعريف، وهي لاستغراق الجنس بمعنى أن كل جنس اليمين حجة المدعى عليه، كما أن كل جنس البينة حجة المدعي، فلو جعلت اليمين حجة المدعي لا يكون كل جنس اليمين حجة المدعى عليه، وهذا خلاف النص (59: 111/2، 99: 154/3، 118: 3924/8،

123: 333/1).

الدليل الثاني: إن اليمين تصلح حجة للمدعى عليه، ولا تصلح حجة للمدعي، لأنها لا تصلح حجة لإظهار الحق، وإنما تصلح حجة لاستمرار حكم الظاهر، ولذلك فإن اليمين حجة لدفع الدعوى، وليست حجة لاستحقاقها (118: 3923/8، 123: /333).

المذهب الثاني: ذهب المالكية (102: 466/2، 469) والشافعية (20: 466/4-472، 127: 189، 137: 340/7) والحنابلة (44: 143) إلى أن اليمين تتوجه على المدعي إذا توفرت الأسباب الداعية.

واستدلوا على صحة مذهبهم: بأن اليمين إنما تشرع في حق أقوى المتداعيين جانبا، لأن الظاهر يصدقه لذلك فإن المدعي إذا قوى جانبه بسبب من الأسباب، فإن اليمين تشرع من جانبه (20: 443/4).

وإنما شرعت اليمين في الأصل في جانب المدعى عليه لأن جانبه أقوى من جانب المدعي، لأن الأصل براءة الذمة.

وتقسم يمين المدعي إلى عدة أقسام منها

1 ـ اليمين الجالبة

هي اليمين التي يؤديها المدعي لإثبات حقه بسبب من الأسباب الموجبة لذلك، وهي إما شهادة شاهد واحد وهي اليمين مع الشاهد، وإما نكول المدعى عليه عن اليمين

الأصلية وردها إلى المدعي ليحلف وهي اليمين المردودة، وإما لنفي حد القذف وهي أيمان اللعان، وإما لإثبات تهمة الجناية على القاتل وهي أيمان القسامة، وإما لتأكيد الأمانة، فالقول قول الأمين بيمينه إذا ادعى الرد عن من ائتمنه إلا المرتهن والمستأجر والمستعير، فلا يصدقون إلا بالبينة، لأن وجود الشيء في أيديهم أو حيازتهم كان لمصلحة أنفسهم.

2 ـ يمين الاستظهار

هي اليمين التي يؤديها المدعي بطلب من القاضي لدفع التهمة والريبة والشك عنه بعد تقديم الأدلة في الدعوى، فاليمين تكمل الأدلة كالشهادة ويتثبت بها القاضي من صحة الأدلة.

وقد أضاف فضيلة الدكتور وهبة الزحيلي (147: 601/6) وفضيلة الدكتور محمد مصطفى الزحيلي (10: 358/1) يمين التهمة كنوع من أنواع يمين المدعي، وقالا في تعريفهما لها بأنها: " اليمين التي تتوجه على المدعي بقصد رد دعوى غير محققة على المدعى عليه "، وقد نسب ذلك إلى المالكية والزيدية، حيث يقول الدكتور محمد الزحيلي (10: 358/1) نقلا عن التاج المذهب بقوله: " ويمين التهمة حيث يكون المدعي قاطعا بالمدعى فيه شاكا بالمدعى عليه ".

والصحيح عند المالكية (125: 318/4، 136: 300/2، 169: 3/39-44) والزيدية (105: 411/5، 112: 163/4) أن يمين التهمة توجه على المدعى عليه وليس على المدعي، وذلك لأن المدعي ليس على يقين من دعواه، وإنما هي دعوى اتهام، ويظهر ذلك من خلال قول الزيدية السابق في تعريفهم يمين التهمة حيث يكون المدعي قاطعا بالمدعى فيه شاكا في المدعى عليه، فكيف يحلف المدعي وهو شاك بالمدعى عليه غير متيقن من دعواه، ولذلك نستطيع أن نعرف يمين التهمة كما عرفها القاضي عبد الرحمن شرفي (152: 242): " اليمين التي يحلفها المدعى عليه الذي لحقته التهمة في المدعى به.

ومن صور يمين التهمة:

1- يتهم المدعي شخصا بسرقة مال مثلا، فإنه لا يحلف الطالب بل يغرم المدعى عليه بمجرد نكوله (136: 300/3).

2- أن يدعي المودع ضياع الوديعة، فيكذب صاحب المال، ويقول له أكلت الوديعة، فالمودع مصدق إلا أن يتهم فيحلف، فإن نكل ضمن (152: 242).

ولا ترد يمين التهمة على المدعي، لأنه لا تحقيق عنده (105: 411/5، 112: 163/4، 125: 318/4، 136: 300/2، 169: 543/3).

الفرع الثالث: يمين الشاهد

هي اليمين التي تتوجه على الشاهد قبل أداء الشهادة للاطمئنان على صدقه، وهي التي يلجأ إليها في عصرنا بدلا من تزكية الشاهد.

وقد اختلف الفقهاء في حكم يمين الشاهد المسلم، ويمين الشاهد الكافر

المسألة الأولى: حكم يمين الشاهد المسلم

اختلف الفقهاء في حكم يمين الشاهد المسلم على مذهبين

المذهب الأول: ذهب جمهور الفقهاء من الحنفية (117: 16 /118) والمالكية (61: 234/4) والشافعية (20: 476/4) والحنابلة (44: 142-143) إلى أنه لا يجب على الشاهد المسلم أن يحلف قبل أداء شهادته.

واستدلوا على ذلك: بأن المسلمين عدول بعضهم على بعض، وأن اليمين إنما تلزم المتهم، والشاهد ليس بمتهم، ومنصبه أرفع من أن يستحلف، بل الواجب أن يكرم ويحترم بأداء الشهادة (20: 476/4).

وذكر الإمام الفخر الرازي ـ رحمه الله ـ (157: 116/12): " أن الأمة أجمعت على عدم وجوب تحليف الشاهد المسلم ".

وقال الشيخ محمد عليش من المالكية (61: 234/4): " إن من حلف على صحة شهادته ردت لاتهامه للحرص على قبولها.

المذهب الثاني: ذهب متأخروا الحنفية (55: 141/2، 99: 118/3، 100: 57/7) وابن القيم (44: 143-147) والظاهرية (107: 379/9، 462) والزيدية (105: 185/5) إلى القول بتحليف الشاهد المسلم قبل أداء شهادته معللين ذلك بفساد الزمان وضعف الوازع الديني.

وقد روي عن علي بن أبي طالب -كرم الله وجهه- استحلاف الشاهدين (117: 118/16).

وقد حكى أبو محمد بن حزم ـ رحمه الله ـ (44: 143 ـ 147، 107: 379/9) القول بتحليف الشهود عن محمد بن بشر قاضي الجماعة بقرطبة وابن وضاح، فقد روي عن محمد بن بشر أنه حلف شهودا في تركة بالله أن ما شهدوا به هو الحق. قال وروى عن ابن وضاح أنه قال: " أرى لفساد الناس أن يحلف الحاكم الشهود ".

وقال ابن القيم ـ رحمه الله ـ (44: 143): " وإذا كان للحاكم أن يفرق الشهود إذا ارتاب بهم، فأولى أن يحلفهم إذا ارتاب بهم ".

وقد استدل أصحاب هذا المذهب بقول الله تعالى: ﴿ يا أيها الذين آمنوا شهادة بينكم إذا حضر أحدكم الموت حين الوصية اثنان ذوا عدل منكم أو آخران من غيركم إن أنتم ضربتم في الأرض فأصابتكم مصيبة الموت تحبسونهما من بعد الصلاة فيقسمان بالله إن ارتبتم لا نشتري به ثمنا ولو كان ذا قربى ولا نكتم شهادة الله إنا إذا لمن الآثمين ﴾ (سورة المائدة: آية 106).

وجه الدلالة

قول الله تعالى: ﴿ **فيقسمان بالله** ﴾ حيث قيل في تفسيرها: الشاهدان إذا لم يكونا عدلين، وارتاب الحاكم في شهادتهما يحلفهما بالله (27: 112/2 ـ114، 54: 725/2، جامع البيان في تفسير القرآن 153: 66/7، الجامع لأحكام القرآن 154: 355/6).

وهذا ما نصت عليه المادة { 65 } من قانون أصول المحاكمات الشرعية (174: 70) حيث جاء فيها: " على المحكمة أن تحلف الشاهد اليمين قبل البدء في الشهادة ولا حاجة إلى لفظ أشهد ".

المسألة الثانية: حكم شهادة الكافر

اتفق الفقهاء من الحنفية (59: 149/2، 99: 3/ 124، 100: 7/ 57، 94) والمالكية (61: 217/4، 102: 463/2، 103: 892/2) والشافعية (20: 427/4، 116: 314/2) والحنابلة (44: 182، 185) والإمامية (132: 286) على عدم قبول شهادة الكافر على المسلم في الحضر أو في السفر إذا كان معه مسلمون.

واختلفوا في قبول شهادة الكافر على المسلم في السفر إذا لم يكن معه أحد من المسلمين على مذهبين:

المذهب الأول: ذهب الحنفية (59: 149/2، 99: 3/ 124، 100: 7/ 57، 94، 123: 136/7) والمالكية (49: 150/6، 61: 217/4، 63: 150/6 ـ 151، 102: 463/2) والشافعية (20: 427/4، 116: 314/2) إلى عدم قبول شهادة الكافر على وصية المسلم في السفر إذا حضر الموت، ولم يكن معه أحد من المسلمين.

وقد استدلوا على ذلك بما يلي

أولا: قال الله تعالى: ﴿ **فإذا بلغن أجلهن فامسكوهن بمعروف أو فارقوهن بمعروف وأشهدوا ذوي عدل منكم وأقيموا الشهادة لله ذلكم يوعظ به من كان يؤمن بالله واليوم الآخر** ﴾ (سورة الطلاق: آية 2).

وجه الدلالة:

إن الله عز وجل طلب أن يكون الشاهد عدلا، والكافر ليس بعدل، وليس منا، فلا تصح شهادته (20 ك 4م427، 116: 314/2).

ثانيا: قال الله تعالى: ﴿ **ولن يجعل الله للكافرين على المؤمنين سبيلا** ﴾ (سورة النساء: آية 141).

وجه الدلالة

الآية واضحة الدلالة في عدم ولاية الكافر على المسلم، والشهادة من باب الولاية، فلا تقبل شهادته على المسلم.

ثالثا: قال الزهري: مضت السنة أنه لا تجوز شهادة الكافر في حضر ـ ولا في سفر، إنما هي للمسلمين (27: 111/2).

رابعا: إن الشهادة من باب الولاية، فلا تقبل شهادتهم على المسلم لعدم ولايتهم عليه، لأنه أفسق الفساق، ويكذب على الله تعالى فلا يؤمن الكذب منه على خلقه (20: 427/4، 99: 124/3، 116: 314/2).

وقد أجاب أصحاب هذا المذهب على آية المائدة ﴿ **أو آخران من غيركم** ﴾ بأنها منسوخة بقول الله تعالى: ﴿ **واستشهدوا شهيدين من رجالكم فإن لم يكونا رجلين فرجل وامرأتان ممن ترضون من الشهداء**﴾.

وجه الدلالة

طلبت الآية الكريمة أن يكون الشاهد من المسلمين، فإن لم يوجد رجل فرجل وامرأتان ممن يرضاهم المسلم لنفسه، والشهود الذين يرضاهم المسلم لنفسه هم المسلمون، أما غير المسلمين فليسوا كذلك (154: 35/16).

والقول بأن آية المائدة منسوخة مروي عن عبد الله بن عباس، وزيد بن أسلم وغيرهم (27: 111/2، 44: 186).

المذهب الثاني: ذهب الحنابلة (44: 143، 182 وما بعدها) والظاهرية (107: 9/ 406) والإمامية (132: 111/2) إلى قبول شهادة الكافر على المسلم في السفر إذا حضرته الوفاة، ولم يكن معه أحد من المسلمين[1].

[1] اشترط لجواز استشهاد الذميين عند فقد المؤمنين شرطين هما: الشرط الأول: أن تكون الشهادة في السفر، والشرط الثاني: أن تكون الشهادة في الوصية، وهما واضحان في قوله تعالى: " إن أنتم ضربتم في الأرض فأصابتكم مصيبة الموت " (سورة المائدة: آية 16)، وفي ذلك يقول ابن كثير (27: 111/2): وهذان شرطان لجواز استشهاد الذميين عند فقد المؤمنين أن يكون ذلك في سفر وأن يكون في وصية ". كما صرح بذلك شريح القاضي حيث قال (27: 111/2، 44: 185): " لا تجوز شهادة اليهود والنصارى إلا في سفر، ولا تجوز إلا في وصية "، وروي مثله عن الإمام أحمد بن حنبل ـ رحمه الله تعالى ـ

واستدلوا على ذلك بالكتاب والسنة

أولا: الدليل من الكتاب

1- قال اللـه تعالى: ﴿ **يا أيها الذين آمنوا شهادة بينكم إذا حضر أحدكم الموت حين الوصية اثنان ذوا عدل منكم أو آخران من غيركم إن أنتم ضربتم في الأرض فأصابتكم مصيبة الموت تحبسونهما من بعد الصلاة فيقسمان بالله إن ارتبتم لا نشتري به ثمنا ولو كان ذا قربى ولا نكتم شهادة اللـه إنا إذا لمن الآثمين** ﴾ (سورة المائدة: آية 106).

وجه الدلالة

إن اللـه عز وجل جعل الشهادة أولا على المسلمين لقوله ﴿ **ذوا عدل منكم** ﴾ فإن تعذر ذلك فشهادة الكفار لقوله تعالى: ﴿ **من غيركم** ﴾، أي الكفار، والمقصود أهل الكتاب، فقد روي عن ابن عباس في قوله: ﴿ **أو آخران من غيركم** ﴾ قال: " من غير المسلمين يعني أهل الكتاب[1] (27: 111/2، 44: 185، 154: 350/6).

واعترض عليه بأن المراد بقوله:﴿ **من غيركم** ﴾ أي من غير قبيلتكم، وروي ذلك عن الحسن البصري والزهري (27: 111/2، 44: 85).

وأجاب ابن القيم (44: 186-187) على هذا الاعتراض بقوله: " فلا يخفى بطلانه وفساده، فإنه ليس في أول الآية خطاب بقبيلة دون قبيلة، بل هو خطاب عام لجميع المؤمنين، فلا يكون غير المؤمنين إلا من الكفار، هذا مما لا شك فيه، والذي قال من غير قبيلتكم زلة عالم غفل عن تدبر الآية.

[1] وهذا معنى الآية على مذهب أبي موسى الأشعري وابن عباس وروي عن علي بن أبي طالب وعمرو بن شرحبيل وعبيدة السلماني ومحمد بن سيرين ويحي بن يعمر، وسعيد بن المسيب وعكرمة ومجاهد وسعيد بن جبير والشعبي وإبراهيم النخعي وقتادة وأبو مجلز والسدي ومقاتل بن حيان وعبد الرحمن بن زيد بن أسلم وسفيان الثوري ويحي بن حمزة وأبو عبيد القاسم بن سلام وروي ذلك عن أحمد بن حنبل وقال: " شهادة أهل الذمة جائز على المسلمين في السفر عند عدم المسلمين "، وكلهم يقولون " منكم " أي من المسلمين " من غيركم " أي من غير المسلمين، أي من أهل الكتاب (27: 111/2، 44: 185 ـ 186، 154: 6م348 ـ 350).

ثانيا: الدليل من السنة

1- أخرج البخاري (22: 16/4) وأبو داود (70: 3/307-308) والترمذي (85: 11/183-184) وانظر (27: 113/2، 44: 184) عن يحي بن آدم عن ابن أبي زائدة عن محمد بن القاسم عن عبد الملك بن سعيد بن جبير عن أبيه عن محمد عن ابن عباس - رضي الـلـه عنهما - خرج رجل من بني سهم مع تميم الداري وعدي بن بداء - فمات السهمي بأرض ليس بها مسلم، فلما قدما بتركته، فقدوا جام[1] فضة مخوصا[2] بالذهب، فأحلفهما رسول الـلـه صلى الـلـه عليه وسلم ثم وجدوا الجام بمكة، فقالوا اشتريناه من تميم وعدي، فقام رجلان من أولياء السهمي فحلفا لشهادتنا أحق من شهادتهما، وإن الجام لصاحبهم، قال فنزلت فيهم: ﴿ **يا أيها الذين آمنوا شهادة بينكم إذا حضر أحدكم الموت ....إنا إذا لمن الآثمين**﴾[3] (سورة المائدة: آية 106).

وجه الدلالة

إن النبي صلى الـلـه عليه وسلم حلف الشاهدين الكافرين، وقضى بشهادتهما مما يدل على جواز شهادة الكافر في الوصية في السفر عند فقدان المسلم.

2- أخرج أبو داود (79: 3/ 307) عن الشعبي رضي الـلـه عنه : ﴿ **أن رجلا من المسلمين حضرته الوفاة بدقوقا[4] هذه، ولم يجد أحدا من المسلمين يشهده على وصيته، فأشهد رجلين من أهل الكتاب، فقدما الكوفة، فأتيا أبا موسى الأشعري** رضي الـلـه عنه **فأخبراه: فقال الأشعري: هذا أمر لم يكن بعد الذي كان على عهد رسول الـلـه** صلى الـلـه عليه وسلم **فأحلفهما بعد العصر ما خانا ولا كذبا ولا غيرا، وإنها لوصية الرجل وتركته، فأمضى شهادتهما** ﴾.

---

[1] الجام: إناء من فضة، وهو عربي الأصل، وتجمع على أجوام وجامات، وتصغيرها جويمة، والجام مؤنثة (1: 112/2 طبعة دار صادر.

[2] مخوصا: مزينا وتخويص التاج تزيينه بصفائح الذهب على قدر عرض الخوص (2: 313، 8: 1/ 261).

[3] قال الترمذي (85: 184/11) هذا حديث حسن غريب، وهو حديث ابن أبي زائدة.

[4] دقوقا: بفتح أوله وضم ثانيه مدينة بين أربل وبغداد، وأربل مدينة بالعراق بينها وبين بغداد سبعة أيام للقوافل، وأكثر أهلها أكراد قد استعربوا (90: 12 /459، 138/1).

وجه الدلالة

هذا الحديث صريح في دلالته على قبول شهادة الكافر على وصية المسلم إذا حضرته الوفاة ولم يجد أحدا من المسلمين يشهده على وصيته، ويظهر ذلك بفعل وقول أبي موسى الأشعري رضي الله عنه حين استحلف الشاهدين الكافرين وقضى بشهادتهما بناء على علمه بالحادثة التي وقعت في عهد الرسول صلى الله عليه وسلم حيث قال أبو موسى: " وهذا أمر لم يكن بعد الذي كان في عهد رسول الله صلى الله عليه وسلم ".

وقد أجاب أصحاب هذا المذهب على دعوى النسخ بما يلي:

أولا: إن دعوى النسخ لم تصح عن أحد ممن شهد التنزيل.

ثانيا: إن دعوى النسخ لا بد فيها من إثبات الناسخ على وجه يستحيل معه الجمع بين الناسخ والمنسوخ، وهذا الجمع بين الآيتين[1] غير متعذر ويحمل على عدم جواز قبول شهادة الكافر على المسلم إذا وجدوا الشهود المسلمين، وأما إذا تعذر وجود الشهود المسلمين، فإن شهادة الكافر تقبل على المسلم للضرورة، ولا يوجد ما يمنع من اختلاف الحكم للضرورة.

ثالثا: قالوا بأن سورة المائدة من آخر القرآن نزولا، ولا يوجد نص صريح متأخر عن هذه الآية مخالف لها حتى قال ابن عباس والحسن وغيرهما: " أنه لا منسوخ فيها "، وقال ابن جرير في شأن آية الوصية: " أنها اشتملت على حكم هو محكم، ومن ادعى نسخه فعليه البيان "، وقد أخرج الترمذي (27: 2/2، 85: 11/ 184) عن عبد الله بن عمرو أنه قال: " آخر سورة أنزلت سورة المائدة ".

وأخرج الحاكم (27: 2/2، 44: 185، 98: 311/2) عن جبير بن نفير أنه قال: " حججت، فدخلت على عائشة، فقالت لي: ط يا جبير تقرأ المائدة؟ فقلت نعم، فقالت: أمها إنها آخر سورة نزلت فما وجدتم فيها من حلال فاستحلوه، وما وجدتم فيها من حرام فحرموه ".

---

[1] المقصود بالآيتين: آية الوصية في السفر، الآية 106 من سورة المائدة، وآية الدين، الآية 282 من سورة البقرة.

رابعا: إن سبب نزول الآية قصة تميم الداري وعدي بن بداء، وذكروا أن إسلام تميم الداري رضي الله عنه كان سنة تسع من الهجرة، ومن الشواهد لصحة هذه القصة ما رواه الشعبي أن أبا موسى الأشعري قال: " هذا أمر لم يكن بعد الذي كان على عهد رسول الله صلى الله عليه وسلم "، ويقول ابن كثير (27: 113/2) معقبا: " الظاهر و الله أعلم أنه إنما أراد بذلك قصة تميم وعدي بن بداء، وقد ذكروا أن إسلام تميم بن أوس كان سنة تسع من الهجرة فعلى هذا يكون هذا الحكم متأخرا يحتاج مدعي نسخه إلى دليل فاصل في هذا المقام و الله أعلم ".

الترجيح

والذي يبدو لي ترجيح المذهب الثاني، وذلك لما فيه من التيسير ورفع الحرج عن المسلمين، حيث إن المسلم قد يدركه الموت، ولا يجد معه أحد من المسلمين يشهده على وصيته وتركته فيضطر إلى إشهاد الكفار على الوصية.

وهذا الترجيح يكون في حالة تعذر وجود أحد من المسلمين يشهده على وصيته فقط، وذلك لضرورة الإشهاد وحاجته إلى ذلك وعدم وجود من يشهده على وصيته من المسلمين، فيضطر إلى إشهاد الكافر على المسلم، حيث إن الأصل في شهادة الكافر على المسلم الحظر لا الإباحة، ولكنها أبيحت للضرورة، وهذه الضرورة تقدر بقدرها.

هذا وقد اختلف أصحاب المذهب الثاني في تحليف الشاهد الكافر على المسلم على قولين:

القول الأول: وجوب استحلاف الشاهد الكافر على شهادته، لأن يمينه شرط لصحتها ومكمل لها (154: 356/6)، واستندوا في استدلالهم على الروايتين السابقتين، عن ابن عباس والشعبي، وفيهما أن النبي صلى الله عليه وسلم استحلف الشهود الكفار، وكذلك فعل أبي موسى الأشعري رضي الله عنه .

القول الثاني: إن الشاهد الكافر لا يستحلف على شهادته إلا إذا ارتاب الشهود فإنه يحلف بالله: لا نشتري بشهادتنا ثمنا (44: 185، 153: 66/7، 154: 356/6).

واستدلوا بقوله تعالى: ﴿ فيقسمان بالله إن ارتبتم لا نشتري به ثمنا قليلا ولو كان ذا قربى ﴾ (سورة المائدة: آية 106).

الترجيح

والذي أميل إلى ترجيحه القول الأول، وذلك لاستحلاف النبي صلى الله عليه وسلم والصحابة -رضوان الله عنهم- من بعده الكافر على شهادته.

بالإضافة لذلك فإن الأصل في شهادة الكافر الحظر، وقد قبلت شهادته على خلاف الأصل للضرورة، وفي استحلافه على شهادته أدعى لأن يؤدي شهادته على وجهها.

وتنقسم اليمين القضائية حسب نوعها إلى ثلاثة أقسام:

القسم الأول: اليمين الحاسمة

القسم الثاني: اليمين المتممة

القسم الثالث: اليمين المردودة

وسيأتي تفصيل هذه الأقسام في الفصول الثلاثة القادمة

الفصل الثاني
اليمين الحاسمة

الفصل الثاني
اليمين الحاسمة

المبحث الأول
تعريف اليمين الحاسمة وطبيعتها

المطلب الأول
تعريف اليمين الحاسمة[1]

الفرع الأول: تعريف اليمين الحاسمة في الفقه

وتسمى اليمين الدافعة، لأنها تدفع الدعوى أو تصححها، وتقابل أدلة المدعي في إثبات دعواه وتسمى اليمين الرافعة، لأنها تقطع الخصومة وتسقط الدعوى، وتسمى يمين المدعى عليه، لأنها توجه من قبل القاضي بطلب المدعي إلى المدعى عليه، ويطلق عليها الحنفية اسم اليمين الواجبة، وذلك لوجوبها على المدعى عليه، إذا طلبها المدعي بنص الحديث الشريف: ﴿**واليمين على المدعى عليه**﴾ والحديث الشريف: ﴿ **لك يمينه** ﴾، وتسمى اليمين الأصلية أو العامة، لأنها هي المقصودة عند الإطلاق، وهي التي وردت بها معظم النصوص، وينصرف إليها الذهن لأول وهلة عند عدم التقييد، وهذه اليمين متفق عليها في جميع المذاهب، ومجمع على العمل بها،، ولكني لم أجد تعريفا لها عند الفقهاء فيما اطلعت عليه في الكتب الفقهية، حيث كان حديثهم عنها

---

[1] الحاسمة في اللغة (1: 134/12، 3: 98/4، 6: 1333، 5:7/1899، 8: 174/1، 49: 179، 50: 136): مأخوذة من حسم الشيء يحسمه حسما فانحسم بمعنى قطعه فانقطع، فهو حاسم أي قاطع، ويقال حسم الداء أزاله وقطعه بالدواء،، وحسم العرق قطعه وكواه لئلا يسيل دمه، وفي الحديث: " أنه أتي بسارق فقال اقطعوه، ثم احسموه" أي اقطعوا يده ثم اكووها لينقطع الدم.

والمحسوم: الذي حسم رضاعه وغذاؤه: أي قطع، والحسام السيف القاطع، ويقال: حسم على فلان الأمر أي قطعه حتى لا يظفر منه بشيء، والأحسم من الرجال: الكيس القاطع للأمور، أي الذي يفصل في الأمور بحزم، والحاسم: القاطع يقال رأي حاسم: قاطع للجدل، ومنه اليمين الحاسمة: أي القاطعة للخصومة المنهية للخلاف.

خلال حديثهم عن اليمين القضائية بشكل عام، ولذلك نستطيع أن نعرف اليمين الحاسمة بقولنا: " **اليمين التي يوجهها القاضي بناء على طلب المدعي إلى المدعى عليه، لإثبات دعواه، وذلك دفعا للخصومة وحسما للنزاع بين المتداعيين** ".

الفرع الثاني: تعريف اليمين الحاسمة في القانون

جاء في المادة { 53 } من قانون البينات الأردني (36: 60، 131: 166، 152: 213) والمادة { 112 } من قانون البينات السوري (37: 117) والمادة { 114 } من قانون الإثبات المصري (38: 52): " بأن اليمين الحاسمة هي التي يوجهها أحد المتداعيين لخصمه ليحسم بها النزاع ".

وعرفها قانون الإثبات اليمني في (150: 414) {الفقرة أ من المادة 147}: " بأنها يمين تؤدى من المدعى عليه لدفع الخصومة أو تصحيحها ".

والمادة {114} من القانون العراقي (18: 241) بقوله: " هي اليمين التي تنتهي بها الدعوى "

وعرفها شراح القانون (12: 365، 38: 151، 131: 166) بقولهم: " هي اليمين الموجهة من الخصم إلى خصمه، حسما للنزاع بينهما إذا أعوزه الدليل لإثبات ما يدعيه ".

وعرفها آدم الندوي (18: 241) بقوله: " قسم بالله يصدر من أحد الخصمين على عدم صحة ما يدعيه الخصم الآخر "

المطلب الثاني
طبيعة اليمين الحاسمة

الفرع الأول: طبيعة اليمين الحاسمة في الشريعة الإسلامية

قررت الشريعة الإسلامية اليمين على المدعى عليه تحقيقا لمبدأ العدل المطلق في الحكم حيث أن المدعي قد يعجز عن إثبات دعواه بالبينة، فيلجأ إلى طلب اليمين من المدعى عليه حفاظا عل حقه المدعى به محتكما إلى ضمير خصمه وذمته وتقواه حيث يستمد المعونة من الله عز وجل ليستلهم خصمه قول الحق وبناء على ذلك، فقد

اختلف الفقهاء في تحديد طبيعة اليمين الحاسمة ـ التي لم يصرح بها في كتبهم، وإنما نستنتجها من اختلافهم في سقوط الحق والمطالبة به بعد حلف المدعى عليه اليمين، في الحال والاستقبال[1] ـ على مذهبين:

المذهب الأول: ذهب الحنفية (56: 424، 59: 111/2، 117 ك 16 /119، 118: 3934/8) والشافعية (20: 477/4، 66: 254/2، 92: 356/8) والحنابلة (67: 179/2، 70: 492، 128: 566/3) والإمامية في قول (110: 85/3-86، 111 212/2، 132: 282) والزيدية في الأظهر عندهم (105: 404/5) إلى أن اليمين بدل عن البينة، وليست كالبينة، والدليل على ذلك ما أخرجه البخاري والنسائي وأبو داود وابن ماجة والبيهقي عن الأشعث بن قيس أن النبي صلى الله عليه وسلم : ﴿ **قال للمدعي ألك بينة؟ قال: لا، قال فلك يمينه** ﴾ وفي رواية أخرى ﴿ **بينتك أو يمينه** ﴾

وجه الدلالة

إن الحديث الشريف جعل البينة هي الأصل، واليمين خلف عنها، لأنها كلام الخصم يصار إليه للضرورة (39: 111/2، 118: 3934/8).

المذهب الثاني: ذهب المالكية (61: 471/4، 119: 184/1، 120: 509، 121: 202/2، 142: 156/7) والظاهرية (107: 271/9) والإمامية (111: 2/ 212) والناصرية من الزيدية والفتوى به أخيرا عندهم (105: 404/5، 106: 29/4) والإمام الشوكاني (112: 159/4) وقال به جماعة من السلف (117: 119/16) إلى أن اليمين كالبينة.

ودليلهم على ذلك ما أخرجه البخاري والنسائي وأبو داود وابن ماجة والبيهقي عن الأشعث بن قيس أن النبي صلى الله عليه وسلم : ﴿ **قال للمدعي: ألك بينة؟ قال: لا، قال فلك يمينه، قال: يا رسول الله الرجل فاجر لا يبالي على ما حلف عليه، ليس يتورع من شيء، قال: ليس لك منه إلا ذلك** ﴾.

[1] انظر خلاف الفقهاء في سقوط الحق والمطالبة به من صفحة (129 ـ 135).

وجه الدلالة

نص الحديث الشريف على أنه ليس للطالب إلا بينته أو يمين المطلوب، فصح يقينا أنه ليس للمدعي إلا أحدهما البينة أو اليمين، لا كلاهما، مما يدل على أن اليمين كالبينة.

الفرع الثاني: طبيعة اليمين الحاسمة في القانون

اختلف شراح القانون في تحديد طبيعة اليمين الحاسمة على أربعة أقوال:

القول الأول: ذهب غالبية شراح القانون إلى أنها اتفاق بين الخصمين ينشئ نوعا من الصلح بينهما، وهي إنذار للحالف بأن يقرر الحقيقة كما تمليه عليه ذمته وضميره (12: 366، 39: 16، 40: 365).

القول الثاني: ذهب بعضهم إلى أن اليمين ليست إلا اتفاق على التحكيم (12: 366، 38: 151).

القول الثالث: ذهب البعض الآخر إلى اعتبارها تصرفا قانونيا إجرائيا بقصد الاحتكام إلى ذمة الخصم وتحمل الآثار القانونية التي تترتب عليها، وهي تتم بإرادة واحدة، وهي إرادة من وجهها، ولا تحتاج إلى قبول (12: 366، 40: 365، 131: 166).

القول الرابع: وذهب آخرون إلى اعتبارها نظاما من أنظمة العدالة (12: 366).

المبحث الثاني
توجيه اليمين الحاسمة

المطلب الأول
من يملك توجيه اليمين الحاسمة

اتفق الفقهاء من الحنفية (59: 111/2، 99: 156/3، 118: 3923/8-3925، 124: 13/4) والمالكية (62: 218/2، 119: 461/1) والشافعية (65: 43/12، 92: 354/8، 126: 401/4) والحنابلة (68: 455-456، 69: 146/4) والظاهرية (107: 371/9، 436) والإمامية (111: 212/2) والزيدية (105: 386/5، 408) والإباضية (129: 306-310) على أن اليمين من حق المدعي، ولا يجوز للقاضي استحلاف المدعى عليه إلا بعد طلب اليمين من المدعي، أما توجيه اليمين إلى المدعى عليه بعد طلب المدعي فهو حق القاضي وليس حق المدعي، ولذلك إذا حلف القاضي المدعى عليه من تلقاء نفسه وبدون طلب من المدعي، أو حلف المدعى عليه بعد طلب المدعي يمينه بين يدي القاضي من غير استحلاف القاضي له، فهذا ليس بتحليف والأحكام التي تبنى عليه باطلة، وذلك لأن توجيه اليمين إلى المدعى عليه حق القاضي مع طلب الخصم، هذا إذا كانت الدعوى في حق من حقوق العباد، أما إذا كانت الدعوى في حق من حقوق الـلـه، أي دعوى حسبة؛ كالطلاق والعتاق، فإن توجيه اليمين فيها إلى المدعى عليه من حق القاضي فقط محافظة على حق الـلـه تعالى ولو لم يطلب المدعي ذلك منه (طرق القضاء 163: 123/12).

ويجوز لمن ينوب عن صاحب الحق بوكالة أو ولاية أو وصاية توجيه اليمين عن طريق القاضي إلى المدعى عليه، ولكن لا يجوز لواحد من هؤلاء أن يحلف بالنيابة عمن يقوم مقامه، إذ القاعدة أن النيابة تجري في الاستحلاف ولا تجري في الحلف، فلو وجهت اليمين من المدعي إلى أحد هؤلاء، فحلف لا يترتب على حلفه أو نكوله حكم (93: 123/12).

وقد استندوا في ذلك على عدة أحاديث نذكر منها

1- أخرج أبو داود (79: 3 /221) والترمذي (85: 86/6) والنسائي (81: 484/3) والبيهقي (78: 254/10) والدارقطني (88: 211/4) ومالك (82: 172/2) عن علقمة بن وائل بن حجر عن أبيه قال: قال رسول الله صلى الله عليه وسلم للحضرمي: ﴿ **ألك بينة؟ قال: لا، قال فلك يمينه، قال: يا رسول الله الرجل فاجر لا يبالي على ما حلف عليه، ليس يتورع من شيء، قال: ليس لك منه إلا ذلك** ﴾.

وجه الدلالة

الحديث يدل على أنه لا بد من طلب المدعي استحلاف خصمه على دعواه، لأن اليمين من المدعي، ولأن إضافة اليمين إلى المدعى عليه في قول النبي صلى الله عليه وسلم : " لك يمينه " بحرف اللام المقتضي للاختصاص تنصيص على أن اليمين حق المدعي.

2- أخرج أبو داود (79: 263/2) والترمذي (85: 32/5) وابن ماجة (77: 661/1) والبيهقي (78: 10/43-44) عن عبد الله بن علي بن يزيد بن ركانة بن عبد يزيد عن أبيه عن جده: ﴿ **أنه طلق امرأته البتة، ثم أتى النبي** صلى الله عليه وسلم **فقال: إني طلقت امرأتي البتة، و الله ما أردت إلا واحدة، فأعاد النبي** صلى الله عليه وسلم **اليمين عليه، وطلبها منه، وقال: و الله ما أردت إلا واحدة، فقال ركانة: و الله ما أردت إلا واحدة** ﴾.

وجه الدلالة

الحديث يدل صراحة على أن اليمين لا تصح بغير أمر القاضي، إذ أعاد النبي صلى الله عليه وسلم اليمين على ركانة، ولم يجتزئ بحلفه ابتداء.

رأي القانون

أخذت مجلة الأحكام العدلية (73: 435/4، 444) برأي الفقه في توجيه اليمين الحاسمة، حيث جاء في المادة { 1742} ما نصه: " أحد أسباب الحكم اليمين أو النكول عن اليمين، وهو أنه إذا أظهر المدعي عجزه عن إثبات دعواه يحلف المدعى عليه بطلبه ".

وجاء في المادة { 1746} من المجلة: " لا يحلف اليمين إلا بطلب الخصم "، والمادة { 1747 }: " إذا حلف المدعى عليه قبل أن يكلفه القاضي بحلف اليمين بطلب الخصم، فلا تعتبر يمينه، ويلزم أن يحلف مرة أخرى من قبل القاضي ".

كما أخذ قانون الإثبات اليمني (50: 415 ـ 416) برأي الفقه الإسلامي في توجيه اليمين الحاسمة من المدعي إلى المدعى عليه، حيث جاء في المادة {154} ما نصه: " للمدعي أن يوجه اليمين الحاسمة إلى المدعى عليه "، وجاء في المادة {155} ما نصه: " يكون توجيه اليمين أو ردها عن طريق المحكمة ".

أما القوانين الأخرى فقد ذهبت إلى أنه يجوز لأي من الخصمين توجيه اليمين الحاسمة إلى خصمه بإذن المحكمة، حيث جاء في المادة{53} والمادة {54} من قانون البينات الأردني: (36: 60، 131: 166 ـ 167، 152: 219)، والمادة {113} من قانون البينات السوري (37: 117، 181، 245/2 ـ 246) و{الفقرة الأولى من المادة 114} من قانون الإثبات المصري (38: 152، 59: 221) و{والفقرة الأولى من المادة 114} والمادة {118} من قانون الإثبات العراقي (158: 70، 100، 18: 246) ما يدل على أنه: " يجوز لكل من الخصمين أن يوجه اليمين الحاسمة إلى الخصم الآخر، ولكن لا يكون ذلك إلا بإذن المحكمة ".

المطلب الثاني
لمن توجه اليمين الحاسمة

اتفق الفقهاء من الحنفية (59: 110، 99، 156/3) والشافعية (65: 43/12، 116، 492/2) والظاهرية (107: 271/9) والإمامية (111: 212/2) والزيدية (112: 156/4) على أن اليمين توجه على المدعى عليه.

واستندوا في ذلك على أحاديث من السنة النبوية نذكر منها

1- أخرج مسلم (21: 2/12، 84: 1336/3) وابن ماجة (77: 778/2) والنسائي (81: 485/3 ـ 486) عن ابن عباس ـ رضي الله عنهما ـ أن النبي صلى الله عليه وسلم قال:﴿ لو يعطى الناس بدعواهم لادعى ناس دماء رجال وأموالهم، ولكن اليمين على المدعى عليه ﴾.

وفي رواية الترمذي (85: 88/6) والبيهقي (78: 253/1، 83: 219/9) عن ابن عباس -رضي الله عنهما-: ﴿ولكن البينة على المدعي واليمين على من أنكر ﴾.

وجه الدلالة

الحديث صريح في أن اليمين تتوجه على المدعي.

2- أخرج أبو داود (79: 221/3) والترمذي (85: 86/6) والنسائي (81: 484/3)، والبيهقي (78: 254/10) والدارقطني (88: 211/4) ومالك (82: 172/2) عن علقمة بن وائل بن حجر عن أبيه قال: قال رسول الله صلى الله عليه وسلم للحضرمي: ﴿ **ألك بينة؟ قال: لا، قال فلك يمينه، قال: يا رسول الله الرجل فاجر لا يبالي على ما حلف عليه، ليس يتورع من شيء، قال: ليس لك منه إلا ذلك** ﴾.

3- أخرج البخاري (22: 8/ 171-172) والنسائي (81: 484/3) والبيهقي (78: 253/10) عن عبد الله بن عمر -رضي الله عنهما- قال: قال النبي صلى الله عليه وسلم : ﴿ **من حلف على يمين صبر يقتطع بها مال امرئ مسلم لقي الله وهو عليه غضبان، فأنزل الله تصديق ذلك الآية " إن الذين يشترون بعهد الله وأيمانهم ثمنا قليلا .... الآية " فدخل الأشعث بن قيس فقال: ما حدثكم به أبو عبد الرحمن، قالوا كذا وكذا، قال: في أنزلت كانت لي بئر في أرض ابن عم لي، فأتيت رسول الله** صلى الله عليه وسلم **فقال: بينتك أو يمينه، قلت إذا يحلف عليها يا رسول الله: فقال رسول الله** صلى الله عليه وسلم **من حلف على يمين صبر، وهو فيها فاجر ليقتطع بها مال امرئ مسلم لقي الله يوم القيامة وهو عليه غضبان** ﴾

وجه الدلالة

الحديث صريح في توجيه اليمين على المدعى عليه عند عجز المدعي عن إثبات دعواه بالبينة.

4- أخرج البخاري (80: 215/5) ومسلم (21: 3/12) وأبو داود (79: 311/3) والترمذي (85: 88/6) عن ابن عباس ـ رضي الله عنهما ـ:﴿ **أن النبي** صلى الله عليه وسلم **قضى باليمين على المدعى عليه** ﴾.

وجه الدلالة

إن قضاء النبي صلى الله عليه وسلم باليمين على المدعى عليه يدل صراحة على أن اليمين الحاسمة توجه على المدعى عليه.

رأي القانون

أخذت مجلة الأحكام العدلية (73: 435/4، 444) برأي الفقه الإسلامي في توجيه اليمين الحاسمة حيث جاء في المادة{ 1742} ما نصه: " أحد أسباب الحكم اليمين أو النكول عن اليمين، وهو أنه إذا أظهر المدعي عجزه عن إثبات دعواه يحلف المدعى عليه بطلبه ".

وجاء في المادة { 1747} ما يدل على تحليف المدعى عليه حيث نصت على أنه: " إذا حلف المدعى عليه قبل أن يكلفه القاضي بحلف اليمين بطلب الخصم، فلا تعتبر يمينه، ويلزم أن يحلف مرة أخرى من قبل القاضي

كما أخذ قانون الإثبات اليمني (50: 415 ـ 416) برأي الفقه الإسلامي في توجيه اليمين الحاسمة إلى المدعى عليه، حيث جاء في المادة{ 154} ما نصه: "للمدعي أن يوجه اليمين الحاسمة إلى المدعى عليه ".

أما القوانين الأخرى فقد ذهبت إلى أنه يجوز توجيه اليمين الحاسمة إلى أي من الخصمين {53} والمادة {54} من قانون البينات الأردني: (36: 60، 131: 166-167، 152: 219)، والمادة {113} من قانون البينات السوري (37: 117، 181: 2/245-246) و{الفقرة الأولى من المادة 114} من قانون الإثبات المصري (38: 152 59: 221) و{الفقرة الأولى من المادة 114} والمادة {118} من قانون الإثبات العراقي (158: 70، 100، 18: 246) ما يدل على أنه: " يجوز توجيه اليمين الحاسمة إلى أي من الخصمين ".

المطلب الثالث
متى توجه اليمين الحاسمة

توجه اليمين الحاسمة بعد إقامة الدعوى، وسؤال المدعى عليه عنها، وإنكاره للحق المدعى به، ثم سؤال المدعي عن بينته، وطلبه اليمين من المدعى عليه، ولكن الفقهاء اختلفوا في اشتراط فقدان البينة أو العجز عنها لتوجيه اليمين على مذهبين:

المذهب الأول: ذهب جمهور الفقهاء من الحنفية (55: 30/4، 57: 166/7، 99: 156/3، 117: 117/16، 118: 3926/8) والمالكية (63: 130/6، 152: 115/4-116) والحنابلة (69: 331/6) والظاهرية (107: 371/9) والإمامية (111: 212/2) والإباضية (129: 583/6) إلى اشتراط فقدان المدعي للبينة أو عجزه عن إحضارها لتوجيه اليمين على المدعى عليه.

وقالوا إذا كانت البينة حاضرة في مجلس وطلب المدعي يمين خصمه لا يجيبه القاضي إلى طلبه بالاتفاق لارتفاع الحرج عن المتخاصمين بحضور البينة، وكذلك إذا كانت البينة حاضرة بالمصر الذي فيه القاضي وطلب يمين خصمه لا يجيبه القاضي إلى طلبه بل يكلفه إحضار البينة عند الإمام أبي حنيفة ومحمد في رواية، وأجاز أبو يوسف ومحمد في رواية والحنابلة والمالكية والظاهرية إجابة المدعي إلى طلبه وتحليف المدعى عليه اليمين،، وعدم طلب إحضار البينة من قبل المدعي، وذلك لأن اليمين حق المدعي على المدعى عليه، كما أن للمدعي غرضا في التحليف، وهو رفع المؤونة والتوصل إلى حقه بإقرار المدعى عليه أو بنكوله عن اليمين، وأما إذا كانت غائبة عن المصر وطلب المدعي يمين المدعى عليه أجابه القاضي إلى طلبه بالاتفاق تيسيرا على المتخاصمين في رفع المؤونة والانتظار.

واستدل الجمهور القائلون باشتراط فقدان البينة، أو العجز عن إحضارها لصحة التحليف بما يلي:

1- قصة الحضرمي والكندي (78: 10 /254، 79: 221/3، 81: 484/3، 82: 172، 85: 6/ 86 88: 211/4) عندما اختصما في شيء بين يدي رسول الله صلى الله عليه وسلم : ﴿ **فقال** صلى الله عليه وسلم **للمدعي: ألك بينة؟ قال: لا، قال: فلك يمينه، قال: يا رسول الله الرجل فاجر لا يبالي على ما حلف عليه، ليس يتورع من شيء، قال: ليس لك منه إلا ذلك** ﴾

2- وكذلك حديث الأشعث بن قيس (77: 778/2، 78: 253/10، 79: 221/3-229، 80 ك 214/9، 81: 484/3-485) حيث قال: ﴿ **قال النبي** صلى الله عليه وسلم **بينتك أو يمينه، قلت إذا يحلف عليها يا رسول الله، فقال رسو ل الله** صلى الله عليه وسلم **: من حلف على يمين صبر يقتطع بها مال امرئ مسلم لقي الله يوم القيامة وهو عليه غضبان** ﴾.

وجه الدلالة

الحديثان الشريفان صريحان في أن ثبوت حف المدعي في اليمين مرتب على عجزه عن إقامة البينة، فقد ذكر النبي صلى الله عليه وسلم اليمين بعد ما عجز المدعي عن البينة.

5- إن في استحلاف القاضي الخصم مع حضور الشهود افتضاح السلم إذا أقام المدعي البينة بعد حلفه، ونحن مأمورون بالمحافظة على أعراض الناس وكرامتهم وحرماتهم.

4- قياس البينة الحاضرة في بلد القاضي على البينة الحاضرة في مجلس القاضي، بجامع القدرة على إحضارها في كل منهما.

المذهب الثاني: ذهب الشافعية (20: 410/4، 116: 310/2) إلى أنه لا يشترط العجز عن إحضار البينة لتوجيه اليمين على المدعى عليه.

وقالوا: يجوز توجيه اليمين على المدعى عليه سواء أكانت البينة حاضرة في مجلس القضاء وفي بلد القاضي أم كانت غائبة عن مجلس القضاء وبلد القاضي، وسواء أصرح المدعي بوجود البينة أم سكت أم صرح بنفي البينة

واستدلوا على ذلك بما يلي:

1- قوله صلى الله عليه وسلم : (78: 10 /253، 83: 219/9، 85: 88/6): **﴿البينة على المدعي واليمين على من أنكر ﴾.**

وجه الدلالة

إن كلمة على تفيد الوجوب، فالمنكر تحقق عليه اليمين والمستحق لها هو المدعي، فاليمين إذا حق للمدعي وواجبة على المدعى عليه.

2- وقوله صلى الله عليه وسلم في حديث الحضرمي والكندي (78: 254/10، 79: 221/3، 81: 3 /484، 82: 172/2، 85: 86/6، 88: 211/4)، وحديث الأشعث بن قيس (77: 778/2، 78: 253/10، 79: 3م220-221، 80: 214/9، 81: 484/3- 485): **﴿ لك يمينه ﴾.**

وجه الدلالة

إن اليمين حق للمدعي، كما أن للمدعي غرضا ظاهرا في تحليف المدعى عليه، لأنه إن تورع عن اليمين، وأقر سهل الأمر على المدعي، واستغنى عن إقامة البينة، وإن حلف أقام المدعي البينة وأظهر خيانته.

رأي القانون

نصت مجلة الأحكام العدلية (73: 435/4) على اشتراط فقدان البينة أو العجز عنها في توجيه اليمين على المدعى عليه حيث جاء في المادة { 1742} ما نصه: "أحد أسباب الحكم اليمين أو النكول عن اليمين وهو أنه إذا أظهر المدعي عجزه عن إثبات دعواه يحلف عليه بطلبه ".

ويفهم من قانون البينات الأردني وقانون البينات السوري عدم اشتراط فقدان البينة وعدم العجز عن إقامتها في تحليف المدعى عليه حيث جاء في {الفقرة أ من المادة 61 } من القانون الأردني (36: 104، 55: 237) و{الفقرة أ من المادة 120} من القانون السوري (37: 117) ما نصه: " توجيه اليمين يتضمن التنازل عما عداها من البينات بالنسبة إلى الواقعة التي ترد عليها ".

والذي عليه العمل في المحاكم الأردنية اشتراط فقدان البينة أو العجز عن إحضارها لتوجيه اليمين على المدعى عليه حيث يسأل القاضي المدعي عن بينته أولا، فإن فقد البينة أو عجز عن إحضارها بين له أن له الحق في طلب اليمين من المدعى عليه.

وجاء في المادة {157} من القانون اليمني (150: 415) ما نصه " تكفي اليمين لإثبات تخلص المدعى عليه من الدعوى، ولا يجوز طلب إثبات المدعين بالبينة بعدها، كما لا يجوز للخصم أن يثبت كذب اليمين بعد أن يؤديها خصمه ".

أما القانون العراقي فقد نصت المادة { 118 }(158: 100، 40: 374) على أنه: " إذا عجز الخصم عن إثبات ادعائه أو دفعه فعلى المحكمة أن تسأله عما إذا كان يطلب تحليف خصمه اليمين الحاسمة، فإن طلب ذلك وكان الخصم حاضرا بنفسه حلفته المحكمة ".

و{ والفقرة أ من المادة 111} (40: 364، 158: 99) ما نصه: " طلب توجيه اليمين يتضمن النزول عما عداها من طرق الإثبات بالنسبة للواقعة التي يرد عليها إذا لقي طالبها مصرا على توجيهها ".

ويفهم من هاتين المادتين أن للخصم الحق في توجيه اليمين إلى خصمه سواء أعجز عن إثبات دعواه أم لم يعجز وطلب توجيهها مما يدل على أنه لا يشترط في قانون الإثبات العراقي، فقدان البينة أو العجز عن إحضارها لتوجيه اليمين.

الترجيح

أميل إلى ترجيح مذهب الجمهور في اشتراط فقدان البينة أو العجز عن إحضارها لجواز تحليف المدعى عليه، وذلك لقوة أدلتهم حيت أن النبي صلى الله عليه وسلم سأل المدعي عن البينة في الحديث الشريف فلما تبين له عجزه عن إحضار البينة بين له أن له الحق في طلب اليمين وتحليف المدعى عليه فكان السؤال عن البينة أولا وعند فقدانها أو العجز عن إحضارها يجوز طلب اليمين.

وأميل إلى ترجيح قول الإمام أبي حنيفة ـ رحمه الله ـ في قياس البينة الحاضرة في بلد القاضي على الحاضرة في مجلس الحكم لعدم العجز عن إحضارها وعدم وجود مشقة أو حرج في إحضارها.

المبحث الثالث
موضوع اليمين الحاسمة وشروط توجيهها

المطلب الأول
موضوع اليمين الحاسمة

يجوز توجيه اليمين الحاسمة في الفقه الإسلامي في الحقوق المالية والحقوق التي تؤول إلى مال، وحقوق الله تعالى إذا تعلق بها حق لآدمي، ويكون التحليف فيها على حق الآدمي، والحقوق التي ليست بمال ولا تؤول إلى مال كأحكام الأبدان من قصاص وجروح وغيرها وبعض مسائل الأحوال الشخصية من نكاح ورجعة وفيء من الإيلاء ونسب ورق وولاء واستيلاد[1].

أما القانون

ذهب القانون إلى جواز توجيه اليمين الحاسمة في جميع المواد المدنية، وقد جاءت الصيغة عامة في المادة {114} من قانون الإثبات المصري (10: 388/1، 38: 152)، والمادة {113} من قانون البينات السوري (37: 116)، والمادة {154} من قانون الإثبات اليمني (150: 415) " فيجوز لكل من الخصمين أن يوجه اليمين الحاسمة إلى الخصم الآخر سواء أكانت مما تقبل الإثبات بالشهادة أم مما يجب إثباته بالكتابة أم مما يخالف الثابت بالكتابة، وتصح اليمين فيما خالف القرينة القضائية أو القرينة القانونية غير القاطعة، أو القرينة القاطعة، فيما لا يخالف النظام ".

ويجب أن تكون اليمين على واقعة قانونية جائزا إثباتها، وأن تكون هذه الواقعة متعلقة بشخص من وجهت إليه اليمين، وأن تكون منتجة في الدعوى (12: 367-369 39: 178/1 ـ 182، 131: 172) ولا تؤدى اليمين الحاسمة في الحالات التالية:

---

[1] تفصيل ذلك: انظر الحقوق التي يجوز فيها اليمين والحقوق التي لا يجوز فيها اليمين في الكتاب.

الحالة الأولى: إذا تناولت واقعة مخالفة للنظام العام أو الآداب أو ممنوعة بالقانون:

وقــد نــص عــلى ذلــك قــانون البينــات الأردني في {الفقــرة الثانيــة مــن المــادة 55 (36: 103، 131، 172 ـ 173) و{الفقرة الثانية من المـادة 115 } من قانون الإثبات المصري (10: 388/1، 38: 152 ـ 153، 159: 227) و{ الفقرة الثانية مـن المـادة 114} من قانون البينات السوري (37: 116)، والمـادة {152} من قانون الإثبات اليمني (150: 415) و{ الفقرة الأولى مـن المـادة 116} مـن قانون الإثبات العراقي (158: 72، 99).

ولذلك لا يجوز توجيه اليمين لإثبات دين قمار مثلا، ولا بالنسبة لواقعة سبق صـدور حكـم فيهـا حـاز قوة الأمر المقضي أو لإثبات ما يتعارض مع القرائن القاطعة أو حجية الأحكام، كما لا يصح توجيههـا عـن واقعـة لو صحت لكانت جريمة.

الحالة الثانية: إذا تناولت واقعة خارجة عن موضوع الدعوى أو قصد منهـا الكيـد، أو واقعـة مسـلم بهـا مـن الخصم، أو محقق كذبها من ظروف الدعوى:

وقد نص على ذلك قانون البينات الأردني في المـادة {62 } (36: 103-105، 131، 167-174) و{الفقرة الأولى من المادة 114} من قانون الإثبات المصري (39: 180/1، 159: 225)، والمادة { 125 } مـن قانون البينات السوري (37: 119)، والمادة {152} من قانون الإثبات اليمني (150: 415) و{ الفقرة الثانية من المادة 115} من قانون الإثبات العراقي (158: 72، 90).

ولذلك لا يجوز توجيه اليمين على واقعة غير منتجة وغير جائز إثباتها باليمين، وكذلك إذا كان توجيـه اليمين مقصودا به مجرد الكيد، أو كان الخصم متعسفا في توجيهها.

الحالة الثالثة: إذا تناولت واقعة غير متعلقة بشخص من وجهت إليه اليمين أو لا يعلمها:

وقد نصت على ذلك { الفقرة الأولى من المادة 55} من قانون البينات الأردني (36: 103، 131، 173، 55: 227) و}الفقرة الأولى من المادة 115} من قانون

الإثبات المصري (159: 227)، و{ الفقرة الأولى من المادة 114} من قانون البينات السوري (37: 119).

ولذلك يجب أتكون الواقعة الموجهة بها اليمين متعلقة بشخص من وجهت إليه اليمين، أو منصبة على مجرد علمه بها، كأن يحلف الوارث على عدم علمه بواقعة متعلقة بمورثه.

مما سبق نلاحظ أن القانون وافق الشريعة الإسلامية على عدم جواز اليمين فيما يتعلق بالحدود في الشريعة أو النظام العام في القانون، وأن يكون اليمين فيما يصح الإقرار به.

المطلب الثاني

شروط توجيه اليمين الحاسمة

بحث الفقهاء شروط توجيه اليمين القضائية وذكروا أنها ثمانية شروط، واتفقوا في ستة منها، واختلفوا في شرطين، ولإطلاق اليمين عند ذكر الشروط، فإن هذه الشروط تنصرف إلى اليمين الحاسمة.

أما القانون

بينت القوانين الحديثة شروط توجيه اليمين الحاسمة، ومن هذه القوانين، قانون البينات الأردني (36: 103 ـ 105، 131: 167 ـ 174) وقانون الإثبات المصري (39: 175/1 ـ 182، 159: 221 وما بعدها، 38: 152 ـ 155) وقانون الإثبات العراقي (18: 242 ـ 245، 40: 366 ـ 373، 158: 99 ـ 100) وقانون الإثبات اليمني (150: 415 ـ 416).

وأهم هذه الشروط:

أولا: يكون المدعى عليه منكرا حق المدعي.

ثانيا: أن يكون المدعي عاجزا عن إثبات دعواه.

ثالثا: أن يطلب الخصم اليمين من القاضي، وأن يوجهها القاضي إلى الحالف.

رابعا: أن ترد اليمين على حق يحتمل الإقرار به شرعا أو قانونا.

خامسا: أن لا تكون الواقعة التي توجه اليمين الحاسمة فيها ممنوعة بالقانون ومخالفة للنظام العام أو الآداب.

سادسا: أن تكون الواقعة موضوع اليمين متعلقة بشخص مـن وجهـت إليـه اليمـين، أو علمـه بهـا، ولا تصح النيابة في اليمين، فلا توجه إلى من يمثله لأن الحلف احتكام إلى ذمة الشخص.

سابعا: أن تتوفر أهلية التصرف بالنسبة لمن وجهها، وبالنسبة لمن توجه إليه.

ثامنا: أن يبين من يوجه اليمين الحاسمة لخصمه الوقائع التي يريد تحليفه عليها.

تاسعا: أن تكون الواقعة منتجة في الدعوى أي حاسمة بحيث تنتهي بها الدعوى.

عاشرا: أن تؤدى اليمين أمام المحكمة، ولا اعتبار بالنكول عن اليمين خارجهـا، ولا يجـوز توجيهها أمـام محكمة التمييز.

المبحث الرابع
إجراءات توجيه اليمين الحاسمة

اتفق الفقهاء من الحنفية (56: 424/4، 57: 7/167-68، 99: 157/3، 118: 3934/8، 124: 14) والمالكية (102: 469/2، 149: 220/6) والشافعية (30: 475/4-78، 64: 342/4، 92: 358/8-59، 126: 405/4، 130: 43/4) والحنابلة (69: 331/6 ـ 334، 93: 123/12 ـ 124) والإمامية (110: 87/3، 111: 212/2) والزيدية (105: 411/5 الروض النضير 160: 428/3) إلى أنه إذا أقيمت الدعوى، وأنكر المدعى عليه الحق المدعى به، ثم طلب المدعي اليمين من القاضي، يحدد القاضي اليمين، ويعدل من صيغتها بما يتناسب مع الواقعة المطلوب الحلف عليها ثم يعرضها على المدعى عليه بقوله: " إني أعرض عليك اليمين فإن حلفت وإلا قضيت عليك بما ادعاه "، ويستحب أن يكرر القاضي عرض اليمين على المدعى عليه ثلاث مرات، وفي تكرار عرضها على الساكت آكد، وهذا التكرار لزيادة الاحتياط والمبالغة في إيلاء الأعذار، فلو قضى القاضي بالنكول بعد العرض مرة واحدة لجاز ولنفذ الحكم عند عامة الفقهاء، إلا أن الإمام أبا يوسف ومحمد ـ رحمهما الله ـ من الحنفية ذهبا إلى وجوب تكرار عرض اليمين على المدعى عليه ثلاث مرات، فلو قضى القاضي بالنكول بعد عرض اليمين مرة واحدة لا ينفذ الحكم، وصورة العرض أن يقول القاضي للمدعى عليه: احلف بالله ما لهذا عليك ما يدعيه وهو كذا وكذا ولا شيء منه، فإن نكل يقول له ثانيا، فإن نكل يقول له بقيت الثالثة ثم أقضي عليك إن لم تحلف، ثم يقول له ثالثا، فإن نكل قضى عليه بدعوى المدعي.

كما ذهب الفقهاء إلى أنه يجب على القاضي أن يبين للمدعى عليه حكم النكول عن اليمين بأن يقول له: إن نكولك يوجب حلف المدعي، وأنه لا تسمع بينتك بعده بإبراء أو نحوه، فإن لم يفعل، وحكم بنكوله نفذ حكمه لتقصيره بترك البحث عن حكم النكول.

ولكنهم اختلفوا فيما إذا استهل المدعى عليه طلب الإمهال حين استحلف لينظر حسابه على قولين:

أحدهما: أنه لا يستمهل إلا برضى المدعي، لأنه مقهور على الإقرار أو اليمين.

الثاني: يمهل ثلاثة أيام، وخرج بقوله لينظر حسابه ما لو استمهل لإقامة حجة ونحوه.

ولو استمهل المدعى عليه في ابتداء الجواب لينظر حسابه ونحوه، أمهل إلى آخر المجلس ـ مجلس القاضي ـ إن شاء المدعي أو القاضي على قولين.

وتؤدى اليمين بحضور الخصم أمام المحكمة، وباللفظ الذي ينعقد به اليمين، والصيغة التي أقرتها المحكمة.

رأي القانون

أخذت القوانين الحديثة (12: 369-370، 18: 246-253، 38: 152-155، 40: 373-375، 58: 72-74، 131: 75-178) بإجراءات توجيه اليمين الحاسمة وأدائها المنصوص عليها في الفقه الإسلامي.

المبحث الخامس
آثار توجيه اليمين الحاسمة وأدائها

المطلب الأول
آثار توجيه اليمين الحاسمة

توجيه اليمين الحاسمة يعني التنازل عما عداها من طرق الإثبات، ويجوز لكل من وجه اليمين الحاسمة الرجوع فيها واللجوء إلى طرق أخرى لإثبات دعواه قبل استعداد الخصم لأدائها، ولا يجوز له الرجوع فيها متى قبل الخصم حلف اليمين وأعلن استعداده لأدائها، وللخصم الموجهة إليه اليمين أن يتخذ أمرا من أمور ثلاثة هي:

أولا: حلف اليمين

إذ حلف من وجهت إليه اليمين بالصيغة التي أقرتها المحكمة كان مضمون الحلف حجة ملزمة للقاضي، وعليه أن يصدر حكمه ضد من وجه اليمين، وبذلك يخسر المدعي دعواه ويحسم النزاع، ولا يجوز للمدعي أ يثبت كذبها بدعوى مبتدأه أو بالطعن في الحكم الصادر بناء على حلف اليمين، وكل ما له أن يطلب التعويض إذا ثبت كذب اليمين بحكم جنائي.

ثانيا: رد اليمين

ذهب الشافعية (20: 478/4) وأبو الخطاب من الحنابلة، وقد صوبه الإمام أحمد (93: 124/12) والإمامية (111: 212/2، 132: 283) والزيدية (105: 409/5، 163: 365/2) وروي ذلك عن شريح والشعبي والنخعي وابن سيرين إلى أنه يجوز لمن وجهت إليه اليمين الحاسمة أن يردها على خصمه الذي وجهها إليه، وفي هذه الحالة يتعين على الخصم أن يحلفها، فيكسب الدعوى أو ينكل عنها، فيخسر الدعوى.

وقد استدلوا على ذلك بما يلي:

1- أخرج البخاري (22: 9/93-94) ومسلم (84: 11/151-152) وأبو داود (79: 4/177-178) والترمذي (85: 192/6) وابن ماجة (77: 892/2) والبيهقي

(78: 118/8) ومالك (5: 877/2-878) عن سهل بن أبي حثمة: ﴿ **أن عبد الله بن سهل بن زيد ومحيصة بن مسعود الأنصاريين خرجا إلى خيبر من جهد أصابهم، فأخبر محيصة أن عبد الله قتل وطرح في قفير بئر أو عين، فأتى يهود فقال: أنتم و الله قتلتموه، قالوا ما قتلناه و الله، ثم أقبل حتى قدم على قومه، فذكر لهم، وأقبل هو وأخوه حويصة وهو أكبر منه وعبد الرحمن بن سهل، فذهب ليتكلم وهو الذي كان بخيبر، فقال النبي صلى الله عليه وسلم لمحيصة كبر كبر يريد السن، فتكلم حويصة، ثم تكلم محيصة، فقال رسو الله صلى الله عليه وسلم : إما أن يدوا صاحبكم وإما أن يؤذنوا بحرب، فكتب رسول الله صلى الله عليه وسلم إليهم به، فكتب ما قتلناه، فقال رسول الله صلى الله عليه وسلم لحويصة ومحيصة وعبد الرحمن أتحلفون وتستحقون دم صاحبكم، قالوا: لا: أفتحلف لكم يهود، قالوا ليسوا بمسلمين، فوداه رسول الله صلى الله عليه وسلم مائة ناقة حتى أدخلت الدار، قال سهل: فركضتني منها ناقة** ﴾.

وجه الدلالة

أن النبي صلى الله عليه وسلم طلب اليمين من حويصة ومحيصة وعبد الرحمن، فلما لم يحلفوا سألهم الرسول صلى الله عليه وسلم أن يردوها على يهود،لكنهم لم يطلبوا ردها مما دفع الرسول صلى الله عليه وسلم أن يدفع الدية من عنده.

2- أخرج البيهقي (78: 10 84) عن الشعبي: ﴿ **أن المقداد استقرض من عثمان سبعة آلاف درهم، فلما تقاضاها قال إنما هي أربعة آلاف درهم، فخاصمه إلى عمر، فقال المقداد: احلف أنها سبعة آلاف، قال عمر: أنصفك، فأبى أن يحلف، فقال عمر: خذ ما أعطاك** ﴾[1].

وجه الدلالة

إن اليمين توجهت في مقدار الدين على المقداد، فردها على عثمان، فأقره عمر رضي الله عنه وقال لعثمان: أنصفك، فقضى عمر برد اليمين على عثمان بعد أن طلب المقداد ردها عليه.

[1] قال البيهقي (78: 184/10) هذا إسناد صحيح إلا أنه منقطع، وهو مع ما روينا عن عمر رضي الله عنه في القسامة يؤكد أحدهما صاحبه فيما اجتمعا فيه من مذهب عمر رضي الله عنه برد اليمين على المدعي.

قال ابن القيم (44: 87): " قال شيخ الإسلام ابن تيمية ـ رحمه الله ـ: " فكل موضع أمكن المدعي معرفته والعلم به، فرد المدعى عليه اليمين، فإنه إن حلف استحق، وإن لم يحلف لم يحكم له بنكول المدعى عليه، وهذا كحكومة عثمان والمقداد، فإن المقداد قال لعثمان: احلف أن الذي دفعته إلي كان سبعة آلاف وخذها، فإن المدعي هنا يمكنه معرفة ذلك والعلم به، كيف وقد ادعى به؟ فإذا لم يحلف لم يحكم له إلا ببينة أو إقرار ".

3- أخرج ابن أبي شيبة (161: 504/1) والزيلعي (162: 101/4) عن المغيرة وابن أبي شبرمة قالا: ﴿ **اشترى عبد الله غلاما لامرئ، فلما ذهب به إلى منزله حم الغلام في البرد، فخاصمه إلى الشعبي، فقال لعبد الله: بينتك أنه دلس عليك عيبا، فقال: ليس لي بينة، فقال للرجل: احلف أنك لم تبعه داء، فقال الرجل: إني أرد اليمين على عبد الله، فقضى الشعبي باليمين عليه** ﴾.

وجه الدلالة

إن الرجل رد اليمين على عبد الله وقضى الشعبي بذلك، ولم يعترض ابن عمر، ولو كانت اليمين لا ترد لما قضى بذلك الشعبي، ولما قبل بهذا القضاء ابن عمر.

رأي القانون

ذهب القانون إلى أنه يجوز لمن وجهت إليه اليمين الحاسمة أن يردها على خصمه الذي وجهها إليه، ويتعين على الخصم في هذه الحالة أن يحلفها فيكسب الدعوى، أو ينكل عنها فيخسر الدعوى، حيث جاء في المادة {57} من قانون البينات الأردني (36: 103، 131: 179 ـ 180، 155: 232) و {الفقرة الثانية من المادة 114 } من قانون الإثبات المصري (38: 156 ـ 157، 159: 231) و{ الفقرة الأولى من المادة 115 } من قانون البينات السوري (37: 117) والمادة {119} من قانون الإثبات العراقي (40: 378، 158: 74، 100) والمادة { 154 } من قانون الإثبات اليمني (150: 415) ما نصه: " يجوز لمن وجهت إليه اليمين أن يردها على خصمه على أنه لا يجوز الرد إذا انصبت اليمين على واقعة لا يشترك فيها الخصمان، بل يشرك بها شخص من وجهت إليه اليمين ".

وجاء في المادة {60} من قانون البينات الأردني (36: 104، 131: 179-180، 155: 235) والمادة {118} من قانون الإثبات المصري (38: 197) والمادة {119 } من قانون البينات السوري (37: 117) والمادة {119} من قانون الإثبات العراقي (40: 379 ـ 380، 158: 74، 100) والمادة { 158 } من قانون الإثبات اليمني (150: 415) ما نصه: "أن كل من ردت إليه اليمين فنكل عنها خسر دعواه ".

ثالثا: النكول عن اليمين[1]:

اختلف الفقهاء في حكم النكول عن اليمين على أربعة مذاهب:

المذهب الأول: ذهب المالكية: (102: 469/2، 103: 921/2 ـ923، 125: 317/4، 136: 300/2، 149: 220/6) والشافعية (65: 43/2، 116: 310/2، 137: 34/7) والإمام أحمد واختاره أبو الخطاب (44: 116، 93: 124-123/12) والإمامية في قول (110: 86/3، 111: 212/2، 132: 283) والزيدية في رواية (86: 426/3-427، 105: 409/5، 163: 375/2) وروي عن شريح والشعبي والنخعي وابن سيرين وابن أبي ليلى في أحد قوليه (93: 124/12، 107: 377/9) إلى عدم جواز القضاء بمجرد نكول المدعى عليه، بل ترد اليمين على المدعي، فإن حلف استحق ما ادعاه، وإن نكل سقط الحق المدعى به، وثبت في ذمة الناكل.

واستدلوا على ذلك بالكتاب والسنة والآثار

أولا: الكتاب

قال الله تعالى: ﴿ **ذلك أدنى أن يأتوا بالشهادة على وجهها أو يخافوا أن ترد أيمان بعد أيمانهم** ﴾ (سورة المائدة: آية 8).

وجه الدلالة

الآية نص صريح في رد الأيمان بعد الأيمان الأولى، وهي دليل على أن الأيمان الواجبة تنقل من جهة إلى جهة، فإذا امتنع من وجبت عليه عن أدائها انتقلت إلى خصمه.

---

[1] انظر تفصيل ذلك في مطلب مشروعية اليمين المردودة.

ثانيا: السنة النبوية

1- أخرج البخاري (22: 9/93-94) ومسلم (84: 11/151-152) وأبو داود (79: 4/78) والترمذي (85: 6/192) وابن ماجة (77: 2/892) والبيهقي (78: 8/118) ومالك (5: 2/877-878) عن سهل بن أبي حثمة أن رسول الله صلى الله عليه وسلم قال لحويصة ومحيصة وعبد الرحمن: ﴿ **أتحلفون وتستحقون دم صاحبكم؟ قالوا: لا، قال: أفتحلف لكم يهود؟ قالوا: ليسوا بمسلمين** ﴾.

2- أخرج البيهقي (78: 10/182) والشافعي (137: 7/36، 164: 2/78، 114) عن سهل بن أبي حثمة أن رسول الله صلى الله عليه وسلم : ﴿ **بدأ بالأنصاريين، فلما لم يحلفوا رد الأيمان على يهود** ﴾.

وجه الدلالة

إن رسول الله صلى الله عليه وسلم رد أيمان القسامة ممن وجبت عليه اليمين إلى خصمه، فدل على جواز رد اليمين من المدعي إلى المدعى عليه.

3- أخرج الحاكم (99: 4/100) والبيهقي (78: 10/184) والدارقطني (88: 4/136) عن ابن عمر ـ رضي الله عنهما ـ: ﴿ **رد اليمين على طالب الحق** ﴾[1].

وجه الدلالة

الحديث واضح الدلالة وصريح في رد اليمين على المدعي إذا نكل عنها المدعى عليه (20: 4/477، 92: 8/357، 116: 2/310).

ثالثا: الآثار

1- أخرج البيهقي (78: 10/ 184) والشافعي (137: 7/34، 164: 2/114) عن سليمان بن يسار: " أن رجلا من بني ليث بن سعد أجرى فرسا فوطئ إصبع رجل من بني جهينة، فنزى فيها فمات، فقال عمر رضي الله عنه للذين ادعى عليهم: " تحلفون خمسين يمينا ما مات منها، فأبوا وتحرجوا من الأيمان، فقال للآخرين: احلفوا أنتم فأبوا ".

وجه الدلالة

[1] قال الحاكم في المستدرك (99: 4/100): الحديث صحيح الإسناد.

يدل فعل عمر بن الخطاب رضي الـلـه عنه عندما رد اليمين إلى المدعي بعد نكول المدعى عليه على جواز رد اليمين.

2- أخرج البيهقي (78: 184/10) والدارقطني (88: 214/4) عن علي بن أبي طالب كرم الـلـه وجهه أنه قال: " اليمين مع الشاهد، فإن لم يكن له بينة، فاليمين على المدعى عليه إذا كان قد خالطه، فإن نكل حلف المدعي ".

ورواه الدارقطني بلفظ: " المدعى عليه أولى باليمين، فإن نكل حلف صاحب الحق وأخذه ".

وجه الدلالة

يدل قوله: " فإن نكل حلف المدعي " على جواز رد اليمين على المدعي إذا نكل عنها المدعى عليه

المذهب الثاني: ذهب الحنفية (99: 156/3، 118: 3934/8) والحنابلة في المشهور عندهم (93: 123/12 ـ 124) والإمامية في الراجح (111: 212/2 ـ 215) وبعض الزيدية (112: 155/4) إلى أنه يقضى على المدعى عليه بالنكول عن اليمين، ولا ترد على المدعي.

واستدلوا على ذلك بالسنة والآثار والإجماع والمعقول

أولا: السنة النبوية

1- أخرج مسلم (2/21:12، 84: 1336/3) والنسائي (81: 485/3-486) وابن ماجة (77: 2/ 778) عن ابن عباس ـ رضي اله عنهما ـ أن النبي صلى الـلـه عليه وسلم قال: ﴿ **ولكن اليمين على المدعى عليه** ﴾، وفي رواية (78: 253/10، 83: 219/9، 85: 88/6) عن ابن عباس ـ رضي الـلـه عنهما ـ أن رسول الـلـه صلى الـلـه عليه وسلم قال: ﴿ **اليمين على من أنكر** ﴾.

وجه الدلالة

أ- إن النبي صلى الـلـه عليه وسلم قسم في هذا الحديث بين المتداعيين، فجعل البينة على المدعي واليمين على المدعى عليه، والقسمة تنافي الشركة، فاليمين على المدعى عليه دائما، ولا يشاركه المدعي بها، فإن نكل المدعى عليه عن اليمين حكم بنكوله، ولا ترد اليمين

على المدعي، لأنها حق خالص للمدعي (23: 401/7، 100: 304/7، 7:156/161).

ب- إن النبي صلى الـلـه عليه وسلم جعل كل جنس اليمين حجة المدعى عليه لأنه صلى الـلـه عليه وسلم ذكر اليمين بلام التعريف، فيقتضي استغراق كل الجنس، فلو جعلت حجة المدعي لا يكون كل جنس اليمين حجة المدعى عليه، بل يكون من الأيمان ما ليس بحجة له، وهي يمين المدعي، وهذا خلاف النص (93 ك 124/12-125، 118: 3924/8، 123: 401/7 156: 161/7).

ثانيا: الآثار

1- أخرج مالك (5: 612/2) وابن أبي شيبة (161: 504/6) والزيلعي (162: 101/4) عن سالم بن عبد الـلـه: " أن عبد الـلـه بن عمر باع غلاما بثماني مائة درهم وباعه بالبراءة، فقال الذي ابتاعه لعبد الـلـه بن عمر:: بالغلام داء، ولم تسمه لي، فاختصما إلى عثمان بن عفان، فقال الرجل: باعني عبدا وبه داء لم يسمه، وقال عبد الـلـه: بعته بالبراءة، فقضى عثمان بن عفان على عبد اله بن عمر أن يحلف له لقد باعه العبد وما به داء يعلمه، فأبى عبد الـلـه أن يحلف وارتجع العبد فصح عنده وباعه عبد الـلـه بعد لك بألف وخمسمائة درهم ".

وجه الدلالة

إن عثمان بن عفان رضي الـلـه عنه طلب اليمين من ابن عمر، فامتنع وقضى- بنكوله، ولم يرد اليمين على المدعي، ورد عليه العبد مما يدل على مشروعية القضاء بالنكول، وعدم رد اليمين على المدعي لفعل عثمان بن عفان ورضاء ابن عمر به.

2- أخرج ابن أبي شيبة (161: 503/6) والزيلعي (162: 101/4) وابن حزم (107: 373/9) عن ابن أبي مليكه عن ابن عباس ـ رضي الـلـه عنهما ـ: " أنه أمره أن يستحلف امرأة فأبت أن تحلف، فألزمها ذلك "

وجه الدلالة

إن ابن أبي مليكه قضى بنكول المرأة عن اليمين وألزمها بالمدعى بـه، ولم يـرد اليمـين التـي نكلـت عنهـا المرأة، فأقره ابن عباس على ذلك، ولو كان رد اليمين جائز لأمره ابن عباس بذلك.

ثالثا: الإجماع

ثبت عن بعض الصحابة كعمر وعثمان وعلي وعبد اللـه بـن عمـر وعبـد الـه بـن عبـاس وأبي مـوسى الأشعري وشريح وغيرهم ـ رضي اللـه عنهم ـ القضاء بالنكول دون مخالفة الصحابة لهـم، فكـان إجماعـا عـلى جواز القضاء بالنكول.

رابعا: المعقول

1- إن المدعى عليه إذا نكل عن اليمين يحمل على كونه مقرا أو باذلا مما يدل عـلى صـدق المـدعي في دعواه ويقضى له.

2- إن اليمين واجبة على المدعى عليه، فلو لم يكن مقرا للحق المدعى به أو باذلا له لأقدم عـلى حلفهـا حفظا للحقوق من الضياع، ودفعا للضرر عن نفسه أو جلبا للمصلحة، لأن اليمين الصادقة مشروعة والإنسان لا يرضى بفوات حقه تحرزا عن مباشرة أمر مشروع، واحتمال التورع نادر فيقضىـ عليـه بـالنكول (108: 3935/8، 156: 165/7).

المذهب الثالث: ذهب المالكية في وجـه (103: 925/2، 119: 226/1، 142: 161/7) والحنابلـة في قـول لهـم (44: 118 ـ 120، 104: 227/2، 113: 254/11) والظاهريـة (107: 373/9) والزيديـة في قـول انتصرـ لـه الشوكاني (112: 155/4 ـ 159، 163: 376/2) إلى أنه لا يقضى على المدعى عليه بمجـرد النكـول، ولا تـرد اليمـين على المدعي، ولكن يجبر الناكل على اليمين بالضرب وغيره حتى يحلف أو يقر بالحق المدعى به.

واستدلوا على ذلك بالكتاب والسنة والآثار والإجماع

أولا: الكتاب

قال الله تعالى: ﴿ **وتعاونوا على البر والتقوى، ولا تعاونوا على الإثم والعدوان** ﴾ (سورة المائدة: آية 25).

وجه الدلالة

قال ابن حزم (107: 388/9): " من أطلق للمطلوب الامتناع من اليمين ولم يأخذه بها، وقد أوجبها الله عليه، فقد أعانه على الإثم والعدوان على ترك ما افترض الله تعالى عليه إلزامه إياه وأخذه به.

ثانيا: السنة النبوية

1- أخرج مسلم (21: 2/12، 84: 1336/3) والنسائي (81: 485/3 ـ 486) وابن ماجة (77: 778/2) عن ابن عباس ـ رضي الله عنهما ـ أن النبي صلى الله عليه وسلم قال: ﴿ **لو يعطى الناس بدعواهم لادعى أناس دماء أقوام وأموالهم، ولكن البينة على المدعي واليمين على المدعى عليه** ﴾ ,

وجه الدلالة

أمر النبي صلى الله عليه وسلم أن لا يعطى المدعي بدعواه دون بينة، فدل على بطلان إعطائه شيئا بنكول خصمه أو بيمينه إذا نكل خصمه، لأنه يكون قد أخذ بمجرد دعواه، وهذا باطل لما صح عن النبي صلى الله عليه وسلم .

والحديث يبين أن اليمين على المدعى عليه، وأنه ليس على المدعي يمينا إلا حيث ورد النص بذلك، ولا يكون إلا في ثلاث حالات زهي: القسامة ـ لحديث ابن حثمة السابق ـ والوصية في السفر ـ للآية الكريمة ـ واليمين مع الشاهد ـ لثبوتهما بالأحاديث الصحيحة ـ فلا ترد اليمين على المدعي في غير هذه المواضع لعدم ورود قرآن ولا سنة ولا إجماع على النكول أو اليمين المردودة، ولمخالفتهما لعموم الأحاديث.

2- أخرج مسلم (21: 21/2 ـ 25) وأبو داود (79: 296/1) والترمذي (85: 19/9) والنسائي (81: 532/6) والبيهقي (78: 3/ 297) عن أبي سعيد الخدري رضي الله عنه أنه قال: قال رسول الله صلى الله عليه وسلم : ﴿ **من رأى منكم منكرا فليغيره بيده، فإن لم يستطع فبلسانه، فإن لم يستطع فبقلبه وذلك أضعف الإيمان** ﴾

وجه الدلالة

قال ابن حزم (107: 383/9): " وجدنا الممتنع مما أوجب الله عز وجل أخذه به من اليمين قد أتى منكرا بيقين، فوجب تغييره باليد بأمر الرسول، والتغيير باليد هو الضرب فيمن لم يمتنع، أو بالسلاح في المدافع بيده الممتنع من أخذه بالحق، فوجب ضربه أبدا حتى يحييه الحق من إقراره أو يمينه أو يقتله الحق من غير ما أعلن به من المنكر، ومن يتعد حدود الله فقد ظلم نفسه، ومن أطاع الله فقد أحسن ".

ثالثا: الآثار

1- أخرج البيهقي (78: 10 /253) والدارقطني (88: 206/4) عن جعفر بن بركان قال: " كتب عمر بن الخطاب رضي الله عنه إلى أبي موسى الأشعري في رسالة ذكرها: "البينة على من ادعى واليمين على من أنكر ".

وجه الدلالة

إن عمر بن الخطاب رضي الله عنه لم يذكر مشروعية القضاء بالنكول ولا برد اليمين، فدل على عدم جواز القضاء بها (107: 381/9).

2- روى ابن حزم (107: 383/9) عن الحكم بن عتيبة أنه قال: " لا أرد اليمين ".

وجه الدلالة

قول الحكم بن عتيبة يدل على عدم جواز القضاء برد اليمين، وبالنكول.

رابعا: الإجماع

قال ابن حزم (107: 383/9): " وقد لاح بما ذكرنا أن قولنا ثابت عن ابن عباس ـ رضي اللـه عنهما ـ ولا يصح عن أحد من الصحابة ـ رضي اللـه عنهم ـ خلافه، والحمد لله رب العالمين.

المذهب الرابع: ذهب المالكية (61: 333/4، 63: 25/3، 102: 469/2، 125: 318/4، 136: 300/2، 149: 220/6) وتقي الدين من الحنابلة (44: 87، 122 ـ 123، 113: 11/ 255) وابن أبي ليلى في رواية (44: 124، 107: 377/9) إلى أنه يقضى بالنكول وحده تارة، ويقضى بالنكول مع رد اليمين تارة أخرى، وانقسموا في ذلك إلى ثلاثة أقوال:

القول الأول: ذهب المالكية في الراجح (المالكية (61: 333/4، 63: 25/3، 125: 318/4، 136: 300/2، 149: 220/6) والزيدية (5: 411/105، 112: 169/4) إلى أنه إذا كانت الدعوى محققة لا تهمة فيها، فإنه لا يقضى على المدعى عليه بنكوله، ولكن ترد اليمين على المدعي، فإن حلف استحق ما ادعاه، وإن نكل سقطت الدعوى، أما إذا كانت الدعوى دعوى تهمة فإنه يقضى على المدعى عليه بنكوله، ولا ترد اليمين على المدعي، لأن المدعي ليس على يقين من دعواه، فكيف ترد على من لم يكن عنده علم بالحقيقة.

القول الثاني: ذهب تقي الدين من الحنابلة (44: 87، 122 ـ 123، 113: 11/ 255) إلى أن اليمين ترد على المدعي إذا كان جازما بالحق أو كان الفعل صادرا منه، أما إذا كان غير جازم، فيحكم على المدعى عليه بالنكول، ولا ترد اليمين إلى المدعي.

القول الثالث: ذهب ابن أبي ليلى في رواية (44: 124، 107: 377/9) إلى أن المدعي إذا كان متهما ردت عليه اليمين، وإن لم يكن متهما قضي عليه بنكول خصمه.

رأي القانون

ذهب القانون إلى أنه يجوز لمن وجهت إليه اليمين أن يردها على خصمه، فإن نكل عنها، ولم يردها على خصمه حكم بنكوله وخسر دعواه، حيث جاءت المادة {60} من قانون البينات الأردني (36: 131،104: 179) والمادة{ 119} من قانون البينات

السوري (37:117) والمادة { 118 } من قانون الإثبات اليمني (150: 415) والمادة {119} من قانون الإثبات العراقي (18: 254، 40: 379-380، 158: 74) ما نصه: "كل من وجهت إليه اليمين، فنكل عنها دون أن يردها على خصمه خسر دعواه".

كما أخذت مجلة الأحكام العدلية بهذا الرأي، حيث جاء في المادة { 1742} ما نصه (73: 435/45): " أحد أسباب الحكم اليمين أو النكول عن اليمين ".

وجاء في المادة {1751 } من المجلة ما نصه (73: 452/4) ما نصه: " إذا كلف القاضي من توجه إليه اليمين في الدعاوى المتعلقة بالمعاملات، ونكل عنها صراحة أو دلالة بالسكوت بلا عذر، فيحكم القاضي بنكوله، وإذا أراد أن يحلف بعد الحكم، فلا يلتفت إليه ويبقى حكم القاضي على حاله ".

الترجيح

بعد العرض السابق لمذاهب العلماء ـ رحمهم الله ـ وذكر أدلتهم، فإنني أميل إلى ترجيح المذهب القائل بعدم جواز القضاء بمجرد نكول المدعى عليه، بل ترد اليمين على المدعي، فإن حلف استحق ما ادعاه، وإن نكل حكم عليه بنكوله وسقط الحق المدعى به، وذلك لقوة أدلتهم حيث جاءت الأدلة صريحة في مشروعية رد اليمين على المدعي، ومنها ما روي عن النبي صلى الله عليه وسلم : **﴿أنه رد اليمين على طالب الحق﴾** وقد صحح الحاكم إسناد الحديث.

المطلب الثاني
حكم اليمين الحاسمة

اتفق الفقهاء من الحنفية (56: 424/4، 117: 16 /119، 118: 3934/8) والمالكية (102: 466/2، 120: 509) والشافعية (20: 477/4، 92: 356/8، 126: 403/4، كفاية الأخيار 165: 167/2) والحنابلة (65: 443/6، 68: 453/4) والظاهرية (108: 61-62) والإمامية (110: 85/3، 111: 212/2، 132: 281/2) والزيدية (105: 404/5، 112: 157/4)، وقد ذكر هذا الاتفاق ابن حزم (108: 61-

62) على أنه يترتب على حلف اليمين من المدعى عليه انقطاع الخصومة بين المتداعيين، وإنهاء النزاع بينهما وسقوط الدعوى.

ولكنهم اختلفوا في سقوط الحق والمطالبة به في الحال فقط أم في الحال والاستقبال؟ بمعنى أنهم اختلفوا في براءة ذمة المدعى عليه من الحق بسقوط الدعوى أم أنها تبقى مشغولة به إلى أنه يتمكن المدعي من إثبات دعواه بوسيلة أخرى من وسائل الإثبات ـ على ثلاثة مذاهب، بناء على خلافهم في قبول البينة بعد حلف الخصم اليمين (108: 62).

المذهب الأول: ذهب الحنفية (56: 424/4، 59: 111/2، 91: 291/1، 117: 16 /119، 118: 3934/8، 124: 12/4، مجمع الأنهر 166: 254/2)، والشافعية(20: 477/4، 92: 356/8) والحنابلة (44: 110-112، 67: 679/2، 68: 453/4 69: 443/6، 70: 492/2، 128: 566/3) والإمامية (110: 85/3، 111: 212/2، 132: 282/2) والزيدية (105: 404/5) إلى القول بأن الحق لا يسقط بسقوط الدعوى، وأن الخصومة سقطت مؤقتا بأداء اليمين من المدعي، وبجوز للمدعى أن يقيم البينة بعد حلف خصمه اليمين، ويطالبه بالحق المدعى به، ويقضى له بموجبها.

وقد أخذ بهذا الرأي شريح وطاووس وإبراهيم النخعي وسفيان الثوري والشعبي والليث بن سعد، وهو قول مطرف وابن الماجشون من المالكية (91: 291/1، 107: 371/9، 119: 284، 120: 509).

وقد استدلوا على ذلك بالسنة والآثار والقياس والمعقول

أولا: السنة النبوية

أخرج البخاري (80: 214/9) والنسائي (81: 484/3-485) وأبو داود (79: 220/3-221) وابن ماجة (77: 778/2) والبيهقي (78: 235/10) عن الأشعث بن قيس أن النبي صلى الـه عليه وسلم قال للمدعي: **﴿ألك بينة؟ قال، لا، قال: فلك يمينه﴾.**

وجه الدلالة

إن الحديث الشريف جعل البينة هي الأصل، واليمين خلف عنها، لأنها كلام الخصم يصار إليها عند الضرورة، فإذا جاء الأصل انتهى حكم الخلف، فكنه لم يوجد

أصـلا، ولـذلك إذا أقـام المـدعي البينـة بعـد الحكـم بـاليمين بطـل حكـم اليمـين (59: 111/2، 118: 3934/8).

2- أخرج أبو داود والنسائي وابن ماجـة (77: 77: 679/1، 81: 488/3، 107: 388/9) عـن ابـن عبـاس ـ رضي اللـه عنهما ـ: **﴿ أن رجلين اختصما إلى النبي** صلى اللـه عليـه وسلم **فسأل** صلى اللـه عليـه وسلم **الطالب البينة، فلم تكن له بينة، فاستحلف المطلوب، فحلف بالله الـذي لا إلـه إلا هـو، فقـال: رسـول اللـه** صلى اللـه عليه وسلم **بلى قد فعلت، ولكن غفر لك بإخلاص قول لا إله إلا هو ﴾.**

وجه الدلالة

أمر رسول اللـه صلى اللـه عليه وسلم الحالف بأداء اليمين لإبراء ذمته، لأن اليمين لا تسـقط الحـق، وتبرئ الذمة.

3- أخرج البخاري ومسلم وأبو داود والترمذي والنسائي وابن ماجة والبيهقي (22: 171/8-172، 78: 253/10، 81: 484/3-485، 83: 302/8) عن الأشعث بن قيس أن النبي صلى اللـه عليه وسلم قال:**﴿ من حلف على يمين يستحق بها مالا وهو فاجر لقي اللـه وهو عليه غضبان ﴾**

وجه الدلالة

إن اليمين الفاجرة لم تسقط الحق، ولذلك يعاقب عليها صاحبها.

ثالثا: الآثار

ثبت عن عمر بن الخطاب رضي اللـه عنه أنه جوز قبول البينة عـلى مـن المـدعي بعـد يمـين المـدعى عليه، فقد قال عمر رضي اللـه عنه : " اليمين الفاجرة أحق أن يرد من البينة العادلة

وجه الدلالة

يدل الأثر الوارد عن عمر رضي اللـه عنه على أن اليمين ليست حجة قاطعة للنزاع نهائيا، وليسـت مسقطة للحق، ولكنها تقطع الخصومة مؤقتا لعدم وجود دليل في الدعوى (370/10:1).

2- أخرج البخاري (22: 235/3، 80: 220/5) والبيهقي (78: 182/10) عن طاووس وإبراهيم وشريح: " أن البينة العادلة أحق من اليمين الفاجرة).

ثالثا: القياس

قياس البينة من المدعي بعد اليمين على الإقرار من المدعى عليه بعد اليمين حيث أن كلا منهما وسيلة للإثبات، فكما يقبل من الحالف الرجوع إلى الحق والإقرار به وأداء ما عليه لصاحبه، فكذلك تسمع البينة من المدعي بعد اليمين ويحكم بموجبها، وذلك لأن كلا منهما وسيلة للإثبات (69: 443/6).

رابعا: المعقول

إن طلب اليمين لا يدل على عدم البينة لاحتمال أنها غائبة أو حاضرة في البلد ولم يحضرها، ولأن البينة هي الأصل في الحجة، واليمين بدل وخلف عنها ولا يصار إلى البدل إلا عند تعذر الأصل، ولذلك لا تتوجه اليمين على المدعى عليه إلا عند العجز عن البينة، فإذا استطاع المدعي أن يأتي بالبينة وهي الأصل يبطل حكم اليمين، لأنه بدل كما يبطل التيمم بوجود الماء، ولا يبطل حكم الأصل وهو البينة مع القدرة على البدل وهو اليمين، لذلك لو بذل المدعى عليه اليمين مع وجود البينة لم تقبل منه (59: 111/2، 118: 3934/8، 66: 254/2).

المذهب الثاني: ذهب بعض الحنفية (118: 3934/8، 166: 254/2) والظاهرية (107: 371/9، 108: 61-62) والإمامية في قول (111: 212/2، 132: 282) والناصرية من الزيدية والفتوى به أخيرا عندهم (105: 44/5، 106: 29/4) والشوكاني (112: 159/4) وقال به جماعة من السلف (117: 16 /119) وابن أبي ليلى وشريح وأبو عبيد وأبو سليمان: (91: 291/1، 107: 372/9) إلى أن الحق يسقط بسقوط الدعوى، وأن الحكم المترتب على أداء اليمين بنهي النزاع في الحال والاستقبال، ولا يحق للمدعي أن يقيم البينة بعد ذلك إلا إذا ثبت عن طريق التواتر واليقين أن المدعى عليه قد حلف كاذبا، فإنه يقضى عليه بالحق المدعى به، وكذلك إذا أقر المدعى عليه، فإنه يلزمه ما أقر به.

وقد استدلوا على ذلك بالسنة والقياس والمعقول

أولا: السنة النبوية

1- أخرج البخاري (80: 214/9) والنسائي (81: 484/3 ـ 485) وأبو داود (79: 220/3-221) وابن ماجة (77: 778/2) والبيهقي (78: 253/10) عن الأشعث بن قيس أن النبي صلى الله عليه وسلم قال للمدعي: ﴿ **ألك بينة؟ قال: لا، قال: فلك يمينه، قال: يا رسول الله الرجل فاجر ولا يبالي على ما حلف عليه ليس يتورع من شيء، فقال: ليس لك منه إلا ذلك** ﴾.

وجه الدلالة

نص الحديث على أنه ليس للطالب إلا بينته أو يمين المطلوب، فصح يقينا أنه ليس للمدعي إلا أحدهما ـ البينة أو اليمين ـ لا كلاهما، فلو أقام المدعي البينة لا تبقى له ولاية الاستحلاف، وكذلك إذا استحلف الخصم لا تبقى له ولاية إقامة البينة، والجامع أن حقه في أحدهما، فلا يملك الجمع بينهما في واقعة واحدة، ولذلك فإن قبول البينة بعد اليمين خروج عن الحديث وزيادة على معناه بدون دليل (107: 372/9، 118: 3933/8).

ثانيا: القياس

وقد استدلوا على سقوط الحق بالقياس من طريقين (10: 373/1):

أحدهما: قياس اليمين على الشهادة باعتبار أن كلا منهما وسيلة في الإثبات، ولأن كلا منهما يترجح فيه جانب الصدق على جانب الكذب، فكما أنه يحكم بالشهادة، ويبقى الحكم نافذا ولا ينقض، فكذلك اليمين يحكم به ويبقى الحكم نافذا ولا ينقض الحكم بعدها، فلا تسمع البينة.

الثاني: قياس سقوط الحق على سقوط الدعوى بعد أداء اليمين بجامع التلازم بينهما، فكما أن أداء اليمين يقطع النزاع ويسقط الدعوى، فكذلك يسقط الحق.

ثالثا: المعقول

إن البينة حجة المدعي، واليمين حجة المدعى عليه، ولما كانت اليمين لا تسمع بعد البينة لترجح جانب الصدق في جانب المدعي بالبينة، وجب أن لا تسمع البينة بعد اليمين حيث يتعين الصدق في جانب المدعى عليه إذا حلف (117: 119/16، 118:8/3934).

المذهب الثالث: ذهب المالكية (61: 471/4، 119: 184/1، 120: 509، 121: 202، 142: 156/7) والإمامية في قول (110: 86/3، 111: 212/2) إلى القول بأن الحق يسقط بسقوط الدعوى إذا كانت البينة حاضرة في البلد أو غائبة غيبة قريبة، والمدعي يعلم بها، لأنه بطلبه اليمين من الخصم يكون قد أسقط حقه في إقامة البينة، ولذلك ليس للمدعي أن يقيم البينة بعد الحكم باليمين إلا بعذر، كأن تكون البينة بعيدة أو كان لا يعلمها، أو نسيانه لها فله أن يقيم البينة بعد يمين خصمه، فتقبل منه ويحلف يمينا عل عذره من بعد البينة أو عدم علمه بها أو نسيانه لها.

وقد استدلوا على ذلك بما استدل به أصحاب المذهب الثاني، واستدلوا على جواز سماع البينة بعد الحكم بعذر: بأن الاستحلاف إسقاط للبينة الحاضرة، أما البينة الغائبة أو البعيدة أو المنسية، فإن استحلاف الخصم لا يسقطها، ولذلك يجوز إقامتها ثانية بعد يمين المدعى عليه، لأن المدعي معذور في ذلك (142: 241/7).

مناقشة الأدلة

نوقشت أدلة الجمهور بما يلي:

1- اعترض على الاستدلال بحديث الأشعث بن قيس من وجهين (10: 1/ 369).

الأول: جعل الحديث الشريف كلا من البينة واليمين أصلا، وإنما كانت اليمين مرتبة بعد البينة، لأن جانب المدعي أضعف فكلف الحجة الأقوى، ولأنه يجب على المدعي أن يثبت دعواه بالبينة كما جاء في حديث الرسول صلى الله عليه وسلم : ﴿ **لو يعطى الناس بدعواهم لادعى ناس دماء رجال وأموالهم، ولكن اليمين على المدعى عليه** ﴾،

وجانب المدعى عليه أقوى لموافقته ظاهر الحال، لأن الأصل براءة الذمة، فلا دلالة في الحديث على كون البينة حجة أصلية واليمين خلف عنها.

الثاني: إن الشهادة خلف عن الإقرار، فلا تقام الشهادة إلا على المنكر، ومع ذلك فإذا أقام البينة وحكم لها القاضي، ثم أقر المحكوم عليه لا يبطل حكم البينة بادعاء أنها خلف، ويبقى الحكم متعديا إلى غير المقر، رغم أن الإقرار حجة قاصرة.

2- أجيب على الاستدلال بحديث ابن عباس ـ رضي الله عنهما ـ بأن النبي صلى الله عليه وسلم أمضى القضاء بناء على اليمين، وأمر المدين بالأداء ديانة حيث يدل الحديث على أن النبي صلى الله عليه وسلم اطلع على كذب الحالف بطريقة ما وعرف الحقيقة، فأمر الحالف بأداء الدين، ولذلك فإن هذا الحديث حجة عليهم وليس لهم.

3- اعترض على الاستدلال بالآثار المروية عن الصحابة ـ رضي الله عنهم ـ بما يلي:

أ- ذكر ابن حزم (107: 372/9) بأن معنى البينة العادلة في الحديث قاصرة على بينة التواتر وعلم القاضي والإقرار، وما سواها فلا تصدق المعنى فيها.

ب- أجاب ابن حزم (107: 372/9) على قضائهم بالمدينة بعد يمين المنكر بقوله: " فإن قولهم البينة العادلة خير من الفاجرة " فقول صحيح، لو أيقنا أن البينة عادلة عند الله عز وجل، وأن يمين الحالف فاجرة بلا شك، وأما إذا لم نوقن أن البينة صادقة ولا أن اليمين فاجرة، فليست الشهادة أولى من اليمين، إذ الصدق في كليهما ممكن إلا بنص قرآن أو سنة تأمرنا بإنفاذ البينة، وإن حلف المنكر لا يعتد به، ولا يوجد في ذلك أصلا، فيسقط هذا القول بيقين، بل وجدنا النص بمثل قولنا، والحمد لله رب العالمين.

ج- هذا القول مضطرب، فالسرخسي ـ (117: 119/16) نسبه إلى عمر بن الخطاب رضي الله عنه ، والخطيب الشربيني (20: 477/4) والموصلي (59: 111/2) نسبه إلى الرسول صلى الله عليه وسلم ، وشريح والبخاري (22: 235/3، 80، 220 ـ 221) والموصلي (59: 111/2) والبيهقي (78: 182/10) وابن حزم (107: 9/ 371) نسبه إلى طاووس وشريح وإبراهيم.

4- أما القياس أجيب عليه بأنه قياس مع الفارق، فالمقر يكذب نفسه بالحلف، وهو ملزم بنفسه، ويفيد ظنا قويا يقرب من اليقين، أما البينة فإنها لا تثبت كذب الحالف، وتفيد ظنا راجحا، كما أن اليمين تفيد ظنا راجحا، فلا يقدم ظن على ظن لأنهما متساويان في القوة، ويقدم اليمين لاتصال القضاء به، ولتنازل الخصم عن البينة إما صراحة أو دلالة.

5- واعترض على المعقول بأنهم ذهبوا إلى التسوية بين حال العذر كعدم التمكن من إقامة البينة، وعدم العذر كوجود البينة وعم إحضارها أو التنازل عنها، وهذا مذهب غير سديد بالإضافة إلى ذلك، فإن اليمين شرعت لقطع الخصومة كالبينة، وقد حصل باستيفائها من المنكر، فلا تعاد الخصومة لأجلها.

وقد نوقشت أدلة المذهبين الثاني والثالث بما يلي:

1- أجيب على الاستدلال بحديث الأشعث بن قيس: ﴿ **بينتك أو يمينه ليس لك منه إلا ذلك** ﴾ بأنه حصر حقه في النوعين: أي لا ثالث لهما، ولا دلالة فيه على منع الجمع بين البينة واليمين (20: 477/4).

2- أورد ابن حزم (107: 372/9) اعتراضا، وأجاب عليه بقوله: " فإن قيل فإنكم تحكمون للطالب بعد يمين المطلوب والتواتر وبعلم الحاكم وبإقراره " قلنا: " نعم، وكل هذا ليس ببينة لكنه بيقين الحق ويقين الحق فرض إنفاذه، وليست شهادة العدول كذلك، بل يمكن أن يكونوا كاذبين أو مغفلين، ولولا النص بقبولهم وباليمين ما حكما بشيء من ذلك بخلاف يقين العلم ".

3- ذكر الزحيلي (10: 373/1) نقلا عن الماوردي اعتراضا على قياس سقوط الحق على سقوط الدعوى بعد أداء اليمين بقوله: " إن سقوط الدعوى لا يستلزم سقوط الحق، لأنه لا يسقط إلا بالقبض والإبراء ".

رأي القانون

ذهبت مجلة الأحكام العدلية (73: 491/4، 129) إلى أن اليمين تقطع الخصومة في الحال والاستقبال، ولا يحق للمدعي أن يقيم البينة بعد حلف اليمين، ويدل على ذلك مضمون المادة {1770} (73: 491/4) حيث جاء فيه: " إذا أظهر الطرف الراجح

العجز عن الإثبات، فحكم لموجب إقامة الطرف المرجوح البينة على ما سبق، ثم أراد الطرف الراجح إقامة البينة، فلا يلتفت إليه بعد "، والمادة { 1837} (73: 629/4) حيث نصت على أن: " الدعوى التي حكم وأعم بها موافقة لأصولها المشروعة، أي موجودا في الحكم أسبابه وشروطه، ولا تجوز رؤيتها وسماعها تكرارا ".

يفهم من هاتين المادتين أنه لا يجوز للمدعي أن يقيم البينة بعد حلف اليمين من قبل المدعى عليه، والحكم بموجبها، ولا يجوز له أن يقيم الدعوى مرة ثانية لأنه قد سبق الفصل بها.

وقد أخذت القوانين الحديثة بما ذهبت إليه المجلة حيث نصت المادة{61} من قانون البينات الأردني (36: 104) والمادة {120} من قانون البينات السوري (37: 117) والمادة {117} من قانون الإثبات المصري (38: 159، 159: 232) و{الفقرة د من المادة 119} والمادة {157} من قانون الإثبات اليمني (150: 415) والمادة {111} من قانون الإثبات العراقي (18: 254، 40: 377، 158: 99-100) على أن: " توجيه اليمين يتضمن التنازل عما عداها من البينات بالنسبة للواقعة التي ترد عليها، ولا يجوز طلب إثبات المدعين بالبينة بعدها، كما لا يجوز للخصم أن يثبت كذب اليمين بعد أن يؤديها خصمه، على أنه إذا ثبت كذب اليمين بحكم جزائي، فإن للخصم الذي أصابه الضرر منها أن يطالب بالتعويض ".

الترجيح

الذي أميل إليه التوفيق بين هذه المذاهب، فلا يصح القول بجواز إقامة البينة بعد حلف المدعى عليه على الإطلاق، ولا يصح القول بعدم جواز إقامتها مطلقا، لكنني أرى أن الحق يسقط بسقوط الدعوى، وأن الحكم المترتب عن اليمين ينهي النزاع في الحال والاستقبال إذا قال المدعي لي بينة ولكن لا أريد إقامتها، واكتفي بحلف المدعى عليه، أو نفى وجود بينة له، ولا يسقط الحق بسقوط الدعوى إذا عجز المدعي عن إحضار بينة كأن تكون البينة بعيدة.

وكذلك إذا ثبت كذب الحالف عن طريق التواتر واليقين أو إقرار المـدعى عليـه، أمـا إذا ادعـى نسـيان بينته أو مرضها، فإنا لا نحلف الخصم وننتظر حتى يتذكر المدعي أو تبرأ بينته من المرض، فإن أصر على تحليف خصمه بين له القاضي أنه إذا حلف خصمك سقط حقك في إقامة البينة بعد ذلك.

الفصل الثالث
اليمين المتممة

المبحث الأول: تعريف اليمين المتممة وطبيعتها
المبحث الثاني: توجيه اليمين المتممة
المبحث الثالث: موضوع اليمين المتممة وشروط توجيهها
المبحث الرابع: إجراءات توجيه اليمين المتممة
المبحث الخامس: آثار توجيه اليمين المتممة
المبحث السادس: صور خاصة من اليمين المتممة

الفصل الثالث
اليمين المتممة

المبحث الأول
تعريف اليمين المتممة وطبيعتها

المطلب الأول
تعريف اليمين المتممة[1]

الفرع الأول: تعريف اليمين المتممة في الفقه

لم أجد فيما اطلعت عليه من كتب الفقه تعريفا لليمين المتممة، وذلك لأنها اقتصرت على بيان صور اليمين المتممة، ومن خلال دراستي لها فإنني أستطيع القول بأن اليمين المتممة هي: **اليمين التي يؤديها المدعي بناء على طلب القاضي لاستكمال البينة الشرعية اللازمة لإثبات دعواه، أو تأكيدا لها، ودفع الشبهة والريبة والشك**

---

[1] المتممة في اللغة (333/14/1، 338، 3: 86/4) مأخوذة من تم الشيء يتم تماما وتمامة، وأتمه تممه واستتمه، كمل، ويقال تم خلقه، فهو تام وتميم، وتم بالشيء وعليه: جعله تاما، وتتمة كل شيء غايته، فقولك، هذه الدرهم تمام هذه المائة وتتمة هذه المائة ويقال: أتم على الأمر أي استمر عليه، ومنه قوله تعالى: ﴿ وأتموا الحج والعمرة لله ﴾ سورة البقرة: آية 166، قيل إتمامها تأدية ما فيها من الوقوف والطواف وغير ذلك.

وأتمت المرأة: دنا وقت ولادتها، وأتمت الحبلى إذا أتمت أيام حبلها، وأتم النبت: طال وظهر نوره، وأتم القمر: امتلأ فبهر، وأتم الشيء أكمله.

وتمم على الجريح: أجهز عليه، وعلى الجند والطلاب: أحصاهم ليعرف الحاضر منهم والغائب.

واستتم الشيء: أكمله، واستتم النعمة بالشكر: سأل إتمامها.

والمتمم: كل ما ازددت عليه بعد اعتدال، ورجل متمم: إذا فاز قدحه مرة بعد مرة، فأطعم لحمه المساكين. وتممتم: أطعمهم نصيب قدحه.

ومنه اليمين المتممة: وهي اليمين التي تضاف لاستكمال البينة الشرعية وإتمامها.

والاحتمال في الدعوى، فاليمين المتممة تكمل الأدلة الشرعية، ويتحقق بها القاضي من صحة الأدلة.

الفرع الثاني: تعريف اليمين المتممة في القانون

عرف قانون الإثبات السوري في المادة { 121 } (37: 118) وقانون البينات المصري في المادة {119} (38: 160) وقانون الإثبات العراقي في المادة {120}(18: 256، 158: 99) اليمين المتممة بقولهم: " هي التي توجهها المحكمة من تلقاء نفسها للخصم الذي لديه دليل كامل لتبني بعد ذلك حكمها في موضوع الدعوى أو قيمة ما تحكم به ".

وعرفها قانون الإثبات اليمني في { الفقرة الثانية من المادة 147} (50: 414) بقوله: " هي يمين تؤدى من المدعي لإتمام البينة الشرعية اللازمة لإثبات الحق الذي يدعيه قبل المدعى عليه ".

وعرفتها محكمة النقض المصرية (41: 381): " بأنها إ<راء يتخذه القاضي من تلقاء نفسه رغبة منه في تحري الحقيقة ليستكمل بها دليلا ناقصا في الدعوى ".

وعرفها سليمان مرقس (15: 134) ومحمود هاشم (12: 373) ومفلح القضاة (131: 180) بقولهم: " اليمين التي يوجهها القاضي إلى أحد الخصوم ليكمل بها اقتناعه إذا كانت الأدلة التي قدمها لإثبات دعواه غير كافية ".

المطلب الثاني
طبيعة اليمين المتممة

اعتبرت الشريعة الإسلامية اليمين المتممة طريقا من طرق الإثبات، حيث جاءت لاستكمال البينة الشرعية الناقصة، أو تأكيدا للبينة الشرعية المقامة، وزيادة اقتناع القاضي واطمئنانه بصحة الدعوى المقامة.

ولم تعتبر الشريعة الإسلامية اليمين المتممة عقدا، ولا صلحا، ولم تعتبرها كإقرار المدعى عليه، وذلك لأنها لو كانت كإقرار المدعى عليه لم تسمع بينة المدعى عليه بالأداء أو الإبراء، ولم يستطع تكذيب المدعي إن كان غائبا فحضر، وإنما تعتبر

جزءا من البينة، لأن القاضي لا يحكم بما جاء في الدعوى للمدعي إلا بعد أن يحلف مع بينته على صحة دعواه، فإن حلف استحق ما ادعاه، وإن نكل وامتنع عن الحلف خسر دعواه.

رأي القانون

اليمين المتممة في القانون ليست عقدا، ولا صلحا، ولا عملا قانونيا، ولا حتى دليلا يلجأ إليه الخصم عندما يعوزه الدليل، بل هي إجراء تحقيقي تلجأ المحكمة إلى توجيهها من تلقاء نفسها رغبة منها في استقصاء الحقيقة واستكمال الدليل الناقص (40: 381).

قال محمود هاشم (12: 373): " واليمين المتممة ليست إلا طريقا من طرق الإثبات المحدودة، إذ أنها وحدها لا تكفي أن تكون دليلا كاملا، ومن ناحية أخرى فإنها لا تعد تصرفا قانونيا من حيث نتيجتها، ومن ثم يجوز للقاضي من تلقاء نفسه أن يوجهها إلى أي من خصوم الدعوى، ولو لم تكن له أهلية التصرف شريطة أن تكون له أهلية التقاضي.

المبحث الثاني
توجيه اليمين المتممة

اتفق الفقهاء من الحنفية (56: 423/4، 135: 233) والمالكية (125: 313/4، 136: 300/2) والشافعية (20: 407/4، 269-271) والحنابلة (44: 145-146) والإمامية (111: 212/2) والزيدية (105: 410/5، 112: 162/4-163). على أن القاضي ملزم بتوجيه اليمين المتممة على المدعي سواء طلب المدعى عليه اليمين أم لم يطلبها.

وتوجه اليمين المتممة على المدعي بعد تقديمه للأدلة الشرعية استكمالا للأدلة أو تأكيدا لها، واقتناع القاضي بها وتحقق من صحتها.

وقد استدلوا على ذلك بالسنة النبوية والآثار المروية عن السلف الصالح ومنها:

1- أخرج مسلم (21: 403/12) وأبو داود (79: 308/3) والنسائي (32: 131/4) وابن ماجة (77: 793/2) عن ابن عباس ـ رضي الله عنهما: ﴿ **أن رسول الله صلى الله عليه وسلم قضى بيمين وشاهد** ﴾.

وجه الدلالة

يدل الحديث الشريف على توجيه اليمين المتممة لاستكمال البينة الناقصة، وذلك لقضاء النبي صلى الله عليه وسلم باليمين مع الشاهد، وهي بينة ناقصة.

2- ذكر ابن القيم في كتابه الطرق الحكمية آثارا عن السلف الصالح (44: 145-146) منها:

أ- روي عن الشعبي أنه قال: "كان شريح يستحلف الرجل مع بينته".

ب- روى أشعث عن عون بن عبد الله أنه استحلف رجلا مع بينته فكأنه أبى أن يحلف، فقال: "ما كنت لأقضي لك بما لا تحلف عليه".

ج- ذكر ابن المنذر أن عبد الله بن عبد الله بن عتبة والشعبي كانا يستحلفان المدعي مع بينته.

د- قال الأوزاعي: "والحسن بن حي يستحلف مع بينته".

وجه الدلالة

الآثار واضحة الدلالة في توجيه اليمين من القاضي، وأنها توجه إلى المدعي مع بينته، وذلك لاستكمالها أو تأكيدها، وفي ذلك يقول ابن القيم: " وهذا القول ليس ببعيد من قواعد الشرع، ولا سيما مع احتمال التهمة ".

رأي القانون

لقد نصت المادة {121} من قانون البينات السوري (37: 118، 181: 257/2، 258) والمادة {119} من قانون الإثبات المصري (38: 161، 159: 233) والمادة {120} من قانون الإثبات العراقي (18: 256، 158: 100) على أن اليمين المتممة من حق القاضي، فهو الذي يملك توجيهها من تلقاء نفسه، ولا يجوز لأحد من الخصمين أن يوجهها للآخر، وإن كان يجوز للخصم أن يقترح على القاضي توجيه اليمين المتممة، وللقاضي أن يأخذ بهذا الاقتراح أو يرفضه.

وتوجه اليمين المتممة إلى أي من الخصمين، وللقاضي الحرية في اختيار الخصم الذي توجه إليه اليمين، لأنها إجراء من إجراءات التحقي، يملكه القاضي من تلقاء نفسه لاستكمال قناعته في موضوع النزاع.

وتوجه اليمين المتممة في أي حالة كانت عليها الدعوى، ولكنها غالبا ما توجه بعد إقامة الأدلة ودراستها.

أما قانون الإثبات اليمني، فقد أعطى المحكمة حق توجيه اليمين المتممة، بل أوجب على المحكمة توجيه اليمين المتممة بدون طلب من الخصم على المدعي الذي قدم بينة ناقصة، وذلك لاستكمال بينته الشرعية على الحق المدعى به، حيث جاء في المادة {160} (15: 416) ما نصه: "على المحكمة أن توجه اليمين المتممة للمدعي الذي قدم بينة ناقصة لاستكمال البينة الشرعية على الحق المدعى به".

المقارنة

مما سبق نلاحظ أن القوانين العربية أخذت برأي الشريعة الإسلامية في توجيه اليمين المتممة بعد تقديم الخصم للأدلة الشرعية، وخالفت الشريعة الإسلامية في

الخصم الذي توجه إليه اليمين حيث ألزمت الشريعة توجيه اليمين للمدعي، بينما أعطت القوانين للقاضي الحرية في اختيار الخصم الذي توجه إليه اليمين باستثناء القانون اليمني الذي أخذ برأي الشريعة الإسلامية في وجوب توجيه اليمين المتممة على المدعي.

المبحث الثالث
موضوع اليمين المتممة وشروط توجيهها

المطلب الأول
موضوع اليمين المتممة

يختلف موضوع اليمين المتممة باختلاف صورها، وقد اتفق الفقهاء على أنه لا يقضى بها في حقوق الله تعالى المحضة كالحدود والعبادات، وأنه يقضى بها في الحقوق المالية وما يقصد به المال. واختلفوا فيما سواها حسب صور اليمين المتممة، ومن أمثلة ذلك:

أولا: الحقوق التي يقضى بها على الغائب

اختلف القائلون بالقضاء على الغائب في الحقوق التي يقضى بها على أربعة مذاهب:

المذهب الأول: ذهب الحنابلة (93: 11 / 486، 182: 528/1) إلى أنه لا يقضى على الغائب إلا في حقوق الآدميين، ولا يقضى عليه في الحدود التي لله تعالى، لأن مبناها على المساهلة والإسقاط، فإن قامت بينة على غائب بسرقة مال حكم بالمال دون القطع.

المذهب الثاني: ذهب المالكية (119: 86-87، 103: 931/2) إلى تقسيم الحكم على الغائب إلى ثلاثة أقسام هي:

القسم الأول: غائب قريب الغيبة على مسيرة اليوم واليومين والثلاثة، فهذا يكتب إليه ويعذر إليه في كل حق، فإما وكل وإما قدم، فإن لم يفعل حكم عليه بالدين، وبيع عليه ما له من الأصل وغيره، وفي استحقاق العروض والحيوان والأصول جميع الأشياء من الطلاق والعتق وغير ذلك، ولم ترج له حجة في شيء من ذلك، لأنه لا عذر له.

القسم الثاني: غائب بعيد الغيبة على مسيرة عشرة أيام وشبهها، فهذا يحكم عليه فيما عدا الاستحقاق في الرباع والأصول من الديون والحيوان والعروض، وترجى له الحجة في ذلك.

القسم الثالث: غائب منقطع الغيبة، فهذا يحكم عليه في كـل شيء مـن الـديون والحيـوان والربـاع والأصول، وترجى له الحجة في ذلك.

المذهب الثالث: اختلف الشافعية (20: 415/4) في الحقوق التي يقضى فيها على الغائب علـى ثلاثـة أقوال:

القول الأول: وهو الأظهر، يحكم القاضي على الغائب في الحقوق المتعلقة في الآدميين كأحكام القصـاص والأموال والأبدان، ولا يحكم عليه في الحدود الخالصة لله تعـالى كشـرب الخمـر والزنـا، أمـا في الحـدود التـي للآدميين فيها حق غالب كالقذف والسرقة، فيحكم فيها على القاذف بالجلد وعلى السارق بالمال دون القطع.

القول الثاني: المنع مطلقا، لأن ذلك يسعى في دفعه ولا يوسع بابه.

القول الثالث: جواز القضاء على الغائب في الحقوق مطلقـا كـالأموال ومـا اجتمـع فيـه حـق لله تعـالى ولآدمي كالقذف والسرقة.

المذهب الرابع: ذهب الظاهرية (107: 366/9) إلى أنه يقضى على الغائب كما يقضى على الحاضر.

ثانيا: الحقوق التي يقضى فيها باليمين مع الشاهد

اختلف الفقهاء القائلون بالقضاء باليمين مع الشاهد في الحقوق التي يقضى بها على ثلاثة مذاهب:

المذهب الأول: ذهب المالكية (62: 181/6، 102، 417/2: 103، 910/2: 149، 181/6) والشافعية (20: 443/4، 116، 317/2: 165، 172/2) والحنابلة (44: 141-142) إلى أنه يقضى بالشاهد واليمين في الأموال كالأعيان والديون وما يقصد منه المال، كالبيع، والإجارة، والرهن والإقرار، والغصب، والشفعة، والجنايات الموجبة للمال، كقتل الخطأ، وكل جرح لا يوجب إلا المال، وما لا قصاص فيه من جنايات العمد، كالهاشمة، والمأمومة، والجائفة.

المذهب الثاني: ذهب الظاهرية (107: 396/9، 405) إلى أنه يقضى بالشاهد واليمين في جميع الحقوق ما عدا الحدود كما جاء في المحلى: " فالواجب أن يحكم بذلك في الدماء والقصاص والنكاح والطلاق والرجعة والأموال عدا الحدود ".

المذهب الثالث: ذهب الزيدية (105: 410/5) إلى أنه يقضى فيها بكل حق آدمي من غير وصي أو ولي.

ثالثا: الحقوق التي يقضى فيها باليمين مع المرأتين

اختلف القائلون باليمين مع المرأتين في الحقوق التي يقضى فيها على مذهبين:

المذهب الأول: ذهب المالكية (194: 181/6) والحنابلة (44: 159) إلى أنه يقضى ـ باليمين مـع المرأتين في الأموال وحقوقها.

المذهب الثاني: ذهب الظاهرية (107: 396/9) إلى أنه يقضى باليمين مع المرأتين في الحقوق جميعها ـ الدماء، وما فيه القصاص، والنكاح، والطلاق، والرجعة، والأموال- ولا يقضى في الحدود.

رأي القانون

لم أجد في القانون نصا يبين موضوع اليمين المتممة إلا ما جاء في المادة {160} من قانون الإثبات اليمني (150: 416) ما نصه: "على المحكمة أن توجه اليمين المتممة للمدعي الذي قدم بينة ناقصة لاستكمال البينة الشرعية على الحق المدعو به بشرط ألا تكون الدعوى خالية من أية بينة، ولا تكون فيها بينة شرعية، وذلك في الأحوال التي يجوز فيها ذلك، وهي الحقوق والأموال، ولا يجوز للمحكمة أن ترد اليمين المتممة إلى المدعى عليه ".

المطلب الثاني
شروط توجيه اليمين المتممة

يتبين لنا من خلال دراسة صور اليمين المتممة أنه لا بد من توفر شروط معينة لتوجيه اليمين المتممة أهمها:

الشرط الأول: ألا يكون في الدعوى دليل كامل

اشترط الفقهاء لتوجيه اليمين المتممة عدم وجود دليل كامل في الدعوى، وقد استندوا في ذلك على الحديث الشريف: **﴿ البينة على المدعي واليمين على من أنكر ﴾**، حيث جعل البينة في جهة واليمين في جهة، فلا يجوز اجتماعهما معا، ولأن توجيه اليمين على المدعي مع البينة الكاملة يعتبر طعنا في بينته، ولذلك إذا كان في الدعوى دليلا كاملا لا مبرر لتوجيه اليمين المتممة، ويجب على القاضي أن يحكم وفقا للدليل الكامل (117: 118/16، 127: 233).

الشرط الثاني: ألا تكون الدعوى خالية من أي دليل

اشترط الفقهاء لتوجيه اليمين المتممة ألا تكون الدعوى خالية من أي دليل، وذلك استنادا لحديث الرسول صلى الله عليه وسلم : **﴿ البينة على المدعي واليمين على من أنكر ﴾**، فقد دل الحديث الشريف على توجيه اليمين الحاسمة على المدعى عليه، وذلك عند عدم وجود البينة، بينما وجدت اليمين المتممة استكمالا لدليل ناقص في الدعوى، فلا يجوز توجيه اليمين المتممة إذا كانت الدعوى خالية من أي دليل.

رأي القانون

لقد أخذ القانون بشروط توجيه اليمين المتممة في الشريعة الإسلامية، حيث جاء في المادة {15} من قانون البينات الأردني (131: 186-187) و{الفقرة الثانية من المادة 121 } من قانون البينات السوري (37: 118، 181: 258/2) والمادة { 119} من قانون الإثبات المصري (38: 160-161) والمادة {121} من قانون الإثبات العراقي (58: 70، 100: 18، 256: 40، 383-384) والمادة{ 160} من قانون

الإثبات اليمني (150: 416) ما نصه: "يشرط في توجيه اليمين المتممة ألا يكون في الدعوى دليل كامل، وألا تكون الدعوى خالية من أي دليل".

وقد أضاف قانون البينات الأردني (131: 186) في المادة {15} شرطا يتعلق في المنازعات التجارية وهو: أن تكون الدعوى بين تاجر وغير تاجر حيث نصت على ما يلي: " دفاتر التجار لا حجة على غير التاجر إلا أن البيانات الواردة فيها عما أورده التجار تصلح أساسا يجيز للمحكمة توجيه اليمين للطرفين ".

المبحث الرابع
إجراءات توجيه اليمين المتممة وأدائها

اتفق الفقهاء من الحنفية (56: 422/4، 124: 13/4-14، 135: 132) والمالكية (121: 202، 125: 313/4، 136: 300/2-301) والشافعية (20: 407/4 114: 475/2-476) والحنابلة (44: 145-146) والإمامية (111: 212/2، 215، 132: 282) والزيدية (105: 410/5، 112: 162/4-163) على أنه إذا أقيمت الدعوى وقدم المدعي ما لديه من أدلة شرعية، وتبين للمحكمة أنها ناقصة أو لم تقتنع بحجيتها، فإنها تكلف المدعي من تلقاء نفسها ودون طلب من أحد حلف اليمين المتممة على حقه استكمالا للأدلة المقدمة وتحقيقا لاقتناع القاضي بصحة الدعوى، ودفعا للشبهة والشك والريبة عن الدعوى بعد تحديد المحكمة صيغة اليمين المتممة بما يتناسب مع موضوع النزاع المقامة الدعوى بسببه وفق ما قررته الشريعة الإسلامية وعرضها على المدعي، ثم يقوم المدعي بحلف اليمين أمام المحكمة بالصيغة التي قررتها أو النكول عنها.

رأي القانون

أخذ القانون (12: 373، 40: 382-383، 131: 186) بإجراءات توجيه اليمين المتممة في الشريعة الإسلامية، إلا أنه أجاز للقاضي أن يوجه اليمين لمن شاء من خصوم الدعوى شريطة أن يكون له أهلية التقاضي، كما أجاز له الرجوع عنها بعد توجيهها إذا ما استجد في الدعوى ما يكفي لتكوين قناعته وإكمال الدليل، وأجاز القانون توجيه اليمين المتممة في أية حال كانت عليها الدعوى، ولو لأول مرة في محكمة الاستئناف.

أما قانون الإثبات اليمني (150: 416) فقد أوجب توجيه اليمين المتممة على المدعي حيث جاء في المادة { 160 } ما نصه: "على المحكمة أن توجه اليمين المتممة للمدعي الذي قدم بينة ناقصة لاستكمال البينة الشرعية على الحق المدعو به ...".

المقارنة

أخذ القانون اليمني بجميع إجراءات توجيه اليمين المتممة في الشريعة الإسلامية الغراء، بينما خالفت القوانين الأخرى الشريعة الإسلامية في توجيه اليمين المتممة، والرجوع عنها حيث ألزمت الشريعة الإسلامية العادلة المحكمة بتوجيه اليمين المتممة إلى المدعي الذي قدم بينة ناقصة أو لم تقتنع بحجيتها وألزمتها الحكم بموجبها وعدم الرجوع عنها بعد توجيهها.

أما القوانين الأخرى، فقد جعلت للقاضي حرية توجيه اليمين المتممة لمن شاء من خصوم الدعوى، كما أجازت له الرجوع عن توجيه اليمين المتممة.

المبحث الخامس
آثار توجيه اليمين المتممة وحكمها

يترتب على توجيه اليمين المتممة إلى المدعي بعد تقديمه للبينة الشرعية حلف اليمين المتممة أو النكول عنها، وليس للمدعي ردها إلى المدعى عليه، وذلك لأنها موجهة من قبل القاضي لـدفع الشـك والشبهة والريبة عن الدعوى، واستكمال الأدلة المقدمة واقتناع القاضي بصحتها (105 :411/5، 112، 162/4 ـ 163).

ولا يجوز للقاضي الرجوع في اليمين سواء أكان ذلك قبـل تأديتها أم بعـده، وذلك لأن القاضي ملـزم بتوجيهها استكمالا للأدلة أو تأكيدا لها، واحتياطا للخصم.

ويترتب على حلف المدعي اليمين المتممة قطع الخصومة، وسم النزاع والحكم بموجب الدعوى، أمـا إذا نكل المدعي عن اليمين المتممة، فإنه يخسر الدعوى، فتسقط ويحكم القاضي برد الدعوى.

رأي القانون

أما القانون، فقد ذهب إلى أنه يترتب على توجيه اليمين المتممة حلف اليمين أو النكول عنها، ولا يجوز ردها إلى الخصم، كما أنه يجوز للقاضي الرجوع عن اليمين قبل تأديتها، وعدم الأخذ بها بعد تأديتها، ويسـتطيع أن يثبت كذب اليمين المتممة التي حلفها خصمه لدى محكمة الاستئناف.

ولا يترتب على حلف اليمين المتممة حسم النزاع بالضرورة، فلا يلزم القاضي بالحكم للحالف، ولا يلـزم القاضي إذا نكل الخصم بالحكم ضده (13 :582/2، 14 :175/2، 19 :236/2، 38 :61 ـ 62، 81 :259/2، 131: 188).

أما القانون اليمني (150: 416) فقد أخذ بما نصت عليه الشريعة الإسلامية بأنه يترتب عـلى حلـف المدعي اليمين المتممة قطع الخصومة وإنهاء النزاع، والحكم للمدعي بطلباته، ويترتب على النكول عنها خسران المدعي لدعواه، ولا ترد اليمين على المدعى عليه، حيث جاء في المادة {162} ما نصه: " إذا حلف المدعي اليمين

المتممة حسب ما وجهتها إليه المحكمة، اعتبرت دعواه ثابتة شرعا، ويحكم له بطلباته، وإذا نكل عنها خسر دعواه وحكم برفضها".

وجاء في (الفقرة الثانية من المادة 147 } والمادة { 160 } ما نصه: " لا يجوز للمحكمة أن ترد اليمين المتممة إلى المدعى عليه.

المبحث السادس
صور خاصة من اليمين المتممة

قال الفقهاء بعدم الاستحلاف مع البينة، واستندوا في ذلك على الحديث الشريف الذي رواه ابن عباس عن النبي صلى الله عليه وسلم أنه قال: ﴿ **البينة على المدعي واليمين على من أنكر** ﴾، فجعل البينة في جهة واليمين في جهة، فلا يجوز اجتماعهما معا في جهة واحدة، ولأنها شرعت لقطع المنازعة، ولا حاجة إليها بعد إقامة المدعي البينة، ولأن توجيه اليمين على المدعي يعتبر طعنا في بينته وهو ممنوع شرعا (117: 118/16).

ومع اتفاق الفقهاء على عدم جواز توجيه اليمين على المدعي إذا أقام البينة، ومع ذلك فقد أجازوا طلب اليمين منه في حالات استثنائية لظروف خاصة، وقد توسع بعضهم في تعدادها وضيق بعضهم واختلفوا في بعضها نذكر منها:

المطلب الأول
يمين الاستظهار

أولا: طلب اليمين من المدعي على الغائب

اختلف القائلون[1] بجواز الحكم على الغائب للمدعي إذا كان يملك بينة تثبت دعواه في توجيه اليمين على المدعي بعد إثبات الدعوى على مذهبين:

---

[1] اختلف الفقهاء في مشروعية القضاء على الغائب على مذهبين:

المذهب الأول: ذهب المالكية (102: 472/2، 103: 931/2 والشافعية (20: 406/4) والإمام أحمد في الرواية المشهورة (182: 527/6 ـ 528، 193: 485/11) والظاهرية (107: 366/9) وقال به شبرمة والأوزاعي والليث وسور وأبو عبيد وإسحاق وابن المنذر (93: 485/11) إلى جواز القضاء على الغائب.

واستدلوا على ذلك بما يلي:

1 ـ أخرج البخاري (22: 89/9) ومسلم (21: 9 /7) عن عائشة ـ رضي الله عنها ـ أن هندا قالت للنبي صلى الله عليه وسلم : ﴿ أن أبا سفيان رجل شحيح فأحتاج إلى أن آخذ من ماله، قال: خذي ما يكفيك وولدك ﴾.

وجه الدلالة:

إن لنبي صلى الله عليه وسلم قضى لهند ـ رضي الله عنها ـ بالنفقة على أبي سفيان، ولم يكن حاضرا، فدل على جواز الحكم على الغائب.

2 ـ ما رواه ابن حزم (107: 369/9): " أن رسول الله ـ صلى الله تعليه وسلم ـ: حكم على أهل خيبر وهم غيب ـ بأن يقيم الحارثيون ـ أولي عبد الله بن سهل رضي الله عنه البينة أو يحلف خمسون منهم على قاتله من أهل خيبر ويسلم إليهم، أو يؤدوا ديته، أو يحلف خمسو من يهود أنهم ما قتلوه ويبرون ".

3 ـ روى ابن حزم (107: 370/9): " أن رجلا كان مع أبي موسى الأشعري، وكان ذا صوت ونكاية في العدو فغنموا، فأعطاه أبو موسى الأشعر بعض سهمه، فأبى أن يأخذ إلا جميعا، فضربه عشرين سوطا، وحلق شعره، ورحل إلى عمر فدخل عليه،، قال جرير بن عبد الله وأنا أقرب الناس إليه مجلسا من عمر، فأخرج شعره،/ فضرب به صدر عمر، وقال: أما و الله لولا، فقال عمر: لولا ماذا صدق و الله لولا النار، فقا كنت ذا صوت ونكاية في العدو: ثم قص قصته على عمر، فكتب عمر إلى أبي موسى الأشعري، أن فلانا قدم علي وأخبرني بكذا وكذا، فإن كن قد فعلت ذلك به فعزمت عليك، فعزمت عليك إن كنت فعلت به ذلك في ملأ من الناس، فعزمت عليك لما جلست له في مل من الناس حت يقتص منك، وأن كنت فعلت به ذلك في خلاء لما جلست له في خلاء حتى يقتص منك، فقال له الناس اعف عنه، فقال: لا و الله لا أدع لأحد، فلما قعد أبو موسى للقصاص، رفع رأسه إلى السماء، وقال: اللهم قد عفوت عنه ".

4 ـ ذكر الشربيني (4:20/406) وابن حزم (107: 371/9) عن عمر بن الخطاب وعثمان بن عفان ـ رضي الله عنهما في المفقود: " أن امرأته تترب أربع سنين وأربعة أشهر وعشرا ثم تتزوج " قال ابن حزم: ط والذي أوردنا عن عمر وعثمان صحيح، ولا يصح عن أحد من الصحابة أبدا وقال: " وهذا كله قضاء على الغائب ".

5 ـ لأن البينة مسموعة بالاتفاق على الغائب، فيجب الحكم بها كالبينة المسموعة على الحاضر الساكت، ولأن في المنع إضاعة للحقوق التي ند الحكام إلى حفظها، فإنه لا يعجز الممتنع من الوفاء عن غيبته (20: 406/4، 93: 485/11).

المذهب الثاني: ذهب الحنفية (118: 3917/8 ـ 3918) والحنابلة في رواية (93: 485/11) وابن أبي ليلى والثوري وشريح والقاسم والشعبي واب الماجشون (93: 485/11، 102: 472/2) إلى أنه لا يجوز القضاء على الغائب.

واستدلوا على ذلك بما يلي:

والحنابلة في رواية (93: 486/10، 182: 529/6) والإمامية في قول (111: 212/2) إلى أنه يجب على القاضي أن يستحلف المدعي يمين الاستظهار بعد إقامة البينة، وقبل توفيه الحق، وقيل عند الشافعية بأنه يستحب، لأنه يمكنه التدارك إن كان له دفع.

ودليلهم في ذلك بأنه يجوز أن يكون استوفى ما قامت به البينة أو ملكه العين التي قامت بها البينة، ولو كان المدعى عليه حاضرا فادعى ذلك ولم يملك بينة لوجبت

---

1 ـ أخرج البخاري ومسلم عن أم سلمة قالت: قال رسول اله صلى الله عليه وسلم : ﴿ إنما أنا بشر وأنكم تختصمون إلي ولعل بعضكم أن يكون ألحن بحجته من بعض، فأقضي له على نحو ما أسمع منه، فمن قضيت له من أخيه شيء فلا يأخذ منه فإنما أقطع له قطعة من النار﴾ انظر تخريج الحديث ص5.

وجه الدلالة

نهى النبي صلى الله عليه وسلم عن القضاء لأحد الخصمين قبل سماع الآخر، والقضاء بالحق للمدعي حال غياب المدعى عليه، قضاء لأحد الخصمين قبل سماع كلام الآخر، فكان منهيا عنه، لأن القاضي مأمور بالقضاء بالحق، قال الله تعالى: ﴿ يا داود إنا جعلناك خليفة في الأرض فاحكم بين الناس بالحق ﴾ سورة ص آية 26.

2 ـ روى ابن حزم (107: 9 /368): " عن عمرو بن عثمان قال: أتى عمر بن الخطاب رجل قد فقئت عينه، فقال له عمر تحضر خصمك، فقال له: يا أمير المؤمنين أما بك من الغضب إلا ما أرى، فقال له عمر: فلعلك فقئت عيني خصمك معا، فحضر خصمه قد فقئت عيناه معا، فقال عمر إذا سمعت حجة الآخر بان القضاء، قالوا: ولا يعلم لعمر في ذلك مخالف من الصحابة ".

3 ـ روى ابن حزم (107: 368/9) عن شريح أنه قال: " لا يقضى على غائب ".

4 ـ وروى ابن حزم (107:9/ 368) عن الجعد بن ذكوان أن رجلا سأل شريحا عن شيء فقال: " لا أغرى حاضرا بغائب ".

وجه الدلالة

يدل فعل شريح على أنه لا يجوز القضاء على الغائب.

5 ـ وقالوا إن الحكم على الغائب لا يجوز لأنه قد يملك الغائب ما يبطل البينة، ويطعن فيها، فلم يجز الحكم عليه ".

لذلك فقد اعتبروه محاباة من القاضي، وقضاء لأحد الخصمين دون الآخر (93: 11 /485).

اليمين على المدعي، فإذا تعذر ذلك منه لغيابه أو عدم تكليفه يجب أن يقوم الحاكم مقامه فيما يمكن دعواه (93: 486/11).

وقالوا بأن الحاكم مأمور بالاحتياط في حق المحكوم عليه، ولأن الغائب لا يعبر عن نفسه، وهذا من الاحتياط (20: 407/4، 93 / 486/11).

ويلحق عند معظم الشافعية (20: 415/4، 127: 230) والحنابلة في رواية (182: 529/6) بالغائب المتغيب والمتعذر فتجب اليمين عليهم بعد إثبات الدعوى، لأن هذا احتياط للقضاء، فلا يمنع منه ذلك.

أما المالكية (63: 145/6، 149، 145/6) وبعض الشافعية كالماوردي والأذرعي وغيرهم (20: 415/4، 127: 230) والحنابلة في المشهور (182: 529/6) فقد قالوا بعدم وجوب اليمين للحكم على المتغيب ولا المتعذر بخلاف الغائب، وذلك لأن المتغيب ظالم بتغيبه، وكذا المتعذر غير معذور به، فلم يحلف المحكوم له، بخلاف الغائب فإنه معذور في غيبته.

وأضاف الماوردي قائلا (127: 230): " وهل يجعل بتغيبه أو بتعذره في حكم الناكل حتى يحلف المدعي من غير إقامة البينة؟ فيه وجهان، أشبههما أنه يجعل ناكلا، فعلى هذا: يحلف ويعرض أن المتغيب حضر وتوجهت اليمين عليه فنكل عنها ".

صيغة اليمين

صيغة اليمين تكون بأن يستحلف القاضي المدعي مع بينته بأنه لم يبرأ الغائب من الدين الذي يدعيه، ولا من شيء منه، ولا اعتاض، ولا استوفى، ولا أحال عليه، ولا أحد من جهته، بل هو ثابت في ذمة المدعى عليه يلزمه أداؤه، ويجوز أن يقتصر فيحلفه على ثبوت المال في ذمته ووجوب تسليمه (20: 407/4، 149، 144/6).

أما الحنفية (56: 423/4 100 203/7: 124، 14/2: 135، 232) فقد أجازوا الحكم على الغائب في حالة واحدة، وهي حالة النفقة للزوجة على زوجها الغائب، ويستحلف القاضي الزوجة يمين الاستظهار بلا طلب عند الإمام أبي يوسف، وصيغتها تحلف: " بالله أن زوجها الغائب ما خلف لها شيئا ولا أعطاها النفقة "، ولا تستحلف عند الإمام أبي حنيفة ومحمد.

-211-

المذهب الثاني: ذهب الحنابلة في الرواية المشهورة (93: 481/11، 182: 528/6-529) والظاهرية (107: 370/9) والإمامية في الراجح (111: 2 /212) إلى أنه لا يجوز للقاضي طلب اليمين من المدعي بعد إقامة البينة على صحة دعواه على الغائب.

ودليلهم قول النبي صلى الله عليه وسلم : ﴿ **البينة على المدعي واليمين على المدعى عليه** ﴾.

وقالوا: "بأن المطلوب من المدعي إقامة البينة على صحة دعواه، وقد أقامها، فلا يطلب منه اليمين، بل الطلب منه مخالف للحديث، ولهذا قالوا: هي بينة عادلة، فلم تجب اليمين معها كما لو كانت على حاضر " (93: 486/11، 182: 529/6).

الترجيح

أذهب إلى ترجيح المذهب الأول القائل بجواز تحليف المدعي اليمين بعد إقامته البينة على صحة دعواه على الغائب، وذلك حفاظا على حق الغائب، فقد يكون استوفى حقه منه أو أداه إياه أو أبرأه، ولم تعلم البينة به، فيحلف اليمين استظهارا لحق الغائب وحفاظا عليه.

رأي القانون

لقد نص قانون الأحوال الشخصية الأردني على جواز القضاء على الغائب، وتحليف المدعي اليمين المتممة بعد أ يثبت دعواه في بعض المواضيع وهي:

أولا: اليمين في دعوى نفقة الزوجة الغيابية

إذا غاب الزوج عن زوجته وتركها بلا نفقة، فأقامت دعوى نفقة على زوجها الغائب وأثبتت دعواها بالبينة تحلفها المحكمة يمين الاستظهار بأن زوجها لم يترك لها نفقة، وأنها ليست ناشز ولا مطلقة انقضت عدتها.

وقد جاء في المادة {76} من قانون الأحوال الشخصية (مجموعة التشريعات: الطاهر 174: 119-120) ما نصه: " إذا تغيب الزوج وترك زوجته بلا نفقة أو سافر إلى محل قريب أو بعيد، فقد يقدر القاضي نفقتها من يوم الطلب بناء على البينة التي

تقيمها الزوجة على قيام الزوجية بينهما بعد أن يحلفها اليمين على أن زوجها لم يترك لها نفقـة، وعلـى أنها ليست ناشز ولا مطلقة انقضت عدتها ".

وجاء في المادة {77} من قانون الأحوال الشخصية الأردني (174: 120) ما نصه: " يفرض القاضي من حين الطلب نفقة لزوجة الغائب في ماله منقولا أو غير منقول، أو على مدينه، أو على مودعـه المقـرين بالمـال والزوجية، أو المنكرين لهما، أو لأحدهما بعد إثبات مواقع إنكاره بالبينة الشرعية، وبعد تحليفها في جميع الحالات اليمين الشرعية السابقة ".

وجاء في القرار الاستئنافي رقم 7480 من محكمة الاستئناف الشرعية (37: 323): " في حالة فرض النفقـة على الغائب لا بد من تحليف طالب النفقة اليمين ".

وقد جاء في شرح المادة {1746} من مجلة الأحكام العدلية (73: 446/4): "ويستحلف أيضا بـلا طلـب الخصم في حالة وهي: إذا طلبت الزوجة تقدير النفقة على زوجها الغائب، فيحلف القاضي الزوجة قبل الحكم بالنفقة على زوجها الغائب بأنه لم يطلقها، وأنه لم يؤدها النفقة، وأنه لم يترك مالا عندها ".

أما إذا حلفت بأنها لم تستوف النفقة سلفا، فلا يكون يمينها صريحا معتبرا، حيث جاء في القرار الاستئنافي رقم {18647} (القرارات القضائية في الأحوال الشخصية: عبد الفتاح عمرو) (176: 253): " في دعوى نفقة الزوجية في غياب الزوج يجب أن تحلف المدعية أن زوجها لم يترك لها نفقة وليست ناشزة عن طاعتـه ولا مطلقة منقضية العدة، أما إذا حلفت أنها لم تستوف النفقة سلفا، فلا يكون يمينها صحيحا معتبرا.

كما يجب أن تحلف بأنها ليست ناشز، حيث جاء في القرار الاستئنافي رقم {30373} (176: 278): " إذا حلفت أن زوجي لم يترك لي أي شيء من النفقة، فإنها ليست ناشزة " يفسخ،؟ لأن الواجب أن تحلف " لم يترك لي وإني لست ناشزة ".

وإنني أرى أن في هذه اليمين التي نصت عليها المجلة وقانون الأحوال الشخصية الأردني عيبـا إذ أنهـا طلبت تحليف الزوجة على البتات بأن زوجها لم يطلقها، والطلاق إنما هو فعل الزوج، والحلف على فعـل الغير إنما يكون على نفي العلم، كما نصت على ذلك المادة {1748} (73: 447/4) حيث جاء فيها: " وإذا أراد

أن يحلف على فعل غيره، يحلف على عدم العلم " و { الفقرة أ من المادة 55 } من قانون البينات الأردني (36: 103، 131: 169) حيث جاء فيها: " يجب أن تكون الواقعة التي تنصب عليها اليمين متعلقة بشخص من وجهت إليه اليمين، فإن كانت غير شخصية انصبت اليمين على مجرد علمه بها "، فكان ينبغي أن تكون صيغة اليمين بالنسبة للطلاق: " ولا علم لي بأن زوجي فلان قد طلقني، وانقضت عدتي".

ثانيا: اليمين في دعوى نفقة الأقارب

إذا أقام أحد الأقارب على قريبه دعوى نفقة كالأب الذي يطلب النفقة من ابنه، أو الحاضنة التي تطلب النفقة من والد الصغار المحضونين، وأثبت المدعي دعواه، فإن المحكمة تحلفه اليمين الشرعية، وصيغتها: " و الله العظيم إنني لم أستوف من المدعى عليه فلان النفقة سلفا "، حيث جاء في المادة {176} من قانون الأحوال الشخصية الأردني (174: 143) ما نصه: " إذا كان المفروض عليه النفقة من الأصول أو الفروع أو الأقارب غائبا أو حضر المحكمة، وتغيب قبل الإجابة عن موضوع الدعوى، يحلف طالب النفقة اليمين على أنه لم يستوف النفقة سلفا ".

وجاء في القرار الاستئنافي رقم { 30175} (176: 283، 177: 335): " إذا كانت الصيغة التي حلفها المدعي لم أستلم نفقتي منه سلفا ".

ثالثا: اليمين في دعوى التفريق للغيبة أو الهجر إذا كانت غيابيا

إذا أقامت المدعية دعوى التفريق للغيبة، أو دعوى التفريق للهجر، وكان الزوج غائبا، وأثبتت دعواها بالبينة، فقد أوجب قانون الأحوال الشخصية الأردني تحليف المدعية اليمين الشرعية وفق دعواها، وبينت أنه في حالة نكولها عن اليمين ترد الدعوى، فقد نصت المادة { 124} من قانون الأحوال الشخصية الأردني: (174: 130) ما نصه: " إذا أمكن وصول الرسائل إلى الغائب ضرب له القاضي أجلا وأعذر إليه بأنه يطلقها عليه إذا لم يحضر للإقامة معها أو ينقلها إليه أو يطلقها فإذا انقضى الأجل، ولم يفعل، ولم يبد عذرا مقبولا فرق القاضي بينهما بطلقة بائنة بعد تحليفها اليمين ".

ونصت المادة {125} من قانون الأحوال الشخصية الأردني (176: 130): "إذا كلن الزوج غائبا في مكان معلوم، ولا يمكن وصول الرسائل إليه، أو كان مجهول محل الإقامة، وأثبتت الزوجة دعواها بالبينة وحلفت اليمين طلق القاضي عليه بلا أعذار، وضرب أجل وفي حالة عجزها عن الإثبات أو نكولها عن اليمين ترد الدعوى.

وجاء في القرار الاستئنافي رقم{ 21217} (173: 53) ما يلي: " دعوى التفريق للغيبة والضرر لا بد من إثباتها بالبينة مع يمين المدعية، ولا تثبت الدعوى بالنكول كغيرها من الدعاوى، عملا بالمادة (25) من قانون الأحوال الشخصية ".

رابعا: اليمين في الدعوى على الميت وما يلحق به

اختلف الفقهاء في هذه المسألة على مذهبين

المذهب الأول: ذهب جمهور الفقهاء من المالكية (125: 313/4، 136: 399-301، 142: 206/7، 169: 39/3) والشافعية (20: 407/4، 114: 475/2-476) وأبو يوسف من الحنفية (56: 423/4، 100: 202/7 ـ 203، 135: 232) والحنابلة في رواية (182: 528/6) والإمامية في الراجح (111: 212/2، 132: 282) والزيدية (105: 410/5، 112: 163/4، 106: 30/4) على أنه إذا أقام المدعي دعوى يطالب بها بحق على تركة ميت وأثبته بالبينة الشرعية تحلفه المحكمة بلا طلب يمين الاستظهار.

صيغة اليمين

"بالله ما استوفيت من الديون ولا من أحد أداه إليك عنه، ولا قبضه لك قابض بأمرك، ولا أبرأته منه، ولا شيئا منه، ولا أحلت بشيء من ذلك أحدا، ولا عندك به، ولا بشيء منه رهن ".

ويلحق بالميت الصبي والمجنون والمحجور عليه والسفيه والمملوك والمفقود والوقف وغيره ".

ويمكن تعليل ذلك بأن المدعي في هذه الدعوى لا يواجه خصمه الحقيقي، وهو الميت ليبدي ما عنده من دفوع لهذا الحق، والورثة يجهلون هذه الدفوع، فربما يكون

الميت قد وفاه دينه إما بنفسه أو بغيره أو أحاله على شخص آخر فلإزالة هذه الشكوك، يحلف المدعى عليه يمين الاستظهار (182: 528/6).

المذهب الثاني: ذهب أبو حنيفة ومحمد (135: 232، 156: 4/ 423) والحنابلة في رواية (182: 528/6) إلى أنه لا يستحلف المدعي بعد إقامة البينة لحديث الرسول صلى الله عليه وسلم : ﴿ **البينة على المدعي واليمين على المدعى عليه** ﴾. فخض اليمين من جهة المدعى عليه، ولأنهلا بينة عادلة، فلا تجب معها اليمين ولو كانت على حاضر.

رأي القانون

لقد نصت المادة {1746} من المجلة على أن المدعي يحلف اليمين في الدعوى على الميت وما يلحق به حيث جاء فيها ما نصه (73: 444/4): "...ولكن تحلفه اليمين من قبل القاضي في أربعة مواضع بلا طلب: الأول: إذا ادعى أحد من التركة حق وأثبته، فيحلفه القاضي اليمين على أنه لم يستوف هذا الحق لنفسه، ولا بغيره من الميت بوجه، ولا أبرأه، ولا أحاله على غيره، ولا أوفى من طلب أحد، وليس للميت في مقابلة هذا الحق رهن، ويقال لهذه اليمين يمين الاستظهار.

وقد نصت المادة {83} من قانون المدني الأردني (53: 86/1) والمادة {54} من قانون البينات الأردني على ما يلي (00000 ولكن تحلفه المحكمة يمين الاستظهار، ولو لم يطلب الخصم تحليفه ".

ولكن القانون المدني وقانون البينات الأردني لم يبينا صيغة اليمين ولا الموضوع الذي نوجه فيه، ولا من يحلفها، مما يعد مأخذا عليهما، وقد فسرت ذلك محكمة التمييز في حكم لها رقم {689249} حيث جاء فيه ما نصه: " إذا توفي المدين وحل ورثته محله في الدعوى بحكم القانون، تصبح الدعوى متعلقة بالتركة، ولا يجوز الحكم للمدعي بدعواه قبل حلف يمين الاستظهار ".

كما قررت محكمة التمييز ما يلي (131: 191): " إن يمين الاستظهار الوارد ذكرها في المادة {54} من قانون البينات التي تقابل المادة {1746} من المجلة، والتي يتم توجيهها بدون طلب، إنما توجه في الدعوى التي تقام على من يدعي مالا أو حقا في التركة، فلا يحكم له به إن أثبته إلا إذا حلف أنه لم يستوفه بنفسه ولا بغيره من

الميت بوجه من الوجوه، ولا أبرأه منه، ولا أحاله على غيره، ولا أوفى من طريق آخر، وليس للميت بمقابل هذا الحق رهن ".

وجاء في قرار محكمة الاستئناف الشرعية رقم {15025} تحديد صيغة اليمين كما يلي (177: 329): " و الله العظيم إن الحق المدعى به ـ ويجب ذكره بالتفصيل وفق الدعوى ـ هو ملك لي وليس لزوجي المتوفى المذكور، ولم استوفها منه بنفسي ولا بغيري بوجه من الوجوه، ولا أبرأته منه، ولا أحالني على غيره، ولا أوفيت لي من طرف أحد، وليس لي في مقابلها رهن و الله العظيم ".

وجاء في القرار الاستئنافي لمحكمة الاستئناف الشرعية رقم{ 8569} (177: 326) قوله: " إذا ادعى أحد من التركة حق وأثبته، يحلف يمين الاستظهار سواء أكان المدعى به عينا أم دينا ".

وقد جاء في {الفقرة أ من المادة 123 } من قانون البينات السوري (37: 119، 181: 2/260-261) و (الفقرة ب من المادة 122) من قانون الإثبات المصري (18: 259) والمادة { 124} من قانون الإثبات العراقي (40: 387، 158: 100) على بيان صيغة اليمين المتممة، وإلزام القاضي بتوجيهها إلى المدعي حيث جاء فيها: " إن المحكمة تحلف من تلقاء نفسها من ادعى حقا في التركة، ,أثبته يمينا على أنه لم يستوف هذا الحق بنفسه ولا بغيره من المتوفى، ولا أبرأه، ولا أحاله على غيره، ولا استوفى دينه من الغير، وليس للمتوفى في مقابل هذا الحق دين أو رهن لديه".

حكم يمين الاستظهار

إن هذه اليمين ليست دليلا في الإثبات، وإنما هي لزيادة التأكيد والاطمئنان، وتقوية اقتناع القاضي بالأدلة المقدمة إليه، ولأن القاضي يوجهها للاحتياط في الحكم، أو لزيادة الاحتياط في الأدلة السابقة في الدعوى، وتحميل الحالف بعض مسؤولية الحكم، وجعله شريكا في الإثبات (10: 1/377).

ومن هنا فإنه يحكم بناء على البينة واليمين، وتكون اليمين للتأكيد وتسقط الدعوى بنكول المدعي عن اليمين، ولا ترد على المدعى عليه.

المطلب الثاني
يمين الاستحقاق

وهي اليمين التي يحلفها القاضي للمدعي على واقعة شخصية يعزز بها الدليل الأصلي.

ذهب أبو يوسف من الحنفية (56: 423/4، 100: 203/7 ـ 204، 124: 114/4) والمالكية (63: 220/6، 169: 48/4) والشافعية بشرط أن تقول البينة لا نعلمه باعها ولا وهبها (20: 466/4) إلى أن المحكمة تحلف المدعي يمين الاستحقاق إذا ادعى ملكية أموال ليست بيده، بعد أن يثبت ملكيته لما ادعاه بالبينة، ويمكن تعليل إيجاب هذه اليمين على المدعي بأن عدم وجود هذه الأموال التي يدعي ملكيتها تحت يده مظنة أنها خرجت من ملكه بطريق شرعي كالبيع أو الهبة أو غيرها. من الطرق المشروعة.

صيغة اليمين

تحلفه المحكمة " بالله ما باعه ولا وهبه ولا تصدق به، ولا خرجت العين عن ملكه بوجه من الوجوه.

رأي القانون:

نصت المادة {1746} من مجلة الأحكام العدلية (73: 444/4) على يمين الاستحقاق حيث جاء فيها: "...ولكن تحلفه اليمين من قبل القاضي في أربعة مواضع بلا طلب، الثاني: إذا لاستحق أحد المال وأثبت دعواه، حلفه القاضي على أنه لم يبع هذا المال، ولم يهبه لأحد يخرجه من ملكه بوجه من الوجوه.

وقد أخذ القانون المدني الأردني (35: 86/1) في المادة (83) وقانون البينات الأردني (36: 103، 131:: 182): بيمين الاستحقاق، وأنها تحلف من فبل المحكمة، ولو لم يطلب الخصم،، ولم يذكر صيغتها، ولا متى تحلف، ولا من يحلف، وإنما اقتصر على ذكر اسمها.

وقد فسر الدكتور مفلح القضاة (131، 191) ذلك إلى أن يمين الاستحقاق توجه من قبل القاضي إلى المدعي: " ذلك إلى أن يمين الاستحقاق توجه من قبل القاضي إلى المدعي دون طلب من الخصم، ويلزم القاضي بالحكم بنتيجتها

وقد جاء في { الفقرة ب من المادة 123} من قانون البينات السوري(:37119، 181: 2/261-262) والمادة{484} (13: 2/593، 178: 1/301) ما نصه: " إذا استحق أحد المال وأثبت دعواه حلفته المحكمة على أنه لم يبع هذا المال على أنه لم يبع هذا المال ولم يهبه لأحد ولم يخرج من ملكه بوجه من الوجوه.

حكم يمين الاستحقاق:

لقد شرعت هذه اليمين لاستظهار الحلف ولتأكيد البينة وزيادة اقتناع القاضي بها ولذلك فهي تأخذ حكم يمين الاستظهار "[1].

المطلب الثالث
يمين رد المبيع لعيب فيه

من المعروف في الفقه الإسلامي أن خيار رد المبيع لعيب فيه يسقط إذا رضي به المشتري صراحة أو دلالة، وقد نصت على ذلك المادتان {343، 344 } من مجلة الأحكام العدلية، أما إذا لم يرض المشتري بالعيب، فلا يسقط خيار رد المبيع.

لذلك فقد نص الحنفية (56: 4/423، 100: 7/203، 124: 4/14، 135:233) والشافعية (114: 2/475) على أنه إذا وجد المشتري عيبا في المبيع وأراد أن يرده على البائع، فإنه في هذه الحالة يحلف اليمين بعد أن يثبت وجود العيب في المبيع قبل الشراء.

واختلف الحنفية في توجيه اليمين على المدعي ـ المشتري ـ فذهب الإمام أبو يوسف إلى أنها توجه من قبل المحكمة بدون طلب من الخصم، أما الإمام أبو حنيفة والإمام محمد فقد ذهبا إلى أنها لا توجه إلا بطلب من الخصم.

---

[1] انظر حكم يمين الاستظهار.

وتعليل إيجاب هذه اليمين على المشتري، احتمال تزوير البينة على قدم العيب، بالإضافة إلى أن حق الخيار برد المبيع لعيب فيه يسقط برضا المشتري بالمبيع صراحة أو دلالة، وهذا الرضا لا يعرف إلا من جهة المشتري فقط، فحتى ينتفي سقوط الخيار بالرضا، فلا بد من تحليفه اليمين.

صيغة اليمين

أن يحلف القاضي المشتري: " بالله العظيم أنك لم ترض بالعيب ولا عرضته على البيع منذ رأيته ".

رأي القانون

نصت المادة {1746} من مجلة الأحكام العدلية (73: 4 / 444) على يمين رد المبيع لعيب فيه، حيث جاء فيها: "...ولكن يحلف اليمين من قبل القاضي في أربعة مواضع بلا طلب، الثالث: إذا أراد المشتري رد المبيع لعيبه حلفه القاضي على أنه لم يرض بالعيب قولا أو دلالة ".

وقد أخذ بهذه اليمين القانون المدني الأردني (38: 86) في المادة {83} وقانون البينات الأردني (36: 103، 131: 181-182) في المادة {54} حيث جاء فيها: "... ولكن تحلفه المحكمة يمين رد المبيع لعيب فيه، ولو لم يطلب الخصم تحليفه ".

وقد بين مفلح القضاة (131: 93، 178: 301/1): " أن المحكمة تقوم بتوجيه هذه اليمين إلى المشتري بدون طلب من الخصم على أن يثبت المشتري أولا وجود العيب في المبيع ويترتب عليها النزاع ".

كما أخذ بهذه اليمين قانون البينات السوري (37: 119، 181: 261/2-262) في { الفقرة ج من المادة 123 }، والقانون المدني العراقي (13: 93/2، 178: 301/1) في المادة (484) حيث نص على أنه: " إذا أراد المشتري رد المبيع لعيب حلفته المحكمة على أنه لم يرض بالعيب صراحة أو دلالة ".

حكم يمين رد المبيع لعيب فيه

جاءت هذه اليمين لزيادة التأكيد وتقوية اقتناع القاضي بالأدلة المقدمة إليه استظهارا للحق، ولذلك فهي تأخذ حكم يمين الاستظهار[1].

المطلب الرابع

يمين الشفعة[2]

حق الشفعة من الحقوق المعتبرة في الفقه الإسلامي، ولكن هذا الحق شخصي يسقط بالإسقاط، فإذا أسقط صاحب الحق حقه فلا يعود له الحق بالمطالبة به مرة ثانية.

ولذلك فقد ذهب الحنفية (56: 423/4، 100: 203/7، 124: 14/4، 135: 233) وهو قول ابن أبي ليلى (135: 233) إلى أنه إذا ادعى شخص أن له حق الشفعة بعقار مثلا، فإنه يحلف اليمين بأنه لم يسقط حقه في الشفعة، وذلك لأن إسقاط الحق لا يعرف إلا من جهته.

واختلف الحنفية في توجيه اليمين على المدعي، فذهب الإمام أبو يوسف إلى أنها توجه من قبل المحكمة بدون طلب من الخصم، أما الإمام أبو حنيفة والإمام محمد فقد ذهبا إلى أنها لا توجه إلا بطلب من الخصم.

صيغة اليمين

يحلف: " بالله ما أبطلت شفعتك "، أو يحلف: " بالله لقد طلبت الشفعة حين علمت بالشراء ".

---

[1] انظر حكم يمين الاستظهار.

[2] الشفعة: لغة (3: 489/1) " حق الجار في تملك العقار على مشتريه بشروطه التي رسمها الفقهاء،

الشفعة: اصطلاحا: (20: 296/2 حق تملك قهري يثبت للشريك القديم على الحادث فيما ملك بعوض.

رأي القانون

نصت مجلة الأحكام العدلية (73: 444/4) في المادة {1746} علي يمين الشفعة حيث جاء فيها: "..... ولكن يحلف اليمين من قبل القاضي في أربعة مواضع بلا طلب، الرابع: تحليف القاضي الشفيع عند الحكم بالشفعة بأنه لم يبطل شفعته ـ يعني لم يسقط حق شفعته بوجه من الوجوه ـ ".

وقد أخذ بها القانون المدني الأردني (35: 83/1) في المادة (83) وقانون البينات الأردني (36: 103، 131: 181 ـ 182، 193) في المادة {54} حيث جاء فيها (... ولكن تحلفه المحكمة عند الحكم بالشفعة ولو لم يطلب الخصم تحليفه ".

وقد جاء في قرار لمحكمة التمييز (131: 133): " إن التحليف بيمين الشفعة من واجبات المحكمة ".

وقد فسر ذلك مفلح القضاة (131: 193-194): "بأن توجيه يمين الشفعة كمن حق المحكمة بعد أن يثبت الشفيع حقه بالشفعة، وتحكم بناء على حلف اليمين بالدعوى".

وجاء في (الفقرة د من المادة 123} من قانون البينات السوري (37: 1189، 181: 2/260-261) ما نصه: " إذا طالب الشفيع بالشفعة حلفته المحكمة بأنه لم يسقط حق شفعته بوجه من الوجوه ".

ولم يأخذ المشرع العراقي بيمين الشفعة (13: 2/593).

حكم يمين الشفعة

إن يمين الشفعة كيمين الاستظهار لا تعتبر دليلا في الإثبات، وإنما جاءت لتأكيد البينة، وزيادة اقتناع القاضي بها، وتحميل الحالف بعض مسؤولية الحكم، وإشراكه في الإثبات، ولذلك فهي تأخذ حكم يمين الاستظهار[1].

---

[1] انظر حكم يمين الاستظهار.

المطلب الخامس
اليمين مع الشاهدين

اختلف الفقهاء في حكم توجيه اليمين المتممة مع الشاهدين على ثلاثة مذاهب:

المذهب الأول: ذهب بعض المالكية (102: 466/2، 119: 219/1) وابن أبي ليلى من الشافعية (127: 233) والإمام أحمد في رواية عنه (44: 146) والزيدية

(105: 410/5) إلى أنه إذا أقام المدعي شاهدين على صحة دعواه فإنها لا يعتبر بينة كاملة، ولا يلزم القاضي الحكم بموجب شهادتهما إلا بعد أن يحلف المدعي يمينا على صحة دعواه واستحقاقه المدعى به، فالنصاب شاهدان ويمين، واليمين متممة لشهادة الشاهدين، وهو مذهب الأوزاعي والحسن بن حي وشريح والنخعي والشعبي (44: 145 ـ 146).

واستدلوا على ذلك بما يلي

أولا: أخرج البيهقي (78: 10 /261) عن الإمام علي ـ كرم الله وجهه ـ " أنه كان يرى الحلف مع البينة ".

ثانيا: روى ابن القيم (44: 146) عن ابن أبي ليلى عن الحكم عن حبيش: " أن عليا استحلف عبد الله بن الحسن مع بينته "، ونه استحلف رجلا مع بينته، فأبى أن يحلف، فقال: " لا أقض لك بما لا تحلف عليه ".

ثالثا: أخرج البيهقي (78: 261/10) عن ابن سيرين أن رجلا ادعى قبل رجل حقا، وأقام عليه البينة، فاستحلفه شريح، فكأنه أبى اليمين، فقال شريح: " بئس ما تثني على شهودك ".

وفي الطرق الحكمية (44: 146) عن أشعث بن عون بن عبد الله أنه استحلف رجلا مع بينته، فكأنه أبى أن يحلف فقال: " ما كنت لأقضي لك بما لا تحلف عليه ".

رابعا: أخرج البيهقي (78: 261/10) عن الأشجعي أنه قال: ط شهدت شريحا واختصم إليه رجلان ادعى أحدهما قبل الآخر دابة، وأنه يزعم أنها دابته أنتجها، فسأله شريح البينة، فجاءه بثمانية رهط، فشهدوا له أ فقال الذي في يده الدابة: استحلفه، فقال:

احلف، فقال: أثبت عندك بثمانية من الشهود، فقال شريح: لو أثبت عندي كذا وكذا شاهد ما قضيت له حتى تحلف ".

وروي عن أبي البحتري (44: 146) أنه قال: " قيل لشريح ما هذا الذي أحدثت في القضاء، قال: رأيت الناس أحدثوا فأحدثت ".

وهذا يدل على أن شريح أوجب اليمين مع الشهود حين رأى الناس مدخولين في معاملتهم، وفي ذلك يقول أبو عبيد (44: 146): " إنما نرى شريحا أوجب اليمين على الطالب مع بينته حين رأى الناس مدخولين في معاملتهم ".

وقال ابن القيم (44: 146): " وهذا القول ليس ببعيد من قواعد الشرع، لا سيما مع احتمال التهمة ".

المذهب الثاني: ذهب الحنفية (117: 118/16) وبعض المالكية (119: 219/1) والشافعية (20: 466/4، 127: 232، اختلاف الحديث: الشافعي 179: 7/ 347-348) والإمام أحمد في رواية عنه (44: 146) والإمامية (111: 212/2، 132: 282) إلى أنه إذا أقام المدعي بينته على دعواه، فإنه يستحق ما ادعاه بغير يمين.

واستدلوا على ذلك بالكتاب والسنة والمعقول

أولا: الكتاب

1- قال الله تعالى: ﴿ **واستشهدوا شهيدين من رجالكم فإن لم يكونا رجلين فرجل وامرأتان ممن ترضون من الشهداء** ﴾ (سورة البقرة: آية 282).

2- قال الله تعالى: ﴿ **يا أيها الذين آمنوا شهادة بينكم إذا حضر أحدكم الموت حين الوصية اثنان ذوا عدل منكم** ﴾ (سورة المائدة: آية 106).

3- قال الله تعالى: ﴿ **فإذا بلغن أجلهن فامسكوهن بمعروف أو فارقوهن بمعروف وأشهدوا ذوي عدل منكم** ﴾ (سورة الطلاق: آية 2).

وجه الدلالة

هذه النصوص صريحة الدلالة في الاكتفاء بشهادة شاهدين في كل حق سواء أكان دينا أم عينا.

ثانيا: السنة النبوية

1- أخرج الترمذي (85: 88/6) والبيهقي (78: 253/10) عن ابن عباس -رضي الله عنهما- عن النبي صلى الله عليه وسلم أنه قال:﴿ **البينة على المدعي واليمين على من أنكر** ﴾.

2- أخرج البخاري (80: 109/5) عن عبد الله بن عمرو -رضي الله عنهما- أن النبي صلى الله عليه وسلم قال: ﴿ **شاهداك أو يمينه ليس لك إلا ذلك** ﴾

وجه الدلالة

تدل هذه الأحاديث على أن النبي صلى الله عليه وسلم جعل البينة من جانب المدعي واليمين من جانب المدعى عليه، قلم يبق يمين مون جانب المدعي.

فقد طلب الرسول صلى الله عليه وسلم من المدعي شاهدين فقط، ولم يكلفه شيئا زائدا على ذلك، وجعل الشهادة على المدعي واليمين على المدعى عليه، ولا يمكن أن يجمع بينهما بنفس الصورة في وقت واحد.

قال الإمام القرافي (174: 87/4): " فاشتراط اليمين مع الشاهدين ضعيف لقوله صلى الله عليه وسلم : ﴿ **شاهداك أو يمينه**﴾، ولقوا الله تعالى: ﴿ **شهيدين من رجالكم** ﴾ سورة البقرة (282)، وظاهر هذه النصوص أنهما حجة تامة، وما علمت أنه ورد حديث صحيح في اشتراط اليمين، ولإثبات الشروط بمجرد المناسبات والاحتمالات صعب 00000 وإثبات شرط بغير حجة خلاف الإجماع، وإن ثبت الفرق بين العين والدين، فمذهب الشافعي وغيره عدم هذا الشرط وهو الصحيح.

ثالثا: المعقول:

1- يعتبر توجيه اليمين على المدعي مع شهوده طعنا في الشهود، وهو ممنوع شرعا (20: 466/4، 1176: 118/16).

2- إن اليمين شرعت للحاجة إلى قطع المنازعة، ولا حاجة إلى ذلك بعد البينة، والحق إذا أثبت بالبينة يكون كما لو أثبت بإقرار الخصم، وما يثبت بالإقرار لم يجز فيه باستحلاف المدعي، فكذلك ما ثبت بالبينة (117: 118/16).

3- والقول باستحلاف المدعي مع البينة زيادة على النص، والزيادة على النص بغير دليل لا تجوز، حيث أن النبي صلى الله عليه وسلم قال: ﴿ **البينة على المدعي واليمين على المدعى عليه** ﴾، فلم يطلب من المدعي أن يستحلف مع البينة، ومن قال باستحلاف المدعي مع بينته فقد زاد على النص بغير دليل ز

المذهب الثالث: ذهب عامة المالكية (174: 86/4) إلى أنه إذا أقام المدعي شهوده على دعواه، وكان ذلك في دعوى الرباع والعقار، فإنه لا يستحق ما ادعاه إلا أنه يحلف مع بينته.

قال القرافي (174: 86/4): " ما علمت عندنا ولا عند غيرنا خلافا في قبول شهادة شاهدين مسلمين عدلين في الدماء والديون ".

وقال مالك: " إن شهد له بعين في يد أحد لا يستحقها حتى يحلف أنه ما باع ولا وهب ولا خرجت من يده ... وعلله الأصحاب بأنه يجوز أن يكون باعها لهذا المدعى عليه، أو لمن اشتراها هذا المدعى عليه منه.

رأي القانون

لم يرد ذكر في القانون للأخذ باليمين مع الشاهدين أو عدمه، والذي عليه العمل في المحاكم أنه يكتفى بشهادة الشاهدين على صحة الدعوى.

الترجيح

أميل إلى القول بأنه يجوز توجيه اليمين المتممة مع الشاهدين، وأن توجيهها وعدم توجيهها متروك للقاضي حسب ما يراه من الظروف والملابسات المحيطة بالقضية، وما تتطلبه المصلحة العامة، حيث أن الغرض من اليمين تأكيد البينة وزيادة الاحتياط والاطمئنان، ودفع الشبهة والريبة والاحتمال والشك عن الدعوى.

المطلب السادس
اليمين مع الشاهد

هي اليمين التي يحلفها المدعي على حقه بطلب من القاضي بعد سماع شهادة الشاهد الذي يشهد وفق الدعوى، وتعذر إقامة شاهد ثان لتكميل النصاب الشرعي في الشهادة، وهذه اليمين مع الشاهد تسمى بينة الشاهد مع يمينه.

الفرع الأول: مشروعية القضاء باليمين مع الشاهد

اختلف الفقهاء في مشروعية القضاء باليمين مع الشاهد على مذهبين

المذهب الأول: ذهب عامة المالكية (102: 467/2، 113: 909/2، 119: 212/1، 268) والشافعية (20: 443/4، 137: 273/6، 165: 172/2، 179: 345/7) والحنابلـــة (44: 67، 132، 93: 12/9-10، 182: 632/6) والإمامية (111: 215/2، 132: 283) والزيدية (93: 372/2، 105: 404/5)، وقال به أبو بكر الصديق، وعمر بن الخطاب وعثمان بن عفان، وعلي بن أبي طالب، وأبي بن كعب، وزيد بن ثابت، وعبد الله بن عباس، وأبو هريرة من الصحابة، وهو قول الفقهاء السبعة، وعمر بن عبد العزيز، والحسن، وشريح، وإياس بن معاوية، وعبد الله بن عتبة، وأبو سلمة ابن عبد الرحمن، ويحي بن يعمر، وربيعه، وابن أبي ليلى، وأبو الزناد، ويحي بن سعيد الأنصاري، والشعبي من التابعين (21: 4/12، 44: 68، 132ـ 135، 83: 193/9، 93: 10/12) إلى أن القضاء بالشاهد واليمين مشروع وجائز.

وقد استدلوا على ذلك بالسنة النبوية والإجماع والمعقول

أولا: السنة النبوية

الحديث الأول: أخرج مسلم (21: 3/2 ـ 4) وأبو داود (79: 308/3) والنسائي (23: 131/4) وابن ماجة (77: 796/2) والبيهقي (78: 10 /167) وانظر (44: 132، 83: 190/9، 137: 273/6، 179: 345/7 ـ 346، 164: 156/6) 183: 144/4) عن سيف بن سليمان عن قيس بن سعد عن عمرو بن دينار عن ابن عباس ـ رضي الله عنهما ـ أن رسول الله صلى الله عليه وسلم : **﴿ قضى بيمين وشاهد ﴾**.

وجه الدلالة

الحديث صريح الدلالة على مشروعية القضاء بالشاهد واليمين حيث نص على أن النبي صلى الله عليه وسلم : قضى بالشاهد واليمين ؟ مما يثبت صحة القضاء باليمين مع الشاهد، فلا كان لا يجوز القضاء بالشاهد واليمين لما صح للنبي صلى الله عليه وسلم أن يقضي بهما، لكنه قضى باليمين والشاهد، فدل ذلك على مشروعيته.

درجة الحديث

هذا الحديث صحيح يجوز الاحتجاج به، قال الشافعي (78: 10 /167، 83: 190/9)): " وهذا الحديث ثابت عن رسول الله صلى الله عليه وسلم لا يرد أحد من أهل العلم مثله لو لم يكن فيه غيره، مع أن معه غيره مما يشده ".

وقال النسائي (23: 131/4، 83: 190/9): " إسناد هذا الحديث جيد ".

وقال البزار (83: 190/9): "في الباب أحاديث حسان، أصحها حديث ابن عباس.

وقال ابن عبد البر (21: 4/12، 23، 131/4، 83: 191/9): " لا طعن لأحد في إسناده، ولا خلاف بين أهل المعرفة في صحته ".

وقال النووي (21: 4/12): " قال الحفاظ: أصح أحاديث الباب حديث ابن عباس ".

وروى البيهقي (78: 169/10) عن عمر بن القاسم بن محمد بن دار يقول: " سمعت محمد بن عوف يقول: قال أحمد بن حنبل: ليس في هذا الباب ـ يعني قضي باليمين مع الشاهد ـ حديث أصح من هذا.

وقد اعترض على هذا الحديث بأنه ضعيف من جهتين:

الأولى: إن في إسناده سيف بن سليمان وهو ضعيف.

الثانية: إن الحديث منقطع، حيث أن عمر بن دينار لم يكن رأى ابن عباس، وقد أعل الطحاوي (83: 191/9، 183، 145/4) هذا الحديث بقوله: " إنه لا يعلم قيسا يحدث عن عمرو بن دينار ".

وقد طعن فيه يحي بن معين (83: 191/9، 118، 3924/8، 183: 145/4) فقـال: " لم يصـح عـن رسـول الله صلى الله عليه وسلم القضاء بشاهد ويمين ".

وقال الترمذي في العلل (23: 121/4، 83: 191/9): " سألت محمدا: ـ يعني البخاري ـ عنـه فقـال: لم يسمعه عندي عمرو بن دينار من ابن عباس ".

وأجيب على هذه الاعتراضات بما يلي:

أولا: إننا لا نسلم بضعف الحديث، لن سيف بن سليمان من رجال الصحيح، فأخرج لـه مسـلم نفـس هذا الحديث، ووثقه يحي بن سعيد، قال علي بن المديني (44: 132، 78: 167): " سألت يحي بـن سـعيد عـن سيف بن سليمان فقال: هو عندنا ممن يصدق ويحفظ وكان ثبتا ".

وقال أبو عبد الله الحاكم (44: 137): " شيخنا أبو زكريا لم يطلق هذا القول علـى حـديث سـيف بـن سليمان عن قيس بن عمرو عن عمرو بن دينار عن ابن عباس، ويقوي هذه الرواية ما رواه أبو داود من طريق آخر عن عبد الرزاق، اخبرنا محمد بن مسلم عن عمرو بن دينار.

ثانيا: وإذا سلمنا بضعف السند السابق، فالحديث له سند آخر من طريق مسلم بن خالد الزنجي عـن عمرو بن دينار عن طاووس عن ابن عباس، وتابعه على هذه الرواية أيضا عبد الرزاق وأبو حذيفة كلاهـما عـن محمد بن مسلم الطائفي عن عمرو بن دينار عن ابن عباس (78: 168/10، 83: 191/9)، فهـذا سـند آخـر عـن عمرو بن دينار عن ابن عباس يقوي السند الأول.

ثالثا: أما الاعتراض بأن الحديث منقطع فيجاب عليه بما يلي:

أ- إن اعتراضكم باطل، وذلك لأن الإمام مسلم رضي الله عنه أخرج هذا الحديث بسنده الأول وهو: " حدثنا أبو بكر بن أبي شيبة ومحمد بن عبد الله ابن نمير قالا: حدثنا زيد وهو ابن حباب، حدثني سيف بـن سليمان، أخبرني قيس بن سعد عن عمرو بن دينار عن ابن عباس، وإخراج مسلم لهذا السند دليلا علـى عـدم انقطاعه (21: 3/12).

ب- أما قول الطحاوي بأنه لا يعلم قيسا يحدث عن عمرو بـن دينـار، فيجـاب عليـه (23: 131/4، 83: 191/9) بأنه ليس بحجة، والحجة لمن علم وحدث، ولذلك

من يعلم حجة على من لا يعلم، ومن هنا فليس ما لا يعلمه الطحاوي لا يعلمه غيره، وإذا روى الثقة عمن لا ينكر سماعه منه حديثا واحدا وجب قبوله، وإن لم يكن يروي عنه غيره على أن قيسا قد توبع عليه رواه عبد الرزاق وأبو حذيفة عن محمد بن مسلم الطائفي عن عمرو بن دينار عن ابن عباس، وقال الحاكم: (23: 121/4، 83: 191/9) قد سمع عمرو من ابن عباس عدة أحاديث، وسمع من جماعة من أصحابه، فلا ينكر أن يكون سمع منه حديثا وسمعه من بعض أصحابه، وقد بين البيهقي (83: 191/9) أن قيسا روى عن عمرو بن دينار حديث الذي وقصته الناقة وهو محرم

ج- وأما قول يحي بن معين بأنه لم يصح عن النبي صلى الله عليه وسلم فيجاب عليه (83: 190/9، 78: 167/10، 169) بما قاله الشافعي: " وهذا الحديث ثابت عن رسول الله صلى الله عليه وسلم لا يرد أحد من أهل العلم مثله، ولو لم يكن فيها غيره " وقول عمر بن القاسم بن محمد بن بندار: سمعت محمد بن عوف يقول: " قال أحمد بن حنبل ليس في هذا الباب ـ يعني قضى باليمين مع الشاهد ـ حديث أصح منه.

الحديث الثاني: أخرج الترمذي (85: 90/6) وابن ماجة (77: 793/2) والبيهقي (78: 169/10) وانظر (164: 156/6، 83: 190/9، 83: 144/4-145) عن جابر رضي الله عنه أن رسول الله صلى الله عليه وسلم : **﴿ قضى باليمين مع الشاهد ﴾**.

وجه الدلالة

الحديث واضح الدلالة في مشروعية القضاء بالشاهد واليمين.

درجة الحديث

أخرج الحديث البيهقي (83: 191/9، 78: 169/10) عن جعفر بن محمد عن أبيه عن جابر، وقال الترمذي (9:191/83، 85: 90/6) رواه الثوري وغيره عن جعفر عن أبيه مرسلا، وهو أصح، وقيل عن أبيه عن أمير المؤمنين علي رضي الله عنه .

الحديث الثالث: أخرج أبو داود (79: 308/3 ـ 309) والترمذي (85: 90/6) وابن ماجة (77: 793/2) والبيهقي (78: 168/10) وانظر (23: 131/4، 164: 156/6، 83: 190/9، 183: 144/4) عن ربيعة بن سهل بن أبي صالح عن أبيه عن أبي هريرة رضي الله عنه أن النبي صلى الله عليه وسلم : **﴿ قضى باليمين مع الشاهد الواحد ﴾**.

وجه الدلالة

الحديث نص صريح في مشروعية القضاء باليمين مع الشاهد.

درجة الحديث

قال ابن أبي حاتم في العلل عن أبيه (23: 131/4، 83: 192/9) "أنه صحيح"، وقتال الترمذي (85: 90/6، 192/83:9): " هذا حديث حسن غريب ".

وقال ابن أرسلان (83: 192/9) في شرح السنن: " أنه صحح حديث الشاهد واليمين الحافظان أبو زرعة وأبو حاتم من حديث أبي هريرة وزيد بن ثابت ".

وقد اعترض على هذا الحديث بأن سهلا أنكر أنه حدث به الدراوردي، ولا يثبت بمثله شريعة مع إنكار من روى عنه إياه، وفقد معرفته به.

وقد أجيب على هذا الاعتراض بما قاله الحافظ ابن حجر في فتح الباري (192/83:9) أن رجاله مدنيون ثقات، ولا يضره أن سهيل بن أبي صالح نسيه بعد أن حدث به ربيعة عن نفسه، فقد روي (78: 10 /169، 79: 309/3) عن ربيعة بإسناده قال سليمان: " فلقيت سهيلا فسألته عن هذا الحديث، فقال ما أعرفه، فقلت له: إن ربيعة أخبرني به عنك، قال: فإن كان ربيعة أخبرك عني فحدث به عن ربيعة عني ".

ومن هنا نلاحظ أن سهيلا لم ينكر الحديث، ولا يؤثر في صحة الحديث إلا الإنكار الجازم، كما أن نسيان الراوي لا يمنع من قبول حديثه قبل نسيانه.

ويؤكد عدم تأثير النسيان في هذا الحديث، أن سهيلا حدث به ربيعة عن نفسه، ورواه غير ربيعة عن سهيل وهو محمد بن عبد الرحمن وهو مدني ثقة، وقد روى الحديث البيهقي (78: 10 /168-169) عن المغيرة بن عبد الرحمن عن أ بي الزناد عن الأعرج عن أبي هريرة؟، ونقل أحمد أن حديث الأعرج ليس في الباب أصح منه، زاد فيه عبد العزيز الدراوردي (78: 10 /168، 83: 190/9، 79: 137/3،309: 6/ 274، 164: 156/6)

فذكرت ذلك لسهيل فقال: أخبرني ربيعة، وهو عندي ثقة أني حدثته إياه ولا أحفظه، قال: عبد العزيز، وقد كان أصاب سهيلا علة أذهبت بعض عقله ونسي بعض حديثه، فكان سهيل يحدث بعد ذلك عن ربيعة عن نفسه.

المذهب الرابع: أخرج الترمذي (85: 90/6) والبيهقي (78: 10 /170) ومالك (5: 721/2) والشافعي (137: 274/6) وانظر (83: 190/9، 183: 145/4) عن جعفر بن محمد عن أبيه عن أمير المؤمنين علي رضي الله عنه أن رسول الله صلى الله عليه وسلم : **﴿ قضى بشهادة شاهد واحد ويمين صاحب الحق ﴾**. وزاد بعضهم: " وقضى به أمير المؤمنين علي بالعراق ".

واعترض على هذا الحديث بأنه مرسل، حيث قال ابن عبد البر (79: 721/2): " مرسل في الموطأ.

وإن البيهقي (78: 10- 170الهامش، 83: 191/9) رواه عن إبراهيم ضعيف جدا، كما قال ابن عدي وابن حبان في ترجمته، وأن البيهقي أخطأ فيه فذكر فيه جابرا عن أبيه عن النبي صلى الله عليه وسلم ".

وأجيب على هذا الاعتراض بما يلي

1- الحديث ليس مرسلا[1]، لأن المرسل (184: 47 ـ 49، 185: 226): " هو أن يقول التابعي قال رسول الله كذا، وإذا ورد مرسلا من طريق أو رواية، فقد ورد مسندا في رواية أخرى، وعلى التسليم بأنه مرسل، فالحديث المرسل حجة عند الجمهور كما أنه حجة عند الشافعية إذا عضدته رواية أخرى، أو سندا آخر أو قول صحابي، أو أكثر العلماء، وقد وجدت هذه المؤيدات كلها ".

2- وإذا سلمنا بثبوت ضعف هذا الحديث، فإنه لا يؤثر على غيره من الأحاديث السابقة، ورواية الصحاح الثقات لا تعل برواية الضعفاء، حيث قال البيهقي (83: 190/9): " ورواية الثقات لا تعل برواية الضعفاء "، وقد أخرجه البيهقي (78: 10 / 170) من طريق آخر، فقال: " حدثنا عبد العزيز بن الماجشون عن جعفر بن محمد عن أبيه عن جده رسول الله صلى الله عليه وسلم ، وقضى به علي رضي الله عنه بالعراق ".

---

[1] قال بعض علماء مصطلح الحديث (176: 49، 177: 233) بمرسل الصحابي، وهو ما يخبر به الصحابي عن شيء فعله النبي صلى الله عليه وسلم أو نحوه، مما يعلم أنه لم يحضره لصغر سنه، ولتأخر إسلامه، أو غير ذلك، كأن يقول الصحابي كنا نفعل كذا أو فعلنا كذا، أو فعل رسول الله صلى الله عليه وسلم كذا، أو قضى رسول الله صلى الله عليه وسلم بكذا، وهذا له حكم المرفوع أي الموصول.

الحديث الخامس: أخرج ابن ماجة (77: 793/2 وانظر 83: 190/9) عن سرق أن النبي صلى الله عليه وسلم ﴿ **أجاز شهادة الرجل ويمين الطالب**﴾.

وجه الدلالة

الحديث نص ظاهر في جواز القضاء بشاهد ويمين المدعي ".

درجة الحديث

الحديث في إسناده رجل مجهول وهو التابعي الراوي عنه، حيث قال ابن ماجة (2:77/793، 83: 190/9، 163: 2/373-373) حدثنا أبو بكر بن أبي شيبة، حدثنا يزيد بن هارون حدثنا جورية بن أسماء حدثنا عبد الله بن يزيد مولى مولى المنبعث عن رجل من أهل مصر عن سرق، ورجال إسناده رجال الصحيح لولا هذا الرجل المجهول.

الحديث السادس: أخرج أبو داود (79: 309/3) والبيهقي (78: 10/171-172) عن الزبيب بن ثعلبة في قصة ذكرها وفيها: ﴿ **أنه قال له** صلى الله عليه وسلم **هل لك بينة أنكم أسلمتم قبل أن تؤخذوا في هذه الأيام؟ قلت: نعم، قال: من بينتك؟ قلت: سمرة رجل من بني العنبر ورجل آخر سماه له، فشهد الرجل، وأبى سمرة أن يشهد، فقال نبي الله** صلى الله عليه وسلم **قد أبى أن يشهد لك، فتحلف مع شاهدك الآخر؟ قلت: نعم، فاستحلفني، فحلفت بالله لقد أسلمنا يوم كذا وكذا وخضرمنا آذان الأنعام[1]، فقال النبي** صلى الله عليه وسلم **اذهبوا فقاسموهم أنصاف الأموال .... إلى نهاية القصة** ﴾.

وجه الدلالة

إن النبي صلى الله عليه وسلم قضى بالشاهد واليمين في هذا الحديث، مما يدل على مشروعية القضاء بالشاهد واليمين، فلو لم يجز القضاء بالشاهد واليمين لما صح للنبي صلى الله عليه وسلم أن يقضي بهما.

---

[1] خضرمنا آذان الأنعام: قطعنا أطراف آذانها، وكان ذلك علامة وفارقا بين من أسلم ومن لم يسلم.

الحديث السابع: أخرج البيهقي (78: 170/10) عن عمرو بن حزم والمغيرة بن شعبة قالا: ﴿ **بينما نحن عند رسول الله** صلى الله عليه وسلم **دخل رجلان يختصمان مع أحدهما شاهد له على حقه، فجعل رسول الله** صلى الله عليه وسلم **يمين صاحب الحق مع شاهده** ﴾

وجه الدلالة

الحديث نص صريح على أن النبي صلى الله عليه وسلم قضى بيمين صاحب الحق مع شاهده، مما يدل على مشروعية القضاء باليمين مع الشاهد لفعل النبي صلى الله عليه وسلم ذلك.

ثانيا: الإجماع

استدل جمهور الفقهاء من المالكية (119: 268/1، 180: 87/4) والشافعية (20: 444/4، 137: 274/6) والحنابلة (44: 132-135) والظاهرية (107: 404/9، 78: 173/1) على مشروعية القضاء بالشاهد واليمين بالإجماع، فقد قضى بهما أبو بكر الصديق، وعمر بن الخطاب، وعثمان بن عفان، وعلي بن أبي طالب، وأبي بن كعب، وعدد كبير من الصحابة، ولم يخالفهم في ذلك أحد فكان إجماعا، ومما يدل على انعقاد الإجماع ما يلي:

1- ما رواه البيهقي (78: 173/10) وابن القيم (44: 134) عن جعفر بن محمد عن أبيه عن علي بن أبي طالب ـ كرم الله وجهه: " أن رسول الله صلى الله عليه وسلم وأبو بكر الصديق وعثمان بن عفان كانوا يقضون بالشاهد الواحد ويمين المدعي ". وقال جعفر: " والقضاة يقضون بذلك عندنا اليوم ".

2- أخرج البيهقي (78: 173/10) وابن القيم (44: 134) عن أبي الزناد عن عبد الله بن عامر أنه قال: " حضرت أبا بكر وعمر وعثمان يقضون بشهادة الشاهد واليمين ".

3- أخرج البيهقي (78: 174/10) ومالك (5: 722/2) والشافعي (137: 274/6) وابن القيم (44: 135) عن أبي الزناد أن عمر بن العزيز كتب إلى عبد الحميد بن عبد الرحمن بن زيد بن الخطاب، وهو عامله على الكوفة: " أن اقض باليمين والشاهد، فإنها السنة ". قال أبو الزناد: " فقام رجل من كبرائهم فقال: " أشهد أن شريحا قضى بها في المسجد ".

4- أخرج البيهقي (78: 10 / 173) والشافعي (137: 274/6، 78/7، 164: 156/6) وابن القيم (44: 134) عن جعفر بن محمد قال: " سمعت الحكم بن عتبة يسأل أبي ـ وقد وضع يده على جدار القبر ليقوم ـ أقضى رسول الله صلى الله عليه وسلم باليمين مع الشاهد؟ قال: نعم، وقضى به علي بين أظهركم ".

5- أخرج الشافعي (137: 275/6) عن محمد بن سيرين: " أن شريحا وعبد الله بن عتبة بن مسعود قضيا باليمين مع الشاهد ".

وجه الدلالة

يدل فعل الصحابة ـ رضي الله عنهم ـ ومن تبعهم المشهور في القضاء باليمين مع الشاهد الذي لم يعارض من أحد بأنه إجماع المسلمين على مشروعية القضاء باليمين مع الشاهد كما ورد في هذه الآثار.

وقد اعترض على هذا الإجماع باعتراضين

الأول: إن القضاء بالشاهد واليمين بدعة، حيث روي عن الزهري (107: 404/9، 118: 2924/8، 137: 78/7) لما سئل عن اليمين مع الشاهد فقال: " بدعة، وأول من قضى بهما معاوية رضي الله عنه ".

وذكر ابن جريج (107: 404/9، 118: 3924/8،، 137: 78/7) عن عطاء بن أبي رباح أنه قال: " كان القضاء الأول أن لا يقبل إلا شاهدان، وأول من قضى باليمين مع الشاهد عبد الملك بن مروان، وع أنه ورد مورد الآحاد، ومخالفا للمشهور فلا يقبل ".

وأجيب عليه بأن القضاء بالشاهد واليمين ثبت العمل به قبل خلافا للزهري وعطاء، وأنه ثابت عمن سبقهما من الصحابة، وقد قال الشافعي (137: 8/7): " أن الزهري قضى بهما حين ولي القضاء "، والإثبات الموافق للجماعة أولى من النفي المخالف لهم، والحكم: أن من حدث أولى ممن أنكر الحديث.

وأجيب على قول عطاء والزهري: بأن القضاء بشاهد ويمين رويت من طرق كثيرة، وبعضها لا مطعن فيه، ورواها نيف وعشرون صحابيا[1]، فكان هذا الحديث من أشهر هذا الحديث من أشهر الأحاديث وأصحها وأثبتها، وهذا يدفع قول عطاء بأنها وردت مورد الآحاد، ويدفع قول الزهري بأن القضاء باليمين والشاهد بدعة، وقد أخرج هذه الأحاديث الأئمة مسلم والترمذي وابن ماجة وأبو داود ومالك والشافعي والبيهقي، وهم أعلم بالحديث وصحته وشهرته من غيرهم.

الثاني: إن هذا الإجماع إجماع سكوتي، وهو مختلف في الاحتجاج به، فقال به بعض الأصوليين، وأنكره آخرون، كما ينقصه شرط وهو العلم بعدم المخالف.

وأجيب عليه بأن الإجماع السكوتي حجة إذا علم بعدم المخالفة، وقد علمنا عدم المخالفة من الصحابة.

ثالثا: المعقول

قال ابن قدامه في المغني (93: 11/12، 102: 468/2، 182: 468/6): " إن اليمين تشرع في حق من ظهر صدقه وقوي جانبه، ولذلك شرعت في حق صاحب اليد لقوة جنبته بها، وفي حق المنكر لقوة جنبته، فإن الأصل براءة ذمته، والمدعي هاهنا قد ظهر صدقه فوجب أن تشرع اليمين في حقه ".

المذهب الثاني: ذهب الحنفية (118: 3923/8) وبعض المالكية (102: 468/2 119 :422/1) والإباضية (589/129:6) وقال به الشعبي والنخعي وأصحاب الرأي والأوزاعي والزهري والليث والحكم وزيد بن علي وابن شبرمة والإمام يحي (21: 4/12، 93: 10/12، 102: 468/2) إلى أن القضاء بالشاهد واليمين غير مشروع وغير جائز.

---

[1] من الصحابة الذين رووا حديث القضاء بشاهد ويمين عمر وعلي بن أبي طالب وعبد الله بن عباس وأبو هريرة وجابر بن عبد الله وعبد الله بن عمرو وأبي وزيد بن ثابت وسعد بن عبادة وعمارة بن حزم وسرق وعبد الله بن عمر وأبو سعيد الخدري وزيد بن ثعلبة وعامر بن ربيعة والمغيرة بن شعبة وأنس بن مالك وسهل بن ساعدة الساعدي وعمرو بن حزم وبلال بن الحارث وتميم الداري ومسلمة بن قيس (44: 133، 83: 190/9، 137: 273/6 ـ 274).

واستدلوا على ذلك بالكتاب والسنة النبوية

أولا: الكتاب

1- قال اللـه تعالى: ﴿ **واستشهدوا شهيدين من رجالكم فإن لنم يكونا رجلين فرجل وامرأتان ممن ترضون من الشهداء** ﴾ (سورة البقرة: آية 282).

2- قال اللـه تعالى: ﴿ **يا أيها الذين آمنوا شهادة بينكم إذا حضر أحدكم الموت حين الوصية اثنان ذوا عدل منكم** ﴾ (سورة المائدة: آية 106).

3- قال اللـه تعالى: ﴿ **فإذا بلغن أجلهن فامسكوهن بمعروف أو فارقوهن بمعروف وأشهدوا ذوي عدل منكم** ﴾ (سورة الطلاق: آية 2).

وجه الدلالة

دلالة هذه الآيات من عدة وجوه:

الوجه الأول: تدل هذه الآيات على مشروعية القضاء بالشاهدين والقضاء بالشاهد والمرأتين، ولم تذكر الشاهد واليمين، فالقضاء بالشاهد واليمين زيادة على النص، والزيادة على النص نسخ، ولا يجوز نسخ القرآن بأخبار الآحاد (93: 10/12).

وقد اعترض على هذا الاستدلال بعدة أمور منها

أولا: إن الآيات تفيد الحصر، وتدل على عدم جواز الحكم بشاهد ويمين عن طريق المفهوم[1]، والحنفية لا يقولون به فضلا عن مفهوم العدد (130: 194/9).

[1] قال الأزميري (186: 108، 112، 188: 147 وما بعدها): " اعلم أن الشافعية قسموا دلالة اللفظ إلى منطوق ومفهوم، وقالوا في دلالة المنطوق ما دل عليه اللفظ في محل النطق، وجعلوا ما سميناه عبارة وإشارة واقتضاء من هذا القبيل، وقالوا دلالة المفهوم ما دل عليه اللفظ لا في محل النطق، ثم قسموا المفهوم إلى مفهوم موافقة وهو أن يكون المسكوت عنه موافقا في الحكم للمنطوق به، ويسمونه فحوى الخطاب ولحن الخطاب، وهو الذي سميناه بدلالة النص كما في قوله تعالى " فلا تقل لهما أف " (سورة الإسراء: آية 139)، وإلى مفهوم مخالفة: وهو أن يكون المسكوت عنه مخالفا للمنطوق به في الحكم، ويسمونه دليل الخطاب، وهو المعبر عنه عندنا بتخصيص الشيء بالذكر.

ثانيا: أما قوله إن الزيادة نسخ، وأخبار الآحاد لا تنسخ المتواتر، فقد أجيب عليه بأن قولهم مردود، لأن النسخ[1] رفع الحكم وإزالته، والزيادة تقرير له لا رفع، والحكم بالشاهد واليمين لا يمنع الحكم بالشاهدين ولا يرفعه، ولأن الزيادة لو كانت متصلة بالمزيد عليه لم ترفعه ولم تكن نسخا، وكذلك إذا انفصلت عنه (83: 11/12)

وقالوا: بأنه يشترط في النسخ أن يرد الناسخ والمنسوخ على محل واحد، وهذا غير متحقق في الزيادة على النص وغاية ما فيه أن تسمية الزيادة كالتخصيص نسخا واصطلاحا، ولا يلزم منه نسخ الكتاب بالسنة، ولكن تخصيص الكتاب بالسنة جائز وكذلك الزيادة عليه، وقد أجمع المسلمون على قبول كثير من الأحكام التي جاءت بها السنة زائدة على نص القرآن مثل تحريم الجمع بين المرأة وبنت أخيها أو بنت أختها، وقطع رجل السارق في المرة الثانية، وتوريث الجدة السدس وغيرها.

وأخذ من رد الحكم بالشاهد واليمين لكونه زيادة على ما في القرآن بأحكام مشابهة من السنة النبوية كالوضوء بالنبيذ والوضوء من القهقهة ومن القيء، واستبراء المسبية، وترك قطع من سرق ما يسرع إليه الفساد، وشهادة المرأة الواحدة في الولادة، ولا قود إلا بالسيف، ولا جمعة إلا في مصر جامع، ولا تقطع الأيدي في الغزو، ولا يرث الكافر المسلم، ولا يؤكل الطافي من السمك، ويحرم كل ذي ناب من السباع وذي مخلب من الطير، ولا يقتل الوالد بالولد، ولا يرث القاتل من القتيل، وغير ذلك من الأمثلة التي تتضمن الزيادة على عموم الكتاب. وأجابوا بأن الأحاديث الواردة في هذه المواضع أحاديث مشهورة فوجب العمل بها لشهرتها. (83: 194/9).

ويرد على جوابهم بأن أحاديث القضاء بالشاهد واليمين رواها عن رسول الله صلى الله عليه وسلم نيف وعشرون صحابيا، وفيها ما هو صحيح فأي شهرة تزيد على هذه الشهرة (23: 131/1، 83: 194/9).

ثالثا: إن الآيات واردة في التحمل والتوثيق المثبت للحقوق ودون الأداء، ولذلك ذكر الوسائل التي توثق الحق وتضبطه لتكون وسيلة لإثباته عند التنازع، والشاهد

[1] النسخ (189: 336، 190: 250) في اللغة الإزالة والنقل، وفي الاصطلاح: رفع الشارع حكما شرعيا بدليل شرعي متراخ عنه.

واليمين لا يصح أن يكون طريقا من طرق التوثيق وتحمل الشهادة (93: 11/12، 44: 71، 135).

الوجه الثاني

إن الآيات جاءت بالعدد ووصف العدالة " شهيدين "، " ممـن ترضـون "، " ذوا عـدل "، " ذوي عـدل "، وكما لا يجوز إسقاط العدالة، فلا يجوز إسقاط العدد.

يعترض عليه بأنه لا تلازم بين العدد والعدالة، ثم إن القضاء بالشاهد واليمين ليس فيه إسـقاط للعـدد، بل يؤكد ضرورة العدد ومشروعيته، واليمين قائم مقام الشاهد الثاني، ثم إن الحنفية يجيزون شهادة الفاسـق، وبذلك فقد أسقطوا العدالة والتلازم بأنفسهم.

الوجه الثالث

أجاز الله تعالى شهادة النساء مـع الرجـال، وأوجـب فيهـا للاحتيـاط شـهادة اثنتـين لتـذكر إحـداهما الأخرى، ولو أجيز شهادة شاهد ويمين لما احتاج للاثنتين للتذكير.

وقد اعترض عليه بأن الحاجة إلى تذكير إحداهما الأخرى، إنما هو فيما إذا شهدتا، فإن لم تشـهدا قامـت مقامهما يمين الطالب ببيان السنة الثابتة، واليمين ممن هي عليه ـ لو انفردت ـ لحلت محل البينة في الأداء والإبراء، فكذلك حلت اليمين هاهنا محل الشاهد ومحل المرأتين في الاستحقاق بانضمامهما إلى الشـاهد الواحد (44: 136، 83، 193/9).

والخلاصة في هذا الدليل أنه لا حجة على منع الشاهد واليمين، وأن الأخذ بهما لا يعارض من القرآن ولا يخالف ظاهره، وأن القضاء باليمين والشاهد هو حكم اللـه تعالى على لسان رسـوله صـلى اللـه عليـه وسـلم حيث قال اللـه تعالى:﴿ وما أتاكم الرسول فخذوه وما نهاكم عنه فانتهوا﴾ (سورة الحشر: آية 7).

قال الشافعي (137: 79/7): " والقضاء بشاهد ويمين لا يخالف ظاهر القرآن، لأنه لا يمنع أن يجوز أقـل مما نص عليه ".

فالقضاء بشاهد ويمين موافق لكتاب اللـه، والنص على الشيء لا يلـزم نفيـه عـما عـداه في الآيـة نفـي الحكم بشاهد ويمين.

ثانيا: السنة النبوية

الحديث الأول: أخرج مسلم (21: 2/12، 84، 1336/3) والنسائي (81: 485/3 ـ 486) وابـن ماجـة (77: 778/2) عن ابن عباس ـ رضي الـله عنهما ـ: ﴿ لو يعطى الناس بدعواهم لادعى نـاس دمـاء رجـال وأمـوالهم، ولكن اليمين على المدعى عليه ﴾، وفي رواية: ﴿ البينة على المدعي واليمين على من أنكر ﴾.

وجه الدلالة

جعل الرسول صلى الـله عليه وسلم كل جنس السمين على المدعى عليه، وكل جنس البينـة عـلى المدعي، حيث ذك عليه الصلاة والسلام اليمين بلام التعريف فيقتضي استغراق كل الجنس، فلـو جعلـت حجـة المدعي لا يكون كل جنس اليمين حجة المدعى عليه، بل يكون من الأيمان ما ليس بحجة له وهو يمـين المـدعي، كما أن القسمة تنافي الشركة فلا تقبل البينات من المدعى عليه، وكذلك لا تقبل اليمـين مـن المـدعي، فالبينـة لإثبات الدعوى واليمين لإنكارها.

وقد جمع الشاهد واليمين بين البينة واليمين، وهذا مخالف لنص الحديث في القسمة والاختصاص، كما أن الحديث يدل على منع الحكم بمجرد الدعوى، وهذا يبطل الحكم باليمين والشاهد، لأن اليمين والدعوى مـن المدعي، فلو استحق بيمينه كان مستحقا بدعواه (100: 204/7، 118: 392/8، 183: 148/4).

وقد اعترض على هذا الاستدلال بعدة وجوه منها

الوجه الأول

إن أحاديث القضاء بالشاهد واليمين أصح وأصرح وأشهر، وهذا الحديث لم يروه أحد من أهـل الكتـب الستة (44: 75).

الوجه الثاني:

أنه لو قاومها في الصحة والشهرة لوجب تقديمها عليه لخصوصها وعمومه (44: 75).

الوجه الثالث

إن اليمين إنما كانت في جانب المدعى عليه حيث لم يترجح جانب المدعي بشيء غير الدعوى فيكون جانب المدعى عليه أولى باليمين لقوته بأصل براءة الذمة، فكان هو أقوى المدعيين باستصحاب الأصل فكانت اليمين من جهته، فإذا ترجح جانب المدعي بلوث أو نكول أو شاهد كان أولى باليمين لقوة جانبه بذلك، فاليمين مشروعة في جانب أقوى المتداعيين، فأيهما قوي جانبه شرعت اليمين في حقه بقوته وتأكيدا، فإذا أقم المدعي شاهدا واحدا قوي جانبه، فترجح على جانب المدعى عليه الذي ليس معه إلا مجرد استصحاب الأصل، وهو دليل ضعيف يدفع بكل دليل يخالفه، فدفع بقول الشاهد الواحد، وقويت شهادته بيمين المدعي (44: 75).

الوجه الرابع

على فرض التسليم بأن اليمين على المدعى عليه فقط كما جاء في الحديث، فإن اليمين التي جعلها النبي صلى الله عليه وسلم على المدعى عليه غير اليمين التي جعلها على المدعي، وذلك لعدة أمور هي (152: 158، 180: 89/4).

الأول: إن اليمين التي على المدعى عليه يمين دافعة، تدفع عنه دعوى المدعي، بينما اليمين مع الشاهد فهي يمين جالبة، تجلب الحق للمدعي، وقد ثبت بالسنة عن النبي صلى الله عليه وسلم .

الثاني: إن اليمين واجبة في جانب المدعى عليه، جائزة في جانب المدعي.

الثالث: إن يمين المدعى عليه للنفي بينما يمين المدعي للإثبات.

الرابع: تعتبر يمين المدعى عليه حجة كاملة، أما يمين المدعي فهي جزء من الحجة تضاف إلى الشاهد فتدعمه وتؤكده.

الوجه الخامس

إن منع الجمع بين الشاهد واليمين مأخوذ من مفهوم المخالفة للحديث السابق، والحنفية لا يقولون به مع أنه ثابت صراحة، وبالنص عن النبي صلى الله عليه وسلم عن طريق عدد كبير من الصحابة.

الوجه السادس

نص الحديث الشريف على أن البينة على المدعي، والبينة اسم لكل ما يبين الحق ويظهره كالشاهدين، والشاهد واليمين، ولذلك فإن الشاهد واليمين داخلان تحت اسم البينة لثبوتها في السنة، وهذا يؤكد أن الحصر ليس مرادا في الحديث، واليمين تكون من المدعي في حالات متفق عليها ـ وإن سمي مدعى عليه مجازا ـ فشرع في حق المودع في دعوى رد الوديعة وتلفها، وفي حق الأمناء لظهور جنايتهم ـ في الأمانة والحفظ، وفي حق الملاعن، وفي القسامة، وتشرع في حق البائع والمشتري إذا اختلفا في الثمن والسلعة قائمة (93: 11/12، 118: 3924).

الوجه السابع

القول بأن المدعي استحق بدعواه ويمينه ما ادعاه، أنه مخالف للحديث مردود لأن القضاء تم بالشاهد واليمين معا، وليس بأحدهما، وإن قال بعض الفقهاء الحجة هي اليمين فقط، وقال بعضهم إن القضاء بالشاهد فقط واليمين مؤكدة، كما سترى تفصيله في حقيقة الحكم بهما (44: 138، 180: 4/88 ـ 89).

الحديث الثاني: أخرج البخاري (80: 109/5، وانظر 4: 296/12) عن الأشعث بن قيس قال: ﴿ **كانت بيني وبين رجل خصومة في بئر فاختصمنا إلى رسول الله** صلى الله عليه وسلم **فقال رسول الله** صلى الله عليه وسلم : **شاهداك أو يمينه، قالت: إنه إذا يحلف ولا يبالي، فقال رسول الله** صلى الله عليه وسلم **: من حلف على يمين يستحق بها مالا وهو فيها فاجر لقي الله وهو عليه غضبان، فأنزل الله تصديق ذلك: " إن الذين يشترون بعهد الله وأيمانهم ثمنا قليلا .... لهم عذاب أليم** ﴾ (سورة آل عمران: آية 77).

وجه الدلالة

قالوا بأن النبي صلى الله عليه وسلم خير في هذا الحديث المدعي بين تقديم الشهادة أو طلب يمين المدعى عليه وإنهاء النزاع، وأن المدعي لا يستحق شيئا بغير شاهدين، وإن التخيير بين هذين الأمرين، فلا يصح الجمع بينهما أو الزيادة عليهما، والشاهد واليمين جمع وزيادة في وقت واحد، وهذا مخالف لظاهر الحديث (180: 4/88، 183: 4/148)

وقد اعترض على هذا الاستدلال بما يلي:

أولا: إن منع الحكم بشاهد ويمين عمل بالمفهوم، والحنفية لا يقولون به.

ثانيا: إن كلمة " شاهداك " لا تدل على الاقتصار على الشاهدين الرجلين، بل تشمل الشاهد والمرأتين، والشاهد واليمين حيث لا حصر فيها، ويؤيد هـذا المعنى الروايـة الأخرى للحديث التي جـاءت تفسر ـ هـذه الرواية، وتبين أنها ليست قاصرة على الشاهدين، وهي لفظ " بينتك أو يمينه "، وفي روايـة أخرى: " ألك بينة " قال: لا، قال: فلك يمينه ".

ثالثا: وإذا سلمنا أن الشاهد واليمين لا يـدخل في لفـظ " شاهداك "، وأنها زائـدة عليـه، فـإن الزيـادة ليست بالرأي والاجتهاد، وإنما بنص الأحاديث الثابتة عن رسول اللـه صلى اللـه عليـه وسلم وعلـى فـرض التعارض، فيقدم المنطوق في أحاديث الشاهد واليمين على المفهوم في حديث: " شاهداك أو يمينه ".

ثالثا: المعقول

قالوا بأن اليمين تقوم مقام الشاهد الثاني، ويجوز تقديم أحد الشاهدين على الآخر، لجاز تقديم اليمين كأحد الشاهدين على الآخر، ولكن لا يجوز تقديمه، فلا يصح أن يكون قائما كمقامه.

واعترض عليه بأنه لا فرق بين الشاهدين، ولا تفاضل في التقديم والتأخير، أمـا اليمـين فإنهـا جـاءت في القضاء لتأكيد وتقوية جانب الشاهد، وأنها لا تساوي الشاهد الثاني مـن كـل وجـه، وفي قـول ضعيف عنـد الحنابلة يجوز تقديم اليمين لعدم الرواية بالمنع (44: 140، 105: 404/5، 183: 89/4) كما أنه لا يلجأ إلى يمـين المدعي إلا بعد أداء الشاهد الأول شهادته وعجزه عن إحضار شاهد آخر، فيطلب القاضي اليمين منـه احتياطا وتأكيدا للدعوى، كما أنه لا يمكن معرفة نتيجة شهادة الشاهد الأول إلا بعد أدائه للشهادة.

الترجيح

أذهب إلى ترجيح رأي الجمهور القائل بمشروعية الإثبات بالشاهد واليمين، وذلك لقوة أدلتهم، ودلالتها الواضحة على مشروعية القضاء بالشاهد واليمين، حيث إن

الأحاديث الشريفة ثابتة وصحيحة، فقد رواها مسلم وأبو داود والترمذي والنسائي وابن ماجة والبيهقي والإمام مالك والإمام الشافعي، ورواها عن رسول الله صلى الله عليه وسلم عدد كبير من الصحابة يزيد على العشرين، واشتهر الحديث بذلك مما يؤدي إلى ثبوت الأحكام الشرعية به، وقد قضى الخلفاء الراشدون والتابعون بالشاهد واليمين، وهو لا يعارض ما جاء في القرآن الكريم

كما أن القضاء بالشاهد واليمين فيه مصلحة للمسلمين حيث يحافظ به على الحقوق عند تعذر وجود شاهد ثان، عند ذلك يكلف المدعي باليمين التي يحتكم بها إلى قوة إيمانه وضميره للتحقق من صدق دعواه، ولذلك شرعت اليمين في حقه لقوة جانبه بوجود شاهد يشهد بما ادعاه.

قال أبو عبيد في انتصاره لمذهب المجوزين (44: 68): " إن القضاء بشاهد ويمين هو الذي نختاره اقتداء برسول الله صلى الله عليه وسلم واقتصاصا لأثره، وليس ذلك مخالفا لكتاب الله عند من فهمه.

وقال الإمام الشوكاني (83: 195/9) إن ما رواه المانعون من الحكم بشاهد ويمين غير نافق في سوق المناظرة عند من له أدنى إلمام بالمعارف العلمية، وأقل نصيب من إنصاف، فالحق أن أحاديث العمل بشاهد ويمين زيادة على ما دل عليه قوله تعالى: ﴿ **واستشهدوا شهيدين**﴾ الآية، وعلى ما دل عليه قوله صلى الله عليه وسلم : ﴿ **شاهداك أو يمينه** ﴾ غير منافية للأصل فقبولها متحتم.

وقال الإمام مالك (5: 722/2) والإمام أحمد (93: 12/12): " مضت السنة في القضاء باليمين مع الشاهد الواحد يحلف صاحب الحق مع شاهده ويستحق حقه ".

الفرع الثاني: حكم القضاء باليمين والشاهد

اتفق الفقهاء القائلون بمشروعية القضاء باليمين مع الشاهد الواحد من المالكية (5: 722/2) والشافعية (20: 443/4-444) والحنابلة (93: 12/12) والظاهرية (107: 403/9) والإمامية (132: 283) والزيدية (112: 4/ 162) إلى أنه يقضى باليمين مع الشاهد الواحد، فإذا أقام المدعي شاهدا واحدا على صحة دعواه وحلف اليمين حكم القاضي بصحة دعواه وقضى له بها.

واختلفوا في حكم نكول عن المدعي عن اليمين مع الشاهد الواحد على مذهبين:

المذهب الأول: ذهب المالكية (5: 722/2) والشافعية (20: 4/443-444) والحنابلة (93: 12/12) إلى أنه إذا نكل المدعي وأبى أن يحلف، حلف المطلوب، فإن حلف سقط عنه ذلك الحق، وليس للمدعي أن يحلف بعد ذلك مع شاهده، وإن أبى أن يحلف ثبت عليه الحق لصاحبه عند المالكية والشافعية في وجه والحنابلة، ويحلف المدعي يمين الرد عند الشافعية في الأظهر كما لو لم يكن له شاهد، ونكل المدعى عليه، لأنها غير التي امتنع عنها، لأن تلك لقوة جهته بالشاهد، وهذه لقوة جهته بنكول المدعى عليه، ولأن تلك لا يقضى بها إلا بالمال، وهذه يقضى بها في جميع الحقوق.

المذهب الثاني: ذهب الزيدية (112: 160/4) إلى أنه يقضى بنكول المدعي عن اليمين مع الشاهد الواحد وتسقط الدعوى، ولا ترد اليمين على المدعى عليه، ودليلهم أنها لا تتم السببية للحكم إلا بمجموع الشاهد واليمين وإلا لم يكن سببا أصلا.

واختلف الفقهاء في حقيقة الحكم بالشاهد واليمين على ثلاثة مذاهب

المذهب الأول: ذهب المالكية في قول (119: 1 /271، 143: 228/7) والشافعية في قول (20: 443/4) والحنابلة (44: 138) إلى أن القضاء بالشاهد فقط، واليمين للتأكيد والتقوية والاستظهار والاحتياط.

المذهب الثاني: ذهب الشافعية في قول (20: 443/4) إلى أن القضاء باليمين فقط، ولا عبرة للشاهد، وإنما هو لترجيح جانب المدعي.

المذهب الثالث: ذهب المالكية في قول (119: 271/1) والشافعية في الأصح (119: 271/1) إلى أن القضاء بالشاهد واليمين معا.

الترجيح

الراجح ما ذهب إليه أصحاب المذهب الثالث بأن القضاء بالشاهد واليمين معا، وذلك لأنه لو لم يشهد الشاهد الثاني ونكل المدعي عن اليمين، لامتنع القضاء بهما له، ولاشترط النصاب في الشهادة.

وتظهر الخلاف إذا رجع الشاهد على القول الأول يغرم الشاهد الكل، وعلى القول الثاني لا شيء على الشاهد، وعلى القول الثالث يغرم الشاهد النصف (20: 4/ 443، 44: 138 ـ 141، 139: 271/1).

واليمين مع الشاهد تكون من المدعي مهما كان جنسه، أو صفته، أو وضعه، فيحلف الرجل والمرأة، والمسلم والكافر، والعدل والفاجر والفاسق، لأن اليمين مع الشاهد شرعت في حق المدعي باختلاف أوصافه كاليمين من المدعى عليه مهما كان (44: 142، 93: 12/12، 105: 404/5)

الفرع الثالث: الحقوق التي يقضى فيها باليمين مع الشاهد

اتفق جمهور الفقهاء القائلون بمشروعية القضاء بالشاهد واليمين على أنه يجوز القضاء بهما في المال وما يؤول إلى المال، واتفقوا على عدم جواز القضاء بهما في الحدود لأنها من حقوق الله تعالى وتدرأ بالشبهات.

واختلفوا في جواز القضاء بهما في القصاص وأحكام الأبدان على ثلاثة مذاهب:

المذهب الأول: ذهب المالكية (102: / 467/2، 103: 910/5، 119: 267/1-269، 149: 181/6) والشافعية (20: 443/4، 137: 267/6) والحنابلة (44: 141، 93: 10/12) والإمامية (111: 216/2) إلى أن القضاء بالشاهد واليمين غير جائز في أحكام الأبدان، وغير جائز في القصاص، وإنما يقتصر القضاء بهما على الأموال وما يؤول إلى مال.

واختلفوا في جواز القضاء بالشاهد واليمين في الحقوق التي ليست بمال ولا تؤول إلى مال، ولكنها تتضمن جوانب مالية كالوكالة والوصية، والجناية الموجبة للمال وغيرها، فأجاز بعضهم القضاء فيها بالشاهد واليمين ومنعه الجانب الآخر.

واستدلوا على ذلك بما يلي

1- أخرج مسلم (21: 403) وأبو داود (79: 308/3) والنسائي (23: 793/4) وابن ماجة (77: 792/2) والبيهقي (78: 10 /1678) والشافعي (137: 273/6، 164: 156/6، 179: 345/7 ـ 346) عن عمرو بن دينار عن ابن عباس ـ رضي

الله عنهما - أن رسول الله صلى الله عليه وسلم : ﴿ **قضى باليمين مع الشاهد** ﴾، قال عمرو بن دينار: "في الأموال ".

وجه الدلالة

الحديث صريح في جواز القضاء باليمين مع الشاهد في المال فقط، لأن الراوي قد فسره بذلك، وهو أولى من تفسير غيره ومثل المال ما يؤول إلى مال.

2- أخرج البيهقي (78: 173/10) والشافعي (137: 271/6، 78/7، 164: 156/6) عن جعفر بن محمد بن علي قال: سمعت الحكم بن عتبة يسأل أبي، وقد وضع يده على جدار القبر ليقوم: " أقضى- رسول الله صلى الله عليه وسلم باليمين مع الشاهد؟ قال: نعم، وقضى بها علي بين أظهركم " قال مسلم: " قال جعفر في الدين، فالدين مال، فدل ذلك على انتفائها في غير ما قضى بها ".

3- أخرج الدارقطني (183: 192/9) عن أبي هريرة رضي الله عنه أن النبي صلى الله عليه وسلم قال: ﴿**استشرت جبريل في القضاء باليمين مع الشاهد، فأشار إلي بالأموال لا تعدوا ذلك** ﴾.

وجه الدلالة

الحديث صريح الدلالة في الاقتصار بالقضاء في اليمين والشاهد رغم قوتهما، ولما كان عدم جواز الحكم بالشاهد والمرأتين في غير الأموال، فالأولى أن لا يحكم بالشاهد واليمين فيها.

المذهب الثاني: ذهب الظاهرية (107: 405/9) إلى أن القضاء بالشاهد واليمين جائز في القصاص وأحكام الأبدان كالنكاح والطلاق والرجعة والأموال.

واستدلوا على ذلك: بأن النصوص التي تثبت مشروعية القضاء باليمين مع الشاهد عامة في لفظها مطلقة في مدلولها، ولم يأت نص يخصص العموم أو يقيد المطلق، فتبقى على عمومها وإطلاقها، ولذلك لا يجوز القضاء في اليمين مع الشاهد في جميع الحقوق ما عدا الحدود حيث لا طالب لها إلا الله تعالى (107: 405/9).

وقد اعترض عليه بأن النصوص وردت مطلقة، ووردت مقيدة بالأموال، فيحمل المطلق على المقيد.

المذهب الثالث: ذهب الزيدية (105: 5/ 404) إلى أن القضاء بالشاهد واليمين جائز في أحكام الأبدان وغير جائز في القصاص.

واستدل الزيدية على جواز القضاء بالشاهد واليمين في أحكام الأبدان وعدم جوازه بالقصاص بقياس أحكام الأبدان كالنكاح والطلاق على الأموال حيث لا فارق بينها، وقياس القصاص بالحدود لأنها تدرأ بالشبهات.

المطلب السابع

اليمين مع المرأتين

اختلف الجمهور القائلون بمشروعية القضاء بالشاهد واليمين في جواز القضاء باليمين والمرأتين على مذهبين

المذهب الأول: ذهب المالكية (102: 468/2، 103: 910/2، 180: 91/4) والحنابلة في رواية ذكرها ابن القيم (44: 159) والظاهرية (107: 396/9) ونسبه القرافي إلى أبي حنيفة (180: 91/4) إلى أن القضاء باليمين مع المرأتين جائز ومشروع.

واستدلوا على ذلك بالسنة والقياس والمعقول

أولا: السنة النبوية

أخرج البخاري (22: 226/3، 80: 203/5) عن أبي سعيد الخدري رضي الله عنه أن النبي صلى الله عليه وسلم قال: ﴿ **أليس شهادة المرأة مثل نصف شهادة الرجل؟ قلنا: بلى** ﴾.

وجه الدلالة

يدل الحديث بمنطوقه على أن شهادة المرأة على النصف من شهادة الرجل كما يدل بمفهومه على أن شهادتها مع مثلها كشهادة الرجل.

ثانيا: القياس

قياس المرأتين في الشهادة على الرجل بجامع قبول شهادة كل منهما، فكما يجوز القضاء بشهادة الرجل مع اليمين، فكذلك يجوز القضاء بشهادة المرأتين مع اليمين، لآن شهادة المرأتين تعادل شهادة الرجل، والدليل على ذلك ما يلي

أ- قال الله تعالى: ﴿ **فرجل وامرأتان** ﴾ (سورة البقرة: آية 282)

وجه الدلالة

إن الله تعالى أقام المرأتين مقام الرجل في الشهادة.

ب- قال الله تعالى: ﴿ **أن تضل إحداهما فتذكر إحداهما الأخرى** ﴾ (سورة البقرة: آية 282).

وجه الدلالة

قوله تعالى " فتذكر " فيها قراءتان: إحداهما بالتشديد من التذكر ضد النسيان، والثانية بالتخفيف بأن تكونا كالذكر، فيكون الاستدلال بهذه القراءة نصا وبالأولى تنبيها، فإذا قامت المرأتان مقام الرجل فيجوز القضاء بهما مع اليمين (44: 159، 180: 91/4)

ج- أخرج البخاري (22: 226/3، 80: 203/5) عن أبي سعيد الخدري رضي الله عنه أن النبي صلى الله عليه وسلم قال: ﴿ **أليس شهادة المرأة مثل نصف شهادة الرجل؟ قلنا: بلى** ﴾.

وجه الدلالة

الحديث يدل بمنطوقه على أن شهادة المرأة على النصف من شهادة الرجل، وبمفهومه على أن شهادتها مع مثلها كشهادة الرجل، وليس في القرآن ولا السنة ولا في الإجماع ما يمنع من ذلك، بل القياس الصحيح يقتضيه، فإن المرأتين إذا قامتا مقام الرجل ـ إذا كانتا معه ـ قامتا مقامه وإن لم تكونا معه، ولذلك يجوز القضاء بشهادتهما مع اليمين (44: 159 ـ 160، 180: 91/4).

ثالثا: المعقول

1- لما قامت المرأتان مقام الرجل إذا كانتا معه، فقد أمكن قيامهما مقامه وإن لم تكونا معه، لأن قبول شهادتهن ليس لمعنى في الرجل وإنما لمعنى فيهما وهو توفر العدالة (152: 147).

2- إنه لما كان المدعي يحلف مع نكول المدعى عليه لقوة جانبه بالنكول، فإنه يحلف مع شهادة المرأتين لأن جانبه يصبح أقوى من حالة النكول (80: 91/4).

المذهب الثاني: ذهب الشافعية (20: 443/4، 116: 318/2) والحنابلة في رواية (44: 159، 93: 13/12) والإمامية (132: 288) والزيدية (105: 404/5) إلى أن القضاء بالمرأتين واليمين غير جائز.

واستدلوا على ذلك بما يلي

1- إن شهادة المرأتين ضعيفة فقويت بالرجل، واليمين ضعيفة، فيضم ضعيف إلى ضعيف فلا يقبل.

والدليل على ضعف المرأتين

أ- تقبل شهادة الرجلين في الحدود ولا تقبل شهادة المرأتين باتفاق، ولذلك فإن شهادة الرجل مع الرجل أقوى من شهادة المرأتين مع الرجل.

ب- عدم قبول شهادة أربع نسوة مكان الرجلين فيما يطلع عليه الرجال باتفاق، فلو أقيمت المرأتان مقام الرجل من كل درجة لكفى أربع نسوة.

أما دليل ضعف اليمين فهو أن الشهادة تقدم على اليمين في الإثبات، وأن اليمين لا تقبل من المدعي إلا بعد نكول المدعى عليه.

ومن هنا فإن الإثبات بالمرأتين واليمين هو ضم ضعيف إلى ضعيف فلا يقبل، كما لا تقبل شهادة أربع نسوة أو يمينان (44: 160، 93: 13/12، 105: 405/5).

وقد اعترض عليه بمشروعية القضاء بالشاهد واليمين، وأنا لا نسلم ضعف شهادة المرأتين، فإن شهادتهما كشهادة الرجل بالنص، وإن منع قبول شهادتهن مع الرجال في الحدود، وعدم قبول شهادتهن منفردات في الأموال وغيرها لعلل أخرى، وليس لضعف شهادتهن.

2- قال اله تعالى: ﴿ واستشهدوا شهيدين من رجالكم فإن لم يكونا رجلين فرجل وامرأتان ﴾ (سورة البقرة: آية 282).

وجه الدلالة

إن الآية بينت أن الإثبات يكون بشهادة رجلين أو رجل وامرأتان، ولم تذكر اليمين مع المرأتين، فلو حكم بامرأتين ويمين لكان هذا قسما ثالثا (44: 159).

وقد اعترض عليه بأن الله سبحانه وتعالى لم يذكر في الآية الشاهد واليمين، ولا النكول، ولا الرد، ولا شهادة المرأة الواحدة، ولا غيرها فهو سبحانه وتعالى لم يذكر ما يحكم به الحاكم، وإنما أرشد إلى ما تحفظ به الحقوق، وطرق الحكم أوسع من الطرق التي تحفظ بها الحقوق (44: 161).

3- الأصل عدم قبول شهادة النساء فيما لا يطلع عليه غيرهن، وإنما تقبل للضرورة، والضرورة تقدر بقدرها، فتقبل شهادة النساء في الأموال فقط للضرورة في حفظ الأموال لكثرة المعاملات، ولا تقبل فيما عدا ذلك، فإن خلت الشهادة عن الرجل فلا تقبل كما لو شهدت أربع نسوة، ولو أن كل امرأتين كالرجل لتم الحكم بأربع نسوة، ولقبل الحكم برجل وامرأتين في غير الأموال (180: 91/4).

وقد اعترض عليه بأن النص دل على أنهما يقوما مقام الرجل، ولم يتعرض لكونهما يقومان مقامه مع اليمين فهو مسكوت عنه، وقد دل عليه الاعتبار كاعتبار القمط في البنيان والجذوع في غيرها (180: 91).

وأجيب على هذا الاعتراض بأنه مردود لمعارضته اتفاق الفقهاء على عدم قبول شهادة النساء وحدها فيما يطلع عليه الرجال، ويدفع هذا الاعتراض بأن القضاء ليس بشهادة المرأتين لوحدهما، ولكن بمجموع شهادتهما مع اليمين، واليمين وحده حجة إذا تقوى جانب صاحبه.

كما اعترض على الاستدلال بأن شهادة المرأة ضعيفة وناقصة، فإنا لا نسلم ضعف شهادة المرأتين إذا اجتمعتا فتقوي إحداهما الأخرى إذا انضمت إليها، ولذلك يحكم بشهادتهما إذا اجتمعتا مع الرجل، وإن أمكن أن يأتي برجلين، فالرجل والمرأتان أصل لا بدل، وإن تخصيص الرجال بموضع لا يدل على قوتهم، كما أن تخصيص

النساء فيما لا يطلع عليه غيرهن لا يدل على رجحانهن على الرجال (44: 161، 181: 91/4).

الترجيح

أرى ترجيح القائلين بجواز شهادة المرأتين مع اليمين في الأموال وحقوق النساء وذلك لقوة أدلة القائلين بها، ولما يترتب عليها من حفظ الأموال والحقوق عند تعذر وجود الرجال، بالإضافة إلى أن يمين المدعي مشروعة وتعتبر حجة في الدعوى، فإذا جاز ثبوت الحق بيمين المدعي فقط عند تعذر رد اليمين لنكول المدعى عليه عنها، فأولى أن يثبت بيمين المدعي مع شهادة المرأتين علما بأن الظن المستفاد من النكول ليس أقوى من المستفاد من شهادة المرأتين واليمين، واليمين مع المرأتين تساوي اليمين مع الرجل إن لم تكن أقوى منها.

قال ابن القيم (44: 161): "والمرأة العدل كالرجل في الصدق والأمانة والديانة إلا أنها لم خيف عليها السهو والنسيان قويت بمثلها، وذلك قد يجعلها أقوى من الواحد أو مثله، ولا ريب أن الظن المستفاد من رجل واحد دونهما ودون أمثالهما ".

وهناك أنواع أخرى من اليمين المتممة قد توسع بعض الفقهاء في تعدادها وضيق البعض الآخر فيها، وكان المذهب الزيدي أكثرها توسعا في ذلك (105: 410/5) حيث قالوا: " وإذا طلب من المدعي تأكيد بينته بيمينه لزمته ".

وصرح ابن فرحون (119: 276/1) بأنها غير محصورة في حالات معينة، وإنما تشرع في كل حالة تتوفر فيها التهمة، فقال: " والضابط في ذلك أن كل بينة شهدت بظاهر فإنه يستظهر بيمين الطالب على باطن الأمر، ولكن لا توجه هذه اليمين إلا على من يظن به علم ذلك، كما لا تشرع عند عدم التهمة لأنها طعن في البينة ".

وبعد النظر والتدبر نجد أن اليمين المتممة غير محصورة في مواضيع معينة، وأنها تجوز في كل حالة وجبت فيها العلة، وهي الريبة والشك في الدعوى وعدم التأكد من صحة البينة، ويرجع ذلك إلى قناعة القاضي وتقديره في البينة والدعوى.

يقول الشيخ أحمد إبراهيم (151: 436): "لكن عند تدقيق النظر نرى أنه لا معنى لحصرها في مسائل معينة، بل كلما وجد المعنى الذي من أجله توجه اليمين في هذه المسائل في مواضيع أخرى كان للقاضي توجيهها لوجود المقتضى لها، ويلوح لي أن الأمر في ذلك بين لا يخفى".

الفصل الرابع
اليمين المردودة

المبحث الثاني: طبيعة اليمين المردودة
المبحث الثالث: توجيه اليمين المردودة
المبحث الرابع: شروط توجيه اليمين المردودة

الفصل الرابع
اليمين المردودة

المبحث الأول
تعريف اليمين المردودة وأصل مشروعيتها

المطلب الأول
تعريف اليمين المردودة[1]

عرف الشافعية (92: 357/8، 116: 311/2) اليمين المردودة بقولهم: "هي يمين المدعي بعد نكول خصمه".

وعرفها الحنابلة (44: 119) بقولهم: "هي اليمين التي تطلب من المدعي بعد نكول خصمه".

[1] المردودة في اللغة (1: 152/4 ـ 155، 3: 1/ 304، 6: 255، 8: 1 /338، 49: 221)مأخوذة من رد الشيء يرده ردا: بمعنى أرجعه ومنعه وصرفه، والمردود مفعول، وفي التنزيل العزيز: ﴿ ود كثير من أهل الكتاب لو يردونكم من بعد إيمانكم كفارا ﴾ (سورة البقرة: آية 109).

ويقال رده إليه: أعاده، ورد عليه: أجابه، ورد عليه السلام: أجاب من سلم عليه، ورد إليه جوابه: رجعه وأرسله، ورد إليه الحكم، فوضه إليه، ورد الشيء: حوله من صفة إلى صفة، نحو رد شعورهن السود بيضا: أي جعلهن بيضا بعد أن كن سودا، ورد على الشيء، إذا لم يقبله، وكذلك إذا خطأه.

ورد اليمين (49: 221) تكليف المدعي بالحلف عند امتناع المدعى عليه عن الحلف.

والمردود (1: 154/4، 3: 304/1، 6: 255) ضد المقبول، ويقال رأي مردود: أي مرفوض، والمردود: الأمر الذي يستحلف ما عليه السنة، وفي الحديث الذي روته السيدة عائشة ـ رضي الله عنها ـ عن الرسول صلى الله عليه وسلم : ﴿ من أحدث في أمرنا هذا ما ليس منه فهو رد ﴾.

والمردودة مؤنث المردود: وهي الموس، لأنها ترد في نصابها، والمرأة المردودة: المطلقة، ومن ذلك حديث الزبير في دار له وقفها وكتب: " وللمردودة في بناتي أن تسكنها "، ولأن المطلقة لا مسكن لها على زوجها ".

وكذلك فإن اليمين المردودة: اليمين التي ترد على طالبها بعد نكول خصمه عن الحلف.

وعرفها عبد الرحمن شرفي (152: 241) بقوله: " هي اليمين التي يحلفها المدعي بعد انقلابها إليه من المدعى عليه، بأن يطلب من المدعى عليه الحلف لقطع النزاع فينكل عنها وتنقلب اليمين إلى المدعي، فيحلف ويستحق المدعى به، فإن جهل المدعى عليه ردها، وجب على القاضي إخباره ".

اعتراضات على التعريفات

1- قصرت هذه التعريفات يمين الرد على المدعي، علما بأن المالكية والشافعية والحنابلة[1] قالوا: برد اليمين على المدعى عليه إذا نكل المدعي عن اليمين مع الشاهد.

2- جاءت التعريفات عامة، فلم تبين من له الحق في توجيه اليمين.

3- ألزم التعريف الثالث إخبار المدعى عليه أن له الحق في رد اليمين على المدعي علما بأن للقاضي الحق في رد اليمين على المدعي دون طلب من الخصم.

التعريف المختار

"هي اليمين التي يوجهها القاضي إلى أحد الخصمين بعد نكول خصمه عن أدائها، ولو لم يطلب الخصم ذلك ".

رأي القانون

لم تذكر القوانين العربية تعريفا لليمين المردودة، ولم أجد عند شراح القانون فيما اطلعت عليه من كتب القانون تعريفا لليمين المردودة.

[1] انظر حكم القضاء باليمين والشاهد.

المطلب الثاني
مشروعية اليمين المردودة

اختلف الفقهاء في رد اليمين إلى المدعي إذا نكل المدعى عليه عن أدائها على أربعة مذاهب هي:

المـذهب الأول: ذهـب المالكيـة (49: 24/6، 102: 469/2، 103: 921/2، 125: 317/4، 136: 300/2) والشافعية (20: 478/4، 65: 137/2،43: 34/7) والحنابلة في قول اختاره أبو الخطاب (44: 19، 93: 123/12، 124) والإمامية في قول (110: 86/3، 111: 212/2) والزيدية في وجه (63: 375/2، 105: 409/5، 160: 426/3-427) والإباضية (129: 705/6) وروي عن شريح والشعبي والنخعي وابن سيرين، وهذا مروي عن ابن عمرو وعلي والمقداد بن الأسود وأبي بن كعب وزيد بن ثابت والأوزاعي وابن أبي ليلى في أحد قوليه (44: 116، 119، 107: 377/9، 193: 124/12) إلى أنه لا يقضى بمجرد نكول المدعى عليه عن اليمين، ولكن ترد اليمين على المدعي، فإن حلف استحق ما ادعاه، وإن نكل سقط الحق المدعى به وثبت في ذمة الناكل.

وقد استدلوا على ذلك بالكتاب والسنة والقياس والإجماع والمعقول

أولا: الكتاب

قال الله تعالى: **﴿ ذلك أدنى أن يأتوا بالشهادة على وجهها أو يخافوا أن ترد أيمان بعد أيمانهم ﴾** (سورة المائدة: آية 108).

وجه الدلالة:

الآية نص صريح في رد الأيمان بعد الأيمان الأولى، وهي دليلهم على أن الأيمان الواجبة تنقل من جهة إلى جهة، أما إذا امتنع من وجبت عليه من أدائها انتقلت إلى خصمه (20: 477/4، 107: 34/7).

وقد اعترض على هذا الاستدلال بثلاثة وجوه: (107: 179/9)

الوجه الأول: إنكم لا تأخذون بالآية فيم جاءت فيه ـ وهو جواز شهادة الكافر على المسلم في الوصية في الحضر وفي السفر، وتقولون بأن الآية قد نسخت وبطل حكمها بآية: ﴿ **ممن ترضون ممن من الشهداء** ﴾ **(24: 226/2، 154: 350/6).**

الوجه الثاني: لا يوجد في هذه الآية دليل على تحليف المدعى عليه، ولا دليل على رد اليمين على المدعي لا نصا ولا دلالة، وإنما تدل الآية على رد اليمين من الشاهدين إلى الشاهدين.

الوجه الثالث: إن الآية تدل على تحليف الشهود، وتحليف الشهود جاء على خلاف الأصل، فلا يقاس عليه.

ثانيا: السنة النبوية

1- أخرج البخاري (22: 93/9 ـ 94) ومسلم (84: 11 /151 ـ 152) وأبو داود (79: 177/4-178) والترمذي (85: 192/6) وابن ماجة (77: 892/2) والبيهقي (78: 118/8) ومالك (5: 877/2-878) والشافعي (137: 78/6، 34/7) عن سهل بن أبي حثمة ﴿ أن عبد الله بن سهل بن زيد، ومحيصة بن مسعود بن زيد الأنصاري خرجا إلى خيبر من جهد أصابهم، فأخبر محيصة أن عبد الله قتل وطرح في فقير بئر أو عين، فأتى يهود فقال: أنتم و الله قتلتموه، قالوا: ما قتلناه و الله، ثم أقبل حتى قدم قومه فذكر لهم، وأقبل هو وأخوه حويصة وهو أكبر منه وعبد الرحمن بنت سهل فذهب ليتكلم وهو الذي كان بخيبر، فقال النبي صلى الله عليه وسلم لمحيصة كبر كبر يريد السن، فتكلم حويصة ثم تكلم محيصة، فقال رسول الله صلى الله عليه وسلم إما أن يدوا صاحبكم، وإما أن يؤذنوا بحرب، فكتب رسول الله صلى الله عليه وسلم إليهم به، فكتب ما قتلناه، فقال رسو الله صلى الله عليه وسلم لحويصة ومحيصة وعبد الرحمن: أتحلفون وتستحقون دم صاحبكم؟ قالوا: لا، قال: أفتحلف لكم يهود؟ قالوا: ليسوا بمسلمين، فوداه رسول الله صلى الله عليه وسلم من عنده مائة ناقة حتى أدخلت الدار، قال سهل: فركضتني منها ناقة ﴾.

وجه الدلالة

عرض النبي صلى الله عليه وسلم أيمان القسامة في هذا الحديث على المدعين أولا، ثم رد الأيمان على المدعى عليهم.

وقد اعترض على الاستدلال بحديث القسامة من وجهين: (44: 119، 107: 379/9)

الوجه الأول: إنكم خالفتم الحديث بأنتكم لا توجبون القود في القسامة، وإنما توجبون الدية فقط، فكيف تبيحون الاحتجاج في موطن، وتتركونه في آخر.

الوجه الثاني: إن هذا الحديث فيه تحليف المدعين أولا بخلاف جميع الدعاوى، حيث إن الأصل فيها تحليف المدعى عليه أولا ثم رد اليمين على المدعي فلا يقاس عليه غيره.

وأجيب على هذا الاعتراض بأنهم يقولون بتحليف المدعي أولا مع الشاهد، فإن نكل عن اليمين ردت على المدعى عليه كما أنها شرعت في جانب المدعي لقوة جانبه باللوث، فإذا تقوى جانبه بالنكول شرعت في حقه (44: 120).

2- أخرج البيهقي (78: 10/ 182) والشافعي (137: 36/7، 164: 78/2، 114) عن بشير بن يسار عن سهل بن أبي حثمة: ﴿ أن رسول الله صلى الله عليه وسلم بدأ بالأنصار فلما لم يحلفوا رد الأيمان على يهود ﴾.

وجه الدلالة

أن الرسول صلى الله عليه وسلم رد أيمان القسامة ممن وجبت عليه اليمين، فدل على جواز رد اليمين بعد النكول عنها.

3- أخرج الحاكم (99: 100/4) والبيهقي (78: 184/10) والدار قطني (88: 136/4) عن ابن عمر - رضي الله عنهما - ﴿ أن رسول الله صلى الله عليه وسلم رد اليمين على طالب الحق ﴾.

وجه الدلالة

الحديث نص صريح في رد اليمين على المدعي إذا نكل عنها المدعى عليه (20: 477/4، 92: 357/8، 116: 310/2).

ثالثا: الآثار

1- أخرج البيهقي (78: 84/10) عن الشعبي: " أن المقداد استقرض من عثمان سبعة آلاف درهم، فلما تقاضاها: قال إنما هي أربعة آلاف فخاصمه إلى عمر، فقال المقداد: احلف أنها سبعة آلاف، قال عمر: أنصفك، فأبى أن يحلف، فقال عمر: خذ ما أعطاك ".

وجه الدلالة

إن اليمين توجهت في مقدار الدين الذي على المقداد فردها على عثمان، فأقره عمر رضي الله عنه وقال لعثمان: أنصفك، فقضى عمر برد اليمين على عثمان، ولم يقض بنكول المقداد عن اليمين.

جاء في الطرق الحكمية (44: 86) عن أبي عبيد قوله " فهذا عمر قد حكم برد اليمين ورأى ذلك المقداد، ولم ينكره عثمان، فهؤلاء ثلاثة من أصحاب ـ رسول الله صلى الله عليه وسلم عملوا برد اليمين ".

وقد اعترض الحنفية (118: 3936/8) على الاستدلال بحديث المقداد بقولهم: "أما حديث المقداد، فلا حجة فيه لأن الرد من غير نكول المدعى عليه، وهو خارج عن أقاويل الكل، فكان مؤولا عند الكل، ثم تأويله أن المقداد رضي الله عنه ادعى الإيفاء، فأنكر عثمان رضي الله عنه فتوجهت اليمين عليه، ونحن به نقول.

2- أخرج البيهقي (78: 184/10) والشافعي (7:34/137، 164: 114/2) عن سليمان بن يسار: " أن رجلا من بني ليث بن سعد أجرى فرسا، فوطئ إصبع رجل من جهينة، فنزى فيها، فمات، فقال عمر للذين ادعى عليهم: تحلفون خمسين يمينا ما مات منها، فأبوا وتحرجوا من الأيمان، فقال للآخرين احلفوا أنتم فأبوا، فقضى عمر بن الخطاب بشطر الدية على السعديين.

وجه الدلالة

الحديث واضح الدلالة في رد اليمين من المدعى عليه إلى المدعي، ويظهر ذلك من فعل عمر رضي الله عنه حيث وجه اليمين على المدعى عليهم، فأبوا، فردها على المدعين.

جاء في الروض النضير (160: 427/3): " أن الإمام الشافعي قال: رأى عمر رضي الله عنه اليمين على الليثيين، يبرؤون بها، فلما أبوا حولها على الجهنيين يستحقون بها، وهذا تحويل يمين من موضع قد رئيت فيه إلى الموضع الذي يخالفه.

3- أخرج البيهقي (78: 184/10) والدارقطني (88: 214/4) عن علي بن أبي طالب رضي الله عنه أنه قال: " اليمين مع الشاهد، فإن لم يكن له بينة، فاليمين على المدعى عليه إذا كان خالطه، فإن نكل حلف المدعي ".

وجه الدلالة

الأثر نص صريح في رد اليمين على المدعي إذا نكل المدعى عليه عنها.

4- أخرج ابن أبي شيبة (161: 504/1) والزيلعي (162: 101/4) عن المغيرة بن أبي شبرمة قال: " اشترى عبد الله غلاما لامرئ فلما ذهب إلى منزله حم الغلام من البرد، فخاصمه إلى الشعبي، فقال لعبد الله: بينتك أنه دلس عليك عيبا، فقال: ليس لي بينة، فقال للرجل: احلف أنك لم تبعه داء، فقال الرجل: إني أرد اليمين على عبد الله، فقضى الشعبي باليمين عليه ".

وجه الدلالة

إن الشعبي قضى برد اليمين على عبد الله بن عمر، فلم يعترض عليه عبد الله، ولو كانت اليمين لا ترد لما قضى بذلك الشعبي، ولما قبل بهذا القضاء ابن عمر.

5- روى ابن حزم (107: 377/9) عن شريح: " أنه كان إذا قضى باليمين فردها على الطالب، فلم يحلف لم يعطه شيئا، ولم يستحلف الآخر ".

6- روى ابن حزم (107: 377/9) عن عون عن عبد الله بن عتبة: " أن أباه كان إذا قضى باليمين فردها على المدعي، فأبى أن يحلف لم يجعل له شيئا، وقال: لا أعطيك ما لا تحلف عليه ".

7- روى ابن حزم (107: 377/9) عن المغيرة: " أن الشعبي لم يقض للطالب إن نكل المطلوب إلا حتى يحلف الطالب ".

8- روى ابن حزم (107: 377/9): أن الشعبي قال: " كان شريح يرد اليمين على المدعي إذا طلب ذلك المدعى عليه، وكان الشعبي يرى ذلك ".

وجه الدلالة

تدل هذه الآثار أن شريحا وعبد الله بن عتبة والشعبي قد قضوا برد اليمين على المدعي بعد نكول المدعى عليه عن اليمين، وعدم الحكم للمدعي بما طلب ما لم يحلف مما يدل على مشروعية اليمين المردودة.

رابعا: القياس

قياس النكول عن اليمين على اليمين مع الشاهد حيث ذكروا وجوب اليمين على المدعى عليه، وأن رسول الله صلى الله عليه وسلم حكم باليمين مع الشاهد، فرد اليمين على الطالب من أجل شاهده، فكان الشاهد سببا لرد اليمين، فوجب أن يكون النكول من المطلوب أيضا سببا لرد اليمين، ولم يقض بشهادة واحد حتى يضم إليه يمينه، فيقوم مقام شاهد آخر، كذلك لم يجز أن يقضى بالنكول حتى يضم إلى ذلك يمينه، فيكون نكول المطلوب مقام شاهد آخر (107: 278/9).

وقد اعترض عليه بأن خبر اليمين مع الشاهد حق ولا حجة لهم فيه، لأن قولهم: " إن النكول يقوم مقام الشاهد باطل لم يأت به نص قرآن، ولا سنة، ولا معقول، وقد ينكل المرء عن اليمين تصاونا وخوف الشهرة، وإلا فمن استجاز أكل المال الحرام بالباطل، فلا ينكر منه أن يحلف كاذبا، وإنما البينة على المدعي، فلم تجب بعد يمين على المطلوب، فحكم النبي صلى الله عليه وسلم للطالب بيمينه ابتداء لا ردا لليمين عليه، فإن أبى فقد أسقط حكم شاهده، وإذا أسقط حكم شاهده فلا بينة له، وإذ لا بينة فالآن وجبت اليمين على المطلوب لا أن هاهنا رد يمين أصلا (107: 379/9).

وأجيب عليه بأن اليمين وجبت على المدعي بعد إقامة شاهده، فإذا نكل عنها، فإنها ترد على المدعى عليه.

قال الإمام مالك (5: 722/2) والإمام أحمد (93: 12/12): " مضت السنة في القضاء باليمين مع الشاهد الواحد، يحلف صاحب الحق مع شاهده، ويستحق حقه، فإن نكل وأبى أن يحلف، أحلف المطلوب، فإن حلف سقط عنه ذلك الحق، وإن أبى أن يحلف ثبت عليه الحق لصاحبه ".

قال الزرقاني (191: 390/3): " وهذا دليل على رد اليمين عن المدعى عليه إذا وجبت على المدعي فنكل عنها، فإن نكل المدعى عليه عن اليمين المردودة ثبت عليه لصاحبه ".

خامسا: الإجماع

بت الإجماع بالمأثور في قول وفعل بعض الصحابة كعمر بن الخطاب وعثمان بن عفان وعلي بن أبي طالب والمقداد بن الأسود وغيرهم، ولم يخالفهم أحد من الصحابة (116: 310/2).

وقد نقل عن الإمام مالك (5: 224/2) الإجماع على مشروعية اليمين المردودة، حيث قال: " وإن نكل عن اليمين حلف صاحب الحق أن حقه لحق؟، وثبت حقه على صاحبه، فهذا ما لا اختلاف فيه عند أحد من الناس ".

ولذلك من خالف الإجماع، فقوله مردود عليه، لأن الإجماع منعقد قبل مخالفته (92: 357/8).

وقد اعترض على إجماع الصحابة بأنه إجماع سكوتي اختلف في الاحتجاج به، كما ورد عن بعض الصحابة الحكم بالنكول وعدم توجيه اليمين إلى المدعي، فدعوى الاحتجاج غير صحيحة.

وأجاب ابن حزم (191: 394/3) على قول الإمام مالك: " بأن دعوى الإجماع غير صحيحة لقضاء أهل العراق بالنكول ".

وقال الزرقاني: (191: 394/3): " ولا يظن بمالك مع علمه باختلاف من حضر أنه جهل هذا، وإنما أتي بما لا يختلف فيه كأن قال: " ومن يحكم خاصة أحرى أن يحكم بالنكول ويمين الطالب ".

سادسا: المعقول

1- إن النكول عن اليمين دليل على صدق المدعي، وتقوية جانبه، فتشرع اليمين في حقه، لأن اليمين مشروعة في جانب أقوى المتداعيين كالمدعى عليه قبل نكوله،

والمدعي إذا شهد له شاهد واحد، ويمين المدعين في القسامة، لأن جانبهم تقوى بوجود اللوث (44: 118، 93: 124/12).

2- إن النكول عن اليمين قد يكون لجهل الناكل لحكم النكول، أو عدم علمه أن اليمين واجبة عليه، أو لما يعتقده بعض الناس أن مجرد الحلف ولو على حق لا يجوز، وأنه يأثم صاحبه، أو ترفعا عن اليمين أو خوفا من أن يحل به غضب الله، أو يصيبه بلاء فيقال بيمينه (20: 477/4، 93: 124/12، 118: 3935/8).

3- إن النكول عن اليمين لا يكون قاطعا على كذب الناكل، ولا على صدق الخصم، لاحتمال أن يكون الناكل عن اليمين كاذبا في الإنكار فاحترز عن اليمين الكاذبة، واحتمال أن يكون صادقا في الإنكار تورعا عن اليمين الصادقة، فلا يكون حجة القضاء مع الشك والاحتمال، ولا بد من دليل للحكم، فيرد اليمين إلى المدعي ليحلف فيقضى له (93: 12/ 124، 118: 3935/8).

4- البينة حجة المدعي في الإثبات، واليمين حجة المدعى عليه في النفي، وتكون اليمين عند تعذر بينة المدعي، فكذلك ترد اليمين على المدعي عند نكول المدعى عليه عن اليمين (105: 409/5).

وقد اعترض على هذا الاستدلال بالمعقول بما جاء في بدائع الصنائع (118: 3935/8-3936): " وقوله يحتمل أنه نكل تورعا عن اليمين الصادقة، قلنا هذا احتمال نادر، لأن اليمين الصادقة مشروعة، فالظاهر أن الإنسان لا يرضى بفوات حقه تحرزا عن مباشرة أمر مشروع، ومثل هذا الاحتمال ساقط الاعتبار شرعا، ألا يرى أن البينة حجة القضاء بالإجماع، وإن كانت محتملة في الجملة، لأنها خبر من ليس بمعصوم عن الكذب، ولكن لما كان الظاهر هو الصدق سقط اعتبار احتمال الكذب.

المذهب الثاني: ذهب الحنفية (99: 156/3، 118: 3934/8، 123: 401/7، 156: 161/7) والحنابلة في المشهور عندهم (44: 116، 69: 333/6، 93: 123/12-124، 104: 2/ 227، 113: 254/11) والإمامية في الراجح (111: 112/2، 215، 132: 282) وبعض الزيدية (112: 155/4) إلى أنه يقضى بالنكول عن اليمين ولا ترد إلى الخصم.

وقد استدلوا على ذلك بالسنة والآثار والإجماع والمعقول:

أولا: السنة النبوية

1- أخرج مسلم (21: 2/12، 84: 136/3) والنسائي (81: 3/ 485 ـ 486) وابن ماجة (77: 778/2) عن ابن عباس ـ رضي الله عنهما ـ أن رسول الله صلى الله عليه وسلم قال: **﴿ لو يعطى الناس بدعواهم لادعى ناس دماء رجال وأموالهم، ولكن اليمين على المدعى عليه ﴾**.

وفي رواية أخرى أخرجها الترمذي (85: 88/6) والبيهقي (78: 253/1) عن ابن عباس -رضي الله عنهما- أن رسول الله صلى الله عليه وسلم قال:**﴿ البينة على المدعي واليمين على من أنكر ﴾**

وجه الدلالة

أ- إن النبي صلى الله عليه وسلم قسم هذا الحديث بين المتداعيين، فجعل البينة على المدعي، واليمين على المدعى عليه، والقسمة تنافي الشركة، فاليمين على المدعى عليه دائما، ولا يشاركه المدعي بها، فإن نكل المدعى عليه عن اليمين حكم بنكوله، ولا ترد اليمين على المدعي، لأنها حق خالص للمدعى عليه (93: 125-124/12، 118: 3924/8، 123: 401/7، 156: 161/7).

وقد اعترض على الاستدلال بهذا الحديث بما يلي:

إن استدلالكم بالحديث على أنه ليس فيه دليل على عدم رد اليمين، وأنه يقضى بنكول المدعى عليه غير صحيح، لأنه ليس فيه أنه إن لم يحلف المدعى عليه أخذ منه الحق المدعى به، وإنما الذي جاء في الحديث أن من ادعى بحق ليسس معه، فإنه يستحلف خصمه، بالإضافة إلى ذلك فإنه قد ثبت اليمين على المدعي في كثير من الحالات التي قبل فيها الشارع قول الشخص مع يمينه، كالأمين في ادعائه التلف أو الهلاك أو الرد، وكذا الوديع والوصي والقيم.

ثانيا: الآثار

1- أخرج مالك (5: 612/2) وابن أبي شيبة (161: 504/6) والزيلعي (162: 101/4) وابن القيم (44: 118-116) وابن قدامه (93: 116/12) عن سالم بن عبد

الله: " أن عبد الله بن عمر باع غلاما له بثمانمائة درهم وباعه بـالبراءة، فقـال الـذي ابتاعـه لعبـد الله بن عمرو بالغلام داء لم تسمه لي، فاختصما إلى عثمان بـن عفـان، فقـال الرجـل بـاعني عبـدا وبـه داء لم يسمه، وقال عبد الله: بعته بالبراءة، فقضى عثمان بن عفان على عبـد الله بن عمـر أن يحلـف لـه لقـد بـاعه العبد وما به من داء يعلمه، فأبى عبد اللـه أن يحلـف، وارتجع العبد، فصح عنده، فباعه عبد اللـه بعـد ذلـك بألف وخمسمائة درهم ".

وجه الدلالة

إن عثمان بت عفان رضي اللـه عنه طلب اليمين من ابن عمر فامتنع، فقضى بنكولـه، ولم يـرد اليمـين على المدعي، ورد عليه العبد، مما يدل على مشروعية القضاء بالنكول، وعـدم رد اليمـين علـى المـدعي لفعـل عثمان بن عفان، ورضاء ابن عمر به.

وقد اعترض على هذا الاستدلال بأنكم خالفتم عثمان في هذه القضية نفسها، لأنه لم يجز البيـع بـالبراءة إلا في عيب لم يعلمه البائع، وأنتم تقولون بالبراءة في كل بيع، ومن العجيب أن يكون فعل عثمان بعضـه حجـة وبعضه ليس بحجة (107: 376/9).

بالإضافة إلى ذلك فقد جاء في رواية مالك عن ابن عمر أنه أبى أن يحلف وارتجع العبد، فدل هـذا علـى أنه اختار أن يرتجع العبد، فرده إليه عثمان برضاه، فبطل بهـذا أن يصـح عـن عثمـان القضـاء بـالنكول (107: 376/9).

2- أخرج ابن أبي شيبة والزيلعي وابن حزم وابن القيم عن ابن أبي مليكة عـن ابـن عبـاس -رضي اللـه عنهما-: "أنه أمره أن يستحلف امرأة، فأبت أن تحلف، فألزمها ذلك".

وجه الدلالة

إن ابن أبي مليكة قضى بنكول المرأة عن اليمين وإلزامها بالمدعى به، ولم يـرد اليمـين التـي نكلـت عنهـا المرأة، فأقره ابن عباس على ذلك، ولو كان رد اليمين جائزا لما أقره ابن عباس بذلك.

واعترض على الاستدلال بأنه ليس لهم فيه متعلق، بل هو دليل على أنه ألزم المدعى عليها اليمين، وليس دليلا على أنه الزمها الحق المدعى به إذ ليس للحق في الخبر ذكر أصلا (107: 376/9).

3- أخرج البيهقي (78: 176/10) والزيلعي (162: 4 /10) وانظر (117: 34/17 118: 3941/8، 123: 405/7) أن عمر رضي الله عنه : " قضى بالطلاق على الزوج الذي قال لزوجته: حبلك على غاربك، ونكل عن اليمين على عدم إرادة الطلاق ".

واعترض عليه بأنه روي عن عمر بن الخطاب رضي الله عنه أنه قال برد اليمين أيضا، وإن الاحتجاج بهذه الآثار من الصحابة لا يستقيم لأنها مذهب صحابي، وهو ليس بحجة، ويحتمل أن ما ورد عن الصحابة بأن القضاء بالنكول إنما هو لما رآه من تعنت المدعى عليه، أو في حالات لا يصح فيها رد اليمين.

وقد تعارضت الروايات عن عمر وعثمان وغيرهما، ولا مرجح لأحدها على الأخرى، فلا يصح الاستدلال بها.

4- جاء في الروض النضير (160: 428/3) عن ابن عباس -رضي الله عنهما- أنه قال لابن أبي مليكة: " احكم بمثل هذا في امرأتين استعدت إحداهما على صاحبتها بأنها غرزت فيها المشفاة[1]، فأنكرت المرأة ونكلت، فقرأ عليها: " إن الذين يشترون بعهد الله وأيمانهم ثمنا قليلا "، ثم ضمنها الأرش[2] بالنكول ".

وجه الدلالة

أنه حكم بنكول المرأة عن اليمين وتضمينها الأرش، دون رد اليمين على الأخرى.

---

[1] المشفاة: من الأشفى، وهي مخرز الإسكاف 19/8:1.

[2] الأرش: جمعها أروش، وتعني الدية والخدش، وتأتي بمعنى الفساد، وأرش فلانا، شجه وأدى أرشه 13/8:1، 3: 271/2.

ثالثا: الإجماع

ورد عن بعض الصحابة كعمر وعثمان وعلي وعبد الله بن عمر وابن عباس وشريح وأبي موسى الأشعري ـ رضي الله عنهم ـ وغيرهم القضاء بالنكول دون مخالفة لهم من بقية الصحابة، فكان إجماعا على جواز القضاء بالنكول.

ومن ذلك ما أخرجه ابن أبي شيبة (161: 305/6) عن الحارث قال: " نكل رجل عند شريح عن اليمين فقضى عليه، فقال الرجل: أنا أحلف، فقال الرجل: أنا أحلف، فقال شريح: قد مضى قضائي ".

وجه الدلالة

يقول الكاساني (118: 3935/8) وانظر (55: 295/4، 123: 405/7، 162: 101/4): " لا تخفى قضايا شريح على أصحاب رسول الله صلى الله عليه وسلم ، ولم ينقل أنه أنكر عليه منكر، فيكون إجماعا منهم على جواز القضاء بالنكول ".

وقد أورد الزيلعي أدلة لهذا الإجماع ترجع كلها لبعض الصحابة والتابعين.

واعترض عليه بأنه إجماع سكوتي، والأئمة مختلفون في الاحتجاج به كما ثبت عن بقية الصحابة خلاف ما ذكرناه، مما يدل على عدم انعقاد الإجماع وجود الاختلاف بين الفقهاء في حكم القضاء بالنكول.

واعترض على الاستدلال بقضاء شريح بنكول المدعى عليه بأنه معارض بمثله، حيث روي عنه أنه كان يرد اليمين على المدعي إذا طلب المدعى عليه ذلك (91: 289/1، 107: 377/9).

رابعا: المعقول

1- إن المدعى عليه إذا نكل عن اليمين يحمل على كونه مقرا أو باذلا ما يدل على صدق المدعي في دعواه ويقض له.

2- إن اليمين واجبة على المدعى عليه، فلو لم يكن مقرا بالحق المدعى به أو باذلا له لأقدم على حلفها حفظا للخصومة من الضياع، ودفعا للضرر عن نفسه، وجلبا للمصلحة، لأن اليمين الصادقة مشروعة، والإنسان لا يرضى بفوات حقه تحرزا عن

مباشرة أمر مشروع واحتمال التورع نادر، فيقضى عليه بالنكول (118: 3935/8، 156: 165/7).

3- اليمين حجة للدفع دون الاستحقاق، فلا يجوز للشخص أن يحلف يمينا ويستحق بها حقا لقوله تعالى: ﴿ **إن الذين يشترون بعهد الله وأيمانهم ثمنا قليلا أولئك لا خلاق لهم في الآخرة، ولا يكلمهم الله ولا ينظر إليهم يوم القيامة، ولا يزكيهم، ولهم عذاب أليم** ﴾ (سورة آل عمران: آية 77).

ولذلك لا يجوز رد اليمين على المدعي حتى لا يستحق بيمينه مال غيره، ولو كان المدعى عليه صادقا لحلف، فنكوله يدل على إقراره، أو بذله للحق (99: 3/ 157).

وقد اعترض على المعقول بما يلي:

1- إن النكول يحتمل التورع عن اليمين الصادقة، ويحتمل الإحجام عن اليمين الكاذبة، ويحتمل الاشتباه والشك في ثبوت المدعى به، ومع هذه الاحتمالات لا يقضى بالنكول، ولا يكون النكول حجة ودليلا للحكم به، فيرد اليمين على المدعي، ويقضى بناء عليه (20: 477/4، 93: 124/12، 112: 158/4، 118: 3935/8).

2- إنكم خالفتم قولكم بأن الناكل كالمقر في دعوى القتل، حيث قلتم إن لم يحلف يحبس حتى يقر أو يحلف، وفي اللعان قلتم إن نكلت المرأة حبست حتى تقرأ أو تحلف، فكيف تقولون بأن الناكل مقر، ثم تقولون بأنه ليس مقرا وأن النكول لا يعتبر إقرارا إلا إذا كان معه شيء يصدقه.

3- إن النكول قرينة ظنية، ولا يجوز الحكم به لعدم مشروعيته، وغاية ما في الأمر أن من عليه اليمين بحكم الشرع لم يقبلها ويفعلها، وعدم فعله لها ليس بإقرار بالحق، بل ترك لما جعله الشارع عليه. (163: 375/2-376).

4- إن الآية جاءت لوصف اليمين الكاذبة الآثمة الغموس التي يقتطع بها المرء مال أخيه ظلما وعدوانا، وأما إذا كان صادقا فلا إثم ولا حرج في يمينه واستحقاقه بها، مثله في ذلك مثل المدعى عليه، فإن كان كاذبا ارتكب كبيرة ولا حرج فيها لحفظ ماله (1:27/375).

5- إن الحقوق ثبتت بالإقرار والبينة واليمين، وليس النكول واحدا منها، ولا يقوم النكول مقام الإقرار في شيء لأنه امتناع وإنكار، وليس بينة فيؤخذ بها الحق، وإنما النكول ترك للحجة وليس ببذل للحق، ولذلك أصبحت الدعوى بدون يمين، فلا بد من توجيه اليمين إلى المدعي ليحلف، فيثبت له الحق، أو يمتنع فتسقط دعواه (137: 34/7).

المذهب الثالث: ذهب المالكية في رأي (103: 925/2، 1:266/119، 142: 161/7) والحنابلة في قول لهم (44: 118 ـ 120، 104: 277/2، 113: 254/11) والظاهرية (107: 373/9) والزيدية في قول انتصر له الشوكاني (112: 155/4، 159: 376/2) وابن أبي ليلى في رواية (44: 118، 93: 124/12) إلى أنه لا يقضى على المدعى عليه بمجرد النكول، ولا ترد اليمين على المدعي، ولكن يجبر الناكل على اليمين بالضرب وغيره حتى يحلف أو يقر بالحق المدعى به.

واستدلوا على ذلك بالكتاب والسنة والآثار والإجماع:

أولا: الكتاب:

قال الله تعالى: ﴿ **وتعاونوا على البر والتقوى ولا تعاونوا على الإثم والعدوان** ﴾ (سورة المائدة: آية 25)

وجه الدلالة

قال ابن حزم (107: 388/9): " من أطلق للمطلوب الامتناع عن اليمين، ولم يأخذه بها، وقد أوجبها الله تعالى عليه، فقد أعانه على الإثم والعدوان، وعلى ترك ما افترض الله على إلزامه إياه وأخذه به ".

واعترض عليه بأن عدم القضاء بالنكول وحده، أو به مع رد اليمين ليس من التعاون على البر والتقوى، لأن فيه عرقلة سير العدالة، وتأخيرا للنطق بالحكم، فيؤدي ذلك إلى الإضرار بالمدعي.

ثانيا: السنة النبوية

1- أخرج مسلم (21: 2/12، 84: 1336/3) والنسائي (81: 486/3) وابن ماجة (77: 778/2) وانظر (23: 34/4، 86: 174/4، 87: 294) عن ابن عباس رضي الله عنه أن النبي صلى الله عليه وسلم قال: ﴿ **لو يعطى الناس بدعواهم لادعى ناس دماء قوم وأموالهم، ولكن البينة على المدعي، واليمين على المدعى عليه** ﴾.

وجه الدلالة

إن النبي صلى الله عليه وسلم أمر أن لا يعطى المدعي بدعواه دون بينة، فدل على بطلان إعطائه شيئا بنكول خصمه إذا نكل، لأنه يكون قد أخذ بمجرد دعواه، وهذا باطل لما صح عن النبي صلى الله عليه وسلم .

والحديث يبين أن اليمين على المدعى عليه، وأنه ليس على المدعي يمينا إلا حيث ورد النص بذلك، ولا يكون إلا في ثلاث، وهي القسامة لحديث ابن حثمة السابق، والوصية في السفر للآية الكريمة، واليمين مع الشاهد لثبوتهما بالأحاديث الصحيحة، فلا ترد اليمين على المدعي في غير هذه المواضع لعدم ورود قرآن ولا سنة ولا إجماع على النكول أو اليمين المردودة، ولمخالفتهما لعموم الأحاديث.

يعترض عليه بأنه لا يدل على جواز القضاء بالنكول، ورد اليمين إلى المدعي إن امتنع المدعى عليه عن الحلف حيث أن الحديث لم يحصر حبس اليمين بالمدعى عليه، بل هناك أحاديث صحيحة نصت على أن النبي صلى الله عليه وسلم كلف المدعي باليمين.

كما أن الحديث كلف المدعى عليه باليمين في حالة انعدام البينة من المدعي، فإن أقسم فقد برئت ذمته، وأما إن امتنع عن القسم، فإنه يرد إلى المدعي طالب الحق، كما ردها النبي صلى الله عليه وسلم .

وهناك فرق بين يمين المدعى عليه، واليمين المردودة، فالأولى دافعة والثانية جالبة.

والذين قالوا: بأن رد اليمين إلى المدعي ـ كالحنفية ـ مخالف لمفهوم الحديث، وبالتالي هو أمر مردود، فيرد عليهم أنهم لا يقولون أصلا بمفهوم المخالفة فاحتجاجهم باطل واستدلالكم ساقط (القضاء في الإسلام: أبو فارس 192: 124).

2- أخرج مسلم (21: 21/2 ـ 25) وأبو داود (79: 296/1) والترمذي (85: 19/9) والنسائي (81: 532/6) والبيهقي (78: 297/3) عن أبي سعيد الخدري رضي الله عنه قال: قال رسول الله صلى الله عليه وسلم : ﴿ **من رأى منكم منكرا فليغيره بيده، فإن لم يستطع فبلسانه، فإن لم يستطع فبقلبه، وذلك أضعف الإيمان** ﴾

وجه الدلالة

يقول ابن حزم (107: 383/9): " وجدنا الممتنع مما أوجب الله عز وجل أخذه به في اليمين قد أتى منكرا بيقين، فوجب تغييره باليد بأمر رسول الله صلى الله عليه وسلم والتغيير باليد هو الضرب فيمن لم يمتنع، أو بالسلاح في المدافع بيده الممتنع في أخذه بالحق، فوجب ضربه أبدا حتى يحييه الحق من إقراره أو يمينه، أو يقتله الحق من غير ما أعلن به من المنكر، ومن يتعد حدود الله فقد ظلم نفسه ".

واعترض عليه بأن الممتنع عن اليمين لا يعتبر مرتكبا لمنكر أو جريمة تستوجب العقوبة، بل فيه مخالفة لما روي عن الرسول صلى الله عليه وسلم وصحابته الكرام، فلقد نكل أناس عن الأيمان في القسامة عند رسول الله صلى الله عليه وسلم وقد تقدم ذلك، فلم يضربهم ولم يقتلهم، كما امتنع قوم عن اليمين عند عمر بن الخطاب، ولم يفعل بهم شيئا مما قاله ابن حزم (192: 126)

ثالثا: الآثار

1- أخرج البيهقي (78: 10 / 136) عن الشعبي أنه قال: " كان بين عمر بن الخطاب وبين أبي بن كعب ـ رضي الله عنهما ـ تدارئ في كل شيء، وادعى أبي على عمر، فأنكر ذلك، فجعلا بينهما زيد بن ثابت، فأتياه في منزله، فلما دخلا عليه قال له عمر: أتيناك لتحكم بيننا وفي بيته يؤتى الحكم، فوسع له زيد عن صدر فراشه، فقال: هاهنا يا أمير المؤمنين، فقال له عمر: لقد جرت في الفتيا، ولكن اجلس مع خصمين مجلسا بين يديه: فادعى أبي، وأنكر عمر، فقال زيد لأبي: اعف أمير المؤمنين عن اليمين وما كنت لأسألها لأحد غيره، فحلف عمر رضي الله عنه ، ثم أقسم لا يدرك زيد بن ثابت القضاء حتى يكون عمر ورجل من عرض المسلمين عنده سواء ".

قال ابن حزم (107: 381/9): " فهذا زيد لم يذكر رد اليمين ولا حكما بنكول، بل أوجب اليمين على المنكر قطعا إلا أن يسقطها الطالب، وهذا عمر ينكر أن يحكم الحاكم باليمين ولا يحلف المنكر، وهو قولنا أيضا "

واعترض عليه بأن الحديث لا يدل على عدم جواز القضاء بالنكول وحده أو به مع رد اليمين، وإنما يدل على أن عمر بن الخطاب لم ينكل عن اليمين بل حلف اليمين، وأنكر على زيد بن ثابت طلبه من أبي بن كعب بأن يتنازل عن حقه، وليس فيه عن عمر بن الخطاب إذا امتنع عن اليمين فإنه يجبر على الضرب، وإن قاوم فبالقتل.

ومع ذلك، فلو سلمنا أن في الحديث دليلا على وجوب اليمين، فإن هذا الدليل معارض بما روي عن عمر رضي الله عنه من أنه كان يرى رد اليمين، وقد تقدم ذلك (92: 125).

2 ـ أخرج البيهقي (78: 253/10) والدارقطني (88: 206/4) عن جعفر بن برقان أنه قال: " كتب عمر بن الخطاب إلى أبي موسى الأشعري في رسالة ذكرها: " البينة على من ادعى واليمين على من أنكر ".

وجه الدلالة

إن عمر بن الخطاب لم يذكر في الأثر مشروعية القضاء بالنكول ولا برد اليمين، فدل على عدم جواز القضاء بهما (107: 381/9).

وقد اعترض عليه: بأن الحديث لا يتعارض مع رد اليمين إلى المدعي إذا نكل عنه المدعى عليه، وإنما جاء الأثر ليخبر عن بعض طرق القضاء في حالة إقامة الدعوى، وحكم النكول معروف بداهة، حيث روي عن النبي صلى الله عليه وسلم رد اليمين على صاحب الحق، كما روي عن عمر بن الخطاب رضي الله عنه القضاء بالنكول (177: 126).

3- جاء في المحلى (107: 381/9) عن ابن أبي مليكة قال: " كتب إلي ابن عباس في امرأتين كانتا تخرزان حريرا في بيت، وفي الحجرة أحداث، فأخرجت إحداهما يدها تشخب دما فقالت: أصابتني هذه وأنكرت الأخرى، قال: فكتب إلي ابن عباس أن رسول الله صلى الله عليه وسلم قضى أن اليمين على المدعى عليه، وقال: " لو أن الناس

أعطوا بدعواهم لادعى ناس دماء قوم وأموالهم ادعها فاقرأ عليها: ﴿ **إن الذين يشــترون بعهـد اللـــه** **وأيمانهم ثمنا قليلا ...الآية** ﴾، قال ابن أبي مليكة فقرأت عليها فاعترفت ".

وجه الدلالة

قال ابن حزم (107: 381/9 ـ 382): " وهذا في غاية الصحة عن ابن عباس -رضي اللـه عنهما- ولم يفت إلا بإيجاب اليمين فقط، وإلا بطل أن يعطى المدعي بدعواه، ولم يستثن في ذلك نكول المطلـوب، ولا رد اليمـين أصلا ".

وقد اعترض عليه بأن الخبر لم يبين حكم النكول عن اليمين، وذلك لأن المـرأة لم تنكـل عـن اليمـين بـل اعترفت، فلم تكن هناك حاجة لبيان حكم النكول عن اليمين، كما روي عن ابن عباس -رضي اللـه عـنهما- أنـه قضى على المرأة التي نكلت عن اليمين بنكولها، وقد تقدم ذلك (177: 126).

4- روى ابن حزم (107: 381/9) عن الحكم بن عتبة أنه قال: "لا أرد اليمين".

وجه الدلالة

قول الحكم بن عتبة يدل على عدم جواز القضاء بالنكول.

ويرد عليه بأن قول الحكم بن عتبة دليل على أن الحكم بن عتبـة كـان يقـول بجـواز القضـاء بالنكـول وحده دون أن ترد اليمين.

5- روى ابن حزم (107: 382/9) عن سفيان الثوري أنه قال: " كان ابن أبي يعلى والحكـم بـن عتبـة لا يريان ـ يعني رد اليمين على الطالب إذا نكل المطلوب.

وروي عن ابن أبي ليلى أنه قال: "لا أدعه حتى يقر أو يحلف" (93: 124/12).

واعترض عليه بأنه روي عن ابن أبي ليلى ثلاثة أقوال في القضاء بالنكول، وليس أحدها أولى من الآخر.

كما أنه يدل على أنهما يريان القضاء بالنكول وحده، ولا يقولون برد اليمين.

رابعا: الإجماع

قال ابن حزم (107: 383/9): " وقد لاح بما ذكرنا أن قولنا ثابت عن ابن عباس -رضي الله عنهما- ولا يصح عن أحد من الصحابة -رضي الله عنهم- خلافه.

ويرد عليه بأنه إجماع سكوتي، والأئمة مختلفون في الاحتجاج به لما ثبت عن بقية الصحابة ما يدل على خلاف ذلك مما يدل على عدم انعقاد الإجماع السكوتي أيضا، والحمد لله رب العالمين.

كما أن اختلاف الفقهاء في حجية القضاء بالنكول دليل على عدم انعقاد الإجماع.

خامسا: المعقول

قالوا بأنه وجب عليه أحد الأمرين، إما الإقرار، وإما النكول، فإن امتنع عن أداء الواجب عليه عوقب بالضرب ونحوه حتى يؤديه.

قال الإمام الشوكاني: " ووجهه أنه إذا لم يكن للمدعي بينة وصمم خصمه على ترك إجابة الدعوى، كان تقريره على ذلك إهمالا لتنفيذ أحكام الله، وسدا لباب العدل، وفتحا لباب الجور، وتخلية بين الظالم والمظلوم، فحبسه هو أقل ما يستحقه، ثم إذا لم يؤثر ذلك، وجب على القاضي أن ينزل به سوطا من العقوبة، كما قدمنا حتى يقر أو ينكر ".

وقد اعترض عليه بأن المدعي لا يستحق بدون دليل، واليمين وسيلة للإثبات بالاتفاق، نفيا في اليمين الواجبة، وإثباتا في اليمين مع الشاهد، كما أن حبس الشخص فيه تعطيل للأعمال، وقد يستمرئ بعض الناس بالأكل والشرب والكسل، ويقبعون أذلاء صاغرين في الحبس مع هضم الحق للمدعي، ومن يألف الحبس فقد يضطر إلى اليمين الغموس، وكلا الأمرين شيء مستطير، ولم يرد قرآن ولا سنة يأمر بحبس المدعى عليه بعد نكوله ولا بضربه وتعذيبه، وإنما شرعت اليمين المردودة على المدعي، فإن حلف استحق، وإن نكل بطلت.

المذهب الرابع: ذهب المالكية (4:61/333، 63: 220/6، 102: 469/2، 125: 318/4، 136: 300/2، 149: 220/6)، وتقي الدين من الحنابلة (44: 87،

120-123، 113: 255/11) وابن أبي ليلى في قول (44: 124، 107: 377/9) إلى أنه يقضى بالنكول وحده تارة، ويقضى بالنكول مع رد اليمين تارة أخرى، وانقسموا في ذلك إلى ثلاثة أقوال:

القول الأول: ذهب المالكية في الراجح (61: 333/4، 63: 220/6، 125: 318/4، 136: 300/2، 169: 42-43) والزيدية (105: 418/5، 112: 169/4) إلى الناكل عن اليمين إذا كانت الدعوى محققة لا تهمة فيها، فإنه يقضى على المدعى عليه بنكوله، ولكن ترد اليمين على المدعي، فإن حلف استحق ما ادعاه، وإن بطل سقطت الدعوى، أما إذا كانت الدعوى دعوى تهمة ـ كأن يتهم إنسانا بسرقة ماله أو أنه فرط فيه ـ فإنه إذا نكل المدعى عليه عن اليمين، يقضى عليه بنكوله، ولا ترد اليمين على المدعي.

وقد اعترض عليه ابن حزم بقوله (107: 378/9): " إن هذا القول ظاهر الخطأ لتناقضه، ولئن كان رد اليمين حقا في موضع، فإنه لحق في كل موضع يجب فيه اليمين على المنكر، ولئن كان باطلا في مكان، فإنه لباطل في كل مكان، إلا أن يأتي بإيجاب في مكان دون مكان قرآن أو سنة، فينفذ ذلك، ولا سبيل إلى وجود قرآن ولا سنة بذلك أصلا، فبطل هذا القول، إذ لا يعضده قرآن، ولا سنة ولا رواية سقيمة، ولا قول أحد قبله، ولا قياس ".

القول الثاني: ذهب تقي الدين من الحنابلة (44: 87، 120-123، 113: 255/11) إلى أن اليمين ترد على المدعي إذا كان جازما بالحق، وكان الفعل صادرا منه، أما إذا كان غير جازم، فيحكم على المدعى عليه بالنكول، ولا ترد اليمين إلى المدعي.

وتفصيل ذلك بأنه إذا كان المدعي يعلم بالمدعى به وصحة دعواه بأن يكون الفعل صادرا منه، أو كان جازما بالحق، فيجوز رد اليمين عليه، فإن حلف أخذ، وإن لم يحلف لم يأخذ شيئا وتسقط الدعوى، وذلك كمن يدعي على ورثة أن له حقا على مورثهم يتعلق بتركته.

أما إذا كان المدعى عليه يعلم بالمدعى به وحده، ولا يعلم به المدعي فإنه لا يصح رد اليمين على المدعي، ويجب على المدعى عليه أن يحلف، فإن نكل عن اليمين

قضى عليه بنكوله، ويستحق المدعي ما ادعاه، وذلك كأن يدعي الورثة على إنسان دينا لمورثهم، فينكر المدعى عليه، فهذا ليس له أن يرد اليمين على المدعي، فإما أن يحلف، وإما أن يقضى عليه بنكوله ويستحق المدعي ما ادعاه.

أما إذا كان المدعي يدعي العلم، والمنكر يدعي العلم، فإن الناكل إما أن يقضى عليه بنكوله، وإما أن ترد اليمين على خصمه.

الأدلة

الدليل على ذلك ما ثبت عن الصحابة ـ رضي الله عنهم ـ من الحكم بكلا الأمرين حسب الحالات والوقائع، والصحابة أفهم الناس وأعلمهم بمقاصد النبي صلى الله عليه وسلم وقواعد دينه وشرعه، كما أنه توفيق وجمع بين الأدلة في المذهبين الأول والثاني، وحمل أدلة المذهب الأول على الحالات التي يجوز فيها رد اليمين، وحمل أدلة المذهب الثاني على الحالات التي يحكم فيها بالنكول.

ومن هذه الأدلة

1- أخرج مالك (5: 612/2) وابن أبي شيبة (161: 6/4-5) والزيلعي (162: 4/ 101) عن سالم بن عبد الله بن عمر ـ رضي الله عنهما ـ أنه: " باع غلاما له بثمانمائة درهم، وباعه بالبراءة، فقال الذي ابتاعه لعبد الله بن عمر: بالغلام داء لم تنسمه لي، فاختصما إلى عثمان بن عفان، فقال الرجل: باعني عبدا وبه داء ولم يسمه، وقال عبد الله: بعته بالبراءة، فقضى عثمان بن عفان على عبد الله بن عمر أن يحلف، وارتجع العبد، فصح عنده، فباعه عبد الله بعد ذلك بألف وخمسمائة درهم ".

وجه الدلالة

إن ابن عمر وحده هو الذي يعلم إن كان الغلام به عيب قبل البيع أم لا، لذلك قضى عليه عثمان بنكوله. (44: 123).

2- أخرج البيهقي (78: 84/10) عن الشعبي: " أن المقداد استقرض من عثمان سبعة آلاف درهم، فلما تقاضاها: قال: إنما هي أربعة آلاف درهم، فخاصمه إلى عمر، فقال المقداد: احلف أنها سبعة آلاف، قال عمر: أنصفك، فأبى أن يحلف، فقال عمر: خذ ما أعطاك ".

وجه الدلالة

يقول ابن القيم (44: 123): " أن المقرض إن كان عالما بصدق نفسه وصحة دعواه: حلف وأخذه، وإن لم يعلم ذلك: لم تحل له الدعوى بما لا يعلم صحته، فإذا نكل عن اليمين لم يقض له بمجرد نكول خصمه، إذ خصمه قد لا يكون عالما بصحة دعواه، فإذا قال للمدعي: إن كنت عالما بصحة دعواك فاحلف وخذ، فقد أنصفه جد الإنصاف ".

القول الثالث: ذهب ابن أبي ليلى في رواية (44: 124، 107: 9/377) إلى أن المدعي إذا كان متهما ردت عليه اليمين، وإن لم يكن متهما قضي له بنكول خصمه[1].

قال ابن القيم (44: 124): " وهذا له حظ في الفقه، فإنه إذا لم يكن متهما غلب على الظن صدقه، فلم يحتج إلى اليمين، وأما إذا كان متهما لم يبق معنا إلا مجرد النكول، فقويناه برد اليمين عليه، وهذا نوع من الاستحسان.

وقد اعترض عليه ابن حزم: (107: 9/ 378): " بأنه تقسيم لم يأت به قرآن ولا سنة، وما جعل الله تعالى في الحكم بالبينة أو اليمين على الكفار من اليهود أو النصارى أو المجوس، أو الفساق، أو الكذابين، الذي جعل من ذلك على الصحابة وسائر المؤمنين الصادقين العدول ".

وهذا دليل على أن التفريق باطل، لأن الاحتياط في الدين بما لم يأت به نفي باطل.

رأي القانون

ذهب القانون إلى أنه يجوز لمن وجهت إليه اليمين أن يردها على خصمه، فإن نكل عنها، ولم يردها على خصمه، حكم بنكوله وخسر دعواه، حيث جاء في المادة {60} من قانون البينات الأردني (131: 179، 136: 104) والمادة {118} من قانون الإثبات المصري (38: 157) والمادة {119} من قانون البينات السوري (18:

[1] جاء في بداية المجتهد (102: 2/469) عن ابن أبي ليلى أنه قال: " أردها في غير التهمة، ولا أردها في التهمة "، وفي هذا تناقض بين الفقهاء فيما نقلوه في هذه المسألة، ولعله مكن قبيل الخطأ عند ابن رشد.

254/2، 37 :117)، و}الفقرة أ من المادة 119} من قانون الإثبات العراقي (18: 245، 40: 379-380، 158: 74، 99) والمادة {158} من قانون الإثبات اليمني

(150: 416) ما نصه: "كل من وجهت إليه اليمين فنكل عنها، دون أن يردها على خصمه خسر دعواه".

كما أخذت مجلة الأحكام العدلية بهذا المذهب، حيث جاء في المادة} 174} ما نصه (73: 435/4): " أحد أسباب الحكم اليمين أو النكول عن اليمين ".

وجاء في المادة {1751} من المجلة (73: 435/4) ما نصه: " إذا كلف القاضي من توجه إليه اليمين في الدعاوى المتعلقة بالمعاملات، ونكل عنها صراحة أو دلالة بالسكوت بلا عذر فيحكم القاضي بنكوله، وإذا أراد أن يحلف بعد الحكم فلا يلتفت إليه، ويبقى حكم القاضي على حاله ".

الترجيح

والذي أميل إليه بعد العرض السابق لمذاهب الفقهاء ـ رحمهم اللـه ـ وذكر أدلتهم ترجيح المذهب القائل بعدم جواز القضاء بمجرد نكول المدعى عليه، بل ترد اليمين على المدعي، فإن حلف استحق ما ادعاه، وإن نكل حكم عليه بنكوله، وسقط الحق المدعى به، وذلك لقوة أدلتهم، حيث جاءت الأدلة صريحـة في مشروعية رد اليمين على المدعي، ومنها ما روي عن النبي صلى اللـه عليه وسلم أنه: ﴿رد اليمين على طالب الحق﴾، وقد صحح الحاكم إسناد الحديث.

المبحث الثاني
حقيقة اليمين المردودة وطبيعتها
والحقوق التي يقضى فيها باليمين المردودة

المطلب الأول
حقيقة اليمين المردودة وطبيعتها

اختلف القائلون برد اليمين في حقيقة القضاء بها على ثلاثة أقوال:

القول الأول: ذهب الشافعية في صحيح مذهبهم (20: 478/4، 92: 358/8، 116: 311/2) والحنابلة في رواية لهم (44: 124، 113: 255/11) والزيدية في قول (105: 411/5)، إلى أن القضاء بيمين الرد كإقرار الخصم.

وحجتهم في ذلك بأنه يتوصل باليمين إلى الحق بعد نكول المدعى عليه، والإقرار يتوصل به إلى الحق، مما يدل على أن يمين الرد كالإقرار. (20: 478/4، 92: 358/8 ـ 359، 116: 311/2).

القول الثاني: ذهب الشافعية في قول (20: 4/ 478، 65: 45/12، 92: 358/8) والحنابلة في رواية (44: 124، 113: 255/11) والزيدية في الراجح (105: 411/5) إلى أن اليمين المردودة كالبينة، لأن اليمين حجة المدعى عليه، والبينة تكون مع المدعي ويستحق بها.

القول الثالث: ذهب المالكية (102: 469/2، 119: 273/1) إلى أن القضاء يكون بالنكول واليمين المردودة معا، لأن الأصل عندهم اشتراط الأثنينية في الإثبات: كالشاهدين، الشاهد والمرأتين، الشاهد واليمين، الشاهد ونكول المدعى عليه، اليمين ونكول المدعى عليه، فإن نكل المدعي عن اليمين سقطت دعواه.

ويترتب على هذا الخلاف أنه لو أقام المدعى عليه بعد حلف المدعي يمين الرد بينة على أن المدعي قد أبرأه من الحق المدعى به، وأنه قد أداه إليه، فإنها لا تقبل على الرأي الأول، وتقبل على الرأي الثاني، وذلك لأن بينة المقر على نفي ما أقر به لا

تقبل، وبينة المدعى عليه على إسقاط الحق المدعى به الثابت بالبينة تقبل (20 / 478/4، 92: 359/8، 116 / 311/2).

وكذلك فإن المدعي إذا حلف يمين الرد، فإنه يستحق المدعى به بغير حكم حاكم على الـرأي الأول، أمـا على الرأي الثاني، فإنه يفتقر إلى حكم الحاكم (92، 159/8، 101: 351/4).

المطلب الثاني

الحقوق التي يقضى فيها باليمين المردودة

اختلف القائلون بالقضاء باليمين المردودة، وأنه وسيلة من وسائل الإثبات في الشريعة الإسلامية في الحالات التي يجوز فيها رد اليمين على مذهبين

المذهب الأول: ذهب الشافعية (65: 576/3، 137، 95/7) والإمامية (111: 214/2، 223) إلى أن اليمين المردودة تصح في كل حق سمعت فيه الدعوى، وجازت المطالبة به، سواء أكان في الحقوق المالية أو ما يقصد منه المال، أم دعاوى الأحوال الشخصية التي ليست مالا ولا يقصد منها المال كدعوى الزواج، والطلاق، والرجعة، والعتق، والنسب، والولاء، والجنايات، سواء أكانت توجب القصاص، أم المال.

المذهب الثاني: ذهب المالكية (42: 241/7، 119، 267/1، 272، 149، 220/6) والزيدية (105: 410/5) إلى أن اليمين المردودة تصح في الحقوق المالية أو ما يقصد بها المال كالبيع، والشفعة، والمساقاة، والإجارة، وقتل الخطأ، وقطع الطرق خطأ، والخيار، كخيار الشرط، وخيار العيب وخيار المجلس.

ودليلهم على ذلك قياس النكول ورد اليمين على الشاهد واليمين بأنها حجة ضعيفة.

أما دعاوى الأحوال الشخصية التي ليست مالا ولا يقصد منها المال، كالطلاق والزواج وغيرها، فلا تقبـل فيهما اليمين المردودة، لأنها لا تثبت إلا بشاهدين عدلين، والنكول عن اليمين والقضاء بيمـين الـرد لا يصـح إلا فيما يثبت باليمين مع الشاهد (61: 183/4 105: 410-411، 119، 267/1، 142 240/7: 149 133/6).

المطلب الثالث

مسائل تعذر رد اليمين

لقد نص الشافعية على مسائل يتعذر فيها رد اليمين، نذكرها في ما يلي:

المسألة الأولى: طلب الزكاة

إذا طلب الساعي الزكاة من رب المال، فادعى أنه أداها، أو لم يحل الحول عليها، أو ادعـى أي مسـقط آخر من مسقطات الزكاة، كأن يقول بعتها في أثناء الحول ثم اشتريتها، أو يقول هي في يدي لـذمي أو مكاتـب، فهل يستحلف صاحب المال أم لا؟ للشافعية في هـذه المسألة وجهـان (20: 479/4، 65، 47/12: 92، 360/8: 114/ 2: 513، 126: 406/4، 127: 199 ـ 200).

الوجه الأول:

وهو الأصح أنه يستحب، فإن حلف ترك، وإن نكل ترك أيضا، ولا شيء عليه.

الوجه الثاني: الوجوب، وفيها تفصيل

إذا انحصر المستحقون للزكاة في البلد، وأمكن تعيينهم، وقلنا بعدم جواز نقل الزكاة، كأن تكون القريـة صغيرة أو فقراؤها محصورون، فاليمين ترد عليهم، فإن حلفوا استحقوا الزكاة، ون نكلوا، فلا شيء لهم.

أما إذا كانت البلدة كبيرة يكثر المستحقون فيها للزكاة، أو كان المستحقون للزكاة في غيـر البلـد غـير محصورين على القول بجواز نقل الزكاة من بلد لآخر، ففي هذه الحالة اختلف الشافعية على أربعة أراء:

الرأي الأول: لا شيء على صاحب المال، لأنه لم تقم عليه حجة، والحكم بالزكاة قضاء بـالنكول المجـرد، وهو غير جائز، بل لا بد من رد اليمين، وهو متعذر

الرأي الثاني: أنه يؤخذ منه الزكاة، واختلف الشافعية في كونه قضاء بالنكول أم لا على النحو الآتي:

فذهب جمهور الشافعية إلى أنه ليس قضاء بالنكول، لأن مقتضى ملك النصاب، ومضيـ الحـول وجـوب الزكاة، فإذا لم يأت بدافع، أخذنا الزكاة منه بمقتضى الأصل.

وذهب ابن العاص إلى أنه قضاء بالنكول للضرورة، لأن الأصل عدم جواز ذلك، ورواه عن شريح.

الرأي الثالث: أنه يحبس صاحب المال حتى يقر أو يحلف.

الرأي الرابع: وهو الأصح، أنه إن أقر بوجوب الزكاة عليه، ثم ادعى ما يسقطها لم تقبل دعواه، وتؤخذ منه، وإن لم يقر بسبب الوجوب لم يؤخذ منه.

المسألة الثانية: موت المدعي، ولا وارث له

إذا ادعى إنسان على آخر دينا، فأنكر المدعى عليه، فمات المدعي ولم يخلف وارثا غير المسلمين، وكذلك إذا مات من لا وارث له، ووجد في وصيته أو دفتره أن له دينا على آخر، فأقام القاضي الدعوة على الدين، ولم تكن هناك بينة، فيجب اليمين على المدعى عليه، فإن حلف انقطعت الخصومة وسقطت الدعوى، وإن نكل عن اليمين، فهل يقضى عليه بالنكول؟ المسألة على ثلاثة أراء (20: 479/4، 64: 4/ 343، 114: 513/2، 126: 406/4، 127: 200-201، 130: 104/4).

الرأي الأول: لا يقضى عليه بالنكول للضرورة، بل يحبس حتى يحلف أو يقر، وقد عبر عنه في الروضة (65: 50/12) بأنه الأصح، وفي أدب القضاء (127: 200) بأنه المذهب.

الرأي الثاني: يترك، ولا شيء عليه، لأنه لا يوجد دليل على ثبوت المال في ذمته، ولا يمكن رد اليمين، ولكن الناكل يأثم لكونه معاندا، وقد عبر عنه في أدب القضاء (127: 201) بأنه الأظهر.

الرأي الثالث: يقضى عليه بالنكول للضرورة.

المسألة الثالثة: طلب الجزية

إذا غاب ذمي، ثم عاد بعد تمام الحول، فطالبه عامل الجزية بها، فادعى الذمي أنه أسلم قبل تمام الحول، وقال العامل: أسلم بعد تمام الحول، فهل يستحلف الذمي على أنه أسلم قبل تمام الحول أم بعده؟ للمسألة وجهان (20: 479/4، 65: 48/12، 113: 353/4، 126: 4/ 406، 127: 201، 130: 404/4)

الوجه الأول: يستحلف وجوبا، وهو الأصح.

الوجه الثاني: يستحلف استحبابا

وإذا قلنا بوجوب الاستحلاف، فنكل عن اليمين، فما حكم النكول؟ اختلف الشافعية في هذه المسألة على ثلاثة أراء:

الرأي الأول: وهو الأظهر تؤخذ منه الجزية، وليس هذا قضاء بالنكول، بل الأصل اشتغال ذمته بالنكول ما لم يظهر إسلامه، وهو المسقط للجزية.

الرأي الثاني: لا تؤخذ الجزية لعدم ثبوتها، ولأن الحكم عليه بدفع الجزية قضاء بالنكول، وهو غير جائز.

الرأي الثالث: يحبس حتى يقر أو يحلف.

وهذه المسألة مبنية على أساس القول بسقوط الجزية إذا أسلم أثناء الحول، كما لا تجب الزكاة إلا بعد تمام الحول، والقول الثاني: أن الجزية تجب على الذمي حسب الوقت الذي أمضاه على كفره (20: 404/4، 64: 343/4، 146: 406/4)

وما تقدم هو حكم من غاب عن ديار الإسلام ثم عاد إليها، أما إذا كان في بلاد الإسلام، وادعى أنه أسلم قبل تمام الحول وكتم إسلامه، فلا يقبل منه وتؤخذ الجزية، لأن الظاهر أن من؟ أسلم في دار الإسلام لا يكتم إسلامه (92: 360/8، 65: 48/12، 113: 357/2، 126: 406/4)

المسألة الرابعة: دعوى الأسير الإنبات بالدواء

إذا أسر المسلمون جماعة من أهل الحرب ـ الكفار ـ واجتهد الإمام رأيه فيهم، فوجد أن الأفضل للمسلمين هو قتل الأسرى، فإن قتلهم ووجد فيهم من ادعى أنه مراهق ليس ببالغ كشف عن عورته، فإن وجد أنه قد نبتت عانته قتله، وإن وجد أنها لم تنبت لم يقتل.

وإن ادعى أنه استعجل الإنبات بالدواء، فإن قلنا بأن الإنبات بلوغ لم تقبل دعواه ويقتل، وإن قلنا بأن الإنبات علامة على البلوغ، فإنه تقبل دعواه، ويستحلف على دعواه استعجال الإنبات بالمعالجة، فإذا حلف لم يقتل، وأما إذا نكل عن اليمين، فقد اختلف في ذلك على ثلاثة آراء: (65: 43/12، 127: 201، 193: 357/12).

الرأي الأول: أنه يقتل، وهو قضاء بالنكول على خلاف أصل المـذهب في أنـه لا يجـوز القضـاء بـالنكول المجرد، وقد نص الإمام الشافعي على ذلك.

الرأي الثاني: أنه يقتل وليس هو قضاء بالنكول، لأن الأصل أن الإنبـات حصل بنفسه مـن غيـر عـلاج، فدعواه الاستعجال بالتداوي خلاف الأصل فيقتل.

الرأي الثالث: يحبس حتى يتحقق بلوغه فيقتل، أو يتحقق صباه فلا يقتل.

وقد أورد الشافعية على القول باستحلاف من ادعى استعجال الإنبات بالدواء إشكالين:

الأول: إن المدعي قد ادعى الصبى، ولا يصح تحليف الصبي، فكيف تحلفونه.

وقد أجيب بأنا عولنا في تحليفه على ظاهر الإنبات.

الثاني: إن اليمين شرعت للنفي، وجاءت هنا للإثبات.

وأجيب عليه بأنا فعلنا ذلك حقنا للدماء، ويجوز مخالفة القياس لهذا السبب، ولذلك قبلنا الجزية مـن المجوسي، ولم نجوز الزواج منه.

وأوردوا إشكالا على القول بأنه يحبس حتى يتحقق بلوغـه فيقتـل، أو يتحقق صباه فـلا يقتل، وهو مشكل أيضا، فيحتمل أن يقال لا يقتل بل يدام عليه الحبس إلى أن يحلف أو يقر بأنه لم يستعجل فيقتل، هذا ما ذكره الإمام (126: 406/4، 127: 202).

المسألة الخامسة: دعوى الصبي المجاهد البلوغ

إذا خرج مع المرتزقة[1] بعض الصبيان للجهاد، وادعى أحدهم البلـوغ بـالاحتلام، فطلب تسـجيل اسـمه بالديوان، وأن يعطى سهم المقاتلة، فقد اختلف الشافعية في استحلافه، وفي حكم نكوله عن اليمـين علـى ثلاثـة آراء (20: 479/4، 65، 49/12، 92: 360/8، 126، 407/4، 127: 202 ـ 203).

الرأي الأول: يحلف على دعواه البلوغ بالاحتلام، فإن حلف أخذ سهم المقاتلـة، وإن نكـل حكـم عليـه بالنكول، ولم يعط سهم المقاتلة.

---

[1] المرتزقة (65: 358/6، 362) الجنود الذين تسجل أسماؤهم في الديوان، وترصدهم للجهاد في سبيل اللـه، فيستحقون أن تـوزع عليهم أربعة أخماس الغنائم، وشروطهم: الإسلام، والبلوغ، والعقل، والحرية، والذكورة، والقوة، وسلامة الحواس.

الرأي الثاني: يقبل قوله من غير يمين إذا احتمل دعواه الاحتلام، فإنه لا يعرف إلا منه، فيصدق دعواه بغير يمين، كما تصدق المرأة في دعواها بأنها حاضت.

الرأي الثالث: أنه إذا كان متهما يحلف، وإلا فلا، وعلى هذا القول إن نكل عن الحلف فيه وجهان أحدهما: يعطى السهم، والثاني: لا يعطى.

المسألة السادسة: بيع مال الطفل أو المجنون أو السفيه

إذا ادعى ولي الصبي أو المجنون أو السفيه، وكذا الوصي والقيم عليهم أن لهم على إنسان حقا لا يتعلق بإنشائه، كإتلاف شيء من مال الصبي أو المجنون أو السفيه، ولم تكن بينة، فأنكره المدعى عليه ونكل عن اليمين، فهل يحلف الولي أو الوصي أو القيم؟ على ثلاثة آراء (20: 479/4، 65: 167/2، 92: 360/8، 126: 407/4، 127: 204).

الرأي الأول: لا ترد اليمين على الولي أو الوصي أو القيم، لأن إثبات الحق لغير الحالف لا يجوز، فيكتب القاضي محضرا بما جرى، ويوقف الأمر حتى يبلغ الصبي، أو يفيق المجنون، أو يرشد السفيه، فيرد اليمين عليه.

واعترض عليه: بأنه إذا كان الولي لا يحلف لو نكل المدعى عليه، فلا معنى لعرض اليمين على المدعى عليه الآن، لأنه يعجز عن النكول، بل يؤخر عرض اليمين بالكلية إلى بلوغ الصبي، وإفاقة المجنون، ورشاد السفيه.

والأصح أن للولي أو القيم أو الوصي عرض اليمين على المدعى عليه، وإن قلنا: لا يحلف الولي، ولو نكل المدعى عليه، وفائدة عرضها عليه إن جاز رجاء إقراره خوفا من اليمين.

الرأي الثاني: ترد اليمين على الولي والوصي والقيم إذا نكل المدعى عليه بالإتلاف، لأن كل واحد منهم هو المستوفي للحق المدعى به.

الرأي الثالث: إن ادعى الولي حقا باشر سببه بنفسه ردت عليه اليمين، وله أن يحلفها، لأن العهد يتعلق به، وإن لم يباشر سببه، فلا ترد اليمين، وليس له أن يستحلف، قال الشربيني (20: 479/4): والفتوى على هذا ".

المسألة السابعة: دعوى القذف

إذا ادعى رجل على آخر بالقذف بالزنى، فإنه يجوز للقاذف أن يحلف المقذوف أنه لم يزن، فإذا نكل المقذوف عن اليمين، فهل ترد على القاذف؟ هناك رأيان (65: 50/12).

الرأي الأول: ترد اليمين على القاذف، وهو الصحيح الذي قطع به جمهور الشافعية.

الرأي الثاني: قيل لا ترد اليمين على القاذف، ويسقط الحد بنكول المقذوف عن اليمين.

المبحث الثالث
توجيه اليمين المردودة

المطلب الأول
من يملك توجيه اليمين المردودة

اتفق الفقهاء القائلون باليمين المردودة من المالكية (142: 220/7) والشافعية (20: 478/4، 92: 357/8 116: 300/2، 126: 404/4، 130: 4/ 403) والحنابلة (93: 124/12) على أن الذي يملك توجيه اليمين المردودة إلى الخصم القاضي فقط، سواء أكان ذلك برد الخصم أم القاضي.

واستدلوا على ذلك بالسنة النبوية والمأثور عن الصحابة رضوان اللـه عنهم.

أولا: السنة النبوية

أخرج البيهقي (78: 182/10) والشافعي (164: 78، 114) عن بشير بن يسار عن سهل بن حثمة أن رسول اللـه صلى اللـه عليه وسلم :**﴿ بدأ بالأنصاريين، قلما لم يحلفوا رد الأيمان على يهود ﴾.**

وجه الدلالة

أن رسول اللـه صلى اللـه عليه وسلم رد أيمان القسامة ممن وجبت عليه اليمين إلى خصمه، مما يدل على أن الذي يملك توجيه اليمين المردودة هو القاضي.

2- أخرج الحاكم (98: 100/4) والبيهقي (78: 184/10) والدارقطني (88: 4/ 136) عن ابن عمر ـ رضي اللـه عنهما ـ أن رسول اللـه صلى اللـه عليه وسلم : **﴿ رد اليمين على طالب الحق ﴾.**

وجه الدلالة

الحديث صريح في أن الذي رد اليمين على طالب الحق هو النبي صلى اللـه عليه وسلم ، مما يدل على أن الذي يملك توجيه اليمين المردودة هو القاضي.

ثانيا: المأثور من الصحابة رضوان الله عنهم

1- أخرج البيهقي (44، 86، 78، 84/10) عن الشعبي: " أن المقداد استقرض من عثمان سبعة آلاف درهم، فلما تقاضاها قال: إنما هي أربعة آلاف درهم، فخاصمه إلى عمر، فقال المقداد: احلف أنها سبعة آلاف، قال عمر: أنصفك، فأبى أن يحلف: فقال عمر: خذ ما أعطاك ".

وجه الدلالة

إن عمر بن الخطاب رضي الله عنه حكم برد اليمين، ووجهها على المدعي ـ عثمان ـ بعد أن ردها عليه المدعى عليه.

2- أخرج البيهقي (78: 184/10) والشافعي (137: 34/7، 164: 114/2) عن سليمان بن يسار: " أن رجلا من بني ليث بن سعد أجرى فرسا، فوطئ إصبع رجل من جهينة، فنزى فيها، فمات، فقال عمر للذين ادعى عليهم تحلفون خمسين يمينا ما مات منها، فأبوا وتحرجوا من الأيمان، فقال للآخرين: احلفوا أنتم: فأبوا ".

وجه الدلالة

يدل فعل عمر بن الخطاب رضي الله عنه على أن الذي يملك توجيه اليمين المردودة هو القاضي.

3- أخرج بن أبي شيبة (161: 504/1) والزيلعي (162: 101/4) عن المغيرة وابن أبي شبرمة قالا: " اشترى عبد الله غلاما لامرئ، فلما ذهبا به إلى منزله حم الغلام من البرد، فخاصمه إلى الشعبي، فقال لعبد الله: بينتك أنه دلس عليك عيبا، فقال ليس لي بينة، فقال للرجل: احلف أنك لم تبعه داء، فقال الرجل: إني أرد اليمين على عبد الله، فقضى الشعبي باليمين عليه ".

وجه الدلالة

هذا الأثر نص صريح واضح الدلالة في أن القاضي هو الذي يوجه اليمين إلى الخصم سواء أكان ذلك برد من المدعى عليه أم من القاضي نفسه.

4- روى ابن حزم (107: 377/9): " أن شريحا وعبد الله بن عتبة والشعبي قضوا برد اليمين على المدعي بعد نكول المدعى عليه عنها.

وجه الدلالة

يدل فعل شريح وعبد الله والشعبي ـ رضي الله عنهم ـ على أن القاضي يملك توجيه اليمين بعد نكول الخصم.

رأي القانون

ذهب القانون إلى أنه يجوز لأي من الخصمين إذا وجهت إليه اليمين أن يردها على خصمه، حيث جاء في {الفقرة أ من المادة 57 } من قانون البينات الأردني (36: 104، 131: 179) و{الفقرة أ من المادة 116} من قانون البينات السوري (37: 117) والمادة {114} من قانون الإثبات المصري (38: 157) و{الفقرة أ من المادة 119} من قانون الإثبات العراقي (158: 100): " على أنه يجوز لمن وجهت إليه اليمين أن يردها على خصمه ".

أما قانون الإثبات اليمني (150: 416) فقد نص على أن الذي يملك توجيه اليمين المردودة هو القاضي، حيث جاء في المادة { 155 } ما نصه: " يكون توجيه اليمين أو ردها عن طريق المحكمة، وللحاكم أن يعدل صيغتها أو أن يمنع توجيهها طبقا لما هم منصوص عليه في المادة { 102[1] } من هذا القانون.

المطلب الثاني

لمن توجه اليمين المردودة

اتفق الفقهاء القائلون برد اليمين من المالكية (62: 420، 102: 469/2، 103: 921/2، 125: 317/4، 136: 300/2، 149: 220/6) والشافعية (20: 477/4-478، 64: 342/4، 65: 43/12 92: 357/8، 116: 301/2، 126: 404/4)

[1] نص المادة {102} هم: " يجب أن تكون الواقعة المراد أن تعدل من صيغة اليمين بحيث تنصب على الواقعة المراد إثباتها، ولا يجوز توجيها اليمين على واقعة مخالفة للشرع أو للنظام العام أو الآداب العامة ".

والحنابلة (44: 119، 93، 124/12) والإمامية (110: 86/3 ـ 87، 111، 214/2، 132، 282) والزيدية (105: 86/5، 112، 155/4، 163، 375/2) على أن اليمين المردودة توجه على المدعي.

واستدلوا على ذلك بالسنة والآثار المروية عن السلف الصالح

أولا: السنة النبوية

1- أخرج الحاكم (98: 100/4) والبيهقي (78: 184/10) والدارقطني (88: 136/4) عن ابن عمر -رضي الله عنهما- أن رسول الله صلى الله عليه وسلم : ﴿ رد اليمين على طالب الحق ﴾

وجه لدلالة

الحديث واضح الدلالة في رد اليمين على طالب الحق وهو المدعي.

2- جاء في (44: 119، 107، 380/9، 160، 428/3) عن حيوة بن شريح أن سالم بن غيلان التجيبي أخبرهم أن رسول الله صلى الله عليه وسلم قال: ﴿ من كانت له طلبة عند أحد فعليه البينة والمطلوب أولى باليمين، فإن نكل حلف الطالب وأخذ ﴾.

وجه الدلالة

يدل الحديث على أن اليمين المردودة توجه إلى المدعي.

ثانيا: الآثار المروية عن السلف الصالح

1- أخرج بن أبي شيبة (161: 504/1) والزيلعي (162: 101/4) عن المغيرة وابن أبي شبرمة قالا: " اشترى عبد الله غلاما لامرئ، فلما ذهبا به إلى منزله حم الغلام من البرد، فخاصمه إلى الشعبي، فقال لعبد الله: بينتك أنه دلس عليك عيبا، فقال ليس لي بينة، فقال للرجل: احلف أنك لم تبعه داء، فقال الرجل: إني أرد اليمين على عبد الله، فقضى الشعبي باليمين عليه ".

وجه الدلالة

طلب المدعى عليه رد اليمين على المدعي، فقضى الشعبي بذلك، مما يدل على أن اليمين المردودة توجه على المدعي.

2- أخرج البيهقي (44، 86، 78: 84/10) عن الشعبي: " أن المقداد استقرض مـن عـثمان سبعة آلاف درهم، فلما تقاضاها قال: إنما هي أربعة آلاف درهم، فخاصمه إلى عمر، فقال المقداد: احلف أنها سبعة آلاف، قال عمر: أنصفك، فأبى أن يحلف: فقال عمر: خذ ما أعطاك ".

وجه الدلالة

رد المقداد بن عمرو اليمين على عثمان، فأقره عمر بن الخطاب رضي الله عنه وقضى برد اليمـين مـن المدعى عليه إلى المدعي.

3- أخرج البيهقي (78: 184/10) والشافعي (137: 34/7، 164: 114/2) عـن سـليمان بـن يسـار: " أن رجلا من بني ليث بن سعد أجرى فرسا، فوطئ إصبع رجل من جهينة، فنزى فيهـا، فـمات، فقـال عمـر للـذين ادعى عليهم تحلفون خمسين يمينا ما مات منها، فأبوا وتحرجوا من الأيمان، فقال للآخرين: احلفوا أنـتم: فـأبوا، فقضى عمر بن الخطاب بشطر الدية على السعديين ".

وجه الدلالة

الحديث واضح الدلالة في رد اليمين مـن المـدعى عليـه إلى المـدعي، ويظهـر ذلـك مـن فعـل عمـر بـن الخطاب رضي الله عنه حيث وجه اليمين إلى المدعى عليهم، فأبوا، فردها على المدعين.

4- روى ابن حزم (107: 377/9): " أن شريحا وعبد الله بـن عتبـة والشعبي قضـوا بـرد اليمـين عـلى المدعي بعد نكول المدعى عليه عنها.

وجه الدلالة

يدل فعل شريح وعبد الله والشعبي ـ رضي الله عنهم ـ على أن اليمـين تـرد مـن المـدعى عليـه إلى المدعي.

وذهب المالكية (5: 722/2، 103، 119/2: 119، 256/1) والشافعية (20: 4/ 443-444، 65: 10 /24- 25، 92: 396/7) والحنابلة (93: 12/12 113 /10: 148) إلى أنه إذا وجهت اليمين على المدعي، وأبى أن يحلف فإنها ترد على المدعى عليه، كاليمين مع الشاهد، وأيمان القسامة.

واستدلوا على ذلك بالسنة والإجماع

أولا: السنة النبوية

1- أخرج البخاري (22: 9/93-94) ومسلم (84: 11/151-152) وأبو داود (79: 4/78، 177) والترمذي (85: 6/192) ومالك (5: 2/ 877-878) والشافعي (137: 6/78، 7/34) عن سهل بن أبي حثمة أن رسول الله صلى الله عليه وسلم قال لحويصة ومحيصة وعبد الرحمن في أيمان القسامة: **﴿ أتحلفون وتستحقون دم صاحبكم؟ قالوا: لا، قال: فتحلف لكم يهود ﴾.**

وجه الدلالة

وجه النبي صلى الله عليه وسلم أيمان القسامة على المدعين أولا، فلما لم يحلفوا ردها على المدعى عليه، مما يدل على أن اليمين المردودة توجه على المدعى عليه.

2- أخرج البيهقي (78: 10/182) والشافعي (164: 78، 114) عن بشير بن يسار عن سهل بن حثمة أن رسول الله صلى الله عليه وسلم :**﴿ بدأ بالأنصاريين، فلما لم يحلفوا رد الأيمان على يهود ﴾.**

وجه الدلالة

وجه الرسول صلى الله عليه وسلم الأيمان على الأنصاريين ـ وهم المدعون ـ فلما لم يحلفوا ردها على يهود ـ وهم المدعى عليهم ـ مما يدل على جواز رد اليمين من المدعي إلى المدعى عليهم.

ثانيا: الإجماع

قال الإمام مالك (5: 2/722) والإمام أحمد (93: 12/12): " مضت السنة في القضاء باليمين مع الشاهد الواحد، يحلف صاحب الحق مع شاهده ويستحق حقه، فإن نكل وأبى أن يحلف، أحلف المطلوب، فإن حلف سقط عنه ذلك الحق، وإن أبى أن يحلف ثبت عليه الحق لصاحبه ".

قال الزرقاني (176: 390/3) عند شرحه لهذا القول: " وهذا دليل على رد اليمين على المدعى عليه إذا وجبت على المدعي، فنكل عنها، فإن نكل المدعى عليه عن اليمين المردودة ثبت عليه الحق لصاحبه ".

رأي القانون

ذهب القانون إلى أنه يجوز توجيه اليمين المردودة إلى أي من الخصمين، حيث جاء في {الفقرة أ من المادة 57} من قانون البينات الأردني (36: 104، 131: 179) و{ الفقرة أ من المادة 116 } من قانون البينات السوري (37: 117) والمادة {114 } من قانون الإثبات المصري (38: 157) و{الفقرة أ من المادة 119 } من قانون الإثبات العراقي (158: 100) على أنه: " يجوز لمن وجهت إليه اليمين أن يردها على خصمه ".

أما قانون الإثبات اليمني (50: 415) فقد نص على أن اليمين المردودة توجه إلى المدعي، حيث جاء في المادة { 154} ما نصه: "... وللمدعى عليه أن يرد اليمين الحاسمة على المدعي....".

المطلب الثالث

متى يجوز توجيه اليمين المردودة

اتفق الفقهاء القائلون بمشروعية اليمين المردودة من المالكية (102: 469/2، 125: 317/4، 136: 300/2، 149: 220/6) والشافعية (20: 477/4-478، 65: 43/12، 92: 357/8، 116: 310/2، 126: 404/4، 165: 167/2) والحنابلة (44: 119، 93: 123/12-125) والإمامية (110: 86/3-87، 132: 282) والزيدية (105: 411/5، 112: 155/4، 163: 375/2) على أنه يجوز توجيه اليمين المردودة إلى أحد الخصمين إذا نكل خصمه عن حلفها، أو ردها عليه.

والنكول يحصل بأمور منها: أن يقول بعد عرض اليمين عليه: أنا ناكل، أو يقول له القاضي: احلف، فيقول: لا أحلف بصراحتهما فيه، أو يقول له: قل بالله، فيقول: بالرحمن، أو يقول للمدعي: احلف، أو يتمادى في الامتناع عن اليمين، فيحكم القاضي

بنكوله، وإن سكت بعد عرض اليمين عليه، لا لنحو دهشة، حكم القاضي بنكوله، وقول القاضي للمدعي: احلف، حكم بنكول المدعى عليه (20: 478/4، 92: 8/357-358، 126: 4/ 404 ـ 405، 130: 403/4، 149: 220/6).

واستدلوا على ذلك بالسنة والآثار

أولا: السنة النبوية

1- أخرج البيهقي (78: 182/10) والشافعي (164: 78، 114) عن بشير بن يسار عن سهل بن حثمة أن رسول الله صلى الله عليه وسلم :﴿ **بدأ بالأنصاريين، فلما لم يحلفوا رد الأيمان على يهود** ﴾.

وجه الدلالة

رد رسول الله صلى الله عليه وسلم الأيمان على يهود بعد نكول الأنصاريين عنها.

2- جاء في (44: 119، 107: 380/9، 160: 428/3) عن حيوة بن شريح أن سالم بن غيلان التجيبي أخبرهم أن رسول الله صلى الله عليه وسلم قال: ﴿ **من كانت له طلبة عند أحد فعليه البينة والمطلوب أولى باليمين، فإن نكل حلف الطالب وأخذ** ﴾.

وجه الدلالة

الحديث نص صريح في رد اليمين بعد نكول المدعى عليه عنها.

ثانيا: الآثار

1- أخرج البيهقي (44: 86، 78: 84/10) عن الشعبي: " أن المقداد استقرض من عثمان سبعة آلاف درهم، فلما تقاضاها قال: إنما هي أربعة آلاف درهم، فخاصمه إلى عمر، فقال المقداد: احلف أنها سبعة آلاف، قال عمر: أنصفك، فأبى أن يحلف: فقال عمر: خذ ما أعطاك ".

وجه الدلالة

إن قضاء عمر بن الخطاب رضي الله عنه برد اليمين على المدعي إذا ردها المدعى عليه على المدعي، يدل على جواز رد اليمين من قبل الخصم.

2- أخرج البيهقي (78: 184/10) والشافعي (137: 34/7، 164: 114/2) عن سليمان بن يسار: " أن رجلا من بني ليث بن سعد أجرى فرسا، فوطئ إصبع رجل من جهينة، فنزى فيها، فمات، فقال عمر للذين ادعى عليهم تحلفون خمسين يمينا ما مات منها، فأبوا وتحرجوا من الأيمان، فقال للآخرين: احلفوا أنتم: فأبوا، فقضى عمر بن الخطاب بشطر الدية على السعديين ".

وجه الدلالة

يدل الأثر على أن اليمين ترد بعد نكول الخصم عنها.

3- أخرج البيهقي (78: 184/10) والشوكاني (88: 214/4) عن علي بن أبي طالب -كرم الله وجهه- أنه قال: " اليمين مع الشاهد، فإن لم يكن له بينة، فاليمين على المدعى عليه، إذا كان قد خالطه، فإن نكل حلف المدعي ".

وجه الدلالة

الأثر صريح الدلالة في رد اليمين بعد نكول المدعى عليه عن اليمين

4- أخرج بن أبي شيبة (161: 504/1) والزيلعي (162: 101/4) عن المغيرة وابن أبي شبرمة قالا: " اشترى عبد الله غلاما لامرئ، فلما ذهبا به إلى منزله حم الغلام من البرد، فخاصمه إلى الشعبي، فقال لعبد الله: بينتك أنه دلس عليك عيبا، فقال ليس لي بينة، فقال للرجل: احلف أنك لم تبعه داء، فقال الرجل: إني أرد اليمين على عبد الله، فقضى الشعبي باليمين عليه ".

وجه الدلالة

طلب الرجل رد اليمين على عبد الله بن عمر، فقضى الشعبي برد اليمين على عبد الله، وهذا يدل إلى جواز رد اليمين بطلب الخصم.

5- روى ابن حزم (107: 377/9): " أن شريحا وعبد الله بن عتبة والشعبي قضوا برد اليمين على المدعي بعد نكول المدعى عليه عنها.

وجه الدلالة

يدل فعل شريح وعبد الله والشعبي ـ رضي الله عنهم ـ على جواز رد اليمين على المدعي إذا طلب المدعى عليه ذلك.

رأي القانون

ذهب القانون إلى أنه يجوز رد اليمين إذا ردها الخصم على خصمه -أي إذا طلب ردها-، حيث جاء في {الفقرة أ من المادة 57} من قانون البينات الأردني (36: 104، 131: 179) و{الفقرة أ من المادة 116} من قانون البينات السوري (37: 117) والمادة {114} من قانون الإثبات المصري (38: 157) و{الفقرة أ من المادة 119} من قانون الإثبات العراقي (158: 100) على أنه: " يجوز لمن وجهت إليه اليمين أن يردها على خصمه ".

وجاء في المادة { 154 }مـن قـانون الإثبـات اليمنـي (50: 415) مـا نصـه: "وللمـدعى عليـه أن يردهـا ـ اليمين الحاسمة ـ على المدعي ".

المبحث الرابع
إجراءات توجيه اليمين المردودة وشروطها

المطلب الأول
إجراءات توجيه اليمين المردودة وأدائها

اتفق الفقهاء القائلون برد اليمين من المالكية (125: 317/4، 130: 921/2، 136: 404/4، 165: 167/2) والشافعية (20: 478/4، 65: 43/12 وما بعدها، 92: 356/9-457، 126: 404/4، 130: 403/4، 165: 167/2) والحنابلة (69: 331/16-333، 93: 123/2-124) والإمامية (110: 85/3-87، 111: 281/2: 282) والزيدية (63: 375/2، 105: 405/5-411) على أنه بعد أن يقيم المدعي دعواه بالحق المدعى به، يسأل المدعى عليه عن الدعوى، فإن أنكرها، ولم تكن لدى المدعي بينة عرض القاضي اليمين على المدعى عليه، فإن نكل المدعى عليه عن اليمين في مجلس القضاء بغير عذر، وبين له القاضي حكم النكول، أو ردها المدعى عليه على المدعي، فإن القاضي يقوم بتوجيهها على المدعي ويطلب منه أدائها أمام المحكمة بالصيغة التي قررتها المحكمة حول موضوع الدعوى.

ثم يقوم المدعي بأدائها أمام المحكمة بالصيغة التي قررتها المحكمة، أو يطلب الإمهال لإقامة بينة أو مراجعة حساب، أو سؤال فقيه، أو ترو، أمهل ثلاثة أيام فقط، لئلا يضر بالمدعى عليه، فيسقط حقه باليمين بعد مضيها من غير عذر، أو يمتنع عن أدائها بغير عذر ن ولا علة، ولا طلب إمهال، فيسقط حقه في اليمين، والمطالبة بحقه لإعراضه عن اليمين، وليس له ردها على خصمه.

كما اتفق المالكية (5: 722/2، 103: 119/2، 119: 256/1) والشافعية (20: 443/4-444، 65: 10 /24-25، 92: 396/7) والحنابلة (93: 12/12، 113: 148/10) إلى أنه بعد أن يقيم المدعي دعواه، ويقدم ما لديه من بينات ناقصة، وعدم اقتناع القاضي بها، وتوجيهه لليمين المتممة على المدعي، ونكوله عنها، فإنه يقوم بردها على المدعى عليه في حالات معينة كاليمين مع الشاهد وأيمان القسامة.

المطلب الثاني
شروط توجيه اليمين المردودة

يشترط لتوجيه اليمين المردودة عند القائلين بها تحقق النكول، ويتحقق النكول عند الفقهاء إذا توفرت الشروط التالية:

الشرط الأول: أن يعرض القاضي اليمين على الخصم

اتفق الحنفية (57: 167/7، 91: 275/1، 124: 14/2) والمالكية (149: 220/6) والشافعية (64: 342/4، 65: 44/12، 116: 300/2، 126: 404/4، 145: 717/22) والحنابلة (93: 125/12) والإمامية (2:111/212) والزيدية (105: 411/5) على أنه ينبغي على القاضي أن يعرض اليمين على من وجبت عليه، وأنه إذا حلف من وجبت عليه اليمين قبل أن يطلب القاضي منه الحلف لا يعتد بيمينه.

ويترتب على هذا أن الخصم إذا نكل عن اليمين قبل أن يعرضها عليه القاضي لا يعتبر ناكلا عن اليمين، أما إذا نكل عن اليمين بعد أن عرضها عليه القاضي، فإنه يعتبر ناكلا عن اليمين.

وقد اختلف الفقهاء في حكم تكرار توجيه اليمين على من وجبت عليه على قولين:

القول الأول: ذهب جمهور الحنفية (57: 167/7، 59: 111/2، 91: 275/1، 124: 17/2) والشافعية في وجه (20: 478/4، 64: 332/4، 65: 44/12، 116: 300/2، 126: 405/4، 2:194/356) والحنابلة والشافعية (64: 342/4، 65: 44/12، 116: 300/2، 126: 404/4، 145: 717/22) والحنابلة (93: 125/12) والإمامية (2:111/212) والإمامية (2:111/212) إلى أنه يستحب تكرار عرض اليمين على المدعى عليه ثلاث مرات.

وذكر الشافعية (194: 356/2، 126: 405/4) إن استحباب تكرار عرض اليمين على الناكل في النكول الحكمي أكثر منه في النكول الحقيقي.

القول الثاني: ذهب أبو يوسف من الحنفية (57: 7/167-168، 124: 17/4) والشافعية في القول الثاني (126: 405/4، 194: 356/2) إلى وجوب تكرار عرض اليمين على الناكل، وأن القاضي إذا قضى على الناكل بعد نكوله أول مرة لم ينفذ قضاؤه، وذلك لأن النكول أضعف من البذل والإقرار، فيشترط فيه التكرار.

والفتوى عند الحنفية على أنه إذا قضى القاضي على الناكل بعد عرض اليمين عليه أول مرة جاز ذلك، لأن النكول عندهم إما بذل وإما إقرار، وليس التكرار بشرط في البذل والإقرار.

الشرط الثاني: أن يبين القاضي حكم النكول للناكل

اختلف الفقهاء في حكم تبيين القاضي حكم النكول للناكل على مذهبين:

المذهب الأول: ذهب الحنفية (57 / 7/167، 99: 157/3، 118: 214/4، 123: 401/7) وعامة المالكية (125: 348/4، 141: 206/4، 142: 241/7، 149: 220/6) والشافعية في المعتمد (64: 342/4، 92: 342/4) والحنابلة (69: 332/6، 93: 125/12) والإمامية (110: 87/3، 111: 212/2) والزيدية (105: 411/5) إلى أنه يجب على القاضي أن يبين حكم النكول للناكل بأن يقول له: احلف وإلا جعلتك ناكلا، وقضيت عليك بنكولك، لأن القضاء بالنكول أمر مختلف فيه، ولعل الناكل لا يرى القضاء به، أو لعله دهش لانبهاره في مجلس القضاء ومهابة القضاة، وكذلك النكول حجة ضعيفة ينبغي تقويته بتبيين القاضي لحكمه.

المذهب الثاني: ذهب الشافعية في قول (20: 478/4، 64: 3432/4، 65: 44/12) وابن شاس وابن الحاجب من المالكية (61: 335/4) إلى أن تبيين القاضي حكم النكول للناكل مستحب غير واجب، فإذا قضى عليه القاضي دون أن يبين له حكم النكول نفذ قضاؤه.

وللشافعية رأيان فيما إذا ادعى الناكل بعد القضاء عليه أنه يجهل حكم النكول:

الرأي الأول: أنه لا ينفذ قضاء القاضي.

الرأي الثاني: وهو الأصح أنه ينفذ قضاء القاضي، ولا عبرة بادعائه الجهل، لأنه مقصر بعدم السؤال عن حكم النكول عهن اليمين (20: 478/4، 92: 358/8، 93: 44/12، 126: 405/4)

الشرط الثالث: أن يتم النكول في مجلس القضاء

ذهب الحنفية (56: 424/4، 57: 168/7، 124: 14/4) والمالكية (63: 221، 125: 4/ 318) والشافعية (92: 357/8) والحنابلة (69: 332/6، 93: 125/12) إلى أنه يجب أن يكون النكول في مجلس القضاء الشرعي سواء أكان الذي يفصل في الخصومة السلطان أم القاضي أم المحكم، ولكن يجب على المحكم إذا قضى بالنكول أن يشهد على قضائه، لأن قوله قضيت بكذا لا يقبل إلا ببينة، أما قول القاضي، فإنه يقبل بغير بينة.

الشرط الرابع: أن يكون النكول عن اليمين بغير عذر

اتفق الفقهاء من الحنفية (57: 168/7، 59: 91/2،111: 275/1، 124: 151/4) والمالكية (61: 335/4) والشافعية (20: 479/4، 92: 358/8، 116: 2/ 310، 126: 405/4) والحنابلة (93: 125/12، 113: 257/11) على أنه إذا نكل المدعى عليه عن اليمين، وكان هذا النكول بعذر من طرش، أو دهش، أو خرس، أو أنه طلب الإمهال لينظر حسابه أو يراجع نفسه ليتذكر، فإن القاضي لا يحكم عليه بنكوله، أما إذا كان النكول بغير عذر، فإن القاضي يحكم عليه بنكوله.

الشرط الخامس: أن يصدر الحكم من القاضي

ذهب الحنفية (91: 279) والمالكية (61: 335/4، 125: 319/4) والحنابلة (69: 332/6، 93: 126/12، 113: 257/11) إلى أنه إذا عرض القاضي اليمين على الخصم، فنكل عنها حقيقة أو حكما، فإنه لا يتم بنكوله حتى يصدر حكما بذلك.

أما الشافعية (20: 478/4، 64: 342/4، 92: 357/8-358، 65: 12/ 44، 126: 45/4، 140: 16/4) فقد فرقوا بين النكول الحقيقي والحكمي، وقالوا: إذا كان النكول حقيقيا، كأن يقول: أنا ناكل، أو يقول له القاضي: احلف، فيقول: لا أحلف، فإنه

لا يشترط حكم القاضي بنكوله لصراحته في الامتناع، فترد اليمين مباشرة إلى المدعي، أما إذا كان النكول حكميا، كأن يسكت عن إجابة الدعوى، فإنه يشترط حكم القاضي بأنه ناكل يترتب عليه رد اليمين.

وقالوا بأن قول القاضي للمدعي احلف بعد سكوت المدعى عليه، وعدم إجابته على الدعوى يعتبر حكما بنكول المدعى عليه (130: 4/403)

وقال الزيدية (105: 5/ 411) بصحة اليمين المردودة بعد النكول وقبل الحكم.

المبحث الخامس
آثار توجيه اليمين المردودة وحكمها

يترتب على توجيه اليمين المردودة عند القائلين برد اليمين ما يلي:

أولا: ليس للمدعى عليه أن يحلف بعد توجيه اليمين إلى المدعي

ذهب المالكية (149: 220/6) والحنابلة (93: 125/12-126) والإمامية (132: 282) إلى أنه ليس للمدعى عليه أن يحلف بعد توجيه اليمين إلى المدعي، ولا يلتفت إليه، وإنما يحلف الطالب ويستحق ما حلف عليه.

وذهب الشافعية (64: 342/4، 92: 358/8، 114: 512/2، 126: 405/4) والإمامية في قول (111: 214/2) إلى أنه يحق للمدعى عليه أن يحلف بعد توجيه اليمين إلى المدعي إذا رضي المدعي بذلك، ولا يحق للمدعى عليه أن يحلف اليمين بغير رضا المدعي، فلو رضي المدعي بحلفه بعد النكول جاز له العود إليه، لأن الحق لا يعدوهما، لكن إن نكل عن الحلف، لم يحلف المدعي يمين الرد، لأنه أبطل حقه برضاه يمين الخصم.

ثانيا: حلف اليمين

اتفق القائلون بحلف اليمين من المالكية (63: 220/6، 125: 317/4، 136: 300/2، 149: 220/6) والشافعية في الراجح (20: 478/4، 92: 357/8، 114: 512/2، 116: 311/2، 126: 405/4) والحنابلة (93: 125/12) والإمامية (110: 86/3-87) على أنه إذا حلف المدعي يمين الرد استحق ما ادعاه، لأنه فائدة الرد.

واختلفوا في انقطاع الخصومة ووجوب الحق بالحلف أو بالحكم على مذهبين:

المذهب الأول: ذهب المالكية (125: 317/4، 136: 300/2) والشافعية في الراجح (92: 357/8، 114: 512/2، 116: 311/2، 126: 405/4، 130: 403/4) والإمامية (110: 86/3-87) إلى أنه يجب الحق بحلف المدعي اليمين، ولا يتوقف

على حكم بعد الحلف بناء على أن اليمين المردودة كالإقرار، لأنه يتوصل بنكول خصمه مع يمينه إلى الحق، فأشبه إقراره به، فيجب الحق بفراغ المدعي من يمين الرد من غير افتقار إلى الحكم.

المذهب الثاني: ذهب الشافعية في قول (13: 403/4) والزيدية (105: 403/5) إلى أنه لا يثبت حق المدعي بحلفه، بل يتوقف على حكم القاضي.

ثالثا: إقامة البينة من المدعى عليه بعد حلف اليمين

اختلف الفقهاء في سماع البينة من المدعى عليه بعد حلف المدعي يمين الرد على مذهبين:

المذهب الأول: ذهب الشافعية في صحيح مذهبهم (20: 478/4، 64: 342/4-343، 92: 358/8-359، 116: 311/2، 126: 405/4، 130: 43/4) والحنابلة (44: 125، 93: 125/12، 113: 255/11) والزيدية (105: 411/5) إلى أن القضاء بيمين الرد كإقرار الخصم، ولذلك لا تسمع بينة المدعى عليه بعد يمين المدعي بأداء أو إبراء، أو غيرها من المسقطات لتكذيبه بإقراره.

المذهب الثاني: ذهب الشافعية في قول (20: 478/4، 64: 342/4-343، 92: 358/8-359، 116: 311/2، 126: 405/4) والحنابلة في رواية (44: 125، 113: 255/11) والإمامية (111: 214/2) والزيدية في الراجح عندهم (105: 411/5) إلى أن اليمين المردودة كالبينة، ولذلك إذا أقام المدعى عليه بعد حلف المدعي يمين الرد بينة أبرأه المدعي من الحق المدعى به، أو أنه قد أداه، أو أي مسقط من المسقطات فإنها تقبل، لأن بينة المدعى عليه على إسقاط الحق المدعى به الثابت بالبينة تقبل.

رابعا: النكول عن اليمين:

ذهب المالكية في وجه (125: 4م319، 149: 220/6) والشافعية (20: 478/4-479، 92: 358/8-359، 114: 512/2-513، 116: 311/2، 126: 405/4-406، 130: 404/4) والحنابلة (93: 125) والإمامية (110: 86/3، 111: 214/2) والزيدية في الراجح عندهم (105: 411/5) إلى أنه إذا لم يحلف المدعي يمين الرد،

ولم يبد علة أو عذرا، ولا طلب مهلة سقط حقه في اليمين، والمطالبة بحقه لإعراضه عن اليمين إلا أن يأت ببينة.

أما إذا كان امتناعه عن اليمين لعذر كإقامة بينة، أو مراجعة حساب، أو استفتاء، أو ترو أمهل ثلاثة أيام فقط، لئلا يضر بالمدعى عليه، فيسقط حقه في اليمين بعد مضيها من غير عذر، وقيل أبدا لأن اليمين حقه، فله تأخيرها كالبينة، وهل هذا الإمهال واجب أو مندوب وجهان.

خامسا: ليس للمدعي رد اليمين على المدعى عليه

ذهب الشافعية (20: 478/4، 106: 404/4، 130: 404/4) والإمامية (110: 86/3-87، 111: 214/2) والزيدية (105: 411/5) إلى أنه لا يصح للمدعي رد اليمين على المدعى عليه، وذلك لأن اليمين المردودة لا ترد للزوم التسلسل.

رأي القانون

ذهب القانون إلى أنه لا يجوز لمن رد اليمين إلى الخصم الرجوع عنها بعد قبول خصمه اليمين.

فقد نصت {الفقرة الثانية من المادة 57 } من قانون البينات الأردني (36: 103، 113: 174) و {الفقرة الثانية من المادة 116} من قانون البينات السوري (37: 117) والمادة { 116} من قانون الإثبات المصري (38: 157-158، 59: 230) والمادة { 154} من قانون الإثبات اليمني على أنه: " لا يجوز لمن رد اليمين أن يرجع في ذلك متى قبل خصمه أن يحلف ".

وليس للمدعي بعد رد اليمين إلا أن يحلف أو يعد ناكلا، ولا يجوز له رد اليمين مرة ثانية، لأن السماح له بردها يجعل اليمين تدور في حلقة مفرغة، فإذا حلف من ردت عليه اليمين انحسم النزاع، وتحكم المحكمة لمصلحته، وإذا نكل عنها خسر الدعوى.

فقد نصت المادة {60} من قانون البينات الأردني (36: 104، 131: 179) والمادة {119} من قانون البينات السوري (37:111) و{الفقرة الثالثة من المادة 119} من قانون الإثبات العراقي (158: 100) والمادة{ 118 } من قانون الإثبات المصري

(18: 38،247: 157-158) والمادة {158} من قانون الإثبات اليمني (150: 416) على أن: " كل من ردت عليه اليمين فنكل عنها خسر الدعوى ".

ولا يجوز للخصم أن يثبت كذب اليمين بعد أن يؤديها الخصم الذي ردت عليه.

فقد نصت { الفقرة أ من قانون البينات الأردني (36: 104، 131: 178) والمادة { 120} من قانون البينات السوري (37: 117) و{ الفقرة أ من المادة 11} من قانون الإثبات المصري (18: 254) و { الفقرة الرابعة من المادة 118} من قانون الإثبات العراقي (40: 377، 158: 100) والمادة{ 157 } من قانون الإثبات اليمني (150: 416) ما نصه: " توجيه اليمين يتضمن التنازل عما عداها من البينات للواقعة التي ترد عليها، فلا يجوز للخصم أن يثبت كذب اليمين بعد أن يؤديها الخصم الذي ردت عليه ".

المبحث السادس
حقيقة النكول عن اليمين
والحقوق التي يقضى فيها بالنكول

المطلب الأول
حقيقة النكول عن اليمين

اختلف الفقهاء القائلون بالنكول عن اليمين في حقيقة القضاء به على ثلاثة أقوال:

القول الأول: ذهب الإمام أبو حنيفة (99: 157/3، 100: 205/7، 118: 3936/8) والحنابلة في قول (44: 124، 113: 11 /256، 128: 601/2) إلى أن النكول عن اليمين كالبذل والإباحة والترك وعدم المطالبة.

ودليلهم بأن النكول يحتمل الإقرار ويحتمل البذل، وحمل النكول على البذل أولى، لأن في حمل النكول على الإقرار تكذيبا للمدعى عليه في إنكاره، وقدحا في عدالته، والأصل حمل حال المسلم على الصلاح، وفي حمل النكول على البذل عدم التكذيب، وفيه صيانة للمسلم عما يقدح في عدالته، ويجعله كاذبا (100: 205/7، 118: 3936/8).

القول الثاني: ذهب الصاحبان من الحنفية (91: 273/1، 99: 197/3، 100: 201/7، 205، 118: 3937/8، 123: 610/7، 166: 255/2) والحنابلة في قول (44: 124-125، 113: 11 /256) والزيدية في الراجح (105: 411/5) إلى أن النكول عن اليمين بمثابة الإقرار.

وقالوا: بأن الناكل عن اليمين كاذب في إنكاره، وذلك لأنه مخير بين الإقرار وأداء اليمين الموجبة عليه، فلما نكل عن اليمين حمل نكله على الإقرار، فلو كان صادقا لأقدم على حلف اليمين، فحصل على الثواب بذكر الله، وحفظ حقوقه من الضياع (105: 411/5، 156: 170/7).

وذكر الحنفية ثلاث مسائل انتقض فيها قول الصاحبين بأن النكول كالإقرار (123: 410/7، 156: 7/ 170).

المسألة الأولى: إذا وكل رجل رجلا في بيع مال له، فادعى المشتري عيبا في المبيع، فاستحلف الوكيل، فنكل، فإن الحق يلزم الموكل، ولو كان النكول إقرارا للزم الوكيل.

المسألة الثانية: إذا قال رجل لرجل، أنا أتكفل لك بما يقر به فلان، فادعى المكفول له على المكفول مالا فأنكر، فاستحلفه، فنكل، فإنه لا يلزم الكفيل، ولو كان النكول إقرارا للزم الكفيل، ودفع المال المدعى به.

المسألة الثالثة: لو أن رجلا اشترى من آخر نصف دابة، ثم اشترى النصف الباقي، فوجد في الدابة عيبا، فخاصم البائع في النصف الأول، فاستحلفه، فنكل، فإن المشتري يرد على البائع النصف الأول بنكوله، ثم لو خاصمه في النصف الثاني، فأنكر، فإنه يستحلف.

والجواب: هو أن الصاحبين يقولان إن النكول كالإقرار، أي بدل عنه، وليس إقرارا، لذلك فإن الحق لا يثبت بالنكول، بل لا بد معه من حكم القاضي، أما الإقرار فإن الحق يثبت بمجرده.

ولذلك إن صح الاعتراض بما ذكر من المسائل على القول بأن النكول إقرار، فإنه لا يصح على القول بأن النكول بذل عن الإقرار.

القول الثالث: ذهب الحنابلة في الصحيح عندهم (44: 125، 69: 303/6، 2:167/601) والزيدية (105: 411/5) إلى أن النكول عن اليمين كإقامة البينة، وليس كالبذل، لأن البذل قد يكون تبرعا ولا تبرع هنا، ولا كالإقرار لأنه لا يتأتى جعله مقرا مع إنكاره.

وقد انتصر ابن القيم لهذا الرأي فقال (44: 125): " والصحيح أن النكول يقوم مقام الشاهد والبينة، ولا يقوم مقام الإقرار ولا البذل، لأن الناكل قد صرح بالإنكار، وأنه لا يستحق المدعى به، وهو مصر على ذلك، متورع عن اليمين، فكيف يقال: إنه مقر مع إصراره على الإنكار، ويجعل مكذبا لنفسه؟

وأيضا، لو كان مقرا لم تسمع منه بينة نكوله بالإبراء والأداء، فإنه يكون مكذبا لنفسه

وأيضا، فإن الإقرار إخبار وشهادة على نفسه، فكيف يجعل مقرا شاهدا على نفسه بنكوله، والبذل إباحة وتبرع، وهو لم يقصد ذلك، ولم يخطر على قلبه، وقد يكون المدعى عليه مريضا مرض الموت، ولو كان النكول بذلا وإباحة اعتبر خروج المدعي من الثلث ".

المطلب الثاني
الحقوق التي يقضى فيها بالنكول

اختلف القائلون بالقضاء بالنكول في الحالات التي يجوز فيها القضاء بالنكول على ثلاثة مذاهب:

المذهب الأول: ذهب الصاحبان من الحنفية (59: 112/2-113، 100: 7 /207، 118: 3924/8، 3937، 123: 409/7، 166: 256/2) والحنابلة في رواية (44: 124، 93: 128/12 وما بعدها) وبعض الإمامية (111: 214/2، 223) والزيدية (105: 410/5) إلى أن القضاء بالنكول يصح في كل ما تتوجه فيه اليمين سواء كان مالا م غيره إلا الحدود واللعان.

ودليلهم على ذلك بأن النكول يترتب على توجيه اليمين، فكل ما توجهت فيه اليمين إلى المدعى عليه، ونكل عن أدائها حكم عليه بالنكول.

وهذا اضطراد مع قولهم بجواز اليمين في كل ما تتوجه فيه الدعوى بالمال وغيره كالنكاح والطلاق (10: 411/1).

وقالوا: بأن قضايا الأحوال الشخصية[1] تثبت بدليل فيه شبهة، والنكول عن اليمين إقرار، لكنه إقرار فيه شبهة، لأنه ليس كالإقرار الصحيح، بل هو إقرار دلالة، حيث إن نكوله عن اليمين دليل على إقراره، ولأنه لو لم يكن مقرا بالمدعى به لأقدم على حلف

---

[1] قضايا الأحوال الشخصية هي: النكاح، الرجعة، الفيء من الإيلاء، الرق، الاستيلاء، النسب، والولاء (55: 296/4-297، 59: 112/2 - 113، 99: 158/3، 118: 3927/8 - 3928)

اليمين الواجبة عليه، ولذلك فإن قضايا الأحوال الشخصية تثبت بالنكول عن اليمين (59: 112/2، 99: 157/3 ـ 158، 166: 255/2، 123: 409/7).

ولا يقضى في الحدود، لأن الحدود تدرأ بالشبهات، والنكول إقرار فيه معنى الشبهة، وكذلك اللعان فيه معنى الشبهة (59: 1112/2، 99: 158/3).

المذهب الثاني: ذهب الإمام أبو حنيفة (55: 296-297، 59: 112/2-113، 117: 16 /17-18، 118: 3936/8، 156: 409/7، 166: 756/2-757) إلى أن القضاء بالنكول يصح في الأموال وما مقصوده المال، والقصاص فيما دون النفس، ولا يصح القضاء بالنكول في الأحكام المتعلقة بالأبدان، وقضايا الأحوال الشخصية، والحدود، واللعان.

وذلك لأن القضاء بالنكول عند الإمام أبي حنيفة بذل وإباحة، ولا يكون البذل والإباحة إلا في الأموال وقصاص الأطراف، ولذلك لا يقضى بالنكول عنده في قصاص النفس، وفي قضايا الأحوال الشخصية، ولا يحكم بالنكول من الوصي والقيم والولي، لأنه لا يجوز له أن يبذل مال الصغار والأيتام والمحجور عليهم، ويقضى بالنكول في الأموال وقصاص الأطراف (59: 112/2، 99: 158/3، 118: 3936).

وقالوا: بأن النكول بذل، والطرف يجري فيه البذل والإباحة، لأن من قال لغيره: اقطع يدي، فقطعها، لا يجب عليه الضمان، إلا ن القطع لا يباح بغير فائدة، كما أن الأموال لا يباح إتلافها بغير فائدة.

ولكن بذل الطرف وإباحته في دعوى القصاص مقيد، لأن به تنقطع الخصومة، كمن قال لغيره: اقطع يدي، لأن بها آكله، والعياذ بالله، فإنه يجوز له ذلك، لأن فيه فائدة، وهي صيانة النفس عن التلف.

وبهذا يتبين أن الطرف كالمال، لأن المال يبذل ويباح حفاظا على النفس، وكذلك الطرف يبذل ويباح حفاظا على النفس. أما النفس فلا يجري فيها البذل، ولا تباح بالإباحة، لأن من قال لغيره: اقتلني فقتله يجب عليه الضمان، بخلاف الطرف (59: 2/ 113،/ 99: 158/3، 118: 3936/8).

وقد اعترض الحنفية على قول أبي حنيفة بجواز القضاء بالنكول في دعوى القصاص في الطرف باعتراضين (156: 179/7، 166: 257/2).

الأول: إن القول بالقضاء بالنكول في دعوى القصاص في الطرف، يقتضي القول بالقضاء بالنكول في دعوى حد السرقة، لأنها دعوى يلزم عنها قطع اليد، وهي طرف يجري فيه البذل والإباحة.

والجواب: إن قود الطرف حق للعبد، وحقوق العباد تثبت بالشبهة، كدعوى المال، والنكول حجة فيها شبهة، فدل ذلك على أن القصاص يثبت في الطرف بالنكول، أما دعوى السرقة فهي حد خالص لله لا يثبت بالشبهة.

الثاني: إن القول بأن بذل الطرف فيه قطع للخصومة، لا يدل على جواز القصاص في الطرف، لأن الخصومة تنقطع بما هو أخف من قطع الطرف وأهون ألا وهو الدية.

والجواب: إن دفع الخصومة بالدية إنما يقضى به إذا تعذر القضاء بالأصل، وهو القصاص، ولما كان القصاص غير متعذر امتنع القضاء بغيره.

المذهب الثالث: ذهب الحنابلة في قول (44: 110، 69: 444/6، 113: 113/12) إلى أنه يقضى بالنكول عن اليمين في المال، وما مقصوده المال، وغيره من الحقوق، ويستثنى من ذلك القضاء بالنكول في دعوى القصاص سواء أكانت بالنفس أم الطرف.

وفي قول آخر لا يقضى بالنكول في دعوى القصاص بالنفس فقط.

وفي قول ثالث أنه لا يقضى بالنكول إلا في الأموال خاصة.

وكل ناكل لا يقضى عليه بالنكول، فإنه يخل سبيله، لأنه لم يقم دليل على إدانته، أو يحبس حتى يقر أو يحلف على وجهين.

الخاتمة

الحمد لله الذي أعانني على إتمام هذا البحث، حيث استفدت منه فائدة عظيمة، وتوصلت فيه إلى أهم النتائج والتوصيات.

النتائج

أولا: اليمين حجة للدفع ووسيلة للإثبات، وتعتمد على العقيدة والضمير والأخلاق، وتعتب حلقة الوصل بين الأحكام القضائية والحكام الأخروية، وبين أحكام القضاء وأحكام الديانة.

ثانيا: تنقسم اليمين القضائية بحسب الحالف إلى يمين المدعى عليه ويمين المدعي ويمين الشاهد، وتنقسم بحسب نوعها إلى يمين حاسمة ويمين متممة ويمين مردودة.

ثالثا: لا ترد اليمين على الخصم إلا إذا كانت يمين حاسمة باتفاق الفقهاء، أو متممة كاليمين مع الشاهد عند الجمهور.

رابعا: يجوز توجيه اليمين في الحقوق المالية والتي تؤول إلى مال، وأحكام الأبدان من قصاص وجروح وغيرها، ولا توجه في حقوق الله تعالى المحضة.

خامسا: أخذت القوانين العربية معظم أحكام اليمين القضائية من الشريعة الإسلامية، وأكثر هذه القوانين ـ فيما اطلعت عليه ـ أخذا بالشريعة الإسلامية قانون الإثبات اليمني.

التوصيات

أولا: إعادة دراسة أحكام اليمين القضائية في قوانين الـدول العربيـة والإسـلامية وصياغتها بمـا يتفـق والعقيدة الإسلامية، وأحكام الشرع الإسلامي الحنيف، مع تطبيق المحاكم لهذه الأحكام.

ثانيا: إلغاء تغليظ اليمين على الكافر بالكتاب في المحاكم لحرمتها.

ثالثا: تنمية الوازع الديني عند الحالف من خـلال إشـعاره بهيبـة وعظمـة المحلـوف بـه والخـوف مـن عقابه وعذابه عند الحلف.

رابعا: بيان حكم النكول للناكل عن اليمين من قبل المحكمة قبل إصدار الحكم عليه بالنكول.

﴿ وسبحان ربك رب العزة عما يصفون، وسلام على المرسلين، والحمد لله رب العالمين ﴾

فهرس التراجم

(1) **ابن أبي شيبة:** أبو بكر عبد الله بن أبي شيبة إبراهيم بن عثمان، روى عن ابن المبارك وشريك وغيرهم، وروى عن البخاري ومسلم وأبو داود وابن ماجة وغيرهم، قال ابن حبان عنه: من الثقات، كان متقنا، حافظا، روينا ممن كتب وجمع وصنف، وكان من أحفظ أهل زمانه في المقاطيع، توفي سنة 235 هـ (تهذيب التهذيب: العسقلاني 200: 42/6 ـ 43).

(2) **ابن أبي ليلى:** محمد بن عبد الرحمن بن أبي ليلى بن يسار بن بلال الأنصاري الكوفي، ولد سنة 72 هـ ولي القضاء بالكوفة لبني أمية، كان فقيها من أصحاب الرأي تفقه بالشعبي والحكم، أخذ عنه الفقه سفيان الثوري والحسن بن صالح، توفي سنة 144 هـ (الأعلام: الزركلي 186: 6 / 189، طبقات الفقهاء: الشيرازي 190: 84).

(3) **ابن أبي مليكة:** عبد الله بن عبيد الله بن مليكة التميمي، ولي القضاء بالطائف، توفي عام 119 هـ (1890: 155/3).

(4) **ابن أبي موسى**: محمد بن موسى بن أبي موسى البغدادي صاحب الإرشاد، فقيه حنبلي، توفي سنة 428هـ (طبقات الحنابلة 189: 323/1).

(5) **ابن جريج:** عبد الملك بن عبد العزيز بن جريج، ولد سنة 80 هـ فقيه مكة في عصره، أول من صنف العلم في مكة، واستمر في طلب العلم حتى بلوغه سن الشيخوخة، توفي سنة 150 هـ (سير أعلام النبلاء: الذهبي 202: 1 / 520، تقريب التهذيب: العسقلاني 182: 6 / 325).

(6) **ابن حزم:** علي بن أحمد بن سعيد بن حزم، ولد سنة 384 هـ عالم الأندلس في عصره، وأحد أئمة الإسلام، كان بالأندلس خلق كثير ينتسبون لمذهبه، كانت له ولأبيه من قبله رياسة الوزارة، فزهد بها وانصرف إلى العلم والتأليف، توفي سنة 456 هـ (الأعلام: الزركلي 186: 5 / 59).

(7) **ابن سيرين:** أبو بكر بن محمد بن سيرين، ولد سنة 23 هـ من التابعين سجن في دين عليه، وكان له ثلاثون ولدا وإحدى عشر بنتا، توفي وعليه ثلاثون

درهما، أوصى أنس بن مالك بأن يصلى عليه (الأعلام: الـزركلي 186: 16 / 154، وفيـات الأعيـان: ابـن خلكان 196: 3 / 321 ـ 322).

(8) **ابن صوريا الأعور:** عبد اللـه بن صوريا الأعور، ويقال ابن صور الإسرائيلي، كان من أحبار اليهـود، يقال أنه أسلم (184: 10/1).

(9) **ابن عاصم:** محمد بن محمد أبو بكر بن عاصم العنسي، فقيه مالكي، ولد بغرناطـة عـام 760هــ وتوفي بها عام 829هـ ولي القضاء في بلده، من مؤلفاته تحفة الحكام في نكث العقود والأحكام (186: 45/7).

(10) **ابن عرفة:** أبو عبد اللـه محمد بن محمد عرفة، ولد عام 716هـ في تونس، تـولى إمامة الجـامع الأعظم، وقدم للفتوى سنة 773هـ من مصنفاته: المختصر الكبير في فقه المالكية، تـوفي في تـونس عـام 303هـ (186: 43/7).

(11) **ابن العربي:** محمد بن عبد بن محمد بن عبد اللـه الأندلسي الإشبيلي المالكي، ولد بإشبيلية سنـة 468 هـ عالم شارك في الحديث والفقه والأصول وعلوم القرآن والأدب والنحو والتاريخ، وتـوفي بالعـدوة سنـة 543 هـ من مؤلفاته: عارضة الأحوذي شرح صحيح سـنن الترمـذي (شجرة النـور الزكيـة: مخلـوف 184: 136، معجم المؤلفين: كحالة 183: 10 / 242).

(12) **ابن قدامه:** أبو محمد عبد اللـه بن أحمد بن محمد بـن قدامـه المقـدسي الدمشـقي الحنبلـي فقيه من أكابر الحنابلة، له تصانيف منها: المغني، توفي سنة 620 هـ بدمشق (الأعلام: الزركلي 186: 4 / 67).

(13) **ابن كنانة:** أبو عمر عثمان بن عيسى بن كنانة مولى عثمان بن عفان، قال ابن عبد البر: كان مـن فقهاء المدينة، أخذ عن مالك، وعليه الرأي وليس له في الحديث ذكر، قعد في مجلس مالك بعـد وفاتـه، تـوفي بمكة وهو حاجا قيل عام 186هـ وقيل عام 185 هـ (ترتيب المدارك 187: 292/1 ـ 293).

(14) **ابن الماجشون:** عبد اللـه بن عبد العزيز بن الماجشون القرشي، الفقيه المتبحر بأبيه ومالك وغيرهما، وبه تفقه ابن حبيب وسحنون وغيرهما، توفي عام 120هـ (184: 56).

(15) **ابن المنذر الحنظلي:** محمد بن إدريس بن المنذر بن داود بن مهران الحنظلي، كان أحد الأئمة الحفاظ، قال أبو بكر الخلال، هو إمام في الحديث، توفي عام 277هـ

(16) **ابن المنذر النيسابوري:** أبو بكر محمد بن إبراهيم بن المنذر النيسابوري، كان إماما مجتهدا حافظا، بلغ درجة الاجتهاد المطلق، من مصنفاته: الأوسط في السنن والإجماع والاختلاف، والمبسوط في الفقه، والإقناع في الفروع، توفي سنة 319 هـ (طبقات الشافعية الكبرى: السبكي 2:194 / 126، هدية العارفين: البغدادي 6 / 31).

(17) **أبو سلمة:** ابن عبد الرحمن، ذكره بعضهم في الصحابة، وهو خطأ نشأ عن سقط والصواب عن أبي سلمة وهو ابن عبد الرحمن عن الخدري وهو أبو سعيد، فسقطت عن من السند (الإصابة: العسقلاني 4 / 100، 185: 337/2).

(18) **أبو زرعة:** أحمد بن عبد الرحيم بن الحسين الكردي بن الحافظ العراقي، ولد بالقاهرة، وتوفي عام 186هـ وقيل 187هـ (187: 148).

(19) **أبو الزناد:** أبو عبد الله بن ذكوان القرشي، ثقة، فقيه، أخو أبو لؤلؤة قاتل سيدنا عمر بن الخطاب، مات فجأة في رمضان عام 131هـ وقيل عام 130هـ (182: 172 ـ 173).

(20) **أبو عبد الرحمن:** عبد الله بن دينار، مولى عبد الله بن عمر بن الخطاب، كان ثقة كثير الحديث، توفي سنة 127 هـ (الطبقات الكبرى: ابن سعد 192: 305).

(21) **أبو يوسف:** يعقوب بن إبراهيم بن حبيب بن سعد، صاحب أبي حنيفة، ولد سنة 11 هـ بالكوفة، ولي القضاء لثلاثة من الخلفاء: المهدي، والهادي، والرشيد، أول من خوطب بقاضي القضاة، وأول من وضع الكتب في أصول الفقه، وأملى المسائل ونشرها ونشر مذهب إمامه في أقطاب الأرض حتى قيل لولا أبو يوسف ما ذكر أبو حنيفة، من مؤلفاته: النوادر، توفي سنة 182 هـ في خلافة هارون (طبقات الفقهاء: الشيرازي 190: 134، الطبقات الكبرى: ابن سعد 192: 7 / 330 ـ 331).

(22) **الأذرعي:** أحمد بن حمدان بن عبد الواحد بن عبد النبي بن محمد بن أحمد إمام العلامة شهاب الدين أبو العباس الأذرعي، قرأ على الحافظين المزني والذهبي، له مصنفات منها: التنبيهات على أوهام المهمات، ولد عام 707هـ وقيل 708هـ وتوفي غام 873هـ بحلب (طبقات الشافعية 201: 140/3 ـ 143).

(23) **أم سلمة:** هند بنت أبي أمية بن المغيرة بن مخزوم المخزومية، أم المؤمنين زوج النبي ﴿ صلى الله عليه وسلم﴾، تزوجها النبي ﴿ عليه السلام ﴾ بعد أبي سلمة سنة 3 هـ وقيل سنة 4 هـ توفيت سنة62هـ وقيل 61هـ وعاشت ستين سنة (تقريب التهذيب: العسقلاني 182: 2 / 201).

(23) **الأوزاعي:** عبد الرحمن بن عمره من قبيلة الأوزاع، ولد عام 88هـ إمام الديار والشافعية في الفقه والزهد، ولد في بعلبك، وسكن بيروت، وتوفي فيها، كانت تدور الفتيا على رأيه في الأندلس إلى زمن الحكم بن هشام له مصنفات منها: السنن في الفقه، وتوفي عام 157هـ (186: 94/4).

(24) **البهوتي:** منصور بن يونس بن صلاح الدين الشهير بالبهوتي، فقيه أصولي، مفسر كان يعد شيخ الحنابلة بمصر في عصره، من مصنفاته: كشاف القناع على متن الإقناع، توفي عام 1051هـ (مختصر طبقات الحنابلة 197: 114-116).

(25) **تميم الداري:** أبو رقية الداري تميم بن أوس بن حارثة، وقيل خارج بن سور، وقيل سواء بن عدي بن الدار، مشهور، كان نصرانيا، فأسلم هو وأخوه نعيم عام 9هـ أول من أسرج السراج في المسجد (الإصابة في تمييز الصحابة 198: 468/1-469).

(26) **الجرجاني:** أبو عبد الله علي بن أحمد الجرجاني، صاحب خزانة الأكمل في الفقه وتقع في ستة مجلدات، تفقه على يد الحسن الكرخي، كان عالما بفقه أبي حنيفة وأصحابه (تاج التراجم: قطلوبغا 181: 82، الجواهر المضيئة: أبي الوفا 180: 3 / 630)

(27) **الحسن بن حي:** أبو عبد الله حسن بن صالح بن حي بن مسلم بن حيان الهمذاني، ولد سنة 100 هـ توفي سنة 167 هـ وقيل 168 هـ قال أحمد:

"الحسن بن حي صحيح الرواية، صائل لنفسه في الحديث والورع " (طبقات الفقهاء: الشيرازي 190: 82).

(28) **الحكم بن عتيبة:** مولى كندة، تفقه بإبراهيم النخعي، قال الأوزاعي: قال يحي بن أبي كثيب: " ونحن بمنى لقيت الحكم بن عتيبة؟ قلت: نعم. قال: ما بين لابتيها أحد أفقه منه، قال: وبها عطاء بن أبي رباح وأصحابه " ـ توفي سنة 105هـ (طبقات الفقهاء: الشيرازي 191: 82).

(29) **حويصة بن مسعود بن كعب الخزرجي، صحابي معروف** (182: 230).

(30) **الجهني:** رفاعة بن عمرو الجهني، شهد بدرا وأحدا، فقال أبو معشر: "ولم يتابع عليه "، وقال ابن إسحاق والواقدي وسائر أهل السير: " هو وديعة بن عمرو بن يسار بن عوف الجهني حليف بني النجار من الأنصار " (أسد الغابة: ابن الأثير 185: 2 / 79).

(31) **الخرقي:** أبو القاسم بن الحسين بن عبد الله بن أحمد الخرقي البغدادي، له مصنفات كثيرة في المذهب الحنبلي، لم ينتشر منها إلا المختصر في الفقه، شرحه ابن قدامه في كتابه المغني؛ لأنه خرج من بغداد لما ظهر بها سب الصحابة، فأودع كتبه في دار، فاحترقت، ولم تكن كتبه قد انتشرت لبعده عن البلد ـ توفي سنة 343هـ بدمشق (طبقات الحنابلة: الفراء 189: 75/2، 118).

(32) **الخطابي:** أحمد بن محمد بن إبراهيم الخطابي، زوج ولد زيد بن الخطاب، ولد سنة 319 هـ محدث، لغوي، فقيه، أديب، من مؤلفاته: معالم السنن في شرح كتاب السنن لأبي داود، وغريب الحديث، وأعلام الحديث، توفي سنة 388 هـ (معجم المؤلفين: كحالة 183: 1 / 61).

(33) **داودي:** خليفة باذام عامل النبي صلى الله عليه وسلم وهو أحد قتلة الأسود العنسي الكذاب.

(34) **الدراوردي:** أبو محمد، عبد العزيز بن محمد بن عبيد بن أبي عبيد، ويقال الأندراوردي، منسوب إلى دراوند، مدني، أخرج له مسلم، وروى له البخاري، قال ابن معين: ليس به بأس، وما روى في كتابه، فهو أثبت من حفظه، ثقة، توفي عام 186هـ وقيل 187هـ (187: 88/1).

(35) **ركانة:** ركانة بن عبد يزيد بن هاشم بن عبد المطلب بن مناف بن قصي القرشي، هو الذي صارعه النبي صلى الله عليه وسلم فصرعه مرتين أو ثلاثا، توفي في خلافة عثمان بن عفان، قيل عام 42هـ (185: 84/2).

(36) **زبيب بن ثعلبة:** ابن عمر بن سواء بن نابي بن عبده بن عدي بن جندب بن العنبر بن عمرو بن تميم التميمي العنبري، وفد على النبي صلى الله عليه وسلم ومسح رأسه ووجهه وصدره، وقيل هذا أحد الغلمان الذين أعتقتهم عائشة (185: 96/2).

(37) **الزرعي:** محمد بن أبي بكر بن أيوب بن يحيي الزرعي، من أركان الإصلاح الإسلامي، وأحد كبار العلماء، والإمام المحقق، صاحب تصانيف كثيرة، ولد بدمشق عام 691هـ وتوفي عام 751هـ (180: 56/6).

(38) **الزهري:** محمد بن مسلم بن عبد الله شهاب الزهري القرشي، أول من دون الحديث أحد كبار الحفاظ والفقهاء، تابعي، توفي سنة 124 هـ (تقريب التهذيب: العسقلاني 182: 2 / 318، 186: 97/7).

(39) **الزيلعي:** جمال الدين أبو محمد عبد الله بن يوسف بن محمد الزيلعي الحنفي، محدث أصولي، من آثاره: تخريج أحاديث الكشاف، ونصب الراية لأحاديث الهداية، توفي سنة 762 هـ بالقاهرة (معجم المؤلفين: كحالة 183: 6 / 265-266).

(40) **سالم بن عبد الله:** أبو عمر أو أبو عبد الله المدني بن عمر بن الخطاب القرشي العدوي، أحد الفقهاء السبعة، ثقة، ثبتا، عابدا ن فاضلا، كان يتشبه بأبيه في الهدى والسمت، توفي آخر سنة 106هـ (186: 322/3).

(41) **سحنون:** أبو سعيد بن عبد السلام بن سعيد التنوخي، لقب بسحنون، ولد عام 160هـ ولي القضاء، وارتحل، وحج، من مصنفاته المدونة في الفقه المالكي، توفي عام 240هـ (183: 224/5، 184: 69، 70).

(42) **السدي:** أبو محمد إسماعيل بن عبد الرحمن السدي الكبير القرشي، مفسر، سكن الكوفة، ومن آثاره: التفسير (معجم المؤلفين: كحالة 183: 1 / 276).

(43) **سرق بن أسد الحرسي:** يقال الأنصاري، سكن الإسكندرية، سماه الرسول صلى الله عليه وسلم بذلك، لأنه ابتاع بعيرين من رجل من أهل البادية، فأخذهما ثم هرب، وتغيب عنه، أعتقه أبو عبد الرحمن القيني (185: 96/2).

(44) سعيد بن جبير: ابن عبد الله، ولد سنة 45 هـ حبشي الأصل، كان أعلم التابعين أخذ العلم عن ابن عباس وابن عمر، قتله الحجاج بواسط سنة 150 هـ (الأعلام: الزركلي 186 :3 / 145).

(45) سعيد بن المسيب: المخزومي القرشي، ولد سنة 13 هـ سيد التابعين، وأحد الفقهاء السبعة بالمدينة، جمع بين الحديث والفقه والزهد والورع، توفي سنة 94 هـ بالمدينة (الأعلام: الزركلي 186 :3 / 155).

(46) سفيان الثوري: أبو عبد الله، سفيان بن سعيد بن مسروق بن يني ثور بن عبد مناة بن مضر أمير المؤمنين في الحديث، ولد ونشأ في الكوفة عام 97هـ وتوفي بالبصرة عام 161هـ من مؤلفاته الجامع الصغير والجامع الكبير في الحديث (186 :14/3).

(47) سليمان بن يسار: كان أعلم أهل زمانه وأفقههم، روي عن عبد الله بن يزيد الهذلي أنه قال: " سمعت سليمان بن يسار يقول: سعيد بن المسيب بقية الناس، وسمعت السائل يأتي سعيد بن المسيب فيقول: اذهب إلى سليمان بن يسار، فإنه أعلم من بقي اليوم "، وعن عمرو ابن دينار أنه قال: " سمعت الحسن بن محمد بن علي بن أبي طالب يقول: سليمان بن يسار أفهم عندنا من ابن المسيب "، وعن قتادة أنه قال: " قدمت المدينة فسألت من أعلم أهلها بالطلاق؟ فقالوا سليمان بن يسار " (الطبقات الكبرى: ابن سعد 2 / 384).

(48) سهل بن حثمة: سهل بن حثمة بن ساعدة بن عامر الأنصاري الخزرجي المدني، صحابي صغير، ولد عام 3هـ (182: 138).

(49) شريح: هو شريح بن الحارث، من كبار التابعين، كان أعلم الناس بالقضاء، ولاه عمر بن الخطاب القضاء، واستمر قاضيا إلى زمن الحجاج (حلية الأولياء: الأصفهاني 191: 4 / 132).

(50) الشعبي: أبو عمر عامر بن شرحبيل، كان راويا من التابعين، يضرب المثل بحفظه ولد ونشأ ومات بالكوفة، وهو من رجال الحديث، استقضاه عمر بن عبد العزيز، كان فقيها وشاعرا (الأعلام: الزركلي 186 :4 / 18).

(51) **الشوكاني:** محمد بن علي الشوكاني، فقيه مجتهد، من كبار علماء اليمن ولي قضاء صنعاء، ومات بها سنة 1250 هـ وقيل 1255 هـ (الأعلام: الزركلي 186: 6 / 298).

(52) **الشيباني:** محمد بن الحسن الشيباني، إمام الفقه والأصول، ولد سنة 131 هـ وهو الذي نشر علم أبي حنيفة، اشتهر محمد بن الحسن بفصاحته، أصله من حرسنة بغوطة دمشق توفي سنة 89 هـ (الأعلام: الزركلي 186: 6 / 309).

(53) **طاووس:** ابن كيسان، من أكبر التابعين، ولد سنة 322 هـ نشأ في اليمن، توفي سنة 106 هـ (الأعلام: الزركلي 186: 3 / 322).

(54) **عبد الرحمن بن سمرة:** أسلم يوم فتح مكة، صحب النبي، وروى عنه، شهد غزوة تبوك، وفتح العراق وسجستان وكابل، توفي بالبصرة (مطبوع بهامش الإصابة 193: 402/2).

(55) **عبد الرحمن بن سهل:** ابن كعب بن عامر الأنصاري، شهد أحدا والخندق والمشاهد كلها مع الرسول صلى الله عليه وسلم وهو أخو المقتول بخيبر (185: 3م353).

(56) **عبد الله بن سهل بن زيد الأنصاري الحارثي:** قتيل اليهود في خيبر، وبسببه كانت القسامة (185: 165/3).

(57) **عبد الله بن عتبة بن مسعود الهذلي:** حجازي، ويرد نسبه عند ذكر عمه عبد الله مسعود من كبار التابعين بالكوفة، وقال أبو عمر والعقيلي: " من الصحابة "، واستعمله عمر بن الخطاب مما يدل على أن له صحبة، مات بعد الرسول صلى الله عليه وسلم بثلاث عشر سنة (185 ك 337/2).

(58) **عدي بن بداءة:** كان نصرانيا يعمل بالتجارة مع تميم الداري، وله صحبة (198: 468/1 ـ 469).

(59) **عروة بن الزبير:** ابن العوام بن خويلد الأسدي أبو عبد الله المدني، ولد في أوائل خلافة عمر بن الخطاب، ثقة، فقيه، مشهور، توفي سنة 94 هـ تقريب التهذيب: العسقلاني 182: 2 / 19).

(60) **عطاء:** ابن أبي رباح، ولد سنة 27 هـ في جند باليمن، ونشأ في مكة، فكان مفتي أهلها ومحدثهم، وهو تابعي من أجلاء الفقهاء، كان عبدا أسودا، وهو مولى

بن أبي قيس بن أبي هيثم الفهري، توفي بمكة سنة 411 هـ وقيل سنة 115 هـ (الأعلام: الزركلي 186: 5 / 29، الطبقات الكبرى: ابن سعد 192: 5/ 467-470).

(61) علقمة بن وائل: أبو الحارث الحضرمي الكوفي، الإمام الفقيه الحجة، توفي عام 130 (الأعلام: 186: 206/5)

(62) علي بن المديني: أبو جعفر المعروف بابن المديني، ولد عام 161هـ محدث، حافظ أصولي، من تصانيفه: الأسامي والكنى، توفي عام 234هـ (183: 132/7)، 199: 349/7).

(63) عمران بن الحصين: أبو عبيد بن خلف الخزاعي، أقبل على الرسول ﴿ صلى الله عليه وسلم﴾ مبايعا في عام خيبر 7 هـ كان صادقا، زاهدا، ورعا، متفانيا في حب الله وطاعته، سقا بطنه ثلاثين سنة، كل ذلك يعرض عليه الكي، فيأبى أن يكتوي حتى قبل وفاته بسنتين، وكانت الملائكة تصافح عمران بن الحصين حتى اكتوى، فتنحت، أرسله الخليفة عمر بن الخطاب إلى البصرة، ليفقه أهلها ويعلمهم، وقال الحسن البصري وابن سيرين: " ما قدم البصرة من أصحاب رسول الله ﴿ صلى الله عليه وسلم ﴾ أحد يفضل عمران بن الحصين "، توفي سنة 52 هـ بالبصرة (تقريب التهذيب: العسقلاني 182:2 / 82، رجال حول الرسول: خالد ص 689-694، الطبقات الكبرى: ابن سعد 192: 288/4).

(64) عمرو بن دينار: مولى ابن باذام، ولد عام 45هـ ويقال 46هـ سمع من ابن عباس وغيره، وروى عنه قتادة والزهري وغيرهما، توفي عام 116هـ (184: 171/9).

(65) قتادة: ابن دعامة بن عزيز الدوسي، مفسر، حدث عن أنس بن مالك وسعيد بن المسيب وخلق كثير، كان أحفظ الناس، وكان رأسا في العربية، له معرفة بأيام العرب وأنسابهم، توفي بواسط في الطاعون سنة 118 هـ (أسد الغابة: ابن الأثير 185: 1 / 257، تذكرة الحفاظ: الذهبي 195: 1 / 123).

(66) عكرمة بن أبي جهل: ابن هشام بن عبد الله بن عمر بن مخزوم القرشي المخزومي، أسلم بعد الفتح بقليل، لاستعمله الرسول صلى الله عليه وسلم على صدقات هوازن عام

الحج، واستعمله أبو بكر على جيش وسيره إلى أهل عمان لقتال أهل الردة، توفي شهيدا قبل يوم أجنادين واليرموك، أو الصقر (185: 567/3 ـ 570).

(67) **القرافي:** محمد بن إدريس القرافي، توفي سنة 684 هـ له مؤلفات عدة منها: الذخيرة والفروق، والانتقاد في الاعتقاد والتنقيح في أصول الفقه (شجرة النور الزكية: مخلوف 184: 188).

(68) **الكاساني:** علاء الدين أبو بكر بن مسعود بن أحمد الكاساني الحنفي، نسبة إلى كاسان مدينة في تركستان، فقيه أصولي، توفي بحلب سنة 587 هـ من أثاره: السلطان المبين في أصول الدين، وبدائع الصنائع في ترتيب الشرائع، وشرح فيه كتاب التحفة للسمرقندي وكان مهر فاطمة الفقيهة ابنة محمد بن أحمد السمرقندي (تاج التراجم: قطلوبغا 181: 294-296، معجم المؤلفين: كحالة 183: 3 / 76، هدية العارفين: البغدادي 5 / 235).

(69) **كعب بن سور بن بكر الأزدي:** تابعي من الأعيان المقدمين، بعثه عمر بن الخطاب قاضيا على أهل البصرة، وأقره عثمان، واعتزل الفتنة، توفي عام 36هـ
(186: 277/5).

(70) **اللخمي:** أبو الحسن علي بن محمد اللخمي القيرواني، كان رئيس فقهاء عصره، تفقه على يديه جماعة كالمازري، له تعليق على المدونة سماه التبصرة، وهو معتمد في المذهب المالكي، توفي عام 478هـ (184: 117).

(71) **الليث بن سعد:** ابن عبد الرحمن أبو الحرث الفهمي الحنفي إمام أهل مصر في الفقه والحديث، ولد سنة 92 هـ توفي بمصر سنة 175 هـ من تصانيفه: كتاب التاريخ وكتاب المسائل في الفقه (هدية العارفين: البغدادي 186: 5 / 842).

(72) **الماوردي:** أبو الحسن علي بن محمد بن حبيب الماوردي البصري، تعلم الفقه في البصرة، وشيخه أبو القاسم، وأخذ عن الشيخ أبو حامد الإسفرائيني، من مؤلفاته: الأحكام السلطانية، ولد وتوفي ببغداد عام 450هـ (طبقات الأسنوي 199: 206/2-207).

(73) **المتيطي:** أبو الحسن علي بن عبد الله بن إبراهيم الأنصاري إمام وفقيه مالكي، توفي عام 57هـ (184: 163).

(74) **المرتضى:** أبو القاسم علي بن الحسين بن موسى بن محمد بن إبراهيم الكاظم بن جعفر الصاوي بن محمد الباقر بن علي زين العابدين بن الحسين بن علي بن أبي طالب الملقب بالمرتضى أخو الرضي، إماما في علم الكلام وأصول الفقه والشعر والأدب، وله تصانيف التشيع أصولا وفروعا، توفي سنة 436 هـ ببغداد (وفيات الأعيان: ابن خلكان 196).

المهاجر بن أمية: ابن المغيرة بن عبد الله بن عمر بن مخزوم القرشي المخزومي، أخو أم سلمة، كان اسمه الوليد، فكره الرسول، وسماه المهاجر (185: 501/4 ـ 502).

(75) **المزني:** أبو واثلة إياس بن معاوية المزني، قاض البصرة يضرب المثل بذكائه وفطنته، كان عجيب الفراسة، توفي بواسط عام 121هـ وقيل 122هـ (185: 178/1، 186: 33/2).

(76) **محيصة بن مسعود بن كعب الخزرجي، أبو سعيد، أخو حويصة، صحابي معروف** (182: 230).

(77) **النخعي:** أبو عمران إبراهيم بن يزيد بن الأسود بن عمرو بن حارثة بن سعد بن مالك ابن النخع من مذجح، كان صيرفي الحديث، يصوم يوما ويفطر يوما، أدرك جماعة من التابعين كعلقمة ومسروق، عن عبد الملك بن أبي سليمان قال: "رأيت سعيد بن جبير يستفتى فيقول: أتستفتوني، وفيكم إبراهيم؟ "، توفي سنة 95 هـ أو 96 هـ وقيل عمره ما بين الخمسين والستين (صفة الصفوة: الجوزي 188: 3/ 86، الطبقات الكبرى: ابن سعد 6 / 270).

(78) **يحيي بن معين:** يحيي بن معين بن عوف بن زيد القطفاني، ولد عام 158هـ من أئمة الحديث، وإمام الجرح والتعديل نعته الذهبي بسيد الحفاظ، روى عن ابن المبارك وابن الغياث، وروى عنه البخاري ومسلم، من مصنفاته: التاريخ والعلل من الرجال، عاش ببغداد، وتوفي بالمدينة حاجا عام 233هـ (186: 218/9، 199: 280/13).

المراجع

1. ابن منظور: **لسان العرب**: العلامة جمال الدين محمد بن مكرم بن منظور الإغريقي المصري المتوفى سنة 711هـ ـ طبعة مصورة عن طبعة بولاق معها تصويبات وفهارس متنوعة، المؤسسة المصرية للتأليف والأنباء والنشر، طبعة دار صادر للطباعة والنشر، دار بيروت للطباعة والنشر ـ بيروت ـ لبنان 1956م ـ 1375هـ

2. الزبيدي: **تاج العروس من جواهر القاموس** السيد محمد مرتضى ـ الحسيني الزبيدي ـ تحقيق عبد الحليم الطحاوي، مطبعة حكومة الكويت سنة 1205هـ

3. الفيروز أبادي: **القاموس المحيط**: العلامة اللغوي مجد الدين محمد بن يعقوب الفيروز أبادي المتوفى سنة 817هـ ـ المؤسسة العربية للطباعة والنشر ـ بيروت ـ لبنان.

4. ابن الأثير: **جامع الأصول في أحاديث الرسول صلى الله عليه وسلم**: الإمام مجد الدين أبو السعادات المبارك محمد بن الأثير الجزري توفي سنة 606هـ ـ تحقيق محمد حامد الفقي ـ الطبعة الثانية ـ مطبعة دار إحياء التراث العربي ـ بيروت ـ لبنان ـ 1400 هـ / 1980 م.

5. مالك: **الموطأ** الإمام مالك بن أنس المتوفى سنة 179هـ دار إحياء الكتب العربية 137هـ /1951م.

6. اليسوعي: **المنجد في اللغة والإعلام** ـ الطبعة الحادية والعشرون، دار المشرق ـ بيروت.

7. الجوهري: **الصحاح** إسماعيل بن حماد الجوهري المتوفى سنة 393هـ مطبعة دار الكتاب العربي ـ مصر.

8. مجمع اللغة العربية: **المعجم الوسيط**: قام بإخراجه: إبراهيم مصطفى، وأحمد الزيات، وحامد عبد القادر، ومحمد علي النجار ـ المكتبة العلمية ـ طهران ـ إيران.

9. الشؤون الإسلامية: **موسوعة جمال عبد الناصر في الفقه الإسلامي** ـ المجلس الأعلى للشؤون الإسلامية ـ القاهرة.

10. الزحيلي: **وسائل الإثبات في الشريعة الإسلامية في المعاملات المدنية والأحوال الشخصية** الدكتور محمد مصطفى الزحيلي ـ رسالة دكتوراه ـ الطبعة الأولى، مكتبة دار البيان ـ دمشق سنة 1402هـ /1982م.

11. الجرجاني: **التعريفات:** علي بن حمد بن علي السيد الزين أبي الحسن الحسيني، المعروف بالجرجاني المتوفى سنة 816 هـ شركة ومطبعة مصطفى البابي الحلبي وأولاده ـ القاهرة ـ مصر.

12. هاشم: **القضاء ونظام الإثبات والأنظمة الوضعية** الدكتور محمود محمد هاشم ـ الطبعة الأولى ـ مطابع جامعة الملك سعود سنة 1408هـ

13. السنهوري: **الوسيط في شرح القانون** الدكتور عبد الرزاق أحمد السنهوري ـ دار إحياء لتراث العربي ـ بيروت ـ لبنان.

14. نشأت: **رسالة الإثبات** أحمد نشأت ـ الطبعة الثانية، دار الفكر العربي سنة 1972م.

15. مرقس: **أصول الإثبات في المواد المدنية** الدكتور سلمان مرقس ـ الطبعة الثانية ـ المطبعة العالمية ـ مصر ـ سنة 1952م.

16. مرقس: **من طرق الإثبات: الأدلة الخطية وإجراءاتها في تقنيات البلاد العربية** الدكتور سلمان مرقس.

17. النداوي: **دور الحاكم المدني في الإثبات** الدكتور آدم وهيب النداوي ـ الطبعة الأولى ـ الدار العربية للطباعة النشر ـ بغداد ـ 1396هـ ـ 1976م.

18. النداوي: **شرح قانون الإثبات، دراسة تأصيلية تطبيقية مقارنة مع نص قانون الإثبات والأحكام القضائية الحديثة** الدكتور آدم وهيب النداوي ـ الطبعة الثانية ـ بغداد 1406هـ / 1986م.

19. عبد اللطيف: **قانون الإثبات في المواد المدنية والتجارية ـ الأحكام العامة بالإثبات ـ الأدلة الكتابية ـ** الطبعة الأولى ـ 1970م.

20. الشربيني: **مغني المحتاج إلى معرفة ألفاظ المنهاج:** شرح الشيخ محمد الشربيني الخطيب المتوفى سنة 997هـ - على متن منهاج الطالبين للإمام أبي زكريا بن شرف النووي مع تعليقات للشيخ جوبلي بن إبراهيم الشافعي ـ دار الفكر.

21. مسلم: **صحيح مسلم بشرح النووي** مسلم بن الحجاج القشيري المتوفى سنة 261 بشرح يحي بن شرف النووي المتوفى سنة 676هـ - المطبعة المصرية ومكتبتها ـ القاهرة.

22. البخاري: **صحيح البخاري:** الإمام أبو عبد الله محمد بن إسماعيل بن إبراهيم بن المغيرة بردزبة البخاري الجعفي ـ مطابع الشعب 1378هـ.

23. الصنعاني: **سبل السلام** الإمام محمد بن إسماعيل الكحلاني الصنعاني المعروف بالأمير المتوفى سنة 1182هـ ـ الطبعة الرابعة ـ شركة ومطبعة مصطفى البابي الحلبي وأولاده بمصرـ ـ سنة 1379هـ /1960م.

24. السايس: **تفسير آيات الأحكام** الشيخ محمد علي السايس ـ مطبعة محمد علي صبح.

25. الصابوني: **مختصر تفسير ابن كثير:** مختصر لتفسير الإمام الجليل أبي الفداء إسماعيل بن كثير القرشي الدمشقي ـ المتوفى سنة 774 هـ اختصار وتحقيق: محمد علي الصابوني ـ الطبعة السابعة - دار القرآن الكريم - بيروت 1402هـ/1981م.

26. النسفي: **تفسير النسفي:** العلامة أبو البركات عبد الله بن أحمد بن محمود النسفي ـ دار الكتاب العربي ـ بيروت.

27. ابن كثير: **تفسير القرآن العظيم:** الإمام عماد الدين أبو الفداء إسماعيل بن كثير القرشي الدمشقي، المتوفى سنة 774 هـ طبع بدار إحياء الكتب العربية ـ عيسى البابي الحلبي.

28. الصابوني: **صفوة التفاسير:** محمد علي الصابوني ـ الطبعة الرابعة ـ دار القرآن الكريم ـ بيروت ـ لبنان ـ 1404 هـ / 1981 م.

29. الدريني: **خصائص التشريع الإسلامي في السياسة والحكم** ـ الدكتور فتحي الدريني ـ الطبعة الثانية ـ مؤسسة الرسالة ـ سنة 1407هـ /1987م.

30. مشرفة: **القضاء في الإسلام** عطية مصطفى مشرفة ـ الطبعة الأولى ـ مطبعة الاعتماد لصاحبها محمود الخضري ـ سنة 1358هـ/1936م.
31. عرنوس: **تاريخ القضاء في الإسلام** محمود بن محمد بن عرنوس ـ مطبعة الحلبي ـ مصر ـ الشركة اللبنانية للكتاب ـ بيروت ـ لبنان ـ سنة 1968م.
32. الجاحظ: **البيان والتبيين** ـ حققه وقدم له المحامي فوزي عطوة ـ الشركة اللبنانية للكتاب ـ بيروت ـ لبنان ـ 13 آذار / 1968م.
33. المحمصاني: **تراث الخلفاء الراشدين في الفقه والقضاء** الدكتور صبحي المحمصاني ـ دار العلم للملايين ـ بيروت ـ لبنان ـ 1984م.
34. الأندلسي: **الإحكام في أصول الأحكام** أبو محمد علي بن حزم الأندلسي ـ المتوفى سنة 456هـ ـ مطبعة العاصمة بالقاهرة ـ نشر زكريا علي يوسف.
35. نقابة المحامين: **المذكرات الإيضاحية للقانون المدني الأردني** إعداد المكتب الفني بإدارة المحامي إبراهيم أبو رحمة ـ الطبعة الثانية ـ مطبعة التوفيق ـ عملان ـ الأردن ـ 1985م.
36. نقابة المحامين: **قانون البينات الأردني رقم 30 لسنة 1952** مطبوع مع قانون أصول المحاكمات الحقوقية رقم 42 لسنة 1952م ـ إعداد المكتب الفني بإدارة المحامي إبراهيم أبو رحمة ـ الطبعة الثانية ـ مطبعة التوفيق ـ عمان ـ الأردن ـ 1985م.
37. العابد: **قانون البينات في المواد المدنية والتجارية مع المذكرة الإيضاحية واجتهادات المحاكم السورية منذ عام 1950م حتى عام 1962م** ـ مؤسسة النوري ـ دمشق ـ 1382هـ ـ 1962م.
38. الشرقاوي: **الإثبات في المواد المدنية والتجارية** الدكتور جميل الشرقاوي ـ دار النهضة العربية 1976م.
39. المؤمن: **نظرية الإثبات القواعد العامة ـ الإقرار واليمين** حسن المؤمن دار الكتاب العربي بمصر.

40. السودي: **أحكام قانون الإثبات المدني العراقي ـ دراسة مقارنة مع التشريعات العربية والأجنبية ومعززة بالتطبيقات القضائية للمحاكم العربية لا سيما الأحكام القضائية العراقية المصرية** الأستاذ عباس السودي 1412هـ ـ 19921م.

41. شلبي: **تاريخ التشريع الإسلامي وتاريخ النظم في الإسلام** أحمد شلبي ـ الطبعة الأولى ـ مطبعة السنة المحمدية ـ القاهرة ـ 1976م.

42. مذكور: **القضاء في الإسلام** الدكتور محمد سلامة مذكور - دار النهضة العربية.

43. مذكور: **معالم الدولة الإسلامية** الدكتور محمد سلامة مذكور ـ الطبعة الأولى ـ مكتبة الفلاح 1403هـ ـ 1983م.

44. ابن قيم الجوزية: **الطرق الحكمية في السياسة الشرعية:** الإمام المحقق أبو عبد الله بن أبي بكر الزرعي الدمشقي ابن قيم الجوزية ـ المتوفى سنة 751 هـ تحقيق: محمد حامد الفقي ـ دار الكتب العلمية ـ بيروت ـ لبنان.

45. الطماوي: **عمر بن الخطاب وأصول السياسة والإدارة الحديثة** دراسة مقارنة الدكتور محمد الطماوي ـ الطبعة الأولى ـ ملتزم الطبع والنشر ـ دار الفكر العربي ـ دار الثقافة العربية للطباعة والنشر 1969م.

46. حسن: **تاريخ الإسلام السياسي والديني والثقافي والاجتماعي** الدكتور حسن إبراهيم حسن ـ الطبعة السابعة ـ ملتزم الطباعة والنشر ـ مكتبة النهضة المصرية لأصحابها حسن محمد وأولاده 1964م.

47. حسن: **النظم الإسلامية** الدكتور حسن إبراهيم حسن، الدكتور علي إبراهيم حسن ـ الطبعة الثالثة ـ مكتبة النهضة المصرية 1962م.

48. مجدلاوي: **الإدارة الإسلامية في عهد عمر بن الخطاب** ـ الدكتور فاروق سعيد مجدلاوي ـ الطبعة الأولى ـ دار النهضة العربية للطباعة والنشر 1411هـ ـ 1991م.

49. قلعة جي وقنيبي: **معجم لغة الفقهاء:** عربي / انجليزي مع كشاف إنجليزي / عربي بالمصطلحات الواردة بالمعجم ـ دواس قلعة جي ـ حامد

صادق قنيبي - الطبعة الأولى ـ دار النفائس للطباعة والنشر ـ بيروت ـ لبنان ـ 1405 هـ / 1985 م.

50. الرازي: **مختار الصحاح:** الشيخ محمد بن أبي بكر بن عبد القادر الرازي المتوفى سنة 666 ـ الطبعة السادسة مطبعة فؤاد الأول 1951م.

51. أبو حبيب: **القاموس الفقهي لغة واصطلاحا** سعدي أبو حبيب ـ الطبعة الأولى ـ دار الفكر ـ 1402هـ / 1971م.

52. سابق: **فقه السنة** السيد سابق ـ الطبعة الأولى ـ دار الكتاب العربي ـ بيروت ـ لبنان ـ 1391هـ 1971م.

53. الفيومي: **المصباح المنير في غريب الشرح الكبير للرافعي** أحمد بن محمد بن علي المقري الفيومي المتوفى سنة 770هـ ـ الطبعة السادسة ـ المطبعة الأميرية 1926م.

54. ابن العربي: **أحكام القرآن:** أبو بكر محمد بن عبد الله المعروف بابن العربي (468 ـ 543 هـ) ـ دار الفكر ـ بيروت ـ لبنان.

55. الزيلعي: **تبيين الحقائق شرح كنز الدقائق:** العلامة فخر الدين عثمان بن علي الزيلعي الحنفي وبهامشه حاشية شهاب الدين أحمد الشلبي ـ الطبعة الأولى ـ المطبعة الأميرية ببولاق 1313هـ/1315م.

56. ابن عابدين: **رد المحتار على الدر المختار شرح تنوير الأبصار:** لخاتمة المحققين محمد أمين الشهير بابن عابدين ـ الطبعة الثالثة ـ شركة ومكتبة ومطبعة مصطفى البابي الحلبي وأولاده بمصر ـ القاهرة ـ دار إحياء التراث العربي ـ بيروت ـ لبنان.

57. ابن الهمام: **شرح فتح القدير:** للعاجز الفقير الشيخ الإمام كمال الدين محمد بن عبد الواحد بن عبد الحميد بن مسعود السيواسي ثم السكندري المعروف بابن الهمام الحنفي المتوفى سنة 681هـ دار إحياء التراث العربي ـ بيروت ـ لبنان.

58. الفرغلي: حسن بن منصور الأرز جندي الفرغلي الحنفي المتوفى سنة 295هـ **فتاوى قاضيخان والفتاوى البخارية المسماة الجامع الوجيز** للإمام محمد بن

محمد شهاب المعروف بابن البزاز الكردي الحنفي المتوفى سنة 827هـ مطبوع مع هامش الفتاوى الهندية ـ الطبعة الثانية ـ دار إحياء التراث العربي ـ بيروت ـ لبنان 1400هـ / 1980م.

59. الموصلي: **الاختيار لتعليل المختار**: عبد الله بن محمود بن مودود الموصلي الحنفي ـ وعليه تعليقات لفضيلة الأستاذ محمود أبو دقيقة ـ الطبعة الثالثة ـ دار المعرفة للطباعة والنشر ـ بيروت ـ لبنان ـ 1395هـ / 1975 م.

60. ابن موسى المالكي: **مختصر العلامة خليل** خليل ابن إسحاق بن موسى المالكي المتوفى 776هـ الطبعة الأولى ـ دار الفكر ـ بيروت ـ لبنان.

61. عليش: **شرح منح الجليل على مختصر العلامة خليل** الشيخ محمد عليش مكتبة النجاح ـ طرابلس ـ ليبيا.

62. الأمير: **الإكليل شرح مختصر خليل** صححه وعلق حواشيه أبو الفضل عبد الله الصديق الغماري ـ مكتبة القاهرة لصاحبها علي يوسف سليمان ـ مصر.

63. الحطاب: **مواهب الجليل شرح مختصر خليل** محمد بن محمد المغربي المعروف بالحطاب المتوفى سنة 954هـ ـ الطبعة الثانية ـ دار الفكر ـ بيروت ـ لبنان ـ 1398هـ /1978م.

64. قليوبي وعميرة: **حاشيتان القليوبي وعميرة** الشيخ شهاب الدين أحمد بن أحمد القليوبي المتوفى سنة 169هـ والشيخ أحمد البراس الملقب بعميرة المتوفى سنة 957هـ على شرح العلامة جلال الدين المحلى على منهاج الطالبين ـ الشيخ محي الدين النووي، وبالهامش الشرح المذكور ـ مطبعة أصبح المطابع.

65. النووي: **روضة الطالبين وعمدة المفتين**: الإمام النووي ـ إشراف: زهير الشاويش ـ الطبعة الثانية ـ المكتب الإسلامي ـ بيروت ـ دمشق ـ 1405 هـ / 1985 م.

66. الكوهجي: **زاد المحتاج بشرح المنهاج**: العلامة الشيخ عبد الله بن الشيخ حسن الحسن الكوهجي ـ حققه وراجعه: عبد الله بن إبراهيم الأنصاري ـ الطبعة الثانية ـ طبع على نفقة إدارة إحياء التراث الإسلامي ـ 1407هـ/ 1987م.

67. ابن النجار: **منتهى الإرادات في جمع المقنع** مع التنقيح وزيادات، محمد بن أحمد الفتوحي الحنبلي المصري الشهير بابن النجار ـ الطبعة الأولى ـ مكتبة دار العروبة ـ مطبعة دار الجيل للطباعة 1381هـ / 1965م.

68. أبو النجا: **الإقناع في فقه الإمام أحمد بن حنبل:** شيخ الإسلام المحقق أبو النجا شرف الدين موسى الحجاوي المقدسي المتوفى سنة 968 هـ تصحيح وتعليق: عبد اللطيف محمد موسى السبكي ـ دار المعرفة ـ بيروت ـ لبنان.

69. البهوتي: **كشاف القناع عن متن الإقناع:** الشيخ منصور بن يونس بن إدريس البهوتي ـ مطبعة الحكومة ـ مكة ـ 1394هـ

70. الشيباني: **نيل المآرب بشرح دليل الطالب:** الشيخ عبد القادر بن عمر الشيباني الشهير ابن أبي تغلب على مذهب الإمام المبجل أحمد ابن حنبل ـ حققه: الدكتور محمد سليمان الأشقر ـ الطبعة الأولى ـ مكتبة الفلاح ـ الكويت ـ 1403 هـ / 1983 م.

71. الحجلي: **سراج السالك شرح أسهل المدارك** عثمان بن حسين الحجلي المالكي ـ الطبعة الأخيرة ـ شركة ومطبعة مصطفى البابي الحلبي وأولاده بمصر ـ القاهرة.

72. بريكة: **أحكام النكول عن اليمين في الفقه والقانون** روحي يونس محمود بريكة ـ رسالة ماجستير ـ الجامعة الأردنية ـ عمان.

73. حيدر: **درر الحكام شرح مجلة الأحكام** - تعريب المحامي فهمي الحسيني - مكتبة النهضة - بيروت - بغداد - توزيع دار العلم للملايين - بيروت - لبنان.

74. الزحيلي: **أصول المحاكمات الشرعية المدنية** الدكتور محمد مصطفى الزحيلي ـ جامعة دمشق 1989م.

75. مرقس: **من طرق الإثبات: الإقرار واليمين وإجراءاتهما من تقنيات البلاد العربية** سليمان مرقس ـ المطبعة العالمية بمصر.

76. الجصاص: **أحكام القرآن:** أبو بكر أحمد بن علي الرازي الجصاص الحنفي المتوفى سنة 370 هـ ـ تحقيق محمد الصادق القمحاوي دار إحياء التراث العربي ـ بيروت ـ لبنان.

77. ابن ماجة: **سنن ابن ماجة** أبي عبد الله محمد بن يزيد القزويني المعروف بابن ماجة المتوفى سنة 275هـ ـ حقق نصوصه ورقم كتبه وأبوابه وأحاديثه وعلق عليه محمد فؤاد عبد الباقي ـ دار إحياء الكتب العربية ـ عيسى البابي الحلبي وشركاه 1373هـ / 1954م.

78. البيهقي: **السنن الكبرى:** الإمام الحافظ أبو بكر أحمد بن الحسين بن علي البيهقي المتوفى سنة 458 هـ وبذيله الجوهر النقي للعلامة علاء الدين علي بن عثمان المارديني الشهير بابن التركماني المتوفى سنة 745هـ الطبعة الأولى، مطبعة مطبعة دائرة المعارف النظامية الطائفية في الهند ببلدة حيدر أباد الدكن 1344هـ

79. أبو داود: **سنن أبي داود:** الإمام الحافظ المصنف المتقن أبو داود سليمان بن الأشعث السجستاني الأزدي المتوفى سنة 275 هـ ـ تحقيق محمد محي الدين عبد الحميد ـ المكتبة العصرية ـ صيدا ـ بيروت.

80. ابن حجر: **فتح الباري بشرح صحيح البخاري:** شيخ الإسلام قاضي القضاة الحافظ أبو الفضل شهاب الدين أحمد بن علي بن محمد بن حجر العسقلاني الشافعي (773 ـ 852 هـ) ـ الطبعة الرابعة ـ المطبعة البهية المصرية لصاحبها عبد الرحمن محمد ـ دار إحياء التراث العربي ـ بيروت.

81. النسائي: **السنن الكبرى:** أبي عبد الرحمن أحمد بن شعيب النسائي تصنيف الإمام أبي عبد الرحمن أحمد السبكي ـ تحقيق الدكتور عبد الغفار البذاري وسيد كردي ـ الطبعة الأولى ـ دار الكتب العلمية ـ بيروت ـ لبنان ـ 1411هـ / 1991م.

82. السيوطي: **تنوير الحوالك شرح موطأ مالك** عبد الرحمن السيوطي الشافعي ـ مطبعة دار إحياء الكتب العربية بمصر.

83. الشوكاني: **نيل الأوطار شرح منتهى الأخبار** محمد بين على بن محمد الشوكاني المتوفى سنة 1255هـ ـ دار الجيل ـ بيروت ـ لبنان 1973م.

84. مسلم: **صحيح مسل**، مسلم بن الحجاج القشيري النيسابوري المتوفى سنة 261هـ ـ تحقيق وتخريج وتعليق محمد فؤاد عبد الباقي، الطبعة الثالثة ـ دار الفكر ـ بيروت ـ لبنان ـ 1398هـ / 1978م.

85. ابن العربي: **عارضة الأحوذي بشرح صحيح الترمذي** الإمام ابن العربي المالكي المتوفى سنة 543هـ ـ دار العلم للجميع.

86. ابن دقيق العيد: **أحكام الإحكام شرح عمدة الأحكام** الشيخ تقي الدين ابن القيم الشهير بابن دقيق العيد المتوفى سنة 702هـ ـ دار الكتب العلمية.

87. ابن رجب: **جامع العلوم والحكم في شرح خمسين حديثا من جوامع الكلم:** زين الدين أبو الفرج عبد الرحمن بن شهاب الدين بن أحمد ابن رجب الحنبلي البغدادي من علماء القرن الثامن الهجري ـ دار المعرفة للطباعة والنشر ـ بيروت لبنان.

88. الدار قطني: **سنن الدار قطني:** شيخ الإسلام الإمام الكبير علي بن عمر الدار قطني (306 ـ 385 هـ)، وبذيله تعليق المغني على الدار قطني لأبي الطيب محمد أبادي ـ الطبعة الرابعة ـ عالم الكتب ـ بيروت ـ لبنان 1406هـ / 1986م.

89. الشوكاني: **فتح القدير الجامع بين فني الرواية والدراية من علم التفسير** محمد بن علي بن محمد الشوكاني المتوفى سنة 1250هـ ـ الطبعة الثانية ـ مكتبة ومطبعة مصطفى البابي الحلبي وأولاده بمصر ـ القاهرة 1383هـ / 1964م.

90. الحموي: **معجم البلدان** ياقوت عبد الله الحموي المتوفى سنة 626هـ ـ دار إحياء التراث العربي ـ بيروت ـ لبنان 1979م.

91. السمناني: **روضة القضاة وطريق النحاة** علي بن محمد بن أحمد السمناني المتوفى سنة 499هـ ـ الطبعة الثانية ـ مؤسسة الرسالة ـ بيروت ـ لبنان.

92. الرملي: **نهاية المحتاج إلى شرح المنهاج في الفقه على مذهب الإمام الشافعي:** شهاب الدين محمد بن أبي العباس أحمد بن حمزة بن شهاب الدين الرملي المنوفي المصري الأنصاري الشهير بالشافعي الصغير المتوفى سنة 1004 هـ ومعه حاشية أبي الضياء نور الدين علي بن علي الشبراملسي

المتوفى سنة 1087ه، وحاشية أحمد عبد الرزاق بن محمد بن أحمد المعروف بالمغربي الرشيدي المتوفى سنة 1096ه، الطبعة الأخيرة دار الفكر 1404هـ/ 1984م.

93. ابن قدامه: **المغني:** الإمام العلامة شيخ الإسلام موفق الدين أبو عبد الله بن أحمد بن محمد بن قدامه المتوفى سنة 620 هـ على مختصر أبي القاسم عمر بن الحسين بن عبد الله بن أحمد الخرقي ـ ويليه **الشرح الكبير على متن المقنع:** الإمام العالم شيخ الإسلام شمس الدين أبو الفرج عبد الرحمن بن أبي عمر محمد بن أحمد بن قدامه المقدسي لمتوفى سنة 682 هـ طبعة جديدة بالأوفست بعناية جماعة من العلماء 1403هـ / 1983م ـ دار الكتاب العربي للنشر والتوزيع ـ بيروت ـ لبنان.

94. المقدسي: **العدة شرح العمدة في فقه الإمام أحمد بن حنبل** عبد الرحمن بن إبراهيم المقدسي المتوفى سنة 124هـ ـ المطبعة السلفية ومكتبتها.

95. الهيثمي: **الزواجر عن اقتراف الكبائر** وبهامشه كف الرعاع عن محرمات اللهو والسماع والإعلام بقواطع الإسلام ـ الطبعة الأولى ـ شركة ومكتبة ومطبعة مصطفى البابي الحلبي وأولاده بمصر 1370هـ / 1951م.

96. المنذري: **الترغيب والترهيب:** الإمام الحافظ زكي الدين عبد العظيم بن عبد القوي المنذري ـ الطبعة الثالثة ـ دار إحياء التراث العربي ـ بيروت/ لبنان ـ 1388 هـ / 1968 م.

97. الذهبي: **الكبائر** الإمام الحافظ الناقد محمد بن أحمد بن عثمان الذهبي المتوفى سنة 748هـ ـ المكتبة الثقافية ـ بيروت / لبنان.

98. الحاكم: **المستدرك على الصحيحين في الحديث:** الحافظ الكبير إمام المحدثين أبو عبد الله محمد بن عبد الله المعروف بالحاكم النيسابوري الحافظ المتوفى في صفر سنة 405 هـ وفي ذيله تلخيص المستدرك للإمام الحافظ الحجة شمس الدين أبي عبد الله محمد بن أحمد الذهبي المتوفى سنة 848 هـ الناشر مكتبة ومطابع النصر الحديثة الرياض ـ السعودية.

99. المرغيناني: **الهداية شرح بداية المبتدئ:** شيخ الإسلام برهان الدين أبو الحسن علي بن أبي بكر بن عبد الجليل الرشداني المرغيناني - المتوفى سنة 593هـ الطبعة الأخيرة ـ شركة مكتبة ومطبعة مصطفى البابي الحلبي وأولاده بمصر.

100. ابن نجيم: **البحر الرائق شرح كنز الدقائق:** زين العابدين ابن نجيم الحنفي، الطبعة الثانية ـ أعيد طبعه بالأوفست ـ دار المعرفة للطباعة ولنشر ـ بيروت ـ لبنان.

101. البجيرمي: **حاشية البجيرمي على الخطيب المسماة تحفة الحبيب** سلمان بن عمر بن محمد بن البجيرمي الشافعي ـ مطبعة التقدم العلمي بدمشق 348هـ.

102. ابن رشد القرطبي: **بداية المجتهد ونهاية المقتصد:** الإمام أبو الوليد محمد بن أحمد بن أحمد بن رشد القرطبي (520-595هـ)، الطبعة السادسة ـ دار المعرفة للطباعة والنشر ـ بيروت ـ لبنان ـ 1402 هـ / 1982 م.

103. ابن عبد البر: **الكافي في فقه أهل المدينة المالكي:** شيخ الإسلام أبو عمر يوسف بن عبد الله بن محمد بن عبد البر النمري القرطبي ـ تحقيق وتقديم وتعليق: الدكتور محمد محمد أحيد ولد ماديك الموريتاني ـ الطبعة الأولى ـ مكتبة الرياض الحديثة ـ الرياض ـ السعودية ـ 1398 هـ / 1978 م.

104. أبو البركات: **المحرر في الفقه على مذهب الإمام أحمد بن حنبل:** الشيخ الإمام مجد الدين أبو البركات (590 ـ 652 هـ) ومعه النكت والفوائد السنية على مشكل المحرر لمجد الدين ابن تيمية: لشمس الدين ابن مفلح الحنبلي المقدسي المتوفى سنة 763 هـ الطبعة الثانية ـ مكتبة المعارف ـ الرياض ـ المملكة العربية السعودية ـ 1404 هـ / 1984 م.

105. المرتضى: **البحر الزخار الجامع لمذاهب الأمصار** الإمام المجتهد لدين الله أحمد بن يحي بن المرتضى- المتوفى سنة 840هـ وبهامشه كتاب جواهر الأخبار والآثار المستخرجة من لجة البحر الزخار، تحقيق العلامة محمد بن يحي بهران الصعدي المتوفى سنة 957هـ ن ولتمام الفائدة ألحقت به مراجع مختلفة لمصحه القاضي عبد الله بن عبد الكريم الجرافي اليمني الصنعاني ـ الطبعة

الأولى 1366هـ / 1947م ـ والطبعة الثانية 1394هـ/1975م ـ مؤسسة الرسالة ـ بيروت ـ لبنان.

106. العنسي: **التاج المذهب لأحكام المذهب شرح متن الأزهار** أحمد بن قاسم العنسي ـ اليماني الصنعاني ـ الطبعة الأولى.

107. ابن حزم: **المحلى**: تصنيف الإمام الجليل أبو محمد علي بن أحمد بن سعيد بـن حزم، المتوفى سنة 456 هـ طبعة مصححة ومقابلة على عدة مخطوطات ونسخ معتمدة كما قوبلت على النسخة التي حققها الأستاذ الشيخ أحمد محمد شاكر ـ تحقيق: لجنة إحياء التراث العربي مـن دار الأفاق الجديدة ـ منشورات دار الأفاق الجديدة ـ بيروت ـ لبنان.

108. ابن حزم: **مراتب الإجماع في العبادات والمعاملات والمعتقدات**: تصنيف الإمام الجليل أبو محمد علي بن أحمد بن سعيد بـن حزم، المتوفى سنة 456 هـ وعليه نقد مراتب الإجماع لابن تيمية، تحقيق لجنة إحياء التراث العربي ـ الطبعة الثالثة ـ دار الأفاق الجديدة ـ بيروت ـ لبنان 1402هـ/1982م.

109. الطوسي: **النهاية في مجرد الفقه والفتاوى** الإمام أبي جعفر محمد بن الحسن بـن علي الطوسي المتوفى سنة 460هـ ـ الطبعة الثانية ـ دار الكتاب العربي ـ بيروت ـ لبنان 1400هـ /1980م.

110. العاملي: **الروضة البهية في شرح اللمعة الدمشقية**: الشهيد محمد بن جمال الدين العاملي تم الكتاب تصحيحا وتعليقا بإشراف من: السيد محمد كلانتر ـ الطبعة الأولى في النجف الأشرف 1387هـ/1967م.

111. المحقق الحلي: **شرائع الإسلام في الفقه الإسلامي الجعفري** نجم الدين جعفر بـن الحسن الملقب بالمحقق الحلي ـ أشرف العلامة محمد جواد على مقابلة هذه النسخة مع عدد من النسخ المتداولة ـ منشورات دار مكتبة الحياة ـ بيروت.

112. الشوكاني: **السيل الجرار المتدفق على حدائق الأزهار**: شيخ الإسلام محمد بـن علي الشوكاني (1173 هـ / 1250 م) تحقيق: محمود إبراهيم زايد ـ الطبعة الأولى ـ دار الكتب العلمية ـ بيروت ـ لبنان ـ 1405هـ/ 1985 م.

113. المرداوي: **الإنصاف في معرفة الراجح من الخلاف على مذهب الإمام أحمـد بـن حنبل**: شـيخ الإسـلام العلامة علاء الدين أبو الحسن علي بـن سليمان المرداوي الحنبلي ـ صححه وحققه: محمد حامد الفقـي (817 ـ 885 هـ)، الطبعـة الأولى ـ مطبعة السنة المحمدية 1378هـ /1958م.

114. الشرقاوي: **حاشية الشرقاوي على تحفة الطلاب** بشرح تحرير تنقيح اللباب ـ الشيخ عبد اللـه بن حجازي بن إبراهيم الشافعي الأزهري الشهير بالشرقاوي المتوفى سنة 1226هـ وبالهامش تحفة الطلاب بشرح تنقيح اللباب للأنصاري ـ تقرير السيد مصطفى بن حنفي الذهبي المصري علـى حاشية الشيخ الشرقاوي ـ دار المعرفة ـ بيروت ـ لبنان.

115. الأنصاري: **تحفة الطلاب بشرح تحرير تنقيح اللباب** شيخ الإسلام أبو زكريا الأنصاري مطبـوع علـى حاشية الشيخ الشرقاوي ـ دار المعرفة ـ بيروت ـ لبنان.

116. الشربيني: **الإقناع في حل ألفاظ أبي شجاع**: الشيخ محمد الشربينـي الخطيـب المتـوفى سنة 483هـ ـ مكتبة دار إحياء الكتب العربية لأصحابها عيسى البابي الحلبي وشركاه ـ مصر.

117. السرخسي: **المبسوط**: لشمس الدين السرخسي ـ الطبعة الثانية ـ دار المعرفة للطباعة والنشر ـ بيروت ت لبنان.

118. الكاساني: **بدائع الصنائع في ترتيب الشرائع: الإمام** علاء الدين أبـو بكـر بـن مسعود الكاسـاني الحنفي الملقب بملك العلماء ـ المتوفى سنة 587 هـ ـ الناشر زكريا علي يوسف ـ مطبعة الإمام ـ القاهرة.

119. ابن فرحون المالكي: **تبصرة الحكام في أصول الأقضية ومناهج الأحكام**: برهـان الدين إبراهيم بـن علـي بن أبي القاسم بن محمد بن فرحون المالكي المدني ـ مطبعة مصطفى البابي الحلبي ـ 1378 هـ / 1958 م.

120. الأزهري: **الثمر الداني شرح رسالة ابن أبي زيد القيرواني** المحقق الشيخ صالح عبد السميع الآبي الأزهري ـ طبع على نفقة الحاج عبد الله اليسار التجاني، نيجيريا.

121. ابن جزيء: **القوانين الفقهية** أبو القاسم محمد بن أحمد بن جزيء الكلبي الغرناطي ـ الطبعة الأولى ـ دار العلم ـ بيروت ـ لبنان ـ 1977م.

122. مالك: **المدونة الكبرى:** الإمام مالك بن أنس الأصبحي المتوفى سنة 179هـ ومعها مقدمات ابن رشد لبيان ما اقتضته المدونة من الأحكام للإمام الحافظ أبي الوليد محمد بن رشد المتوفى سنة 520هـ ـ دار الفكر للطباعة والنشر 1406هـ / 1986م.

123. العيني: **البناية في شرح الهداية** محمود بن أحمد العيني المتوفى سنة 855هـ ـ الطبعة الأولى ـ دار الفكر ـ بيروت ـ لبنان.

124. نظام: **الفتاوى الهندية في مذهب الإمام العظم أبي حنيفة النعمان** الشيخ نظام وجماعة علماء الهند الأعلام ـ الطبعة الثانية ـ دار إحياء التراث العربي ـ بيروت ـ لبنان ـ 1400هـ / 1980م.

125. الدردير: **الشرح الصغير على أقرب المسالك إلى مذهب الإمام مالك:** العلامة أبو البركات أحمد بن محمد بن أحمد الدردير ـ وبالهامش حاشية الشيخ أحمد بن محمد الصاوي المالكي خرجه ونسقه وضبط شكله وخرج أحاديثه وفهرسه وقرر عليه بالقانون الحديث: الدكتور مصطفى كمال وصفي ـ دار المعارف بمصر ـ 1974م.

126. الأنصاري: **أسنى الطالب شرح روضة الطالب** الإمام أبي يحيس زكريا الأنصاري الشافعي ـ وبهامشه شيخ الشيوخ وخاتمة أهل الرسول حققه وصوره شهاب أبي العباس أحمد الرملي الكبير الأنصاري.

127. ابن أبي الدم: **أدب القضاة** وهو الدرر المنظومات في الأقضية: أبو إسحاق إبراهيم بن عبد الله المعروف بابن أبي الدم الحموي الشافعي المتوفى سنة 642هـ ـ تحقيق الدكتور محمد مصطفى الزحيلي.

128. البهوتي: **شرح منتهى الإرادات المسمى أولي النهى بشرح المنتهى** الشيخ العلامة منصور بن يونس بن إدريس البهوتي المتوفى سنة 1051هـ مصححة على نسخة خطية محفوظة بدار الكتب الأزهرية - عالم الكتب – بيروت-لبنان.

129. اطفيش: **شرح النيل** محمد بن يوسف اطفيش.

130. البجيرمي: سليمان بن عمر بن محمد البجيرمي **حاشية البجيرمي على المنهج المسماة التجريد لنفع العبيد على شرح منهج الطلاب** لشيخ الإسلام أبي زكريا الأنصاري، ومعه نفائس ولطائف منتخبة من تقرير الشيخ محمد على الحاشية ـ الطبعة الأخيرة - شركة ومكتبة ومطبعة مصطفى البابي الحلبي وأولاده 1369هـ / 1950م.

131. القضاة: **البينات في المواد المدنية والتجارية دراسة مقارنة** الدكتور مفلح عواد القضاة ـ الطبعة الأولى ـ جمعية عمال المطابع التعاونية ـ عمان ـ الأردن 1411هـ / 1990م.

132. الحلي: **المختصر النافع في فقه الإمامية** أبو القاسم نجم الدين جعفر بن الحسن الحلي المتوفى سنة 676هـ ـ منشورات المكتبة الأهلية لصاحبها السيد شمس الدين الحيدري ـ مطبعة النعمان ـ النجف الأشرف ـ 1383هـ/1964م.

133. ابن الشحنة: **لسان الحكام في معرفة الأحكام** الشيخ الإمام أبو الوليد إبراهيم بن أبي اليمن محمد بن أبي الفضل المعروف بابن الشحنة الحنفي المتوفى سنة 882هـ ـ الطبعة الثانية ـ شركة ومكتبة ومطبعة مصطفى البابي الحلبي وأولاده بمصر 1383هـ 1973م.

134. التسولي: **البهجة في شرح التحفة** علي بن عبد السلام المتوفى سنة 1258هـ ـ الطبعة الثانية ـ شركة ومكتبة ومطبعة مصطفى البابي الحلبي وأولاده بمصر 1370هـ / 1951م.

135. الطرابلسي: **معين الحكام فيما يتردد بين الخصمين من أحكام** الإمام علاء الدين أبي الحسن علي بن خليل الطرابلسي الحنفي ـ الطبعة الثانية ـ شركة ومكتبة ومطبعة مصطفى البابي الحلبي وأولاده بمصر 1393هـ / 1973م.

136. مهنا: **الفواكه الدواني عن رسالة ابن أبي زيد القيرواني** الشيخ أحمد بن غنيم بن سالم مهنا النفراوي المالكي الأزهري المتوفى سنة 1120هـ ـ الطبعة الثالثة، ملتزم الطباعة والنشرـ شركة ومكتبة ومطبعة مصطفى البابي الحلبي وأولاده بمصر 1374هـ / 1955م.

137. الشافعي: **الأم** الإمام عبد الله بن محمد بن إدريس الشافعي ـ مطبعة الشعب 1388هـ

138. ابن مفلح: **النكت والفوائد السنية على مشكل المحرر** شمس الدين ابن مفلح الحنبلي المقدسي المتوفى سنة 763هـ ـ الطبعة الثانية ـ مكتبة المعارف ـ الرياض 1404هـ / 1984م.

139. الصاوي: **حاشية الصاوي:** العلامة الشيخ أحمد بن محمد الصاوي المالكي ـ مطبوع مع الشرح الصغير ـ دار المعارف بمصر ـ 1974 م.

140. الدمياطي: **حاشية إعانة الطالبين:** السيد أبو بكر المشهور بالسيد البكري بن السيد محمد شطا الدمياطي المصري على حل ألفاظ فتح المعين بشرح قرة العين بمهمات الدين لزين الدين بن عبد العزيز المليباري الفناني ـ وبالهامش فتح المعين بشرح قرة العين وتقريرات لمؤلف الحاشية ـ الطبعة الثانية ـ مطبعة مصطفى البابي الحلبي وأولاده بمصر ـ 1356 هـ / 1938 م.

141. الدردير: **الشرح الكبير:** الشيخ أبو البركات أحمد بن محمد العدوي الشهير بالدردير المتوفى سنة 1201هـ ـ مطبوع على هامش حاشية الدسوقي.

142. الخرشي: **الخرشي على مختصر سيدي خليل:** أبو عبد الله محمد الخرشي المتوفى سنة 1101هـ ـ دار صادر ـ بيروت ـ لبنان.

143. العدوي: **حاشية العدوي:** الشيخ علي الصعيدي العدوي ـ مطبوع مع الخرشي على مختصر ـ سيدي خليل ـ دار صادر ـ بيروت ـ لبنان.

144. الحصكفي: **شرح الدر المختار** أحمد علاء الدين الحصكفي المتوفى سنة 1088هـ ـ مكتبة ومطبعة محمد علي صبيح وأولاده من ميدان الأزهر بمصر.

145. الأردبيلي: **الأنوار لأعمال الأبرار في فقه الإمام الشافعي** الإمام يوسف الأردبيلي، ومعه الحاشية المسماة بالكمثرى، وحاشية الحاج إبراهيم ـ الطبعة الأخيرة ـ مؤسسة الحلبي وشركاه 1970م.

146. أبو فارس: **الأيمان والنذور** الدكتور محمد عبد القادر أبو فارس ـ الطبعة الأولى ـ دار الأرقم ـ عمان 1399م ـ 1979م.

147. الزحيلي: **الفقه الإسلامي وأدلته** الشامل للأدلة الشرعية والآراء المذهبية وأهم النظريات الفقهية وتحقيق الأحاديث النبوية وتخريجها وفهرسة الغبائية للموضوعات وأهم المسائل الفقهية - الطبعة الأولى - دار الفكر دمشق 1404هـ/ 1982م.

148. الصدر الشهيد: **شرح أدب القاضي** عمر بن عبد العزيز بن مازة التجاري المعروف بالصدر الشهيد المتوفى سنة 536هـ تحقيق محي هلال السرحان ـ الطبعة الأولى ـ مطبعة الإرشاد ـ 1397هـ / 1977م.

149. المواق: **التاج والإكليل المختصر** أبو عبد الله محمد بن يوسف بن أبي القاسم الصدري الشهير بالمواق المتوفى في رجب سنة 897هـ ت مطبوع بهامش مواهب الجليل شرح مختصر خليل ـ الطبعة الثانية ـ دار الفكر ـ 1398هـ/ 1978م.

150. أبو العينين: **القضاء والإثبات في الفقه الإسلامي مع المقارنة بقانون الإثبات اليمني** مطبعة الأمانة ـ مصر 1403هـ م 1983م.

151. بهنسي: **نظرية الإثبات في الفقه الجنائي الإسلامي** دراسة فقهية مقارنة أحمد فتحي بهنسيـ ـ الشركة العربية للطباعة والنشر ـ القاهرة ـ 1381هـ / 1962م.

152. شرفي: **تعرض البينات القضائية في الفقه الإسلامي** دراسة فقهية قانونية تطبيقية مقارنة القاضي عبد الرحمن محمد بن عبد الرحمن ـ القاهرة ـ عابدين ـ 1406هـ / 1986م.

153. الطبري: **جامع البيان عن تفسير القرآن** الإمام أبي جعفر محمد بن جرير الطبري المتوفى سنة 310هـ ـ الطبعة الرابعة ـ أعيد طباعته بالأوفست ـ دار المعرفة للطباعة والنشر ـ بيروت ـ لبنان ـ 1400هـ / 1980م.

154. القرطبي: **الجامع لأحكام القرآن** لأبي عبد الله محمد بن احمد الأنصاري القرطبي ـ المتوفى سنة 671هـ / مطبعة دار الكتب المصرية ـ القاهرة.

155. مدغمش: **قانون البينات معلقا على مواده بأحكام لمحكمة التمييز الأردنية منذ بداية 1952م وحتى بداية 1989م** جمال مدغمش، راتب النجار رولى حزبون، فريد البنا، لانا سلامة ناوين ايتوني، ياسر شقير - 1409هـ/ 1989م.

156. البابرتي: **شرح العناية على الهداية** محمد محمود البابرتي المتوفى سنة 786هـ ـ دار إحياء التراث العربي ـ بيروت ـ لبنان.

157. الرازي: **التفسير الكبير** الإمام الفخر الرازي ـ الطبعة الثالثة ـ دار إحياء التراث العربي ـ بيروت ـ لبنان.

158. الناهي: **الوجيز في مبادئ الإثبات** دراسة تحليلية انتقادية موازية لنظرية الإثبات في الشريعة الإسلامية وقوانين الإثبات والبينات العربية عامة، والقوانين العراقية والأردنية خاصة مع لواحق بالمصطلحات في أكثر من لغة وقوانين الإثبات والبينات المملكة الأردنية الهاشمية والجمهورية العراقية ـ الدكتور صلاح الدين الناهي.

159. أبو الوفا: **الإثبات في المواد المدنية والتجارية** بمقتضى قانون الإثبات المعد رقم 125 لسنة 1968م، والكتاب الثالث لقانون أصول المحاكمات اللبناني الخاص بالبينات ـ الدكتور أحمد أبو الوفا ـ الدار الجامعية للطباعة والنشر ـ 1983م.

160. السياغي: **الروض النضير** شرح مجموعة الفقه الكبير ـ القاضي العلامة شرف الدين الحسين بن أحمد الحسين السياغي اليمني الصنعاني المتوفى سنة 1221هـ ـ الطبعة الأولى ـ مطبعة السعادة بجوار محافظة مصر 1348هـ

161. ابن أبي شيبة: **المصنف في الأحاديث والآثار** عبد الله بن إبراهيم بن عثمان بن أبي بكر بن أبي شيبة المتوفى سنة 235هـ ـ دار السلفية ـ الهند.

162. الزيلعي: **نصب الراية لأحاديث الهداية** وبذيلها الألمعي في تخريج الزيلعي ـ عبد الله بن يوسف الزيلعي ـ الطبعة الأولى ـ 1357هـ/1938م.

163. القنبوجي: **الروضة الندية شرح الدرر البهية** الإمام العلامة أبي الطيب صديق بن حسن علي الحسين القنبوجي البخاري ـ حققه وراجعه عبد الله بن إبراهيم الأنصاري ـ طبع على نفقة الشؤون الدينية بدولة قطر.

164. الشافعي: **مسند الإمام الشافعي** الإمام محمد بن إدريس الشافعي المتوفى سنة 204هـ ـ مطبوع بهامش الجزء السادس من كتاب الأم ـ مطبعة الشعب.

165. الحصني: **كفاية الأخيار في حل غاية الاختصار:** الإمام تقي الدين أبو بكر بن محمد الحسيني الحصني الدمشقي الشافعي ـ الطبعة الثانية ـ دار المعرفة للطباعة والنشر ـ بيروت ـ لبنان.

166. زادة: **مجمع الأنهر شرح ملتقى الأبحر:** عبد الرحمن محمد بن سليمان المدعو شيخ زاده ـ المطبعة العثمانية 1327هـ

167. العلمي: **النوازل** الشيخ أبي الحسن علي بن الشيخ عيسى بن علي الحسين العلمي ـ تحقيق المجلس العلمي بفاس 1409هـ / 1989م.

168. الظاهر: **مجموعة التشريعات الخاصة بالمحاكم الشرعية** القاضي راتب عطا الله الظاهر ـ تمت الفهرسة بمعرفة المكتبات والوثائق الوطنية ـ دار يمان للنشرـ والتوزيع عمان ـ الأردن ـ 1411هـ / 1990م.

169. السرطاوي: **الأحوال الشخصية الأردني ـ عقد الزواج وآثاره:** الدكتور محمود السرطاوي ـ الطبعة الأولى ـ دار العدوي للطباعة والنشر والتوزيع ـ عمان ـ الأردن ـ 1402 هـ / 1981 م.

170. عمرو: **القرارات القضائية في الأحوال الشخصية حتى عام 1990 م:** الشيخ عبد الفتاح عايش عمرو ـ الطبعة الأولى ـ دار يمان للنشر والتوزيع ـ عمان ـ الأردن 1411 هـ / 1990 م.

171. : **القرارات القضائية في أصول المحاكمات الشرعية 1990 م:** الشيخ عبد الفتاح عايش عمرو ـ الطبعة الأولى ـ دار يمان للنشر والتوزيع ـ عمان ـ الأردن 1411 هـ / 1990 م.

172. القشطيني: **شرح أحكام المرافعات** الطبعة الثانية ـ مطبعة العراق ـ بغداد ـ 1976م.

173. الشافعي: **اختلاف الحديث** الإمام محمد بن إدريس الشافعي المتوفى سنة 204هـ ـ مطبوع بهامش كتاب الأم ـ مطبعة الشعب.

174. القرافي: **الفروق** أحمد بن إدريس القرافي المتوفى سنة 684هـ الطبعة الأولى ـ مطبعة عيسى البابي الحلبي بمصر 1346هـ
175. الطحاوي: **شرح معاني الآثار** أبو جعفر أحمد بن محمد بن سلامة بن عبد الملك بن سلمة الأزدي المصري الطحاوي المتوفى سنة 321هـ ـ تحقيق محمد زهري النجار ـ الطبعة الأولى ـ دار الكتب العلمية ـ بيروت ـ لبنان ـ 1399هـ / 1979م.
176. الزرقاني: **شرح الزرقاني على الموطأ** محمد بن عبد الباقي بن يوسف أحمد الزرقاني المتوفى سنة 1099هـ ـ دار الفكر ـ بيروت.
177. أبو فارس: **القضاء في الإسلام** الدكتور محمد عبد القادر أبو فارس ـ الطبعة الأولى ـ مكتبة الأقصى ـ عمان الأردن ـ 1398هـ / 1978م.
178. الباجوري: **حاشية الباجوري على شرح ابن القاسم الغزي** الشيخ إبراهيم الباجوري المتوفى سنة 1276هـ ـ المطبعة اليمنية ـ 1309هـ
179. الماوردي: **أدب القاضي** علي بن محمد بن حبيب الماوردي المتوفى سنة 450هـ ـ مطبعة القاني ـ بغداد.
180. أبو الوفا: **الجواهر المضنية في طبقات الحنفية** محي الدين ابن محمد عبد القادر ابن أبي الوفا القرشي الحنفي المصري المتوفى سنة 775هـ ـ الطبعة الأولى ـ دائرة العارف النظامية ـ العند.
181. قطلوبغا: **تاج التراجم:** أبو العدل زين الدين قاسم بن قطلوبغا المتوفى سنة 789 هـ مطبعة العاني ـ بغداد ـ العراق ـ 1962 م.
182. العسقلاني: **تقريب التهذيب:** ابن حجر العسقلاني المتوفى سنة 852 هـ ـ الطبعة الثانية ـ دار المعرفة للطباعة ـ بيروت ـ لبنان.
183. كحالة: **معجم المؤلفين:** عمرو رضا كحالة ـ مكتبة المثنى، دار إحياء التراث العربية ـ بيروت ـ لبنان.
184. مخلوف: **شجرة النور الزكية في طبقات المالكية:** محمد بن محمد بن مخلوف - الطبعة الأولى - طبعة أوفست - دار الكتاب العربي - بيروت - لبنان - 349هـ

185. ابن الأثير: **أسد الغابة في تمييز الصحابة**: عز الدين ابن الأثير أبو الحسـن علـي بن محمد الجـرزي المتوفى سنة 630 هـ ـ دار الفكر للطباعة والنشر والتوزيع ـ 1409هـ /1989م.

186. الزركلي: **الأعلام** خير الدين الزركلي.

187. السبتي: **ترتيب المدارك وتقريب المسالك لمعرفة أعلام مذهب الإمام مالك** أبو الفضل عياض بن موسى بن عياض اليحصبي السبتي المتوفى سنة 544هـ ـ تحقيق الدكتور أحمد بكير محمود ـ منشـورات دار مكتبة الحياة ـ بيروت ـ لبنان ـ دار مكتبة الفكر ـ طرابلس ـ ليبيا.

188. الجوزي: **صفوة الصفوة** جمال الدين أبي الفرج عبد الرحمن بن الجوزي المتوفى سنة 597هـ ـ الطبعـة الأولى ـ دار الكتب العلمية ـ بيروت.

189. الفراء: **طبقات الحنابلة**: محمد أبو يعلى الفراء المتوفى سنة 458هـ تصـحيح: محمد حامد الفقـي ـ مطبعة السنة المحمدية ـ مصر ـ 1371هـ دار المعرفة ـ بيروت ـ لبنان.

190. الشيرازي: **طبقات الفقهاء**: أبي إسحاق الشيرازي الشافعي المتوفى 476 هـ ـ تحقيق: الـدكتور إحسـان عباس ـ دار الرائد العربي ـ بيروت ـ لبنان.

191. الأصفهاني: **حلية الأولياء وطبقات الأصفياء** أبو نعيم أحمد بن عبد اللـه الأصفهاني المتوفى سنة 430هـ ـ دار الكتب العلمية ـ بيروت ـ لبنان.

192. ابن سعد: **الطبقات الكبرى**: محمد بن عبـد اللـه المتوفى سنة 230 هـ ـ دار صادر للطباعة والنشر ـ 1377 هـ / 1957 م.

193. ابن عبد البر: **الاستيعـاب في أسمـاء الأصحاب** تأليف الفقيه الحافظ المحدث أبو عمـر يوسـف بـن عبد اللـه بن محمد بن عبد البر بن أصم النمري القرطبي المالكـي ـ مطبوع بهامش الإصابة في تمييـز الصحابة لابن حجر العسقلاني المتوفى سنة 852هـ ـ مطبعة الأوفست ـ مكتبة المثنى ـ بغداد.

194. السبكي: **طبقات الشافعية الكبرى**: عبد الوهاب بن علي السبكي المتوفى سنة 771هـ ـ تحقيق: عبد الفتاح الحلو ومحمود الطناجي ـ الطبعة الأولى ـ مكتبـة عيسى البابي الحلبي ـ مصر.

195. الذهبي: **تذكرة الحفاظ**: أبو عبد الله شمس الدين الذهبي المتوفى سنة 748هـ ـ دار إحياء التراث العربي.

196. ابن خلكان: **وفيات الأعيان وأبناء الزمان**: أبو العباس شمس الدين أحمد بن محمد بن بكر بن خلكان المتوفى سنة 681 هـ تحقيق: محمد محي الدين عبد الحميد ـ الطبعة الأولى ـ مكتبة النهضة المصرية ـ مطبعة السعادة ـ القاهرة ـ مصر ـ 1951 م.

197. النابلسي: **مختصر طبقات الحنابلة** محمد بن عبد القادر النابلسي.

198. العسقلاني: **الإصابة في تمييز الصحابة**: شهاب الدين أبو الفضل أحمد بن علي بن محمد بن محمد بن علي الكناني العسقلاني ثم المصري الشافعي المعروف بابن حجر (773 ـ 852 هـ) ـ دار الكتب العلمية ـ بيروت ـ لبنان.

199. الأسنوي: **طبقات الشافعية** جمال الدين عبد الرحمن الأسنوي المتوفى 772هـ ـ الطبعة الأولى ـ دار الكتب العلمية ـ بيروت ـ لبنان.

200. العسقلاني: **تهذيب التهذيب**: ابن حجر العسقلاني ـ المتوفى سنة 852 هـ ـ الطبعة الأولى ـ دار الفكر ـ 1404 هـ / 1984 م.

201. ابن قاضي شهبة: **طبقات الشافعية** تقي الدين أبو بكر أحمد بن محمد بن عمر ابن قاضي شهبة المتوفى سنة 851هـ ـ دائرة المعارف العثمانية 1978م.

202. الذهبي: **سير أعلام النبلاء** أبو عبد الله محمد بن أحمد الذهبي ـ الطبعة الأولى ,الطبعة الثانية ـ مؤسسة الرسالة ـ بيروت ـ لبنان.

T0304579

Printed in the United States
By Bookmasters